KLEE · NOSTRADAMUS

Meinen Eltern

KONRAD KLEE

NOSTRADAMUS

Prophet der Zeiten
und Momente

HUGENDUBEL

Herausgeber der Reihe ›Kailash-Buch‹:
Gerhard Riemann

© der deutschsprachigen Ausgabe
Heinrich Hugendubel Verlag, München, 1982
Alle Rechte vorbehalten

Produktion: Tillmann Roeder
Umschlaggestaltung: Dieter Bonhorst
Satz: Bauer & Bökeler Filmsatz GmbH, Denkendorf
Druck und Bindung: Spiegel Buch, Ulm

ISBN 3 88034 168 0

Printed in Germany

INHALT

EINLEITUNG	7
DER DRITTE WELTKRIEG – SEHERBERICHTE	9
PROPHET UND PROPHEZEIUNG	33
»MÄNGEL« VON SEHERBERICHTEN	36
MICHEL NOSTRADAMUS	38
LEBEN	38
MENSCH	42
WERK	48
KONNTE NOSTRADAMUS VORAUSDATIEREN?	59
1792: Die Französische Revolution kulminiert	59
1945: Hiroshima VI, 97	61
7./8. August 1846: Neptun IV, 33	63
1939: Polen III, 57	71
13. Februar 1820: Leo III, 96	74
WIE KONNTE NOSTRADAMUS VORAUSDATIEREN?	92
ANALYSEN VON VERSEN DES NOSTRADAMUS	98
PERSIEN I, 70	99
DIE SABÄISCHE TRÄNE V, 16	103
DER DRITTE WELTKRIEG: 14 VERSE DES NOSTRADAMUS	112
Drittes Kriegszeitalter XI, 27	113
Nachts die Sonne I, 64	118
Brisantes Atom VI, 5	123
Der Brandstifter V, 100	126
Monstrum ohnegleichen XI, 39	129
Dreizack-Soldaten II, 59	141
Der große Neptun II, 78	146
Roter Gegner bleich III, 1	155
Pille X, 87	162
Die Heuschrecken III, 82	176

Der Größte III, 53	186
Nieselregen II, 83	190
Der Greif XI, 29	192
London II, 91	200

FINSTERNIS, ERDKIPPEN	206
DER NEUE NORDPOL NACH ERDKIPPEN:	223
Arktischer Pol/Brisantes Atom VI, 5	223
VULKANISMUS IN SÜDDEUTSCHLAND	237
NATUREREIGNISSE ODER KRIEGSGESCHEHEN?	243
DER DRITTE WELTKRIEG: DATENTEIL	258
Vorbemerkung zum Datenteil	259
BASISVERS UND MASSIV NUKLEARE PHASE VON WELTKRIEG III:	260
Weiße Wolle VI, 35	260
WK III massiv nuklear/Hiroshima VI, 97	283
Anhang zum Basisvers VI, 35 (Weiße Wolle)	289
IRLMAIER UND DER MOND	297
AUSBRUCH	304
Zeichen des Hammels XI, 46	305
IRLMAIER UND DER DREIER	321
GETREIDEERNTE	324
WEITERE KRIEGSDATEN DES NOSTRADAMUS	326
Der Tridentale V, 62	327
Secatombe VIII, 34	334
Abimelech VII, 7	344
NACH WELTKRIEG III	349
DAS LINDENLIED	361
NACHWORT	366
DATEN-ZUSAMMENFASSUNG	367
ABKÜRZUNGEN, ERKLÄRUNGEN, ZEICHEN	370
LITERATURVERZEICHNIS	371

EINLEITUNG

Wer sich vorurteilslos und ausführlich genug mit den Voraussagen seriöser Seher beschäftigt, kommt zwangsläufig zu folgender Einsicht.

Es ist vielfach erwiesen, daß bestimmte Menschen befähigt sind, richtige Voraussagen von in der Zukunft liegenden Ereignissen zu machen.

Dies soll prinzipiell festgestellt sein.

Über den bevorstehenden Weltkrieg III existiert eine große Anzahl von ernstzunehmenden Sehervoraussagen. Ernst zu nehmen sind diese Voraussagen aus mehreren Gründen, z. B. deshalb, weil sie teilweise von Menschen gemacht wurden, die bereits ein-, mehr- oder vielfach unter Beweis stellten, daß sie richtige, frappierend eingetroffene Voraussagen gemacht haben: auch über Weltkrieg I und II.

Zum Thema Sehervoraussagen über Weltkrieg III gibt es eine umfangreiche Literatur. Das Verzeichnis am Schluß dieses Buches enthält einige Hilfestellungen. Das Sujet wird mehr und mehr behandelt, der Umfang an Gedrucktem nimmt ständig zu. Die Spreu ist vom Weizen zu trennen, denn leider liegt es in der Natur gewisser Verfasser, daß sie mit Gegebenem verantwortungslos umgehen und von Sehervoraussagen Folgerungen ableiten, die schlecht recherchiert bzw. leichthin fehlerhaft durchdacht sind. Noch jenseits dieser Fälle liegen jene, in welchen absichtliche Fehldeutungen von Sehervoraussagen vorgetragen werden. Und schließlich existieren einige böswillige, vorsätzlich falsche und unechte »Voraussagen« übelster Herkunft. Vorsicht ist geboten.

Als Verfasser des hier vorliegenden Buches möchte ich für die folgenden Seiten unumwunden deutlich feststellen:

Es *ist* möglich, von Sehervoraussagen ausgehend mehr Klarheit zu erlangen und weiterzukommen. Zugleich aber eröffnet sich unvermeidlich der gefährliche, täuschungsträchtige Bereich der Spekulation. In besonderer Weise müssen diese Feststellungen Beachtung finden, sobald Voraussagen des Nostradamus besprochen werden.

Es gibt Nostradamus-»Forscher«, welche meinen, daß es damit getan sei, einen mehr oder weniger authentischen, mehr oder weniger verfälschten Nostradamus-Text zu »übersetzen«, um sodann zu behaupten: ›Es ist erreicht.‹

Andere »Forscher« machen es sich »schwerer«: Sie fügen der Übersetzung — egal wie zutreffend sie auch sei — einen »analytischen« Kurzkommentar hinzu, etwa nach dem Motto: ›Vier Zeilen für vier Nostradamus-Zeilen.‹

Und über vielerlei weitere Schattierungen gelangen wir schließlich zu jenen wenigen Menschen, die wirklich arbeiteten und forschten: mit Geduld, Sachverstand, Einfühlungsvermögen und scharfer Klinge des Gedankens.

Es kommt *nicht* darauf an, eine möglichst große Anzahl von Nostradamus-Versen zu »bewältigen«. Wichtig ist der jeweils *einzelne* Vers und das, welches in *ihm* steckt.

Im folgenden trete ich — neben mehreren anderen — etwa 20 Nostradamus-Versen näher, welche sich nach heutigem Forschungsstand auf Geschehnisse des dritten Weltkrieges und Parallelereignisse beziehen lassen. Es ist nicht übertrieben, zu sagen, daß jeder dieser 20 kleinen Verse mich zwischen zweihundert und zweitausend Stunden in Atem und konzentrierter Arbeit gehalten hat.

Im Rahmen der Ereignisse des dritten Weltkrieges (abgekürzt: WK III) und seiner Folgezeit wird Deutschland sich unter den *schwerst*-geprüften Ländern finden. Dies ist einer der Gründe dafür, daß besonders viele *deutsche* Seherinnen und Seher Voraussagen über WK III gemacht haben. Die Voraussagen lohnen Beachtung.

DER DRITTE WELTKRIEG

SEHERBERICHTE

In diesem Kapitel werden wir uns mit einigen von vielen WK III-Seherberichten beschäftigen.

Alois Irlmaier lebte als Brunnenbauer, Wassersucher und Wünschelrutengänger im Chiemgau in Bayern. Er starb 1959 64jährig in Freilassing. Er darf als bewährter, seriöser Seher gelten. Seine Voraussagen über WK III sind gekennzeichnet durch einen relativ hohen Grad konkreter Detaillierung sowie verschiedene andere Vorzüge mehr. Dies ist der Grund dafür, daß sie im Verlauf dieser Studie des öfteren ausschnittweise angeführt werden.

Irlmaier stand (wie viele Seher) seinen Mitmenschen außerordentlich hilfsbereit gegenüber. Auf dem Sterbebett soll er seiner Erleichterung darüber Ausdruck gegeben haben, daß er das von ihm Vorausgesehene nun *nicht* mehr miterleben müsse. Über die Person und die Voraussagen des Alois Irlmaier geben im Lit.-Verz. genannte Werke weitere Auskünfte. Die drei zunächst folgenden und andere Auszüge entstammen Dr. C. Adlmaiers »Blick in die Zukunft«. Es handelt sich bei diesem Buch um das Ergebnis der ausdauernden Sammlung und sorgfältigen Wiedergabe von Seherberichten, um eines der raren Standardwerke. Hinzu kommt, daß Dr. Adlmaier über viele Jahre im persönlichen, guten Kontakt mit dem Seher Irlmaier stand.

Ich empfehle, den jeweiligen Auszug zunächst zusammenhängend zu lesen und meinerseitige Fußnoten erst dann zu beachten. Hinzugefügte Verständnishilfen erscheinen in Klammern. In einigen Fällen wurden nachträgliche Unterstreichungen vorgenommen.

Alois Irlmaier:

.... Und die zwei Männer, die den dritten Hochgestellten[1] umbringen, sehe ich auch. Sie sind von anderen Leuten bezahlt worden. Der

---

[1] dritten Hochgestellten: Es handelt sich um insgesamt drei Morde an hochgestellten Personen, wie z. B. Politikern, Staatschefs o. ä. Der Verdacht liegt nahe, daß die drei Morde kausal oder zeitlich oder in sonstiger Eigenschaft in einem Zusammenhang stehen könnten. Die drei Morde sind Kriegsvorzeichen, zumindest der letzte, dritte, erfolgt kurzfristig vor Kriegsausbruch.

eine Mörder ist ein kleiner schwarzer Mann[2], der andere etwas größer mit heller Haarfarbe[2]. Ich denke, am Balkan wird es sein, kann es aber nicht genau sagen. Dem Krieg geht voraus ein fruchtbares Jahr mit viel Obst und Getreide[3]. Nach der Ermordung des Dritten (Hochgestellten) geht es über Nacht los[4]. Die Mörder kommen ihnen aus, aber dann staubt es. Ich sehe ganz deutlich drei Zahlen, zwei Achter und einen Neuner. Was das bedeutet, weiß ich nicht, eine Zeit kann ich nicht sagen. . . . .

Nochmals Irlmaier:

. . . . Anfangen tut der vom Sonnenaufgang[5]. Er kommt schnell daher. Die Bauern sitzen beim Kartenspielen im Wirtshaus, da schauen die fremden Soldaten bei den Fenstern und Türen herein. Ganz schwarz[6] kommt eine Heersäule herein von Osten, es geht aber alles sehr schnell. Einen Dreier seh' ich, weiß aber nicht, sinds drei Tag oder drei Wochen. Von der Goldenen Stadt (**Prag**) geht es aus. Der erste Wurm geht vom blauen Wasser (= **Donau**) nordwestlich bis an die Schweizer Grenz. Bis Regensburg[7] steht keine Brücke mehr über die Donau, südlich vom blauen Wasser kommen sie nicht. Der zweite Stoß kommt über Sachsen westwärts gegen das Ruhrgebiet zu, genau wie der dritte Heerwurm, der von Nordosten westwärts geht über Berlin. Ich sehe die Erde wie eine Kugel vor mir, auf der nun die weißen Tauben (= **Flugzeuge**) heranfliegen, eine sehr große Zahl vom Sand[8] herauf. Und dann regnet es einen gelben Staub[9] in einer Linie. Die Goldene Stadt (**Prag**) wird vernichtet, da fangt es an. Wie ein gelber Strich geht es hinauf bis zu der Stadt in der Bucht[10]. Eine klare Nacht wird es sein,

---

[2] Es ist möglich, daß Fotos, Bilder oder Personenbeschreibungen der beiden Mörder durch Zeitungen/Television gehen.

[3] Durch andere Seher bestätigtes Kriegsvorzeichen.

[4] Äußerst kurzfristiges Kriegsvorzeichen.

[5] also der vom Osten = Warschauer Pakt.

[6] schwarz: Drohend schwarz kommen Menschen und Material (z. B. in der Abenddämmerung, in der einfallenden Dunkelheit) herein.

[7] Bis Regensburg: Das heißt *vermutlich:* oberhalb Regensburg. Vgl. S. 110. (Die Donau fließt von West nach Ost.)

[8] vom Sand herauf: Nicht geklärt. Aus Wüstengebieten wie z. B. Anliegerstaaten des Persischen Golfes oder Roten Meeres?

[9] gelben Staub: Chemische Kriegführung, von oben abgeworfener chemischer Staub.

[10] Bucht: z. B. Pommersche Bucht, Lübecker Bucht, Danziger Bucht.

wenn sie zu werfen anfangen. Die Panzer fahren noch, aber die darin sitzen, sind schon tot[11]. Dort, wo es hinfällt, lebt nichts mehr, kein Baum, kein Strauch, kein Vieh, kein Gras, das wird welk und schwarz. Die Häuser stehen noch. Was das ist, weiß ich nicht und kann es nicht sagen. Es ist ein langer Strich. Wer darüber geht, stirbt. Die herüben (westlich des Striches) sind, können nicht hinüber (nach Osten zurück) und die drenteren (östlich Stehenden) können nicht herüber (nach Westen), dann bricht bei den Heersäulen herüben (im Westen) alles zusammen[12]. Sie müssen alle nach Norden. Was sie bei sich haben, schmeißen sie alles weg. Zurück kommt keiner mehr. ....

In einer früheren Auflage seines Buches läßt Dr. Adlmaier uns wissen, daß der von Irlmaier vorausgesagte gelbe Staub gemäß den Worten des Sehers mit sogenannten schwarzen Kastl (= schwarzen Kästen) im Zusammenhang steht, welche etwa 25 mal 25 Zentimeter groß sind und nach Abwurf explodieren.

Irlmaier:

.... Des (= Das) san (= sind) Teufelsbrocken. Wenn sie explodieren, dann entsteht ein gelber und grüner Staub oder Rauch, was drunter kommt, ist dahin, obs Mensch, Tier oder Pflanze ist. Die Menschen werden ganz schwarz und das Fleisch fällt ihnen von den Knochen, so scharf ist das Gift. ....

Eine italienische Seherin, die Gräfin Beliante, sagte 1923:

.... Ganz Europa wird in einen gelben Dunst gehüllt. Alle, die diesen Dunst atmen, werden sterben. Die Häuser und Kirchen werden niederbrennen und das Vieh auf den Weiden wird an diesem Dunste sterben. ...

Der rheinländische Seher Spielbähn = Bernhard Rembort (1689–1783) sah voraus:

---

[11] schon tot: Keine Neutronenbombenwirkung, sondern Folge des gelben Staubes, also Folge chemischer Kriegführung.

[12] Es bricht bei den nach Westen eingedrungenen Angreifern (schließlich) alles zusammen, weil der unüberquerbare lange Strich (= die gelbe Linie) den Nachschub aus Osten wirksam unterbricht. Zu diesem Zeitpunkt der Strichziehung sind aber bereits enorm umfangreiche östliche Kräfte in den Westen eingeflutet und befinden sich zunächst auf sehr schnellem Vormarsch.

.... Es wird Gift regnen auf das Feld, wodurch ein großer Hunger ins Land kommt. ....

Der gelbe/grüne Staub/Dunst/Rauch/Nebel erscheint in weiteren Voraussagen der Seher. Es handelt sich zweifelsfrei um eine sehr gefährliche Form der Kriegführung mit chemischen Waffen. Die Militärs bestätigen, daß chemische Waffen *kein* Überbleibsel aus WK I und WK II sind, sondern daß mit dieser Form des Krieges auch und besonders in WK III zu rechnen sein wird. Ich habe diesem Punkt ein wenig Aufmerksamkeit gewidmet, weil er in zahlreichen Kommentierungen von Sehervoraussagen meines Erachtens nicht annähernd ausreichend gewürdigt wird.

Mathäus Lang, genannt Mühlhiasl, Sohn des Müllers Mathias Lang, lebte im 18. und 19. Jahrhundert im Bayerischen Wald. Erneut ist es Dr. C. Adlmaier, der qualifizierte Auskünfte über Person und Voraussagen auch dieses Sehers Mühlhiasl zu geben vermag. Die Aussagen des Mühlhiasl sind uns – soweit noch erhalten – nur mündlich überliefert, dies allerdings recht zuverlässig. Der beste Beweis hierfür liegt darin, daß diese Voraussagen bisher sehr zahlreich und schlüssig eingetroffen sind. Es ist faszinierend, die näheren Einzelheiten, die ich aus Raumgründen nicht anführen kann, in eigener Initiative nachzulesen.

Die Vorzeichen-Angaben für WK III seitens dieses Sehers sind nur begrenzt in brauchbarer Weise zu konkretisieren. Unter anderem sagt Mühlhiasl:

.... Kurze Sommer werden kommen, Winter und Sommer wird man nicht mehr auseinanderkennen. ....

Zudem ist gemäß den Angaben mehrerer Seherinnen und Seher – also nicht nur des Mühlhiasl – noch vor WK III mit inneren, sozial bedingten Unruhen für Bayern bzw. die Bundesrepublik Deutschland zu rechnen.

Andere Seher nennen diesbezüglich weitere europäische Länder (z. B. Italien, Großbritannien, Frankreich) und sogar bürgerkriegsähnliche Zustände.

Die WK III- und Folgezeit-Voraussagen des Mühlhiasl sind überwiegend auf das Gebiet seiner Heimat, den Bayerischen Wald und Umgebung, zu beziehen. Mühlhiasl (in Auszügen):

.... Über Nacht wird's geschehen. Über den Hühnerkobel und über den Falkenstein, über den Rackel werden sie kommen, die Rotjankerl (= Rotjacken) ....

Die drei genannten Berge liegen im Bayerischen Wald. Den Bau der Straße Straubing–Pilmersberg/Pilgramsberg (das ist die heutige Straße Straubing–Stallwang–Cham) hatte der Seher zutreffend vorausgesagt. Auf diese Straße bezugnehmend:

.... Auf dieser Straß kommen's einmal heraus, d'Rotjankerl ....
.... Die Franzosen sind's nicht, rote Hosen haben's auch nicht an, aber die Roten sind's ....
.... Wenn die Roten einmal kommen, dann muß man laufen, was man kann, und sich verstecken ....

Diese Voraussage scheint spezifisch gewissen Gegenden des Bayerischen Waldes zu gelten, denn der Seher Mühlhiasl stammt aus dieser Region und rät zudem lokal bekannte Verstecke an.

.... Wer's überlebt, muß einen eisernen Schädel haben ....

Auch diese Ansage scheint Gebiete des Bayerischen Waldes zu betreffen und die hier verbreitete Form der chemischen Kriegführung.

.... Auf d'Letzt (= zuletzt) kommt der Bänker-a-ramer ....

Das heißt deutlicher: Bänkeabräumer, Bankabräumer, also Massensterben. Mit diesem Wort will Mühlhiasl nicht nur WK III bezeichnen, sondern auch zusätzliches Geschehen umfassen, z. B. die später zu erwähnende Staubtod-Finsternis mit Erdkippen und nachträglich todbringende Kriegsfolgen.

Der Benediktinermönch Ellerhorst (Lit.-Verz.) führt in seinem Werk die Voraussage des Mönches vom Berge Jasna Gora bei Tschenstochau (Polen, 17. Jahrhundert). Ich entnehme im Auszug:

.... Später wird im Norden ein großer Komet (= Halley'scher Komet) aufsteigen, eben der, welcher sich schon im Jahre 1680 gezeigt hat, und dieser Komet wird großes Unglück mit sich bringen. Im Nordosten (= Rußland) werden die Völker in großen Haufen ausziehen und bis an das mittägliche Meer (= Mittelmeer) viele Reiche überschwemmen. Sie werden aufwärts des Stromes wandern, welcher sich mit sechs Armen in den Pontus Euxinus (= Schwarzes Meer) ergießt (= Donau), sowie niederwärts des Stromes von Rom, der sich in das mittägliche Meer (= Mittelmeer) wendet (= Tiber). Unweit des Ausflusses in einer weiten Ebene (= Tiberebene) wird unter Anführung eines Nachkommen des großen Adlers (= Napoleon) von der Felseninsel (= Korsika) eine gewaltige Schlacht geliefert. Die wilden Horden werden besiegt und ziehen den Weg, den sie gekommen, zurück, aber nur wenige werden die Wüsten ihrer Heimat (= Sibirien, Mongolei) erreichen. Ehe der Komet erscheinen wird, werden noch viele Völker[13], das erleuchtete Volk ausgenommen[14], von Not und Elend heimgesucht werden. Das große Reich im Meer, welches von einem Volke verschiedenen Stammes und Ursprunges (= Kelten, Angelsachsen, Normannen = Großbritannien) bewohnt ist, wird durch Erdbeben, Sturm und Wasserflut verwüstet werden. Es wird in zwei Inseln geteilt werden und dabei zum großen Teile untergehen[15]. ....

Zur Frage des Kometen: Es ist klar, daß der Halley'sche Komet gemeint ist. Die Angabe, daß er sich schon im Jahre 1680 gezeigt habe, scheint mir ziemlich oder sehr genau. Vielleicht ließe sich auch 1681/82 schreiben. Ich überlasse die Feststellung den Historikern und Astronomen. Die Umlaufzeit des Kometen beträgt 76,008 Jahre. Er erschien letztmalig 1910, und zwar beeindruckend, indem sein Schweif fast den ganzen Himmel durchquerte. Ca. vier Jahre später begann WK I.

Sein nächstes Erscheinen ist 1985/86 zu erwarten. Der Seher spricht vom Aufsteigen eines großen Kometen als Vorankündigung großen Unglücks (= WK III). Experten nehmen allerdings an, daß das Erscheinen des Halley'schen Kometen diesmal nicht spektakulär ausfallen wird, insbesondere nicht auf der nördlichen Halbkugel. Wir werden sehen.

---

[13] viele Völker: Korea, Algerien, Vietnam, Afghanistan usw., Völker der dritten Welt, welche in Armut leben. Anspielung auf die ständigen lokal begrenzten Kriege und Krisenherde in der Welt der Gegenwart.

[14] das erleuchtete Volk: Aus einem anderen Teil des Auszuges geht klar hervor, daß Deutschland gemeint ist. Der Seher meint es mit dieser Bezeichnung ernst und dürfte seine Gründe hierfür gehabt haben. Er spricht hinsichtlich dieses Ausdruckes von der Zukunft irgendwann nach WK III. Eine Anspielung auf die sog. »Herrenrasse« liegt nicht vor.

[15] Seherisch mehrfach bestätigt.

Wiederum entsprechend den Aufzeichnungen des Benediktinermönches Ellerhorst (Lit.-Verz.) sah ein an der Grenze Baden/Schweiz wohnhafter katholischer Pfarrer 1923 voraus:

.... Der Norden Deutschlands wird (während WK III kurzfristig) bolschewistisch werden. Auch Westfalen wird in die Hände der Bolschewisten fallen. Es werden dann schwere Kämpfe mit den Franzosen[16] am Niederrhein stattfinden, wobei Köln hart heimgesucht wird[17]. Aus dem Süden Deutschlands wird ein aus Süddeutschen und Österreichern gebildetes Ordnungsheer anrücken, das anfangs klein, immer mehr Zuwachs bekommen wird. Im Verein mit den rheinischen und französischen Truppen wird es die Bolschewiken, Russen und Preußen (= DDR-Truppen) vollständig niederwerfen. Die letzte Schlacht wird zwischen Essen und Münster stattfinden[18]. Hierauf wird zu Köln am Rhein die Krönung des neuen Kaisers[19], der das Heer geführt hat, stattfinden durch den Papst[19]. Dann wird der Kaiser den Papst nach Rom zurückführen und in Italien Ordnung schaffen. ....

Der Einsiedler Antonius, geboren 1820, lebte im Bistum Köln. Auszug gemäß vorerwähntem Benediktinermönch Ellerhorst (Lit.-Verz.), der sich bezieht auf Abbé J. M. Curique: »Voix prophetiques« = »Prophetische Stimmen/Seherstimmen«, Luxemburg, 1871.

Antonius:

.... Der Krieg wird einmal im Elsaß von neuem ausbrechen[20]. Ich sah die Franzosen im Besitz des Elsaß (korrekt, Gegenwart). Sie hatten Straßburg im Rücken[21]. Ich sah auch Italiener bereit, an ihrer Seite zu

---

[16] schwere Kämpfe mit den Franzosen: Gemeint sind schwere Kämpfe der Russen (und DDR-Truppen) mit den Franzosen.

[17] Köln hart heimgesucht: Seherisch vielfach bestätigt.

[18] Es handelt sich um jene Schlacht, die von vielen Sehern bezeichnet wird als die Schlacht am Birkenbaume, die Schlacht am Birkenbäumchen. Näheres hierzu in Kürze.

[19] In ähnlicher Weise seherisch des öfteren bestätigt.

[20] Das heißt: ausbrechen wird WK III (auch) im Elsaß insofern, als er vom Warschauer Pakt kommend über Deutschland zum Elsaß getragen wird. (Und von hier aus weiter, bis tief hinein nach Frankreich.)

[21] Das heißt: In der hier angesprochenen WK III-Situation stehen die Franzosen östlich Straßburg bzw. östlich des Rheins. Das ist seherisch mehrfach bestätigt. Die Franzosen kommen als großartige Kämpfer den Deutschen zu Hilfe.

kämpfen. Plötzlich kamen von der französischen Seite aus Metz und Nancy große Truppentransporte, worauf eine Schlacht begann und zwei Tage dauerte und mit der Niederlage des preußischen Heeres (= DDR-Truppen) endete. Die Franzosen verfolgten die Preußen (= DDR-Soldaten) über den Rhein nach vielen Richtungen hin. In einer abermaligen Schlacht bei Frankfurt wurden die Preußen (= DDR-Soldaten) wieder geschlagen. Sie zogen sich bis Siegburg zurück, wo sie zum russischen Heere stießen. Die Russen machten gemeinsame Sache mit den Preußen (= DDR)[22]. Mir schien es, daß die Österreicher den Franzosen halfen. Die Schlacht bei Siegburg war etwas noch nie Dagewesenes an Schrecklichkeit. Ähnliches wird nie mehr geschehen. Nach einigen Tagen zogen sich die Preußen (= DDR-Soldaten) und Russen zurück und gingen eineinhalb Meilen unterhalb Bonn auf das linke Rheinufer. Stetig vom Feind bedrängt, zogen sie sich nach Köln zurück. Die Stadt wurde beschossen, nur ein Viertel der Stadt blieb unversehrt. Stets auf dem Rückzuge, retteten sich die Reste der preußischen (= DDR-) Armee nach Westfalen. Dort war die letzte Schlacht ebenfalls zu ihren Ungunsten. Die Leute freuten sich, endlich die Preußen los zu sein. Sie klatschten in die Hände, und ihre Gesichter strahlten vor Freude.

Nun wurde der neue Kaiser in Deutschland gewählt. Er schien ungefähr 40 Jahre alt zu sein. Der neue Kaiser und der Papst hatten eine Zusammenkunft. ....

.... Nach der Schlacht in Westfalen kehrten die Franzosen in ihr Land zurück. ....

Ein Franziskanermönch in Werl veröffentlichte im Jahre 1701 auf Betreiben des Klosteroberen seine Visionen. Auszüge aus Winfried Ellerhorst, der sich stützt auf: Beykirch, »Prophetenstimmen«.

.... Es wird ein fürchterlicher Krieg entstehen. Auf der einen Seite werden alle Völker des Westens (= NATO), auf der andern alle des Ostens stehen (= Warschauer Pakt). In fürchterlichen Scharen werden jene (des Ostens) herankommen. Lange[23] wird man mit unentschiedenem Glücke kämpfen, bis man endlich in die Gegend des Rhei-

---

[22] Schon heute korrekt. 1820 vorausgesagt. Eines von unzähligen Beispielen für die Voraussagefähigkeiten der Seher(innen).

[23] Lange: Worte wie lange, bald, bald danach usw. sind in Sehervoraussagen oft reichlich »elastisch« zu werten. Bei der späteren Datierung von WK III werden wir sehen, daß der Krieg insgesamt sehr kurz ist.

nes kommt. Dort wird man kämpfen drei Tage lang, sodaß das Wasser des Rheines rot gefärbt sein wird, bis es bald nachher zur Schlacht am Birkenbäumchen (= **Westfalen**) kommt. Da werden weiße[24], blaue[25] und graue (= **feldgrau**) Soldaten kämpfen mit solcher Macht und Wut, daß jene Scharen (= **die o. e. Scharen des Ostens**) vollkommen aufgerieben werden, und dann wird Ruhe und Frieden sein. Doch jene Zeit wird eintreten, wenn allenthalben Unzufriedenheit, Mißachtung der Religion eintreten wird. Wenn niemand mehr gehorchen, niemand mehr untertan sein will, wenn man Reiche und Arme nicht mehr unterscheiden kann, dann glaubt, daß jene Zeit nahe ist. Treue und Glauben wird nicht mehr zu finden sein. . . . .

. . . . Mitten in Deutschland werden sie aufeinander treffen, nachdem die Einwohner gezwungen sind, sich in die Berge[26] und Wälder[26] zu flüchten. In den Gegenden Niederdeutschlands wird dieser schreckliche Kampf entschieden werden. Daselbst werden die Heere Lager schlagen, wie sie der Erdkreis noch nie gesehen hat. Am Birkenwäldchen[27], nahe bei Bodberg, wird dieses schreckliche Treffen beginnen[27]. Wehe, armes Vaterland! Drei Tage werden sie dort kämpfen; bedeckt mit Wunden werden sie sich noch gegenseitig zerfleischen und bis an die Knöchel im Blute waten. Die bärtigen Völker des Siebengestirns (= **Westen**) werden siegen, doch ihre Feinde werden sich wieder stellen und mit äußerster Verzweiflung kämpfen. Dort wird jene (= **östliche**) Macht vernichtet, ihre Kraft zerbrochen, so daß kaum einige (**Soldaten des Ostens**) übrig bleiben, um die unerhörte Nachricht zu verkünden. . . . .

. . . . Der Fürst (**General, möglicherweise adlig**), der jene große Schlacht schlagen wird, wird von Bremen (= **Ortschaft in Westfalen**) nach der Haar reiten[28]. Dort wird er sein Ruhekissen[29] fordern und mit seinem Fernrohr nach der Gegend des Birkenbaumes sehen und

---

[24] Die Farbe Weiß ist symbolisch die Farbe der »Guten«. Aber auch Schutzkleidung gegen Hitzestrahlung bei N̲uklear B̲omben E̲xplosion (NBE) ist möglich.

[24] + [25] Die NATO-Flagge ist weiß-blau.

[26] Berge und Wälder sind für Panzer ungeeignet. Die konventionelle Macht des Ostens liegt zu einem nicht geringen Teil in seinen überreichlich vorhandenen Panzern.

[27] Ich stelle klar, daß die Schlacht am Birkenwäldchen/Birkenbäumchen/Birkenbaum eine der späten, vielleicht sogar die letzte WK III-Schlacht auf deutschem Boden sein wird.

[28] in seinem Panzer »reiten«.

[29] Ruhekissen: Es gibt Erklärungsmöglichkeiten für diesen Ausdruck.

die Feinde betrachten. Bei Holtum steht ein Kruzifix (= **Kreuz**) zwischen zwei Lindenbäumen; vor diesem wird er niederknien und eine Zeitlang mit ausgestreckten Armen beten. Darauf wird er seine Soldaten, die weiß gekleidet[30] sind, ins Treffen führen und nach blutigem Kampfe Sieger bleiben. An einem Bache, der von Abend (= **Westen**) nach Morgen (= **Osten**) fließt, wird das Hauptmorden sein. Wehe, wehe Budberg und Söndern in diesen Tagen! Nach dem Kampfe wird der kriegerische Feldherr in der Kapelle zu Schaffhausen an der Haar eine Anrede halten. ....

Die Auszüge nennen unter anderen die Orte Bodberg (Druckfehler?) und Budberg. Der erstgenannte Ort wird von meinem guten Atlas nicht geführt. Es gibt zwei Orte des Namens Budberg, den einen im Rheinland ca. 10 km nordwestlich Duisburg, den anderen in Westfalen, jeweils ca. 15 km östlich Unna und südlich Hamm gelegen. Unter weiteren Ortsangaben erscheint auch der Name Söndern. Es mag sich um Sundern bzw. um das ca. 25 km südöstlich Lüdenscheid gelegene Sondern handeln. Es bleibe ungeklärt, ob die gegen Ende des Seherberichtes in Verbindung mit doppeltem Wehe genannten Budberg und Söndern mit dem Einsatz kleiner oder großer Nuklearwaffen in Verbindung zu bringen sind.

Übrigens werden die Zerstörungskräfte von Nuklearwaffen im Verhältnis zu jenen konventioneller Kriegführung gern unrichtig eingeschätzt. Die sogenannten konventionellen Waffen sind auch in dieser Hinsicht inzwischen stark weiterentwickelt worden. Und noch ein übriges: Vielfach dürfte unbekannt sein, daß es längst kleine Nuklearwaffen gibt, die für die lokal recht begrenzte Vernichtung anwendbar sind. Sie lassen sich beispielsweise aus Kanonen verschießen. Mit Wahrscheinlichkeit wird man sich derlei in WK III zu bedienen wissen. Es muß nicht immer gleich die große Stark-NBE sein, die nur allzu leicht auch die eigenen Soldaten bekriegt.

Rudolf Putzien (Lit.-Verz.) gibt in seinem Werk in kurzen Auszügen Voraussagen eines im Dorf Elsen bei Paderborn ansässigen Bauern, des sogenannten Jungen von Elsen, wieder, die von Kutscheit im Jahre 1848 in Bonn veröffentlicht wurden. Einige hiervon lauten:

---

[30] weiß gekleidet: Weiß als Schutz gegen die Hitzewelle nach zu erwartendem Nuklearwaffeneinsatz. Hier wird also bereits mit kleinen oder großen Nuklearwaffen gekämpft, oder man befürchtet jederzeit deren Einsatz.

.... Wenn am Bocke Gerste steht, dann wird der Feind im Lande sein und alles umbringen und verwüsten. ....

.... Die Stadt (= Paderborn) wird acht saure Tage haben, wo der Feind darin liegen wird. Am letzten Tage wird er die Stadt plündern wollen, aber fürchtet nichts! Tragt nur euer Bestes von unten nach oben, denn der Feind wird nicht Zeit haben, seine Schuhriemen zu binden, so nahe sind eure Helfer. ....

.... Auch wird man vom Liboriberg aus die Stadt in Brand schießen wollen, doch nur eine Kugel wird treffen und ein Haus in Brand setzen auf dem Kampe; das Feuer wird aber gelöscht werden. ....

.... Die Franzosen kommen, nicht als Feinde, sondern als Freunde und Helfer. Solche mit blanker Brust (?) werden zum Westtore hereinziehen und ihre Pferde (= Motorfahrzeuge) auf dem Domhof an die Bäume binden (= parken). ....

.... Der Feind wird fliehen nach Salzkotten zu und nach der Heide hin. An beiden Stellen wird eine große Schlacht geschlagen werden. ....

.... Die aus der Stadt ihn verfolgen, mögen sich hüten, über die Alme-Brücke zu gehen, denn keiner, der hinübergeht, wird lebend zurückkommen. ....

Putzien führt unter anderen einen Auszug aus L. F. Schmitz: »Peter Schlinkert, der Seher im Möhnetale«, Lippstadt, 1850:

Peter Schlinkert:

.... Am Birkenbaume wird die Armee des Westens gegen die Armee des Ostens eine furchtbare Schlacht kämpfen und nach vielen blutigen Opfern den Sieg erringen. Die Krieger des Ostens nehmen in wilder Flucht ihre Retirade (= Rückzug) über die Haar, und wenn die Bewohner unserer Dorfschaften dann den Ort Rune an der Werler Haar brennen sehen, mögen sie nur schleunigst in den Arnsberger Wald flüchten. Am Wirtshause des Kaiser (zu Stockum) werden viele Reiter (= motorisierte Soldaten) in weißen (!) Mänteln halten und einen Trunk Wasser verlangen; ehe aber die Hausfrau ihnen einen solchen zureicht, jagen sie auf und davon, denn die Krieger aus dem Osten (= **die Soldaten des Ostens**) sitzen ihnen auf den Fersen. Die Arbeiter an der Straße müssen Spaten und Hacke im Stich lassen, so schnell wird der Andrang des Kriegsvolkes sein. Und ein anderes Gefecht findet an der Ruhrbrücke bei Obereimer statt, jedoch wird man hier nur[31]] mit

Artillerie[31] kämpfen und- bei dieser Gelegenheit die drei zunächst Obereimer stehenden Häuser Arnsbergs in Brand schießen. Einige Tage später geschieht zwischen den Kriegern aus Osten und Westen die zweite[32] und letzte[32] große Schlacht auf deutschem Boden[32], und zwar bei dem Dorfe Schmerlecke am sogenannten Lusebrinke. Die Heere des Ostens werden bis zur totalen Vernichtung geschlagen, und nur sehr spärlichen Überbleibseln wird es vergönnt sein, die Kunde von der ungeheuren Niederlage in ihre Heimat zu bringen. Ein gräßliches Wehe, Wehe dir, Hellweg[33]! In Soest wird eine ganze Straße bis zur alten Kirche abbrennen, und das Blut der Gefallenen wird sich stromweise ins Jakobitor ergießen. ....

Neben weiteren Seherstimmen gibt Putzien gemäß der Veröffentlichung von Prof. Friedrich zur Bonsen »Die Völkerschlacht der Zukunft am Birkenbaume«, Köln 1907, folgende Überlieferungen zur Kenntnis:

.... Die Stadt Unna wird man in lichten Flammen sehen, Werl ebenso und die Ostseite von Dortmund. ....
.... Die Bewohner des Hellwegs müssen die Haar hinauf flüchten: Sobald der Kanonendonner aus der Gegend von Münster herüberrollt, dann ist es Zeit. Wer nur einen Fuß[34] in der Ruhr hat[34], wird gerettet. ....

Arthur Hübscher (Lit.-Verz.) führt die Voraussage eines Johann Peter Knopp von Ehrenberg, der zwischen 1714 und 1794 lebte. Sie wurde 1859 gedruckt. In Auszügen lautet sie:

---

[31] nur mit Artillerie: Der Seher Peter Schlinkert wußte also schon zu seiner Zeit, daß zur Zeit des Eintreffens seiner Voraussage mit mehr und anderem als nur mit Artillerie gekämpft werden wird.

[32] Diese Bezeichnungen will ich nicht mit der Lupe untersuchen. Es kommt bei Derartigem meist auf das »Gesichtsfeld«, den Überblick des Sehers an und auch auf Definitionen. Der Seher hat in diesem Fall ganz gewiß insofern Recht, als es sich bei der von ihm genannten Schlacht um ein Kämpfen handelt, an welchem viele Soldaten teilnehmen und welches in diesem Sinne eins der letzten oder das letzte von WK III sein wird. Die vom Seher genannte Ordnungszahl zweite legen wir nicht auf die Goldwaage.

[33] Putzien definiert den Hellweg wie folgend: »Hellweg heißt der alte Heerweg, der vom Niederrhein nach der Weser führt. Nördlich reicht dieses Gebiet bis zur Lippe, südlich wird es durch die Haar begrenzt.«

[34] Wer nur einen Fuß in der Ruhr hat, wird gerettet: Das ist zweideutig. Wir vermuten einmal als Möglichkeit, daß in der Nähe eine NBE erfolgt. Die der angenommenen NBE folgende Hitzewelle könnte, bedingt durch die Nähe der NBE, lebensgefährlich sein. Wer dann der Ruhr so nahe wäre, daß er sich mit einem einzigen Satz ins Wasser werfen könnte, der hätte gute Chancen, den tödlichen Verbrennungen zu entgehen.

.... Dann wird es Krieg geben, wenn keiner es glaubt (= völlig überraschend[35]), man wird fürchten[36] und es wird wieder ruhig und jeder sorglos sein[36]. Wenn die Brücke zu Köln fertig sein wird, wird Kriegsvolk gleich darübergehen. Man wird eine Straße von Linz nach Asbach bauen durch den Erpeler Büsch, aber sie wird nicht fertig werden.
.... Und es wird ein Krieg sein, wie vordem nicht erlebt worden, aber er wird nicht lange dauern[37]. .... Es wird hart hergehen, besonders bei Coblenz. Von (?) Leutesdorf/(?)Hammerstein bis Unkel wird es noch leidlich sein, wiewo es auch hier hart hergeht. Die Linzer werden viel leiden und viele alles verlassen und im Gebüsche wohnen, müssen aber dabei Gott noch danken. Aber bei Unkel und vom Siebengebirge an wird das Blut in Strömen fließen. Es wird ein gutes Jahr[38]/drei gute Jahre vorhergehen, denen drei Mißjahre voller Elend und Drangsale folgen. .... Die Fremdlinge werden nach hartem Widerstand geschlagen. ....

Der Kleinbauer Wessel Dietrich Eilert, genannt der »alte Jasper«, lebte von 1764 bis 1833. Arthur Hübscher (Lit.-Verz.) führt ihn als den Patriarchen der westfälischen Seher. Nach Maßgabe der Qualität und Übersichtlichkeit des folgenden Auszuges stimme ich zu.

.... Hierauf wird eine andere Krieg ausbrechen. Ein Religionskrieg wird es nicht werden, sondern diejenigen, so an Christus glauben, werden zu Haufen halten wider diejenigen, welche nicht an Christus glauben[39]. Aus Osten wird dieser Krieg losbrechen. Vor Osten habe ich bange. Dieser Krieg wird sehr schnell ausbrechen. Abends wird man sagen: Friede, Friede und es ist kein Friede, und Morgens stehen die

---

[35] Viele Seher betonen den völlig überraschend erfolgenden Ausbruch von WK III.

[36] man wird fürchten (daß es Krieg gibt), und es wird wieder ruhig und jeder sorglos sein: Nicht nur während der Kuba-Krise und während der 1980er Afghanistan-Iran-USSR-USA-Krise, auch zwischen diesen Krisen gab es kritische Situationen, deren Gefährlichkeit dem breiten Publikum teils nicht bekannt gemacht, teils nicht bewußt wurden. Derlei wird sich wiederholen, man wird sich eine beachtliche Routine-Einstellung zulegen im Nicht-Wahrhabenwollen der fast stetig gegebenen Kriegsgefahr. Obiger Seher tadelt die Sorglosigkeit und damit auch das Unvorbereitetsein.

[37] Viele Seher heben die Kürze von WK III hervor.

[38] Bestätigt durch Irlmaier.

[39] Der heutige, östliche Kommunismus ist prinzipiell religionsfeindlich. Er ist allenfalls ein leidlicher Dulder von Religion und Kirche.

Feinde schon vor der Thüre[40]; doch schnell geht's vorüber[41], und sicher ist, wer nur einige Tage ein gutes Versteck weiß.
Auch die Flucht (der Feinde) wird sehr schnell sein. Man werfe Karren und Rad[42] ins Wasser, sonst nehmen die fliehenden Feinde alles Fuhrwerk mit. Vor diesem Kriege wird eine allgemeine Untreue eintreten, die Menschen werden Schlechtigkeit für Tugend und Ehre, Betrügerei für Politesse ausgeben[43]. <u>In dem Jahre, wo der Krieg losbricht, wird ein so schönes Frühjahr sein, daß im April die Kühe schon im vollen Grase gehen</u>[44]. Das Korn wird man noch einscheuern können, aber nicht mehr den Hafer.
Die Schlacht wird am Birkenbaume zwischen Unna, Hamm und Werl stattfinden[45]. Die Völker der halben Welt[46] werden sich dort gegenüberstehen. Gott wird mit schrecklichem Sturme[47] die Feinde schrekken. Von den Russen werden da nur wenige nach Hause kommen, um ihre Niederlage zu verkünden.
Im Jahre 1850[48] ist der Krieg beendet und 1852[48] alles geordnet.
Die Polen kommen anfangs unter[49]. Sie werden aber gegen ihre Bedränger mitstreiten[49] und endlich einen König erhalten.

---

[40] Auch hier der im Ausbruch von WK III liegende Überraschungseffekt und das gewaltig schnelle Vorrücken der östlichen Truppen. Der Angriff auf die Bundesrepublik Deutschland beginnt irgendwann zwischen nachmittags und nachts.

[41] Betonung der Kürze von WK III, seherisch vielfach bestätigt.

[42] Ein Fahrrad zur Zeit von WK III und danach: wohl dem, der es hat.

[43] Andere Seher drücken sich ähnlich aus. Diese Kennzeichnungen sind in der Tendenz schon für die Gegenwart zutreffend.

[44] Ich halte diese Angabe für ein wichtiges Kriegsvorzeichen. Es muß ungeklärt bleiben, ob auch Irlmaier sich in einem ähnlichen Sinne geäußert hat.

[45] Die Schlacht am Birkenbaume ist natürlich nicht die einzige Schlacht von WK III. Der alte Jasper sah sie als diejenige, die die größte in seiner westfälischen Heimat darstellt. Deshalb sagt er: Die Schlacht. . . . Ich wiederhole, daß die Schlacht am Birkenbaume eine der letzten großen Schlachten von WK III sein wird. Die Region Unna, Hamm, Werl wird nicht nur vom alten Jasper mit der Birkenbaum-Gegend in Verbindung gebracht.

[46] Bemerkenswerte Aussage, seherisch vielfach gestützt.

[47] mit schrecklichem Sturme: Nach NBE folgt stets die (Luft-) Druckwelle mit unerhörten Windgeschwindigkeiten. Dies ist die wörtliche Auslegung. Aber auch eine Interpretation im übertragenen Sinne ist möglich.

[48] Typische Fehldatierung: Wenn ein Seher *selbst* Daten nennt, so liegt er meist falsch. Die Qualität der Voraussage wird dadurch nicht geschmälert.

[49] Das soll heißen: Die Polen kommen anfangs im Rahmen des Warschauer Paktes. Sie werden aber im Verlauf gegen ihre Bedränger (= Russen) mitstreiten und endlich einen König erhalten. Der alte Jasper ist nicht der einzige Seher, der Polen als Königreich voraussieht.

Frankreich wird innerlich in drei Theile gespalten sein[50]. Spanien wird nicht mitkriegen. Die Spanier werden aber nachkommen und die Kirchen in Besitz nehmen[51].
Östreich wird es gut gehen, wenn es nicht zu lange wartet[52].
Der römische Stuhl wird eine Zeitlang ledig stehen[53]. Der Adel kommt sehr herunter, aber 1852[54] (= nach dem Krieg) kommt er wieder etwas in die Höhe. ....

....Die Soldaten (des Westens) werden erst zum Kampf (Spannungsfall oder Manöver?) ziehen, dann aber mit Kirschenblüten wiederkommen. Und alsdann wird es erst recht losgehen (= WK III).
Deutschland bekommt (nach WK III) einen König, und dann folgen glückliche Zeiten. ....

Diese Voraussagen wurden 1848 in zwei Versionen gedruckt, von denen eine teilweise unrichtig ist. Aus der (nicht wiedergegebenen) *falschen* Kirschenblüten-Passage wurde in einer kürzlichen Bucherscheinung abgeleitet, daß der Angriff des Warschauer Paktes auf die Bundesrepublik Deutschland und NATO zur Zeit der Kirschenblüte erfolgen müsse. Es ist zu *berichtigen*, daß WK III als ein reiner *Sommerkrieg* deutlich nach der Kirschenblüte über den Westen hereinbricht. Ich wiederhole die richtige Kirschenblüten-Passage:

....Die Soldaten (des Westens) werden erst zum Kampf ziehen, dann aber mit Kirschenblüten (= im Frieden) wiederkommen (von einem nicht erfolgten Kampfe). Und alsdann wird es erst recht losgehen (= WK III). ....

Allerdings läßt sich auch der nicht wiedergegebenen Kirschenblüten-Passage Wertvolles entnehmen. Die heimkehrenden, westlichen Soldaten werden nämlich die Kirschenblüten besonders an ihren Tscha-

---

[50] Bezieht sich auf die Vor-WK III-Verhältnisse in Frankreich, d. h. auf den französischen Bürgerkrieg.

[51] Eine Voraussage, die ich in dieser Form sonst nirgends fand. Offenbar Anspielung auf Bürgerkrieg in Spanien.

[52] wenn es nicht zu lange wartet: Das könnte bedeuten, daß Österreich zur rechten Zeit seine Neutralität aufgeben und aktiv in WK III mitkämpfen möge, doch ist diese Auslegung ungewiß.

[53] Viele Seher bestätigen, daß der Papst vor oder während WK III aus Rom flüchtet und vorübergehend das Ausland aufsucht.

[54] Vgl. Fußnote [48].

kos (= Stahlhelmen) tragen, gewissermaßen als Zeichen des Friedens und dafür, daß es »nochmal gutgegangen« ist. Nun vergeht noch eine kurze Zeit . . .

. . . . Und alsdann wird es erst recht losgehen. . . . .

Kirschenblüten an den Stahlhelmen westlicher Soldaten werden hoffentlich nicht nur in Westfalen/Niedersachsen/Bundesrepublik Deutschland zu beobachten sein. Als ernstes Kriegsvorzeichen sind sie auch dann zu werten, wenn sie in Zeitung und Fernsehen erscheinen.

Der Seher Hepidanus von St. Gallen war (um 1080) Mönch des Klosters St. Gallen. Ellerhorst (Lit.-Verz.) führt die langen Voraussagen dieses Mannes unter der Jahreszahl 1081. Ich entnehme nur kurze Auszüge.

. . . . Aber es wird bald[55] ein Tag anbrechen, da wird ein Licht aufgehen um Mitternacht im Norden und heller[56] strahlen wie die Mittagssonne des Südens[56]. Und der Schein[56] der Sonne[56] wird verbleichen[56] vor jenem Lichte[56]. Alsbald aber wird sich eine düstere Wolke[57] lagern zwischen jenem Licht und der Menschheit, die danach hinblickt. Ein furchtbares Gewitter[57] wird sich aus dieser Wolke[57] bilden. Es wird den dritten Teil der Menschen verzehren, die dann leben werden. Und der dritte Teil aller Saatfelder und Ernten wird zerstört werden. Auch der dritte Teil der Städte und Dörfer, und überall wird große Not und Jammer sein. . . . .

. . . . Der Donner rollte furchtbar und glühende Blitze durchzuckten den Himmel[58]. . . . .

---

[55] bald: Dieses Wort steht hier für einen Zeitabstand von ca. neun Jahrhunderten. Der Seher stand sehertypisch unter dem Eindruck, das von ihm Vorausgesehene müsse nun zwangsläufig auch bald eintreffen, da er es sonst ja nicht hätte voraussehen können.

[56] Sämtlich Anspielungen auf Nuklearbombenexplosionen. Der Lichtblitz (= heller) nach NBE überstrahlt den Schein der Sonne hundert- und mehrfach. Seine ungeheure Grelle kann zeitweise Erblindung hervorrufen. Nostradamus bedient sich der Sonne als Codewort für NBE.

[57] Das Verständnis für diese Worte wird sich durch das Kapitel FINSTERNIS, ERDKIPPEN ergeben.

[58] Es handelt sich um Andeutungen von (alternativ)
   a) NBE mit Lichtblitz und Detonationsdonnern.
   b) Begleitsymptome von Finsternis und Erdkippen (gemäß späterem Kapitel).

.... Zwischen dem Rhein und der Elbe und dem (von West nach Ost =) morgenwärtsfließenden Strome Donau wird ein weites Leichenfeld sich ausdehnen, eine Landschaft der Raben und Geier. ...

Der direkt vorstehende Auszug bezeichnet grob, aber beachtenswert jene Gebiete, die das Schlimmste zu gewärtigen haben. Hepidanus hat auf etwa 900 Jahre vorausgesehen.

Ich komme zurück auf Angaben des Sehers Alois Irlmaier. Dabei berücksichtige ich zusätzliche Auszüge, die teilweise den früheren Auflagen von Dr. Conrad Adlmaiers kleinem Buch (Lit.-Verz.) entnommen sind.

Irlmaier:

.... Aber über das blaue Wasser (= Donau) kommen's (= sie = die Angreifer) nicht herüber. Da breitet die liebe Frau von Altötting (= Schutzpatronin) den Mantel aus über den Saurüssel. Da kommt keiner her. .... (= Da kommt kein östlicher Angreifer hin.)

Das Gebiet namens Saurüssel wird von A. Hübscher (Lit.-Verz.) wie folgend beschrieben:» ... die Landschaft zwischen Inn und Salzach, die nach Berchtesgaden hin eine rüsselförmige Einbuchtung hat. ...« Für die Richtigkeit dieser Gebietsbeschreibung kann ich keine Gewähr übernehmen.

Ich weise darauf hin, daß zumindest der noch unerwähnte Münchener Seher Josef Stockert Angaben macht, welche den vorstehenden sowie weiteren Irlmaier-Auszügen zu widersprechen scheinen. Hierzu Näheres im Kapitel VULKANISMUS IN SÜDDEUTSCHLAND, ab Seite 237, mit besonderer Behandlung auf Seiten 240–241.

Irlmaier:

.... Von der Goldenen Stadt (= Prag) geht es aus. Der erste Wurm geht vom blauen Wasser (= Donau) nordwestlich bis an die Schweizer Grenz. Bis Regensburg steht keine Brücke mehr über die Donau, südlich vom blauen Wasser (= Donau) kommen sie (= die Angreifer des südlichen Wurmes) nicht. ....

.... Die Bevölkerung zwischen Watzmann und Wendelstein bleibt verschont. Auch den Münchnern wird nicht viel geschehn, nur ein wenig unruhig wird's sein. Wer südlich und westlich der Donau lebt, braucht keine Angst zu haben. ....

Zum jeweilig letzten Satz der beiden vorstehenden Auszüge möchte ich sagen: Vorsicht hinsichtlich der Interpretation kann nicht schaden. Die genaue Analyse würde viele Seiten beanspruchen. Immerhin läßt sich in Kürze feststellen:

1. Der schon genannte Seher Hepidanus (vgl. S. 24, 25) läßt erkennen, daß große bundesrepublikanische Gebiete südlich der Donau verhältnismäßig weniger schlimm von WK III-Ereignissen betroffen sind als die Bundesrepublik allgemein.

2. Der noch in diesem Kapitel zu behandelnde Seher Sepp Wudy sieht bedeutende Teile Bayerns während WK III relativ glimpflich davonkommen. Seine Vorhersagen für das Gebiet des Bayerischen Waldes sind hiervon ausgenommen, weil (in Übereinstimmung mit anderen Sehern) fürchterlichen Inhalts.

3. Auch der Seher Josef Stockert läßt anklingen, daß Teile Bayerns in WK III vergleichsweise besser gestellt sind als der größere Rest der Bundesrepublik Deutschland.

4. Ich gebe zu bedenken: Das Gebiet Franken und andere Regionen gehören formell zwar zu Bayern, sie sind aber nur bedingt wirklich bayerisch und sie liegen eindeutig nördlich der Donau.

Alois Irlmaier sagte im persönlichen Gespräch zu dem ihm gut bekannten Dr. C. Adlmaier (»Blick in die Zukunft«, 1. Auflage):

.... Da brauchst gar koa Angst haben, Dir (= Dr. Adlmaier) passiert gar nix, überhaupt wir da herinnen, vom Watzmann bis zum Wendlstoa, uns gschieht nichts, weil uns d'Mutter Gottes von Altötting schützt, da kimmt keiner her, das ist wahr, das darfst mir glauben, was ich Dir sag, das woaß i ganz gwiß. Aber wo anderscht, da schaugts schiach aus, das mag i Dir gar net erzählen. ....

Im Klartext:

.... Da brauchst Du gar keine Angst zu haben, Dir (= Dr. Adlmaier) passiert gar nichts, überhaupt wir da drin (= im Chiemgau/in der Umgebung des Chiemsees/im Saurüssel/im tiefen Südosten der Bundesrepublik Deutschland/in der Nähe der Chiemgauer Berge), vom Watzmann bis zum Wendelstein, uns geschieht nichts, weil uns die Mutter Gottes (= Schutzpatronin) von Altötting schützt, da kommt keiner (der östlichen Soldaten) hin, das ist wahr, das darfst Du mir glauben, was ich Dir sage, das weiß ich ganz gewiß. Aber woanders, da schaut es furchtbar aus, das mag ich Dir gar nicht erzählen. ....

Weitere Auszüge von Irlmaier-Angaben gemäß den drei Auflagen von Dr. C. Adlmaiers »Blick in die Zukunft«, entsprechend Dr. E. G. Retlaw sowie A. Hübscher (alle Lit.-Verz.) lauten:

.... Drei Stoßkeile sehe ich heraufluten: der untere (= südliche) Heerwurm kommt über den (Bayerischen) Wald daher, zieht sich aber dann nordwestlich der Donau hinauf. Die Linie ist etwa Prag, Bayerwald und Nordwesten. Das blaue Wasser (= Donau) ist die südliche Grenze. Der zweite Stoßkeil geht von Ost nach West über Sachsen, der dritte von Nordosten nach Südwesten. Jetzt sehe ich die Erde wie eine Kugel vor mir, auf der die Linien der Flugzeuge hervortreten, die nunmehr wie Schwärme von weißen Tauben aus dem Sand auffliegen.
Der Russe rennt in seinen drei Keilen dahin, sie halten sich nirgends auf. Tag und Nacht rennen sie bis ins Ruhrgebiet, wo die vielen Öfen (= Hochöfen) und Kamine stehen. ....

.... Von der Donau bis zur Küste herrscht das Grauen. Zwei Flüchtlingszügen gelingt es noch, den Fluß zu überqueren. Der dritte ist verloren und wird vom Feinde eingekreist. ....

Über die nukleare Phase von WK III sagte Alois Irlmaier:

.... Von K. (= Ort, Gebirge oder Gegend im Osten) aus fliegen die Feuerzungen (= Raketen) unermeßlich weit nach Nordwesten, nach Westen und nach Süden. Ich sehe sie wie Kometenschweife (= Feuerrückstoß). Wir haben aber nichts zu fürchten. Nur einmal geht eine Zunge (= Feuerzunge, Rakete) zu kurz und dann brennt eine kleine Stadt ab, die ist aber nördlich vom Saurüssel. ....

Das vorstehend von mir herausgehobene Wort Wir bezieht sich mit hoher Wahrscheinlichkeit *nicht* auf die ganze Bundesrepublik Deutschland. Irlmaier meint damit vermutlich nur Bayern oder einen Teil Bayerns, wie z. B. das Chiemgau-Gebiet.

Irlmaier sprach auch über den Umfang der Mobilmachung in der Bundesrepublik Deutschland sowie über anschließende Besatzungsdienste in östlichen Gebieten:

.... Unsere jungen Leute müssen noch einrücken, Freiwillige werden noch in die Kämpfe verwickelt, die andern müssen fort zur Besatzung und werden drei Sommer dort bleiben, bis sie wieder heimkommen. Dann ist Frieden und ich sehe die Weihnachtsbäume brennen. ....

.... In Deutschland, berichtet Irlmaier, muß noch alles zum Militär, die jungen Leute werden noch Soldaten. Sie werden aber nicht mehr kämpfen müssen, sondern als Besatzer da (= beim Militär) bleiben oder verwendet werden. ....

Dr. Adlmaier sagt, daß der Großteil wichtiger Angaben Irlmaiers in vertraulichen Gesprächen stenografisch aufgezeichnet wurde, »ohne etwas wegzulassen noch hinzuzufügen«. Es gibt aber *Betonungen*, die sich der stenografischen Aufzeichnung *entziehen*. Solche Betonungen könnten in den beiden vorstehenden Auszügen eine wichtige Rolle spielen:

.... In Deutschland, berichtet Irlmaier, muß noch a_lle_s zum Militär, die ju_nge_n Leute werden noch Soldaten. S_ie_ werden a_be_r nicht mehr kämpfen müssen, sondern als Besatzer da bleiben oder verwendet werden. ....

Wenn man *so* liest, steigen die Erinnerungen an die Schlußphase von WK II auf, als die 16-jährigen kämpfen mußten, weil die älteren gefallen waren.

In seiner 1932 im Selbstverlag erschienenen Veröffentlichung »Deutschlands Zukunft« gibt Mathias Starke die Voraussagen eines namentlich nicht genannten Mönches wieder, die »vor ca. 100 Jahren«, also etwa 1830 gemacht wurden. Bezugnehmend auf die Schlacht am Birkenbaum sagte dieser Mönch voraus:

.... Auf dem Schlachtfelde selbst wird es gräßlich aussehen. Jünglinge und Greise werden das Schlachtfeld bedecken, ...

Es erübrigt sich zu sagen, daß vor allem deutsche Jünglinge und Greise gemeint sind.

Sepp Wudy, ein Seher des Bayerischen Waldes, machte etwa zwischen 1910 und 1914 Voraussagen, die sich in Auszügen gemäß Wolfgang Johannes Bekh (Lit.-Verz.) wie folgend lesen:

.... Das (= WK I) ist nicht der letzte Krieg, hat er (= Sepp Wudy) gesagt, denn dann wird bald wieder einer sein (= WK II), und dann erst kommt der letzte (WK III). Einer wird schrecklicher als der andere. ....

.... Wenn du es erleben tätest, könntest deinen Vetter in Wien von deiner Stube aus sehen (= Television/Bild-Telefon), und wenn du ihn schnell bräuchtest, könnte er in einer Stunde da sein (= per Hubschrauber/Flugzeug). ....

.... Der Böhmerwald wird einmal versengt werden wie ein Strohschübel. Rennt nicht davon, wenn die grauen Vögel (= Flugzeuge) fliegen, woanders wird es noch schlimmer sein. ....

Sepp Wudy sagte Vorstehendes als Knecht zur Familie seines Bauern und deren Nachkommen.

.... Die Luft frißt sich in die Haut wie ein Gift[59]. Leg alles an, was du an Gewand hast, und laß nicht das Nasenspitzl herausschauen. Setz dich in ein Loch und wart, bis alles vorbei ist, lang dauert's nicht, oder such dir eine Höhle am Berg. ....

.... Wenn dir die Haare ausfallen, hat es dich erwischt. ....

.... Der Anlaß (für den Krieg) wird sein, daß die Leut den Teufel (= das Schlechte/Böse) nimmer erkennen, weil er schön gekleidet ist[60] und ihnen alles verspricht. ....

.... Sehen tät (= tue) ich noch mehr, aber ich kann es nicht begreifen[61] und nicht sagen. ....

.... Mit dem Glauben geht es bergab, und alles wird verdreht. Kennt sich niemand mehr aus. Die Oberen glauben schon gar nichts mehr, die kleinen Leut werden irre gemacht[62]. In der Kirche spielen sie Tanzmusik, und der Pfarrer singt mit. Dann tanzen sie auch noch, aber draußen wird das Himmelzeichen (= der Halley'sche Komet?) stehen, das den Anfang vom großen Unheil ankündigt. ....

Ein Himmelszeichen wird u. a. auch von Mühlhiasl, Irlmaier und Josef Stockert (Lit.-Verz.) angesagt. Es ist aber schwer zu sagen, ob das von

---

[59] Auch Irlmaier spricht von diesem Gift. (Vgl. gegen Anfang des Kapitels im Zusammenhang mit den schwarzen Kastl.) Irlmaier bestätigt (a.a.O.), daß dieses Gift im Bereich des Bayerischen Waldes als Waffe chemischer Kriegführung angewandt wird.

[60] Diesen Teufel haben wir heute in vielfacher (schön gekleideter, alles versprechender) Form. Materialismus und Geltungssucht gehen oft vor sittlicher Sauberkeit und Recht.

[61] kann es nicht begreifen: Mag sich auf die moderne Kriegführung und die entsprechenden Waffen beziehen.

[62] Betrifft die Zeit vor WK III.

diesen Sehern gemeinte Himmelszeichen vor, während oder nach WK III erscheint.

Mühlhiasl:

.... Als weithin sichtbare Mahnung aber erscheint am Himmel ein Zeichen. ...

.... Ein Himmelszeichen wird es geben. ....

Irlmaier:

.... Bei diesem Geschehen sehe ich ein großes Kreuz am Himmel stehen und ein Erdbeben wird unter Blitz und Donner sein, daß alles erschrickt und die ganze Welt aufschreit: »Es gibt einen Gott!«....

.... Am Himmel kommt ein Zeichen, der Gekreuzigte mit den Wundmalen, und alle werden es sehen. ....

Josef Stockert:

».... Achten wir darauf, wenn der Posaunenschall an unser Ohr dringt; es wird das letzte Zeichen des Himmels an uns Menschen sein. Das Zeichen des Kreuzes wird am Himmel erscheinen und blutrote Strahlen aus den Wunden des gekreuzigten Heilands werden alle Menschen treffen. Ein großer Teil der Menschen wird sich zum Glauben bekehren. ....«

Josef Stockert (Lit.-Verz.) ein noch recht wenig bekannter Seher aus München, tiefgläubiger Katholik, beschritt hinsichtlich seiner Schauungen einen sehr konsequent-selbständigen Weg. Er schrieb sie eigenhändig auf, versah sie mit seinen Erläuterungen und gab sie sodann als ganz kleines Buch in eigener Veröffentlichung heraus. Es handelt sich dabei — unter mancherlei Gesichtspunkten — um Kostbarkeiten.

Zurück zu Sepp Wudy:

.... Es steht gegen Norden ein Schein, wie ihn noch niemand gesehen hat, und dann wird ringsum das Feuer aufgehen. ....

Vgl. Hepidanus von St. Gallen:

.... Aber es wird bald ein Tag anbrechen, da wird ein Licht aufgehen um Mitternacht im Norden und heller strahlen wie die Mittagssonne des Südens. ....

Sepp Wudy sagte:

.... Geh nach Bayern, dort hält die Muttergottes ihren Mantel über die Leut, aber auch dort wird alles drunter und drüber gehen. ....

.... Es wird alles kommen, wie es der Stormberger gesagt hat, aber er hat nicht alles gesagt, oder sie haben ihn nicht verstanden. Denn es kommt viel schlimmer. ....

Stormberger war — wie auch Sepp Wudy — ein Seher des Bayerischen Waldes, der jedoch lang vor ihm, etwa zur Zeit des Mühlhiasl lebte. Die Voraussagen des Stormbergers und des Mühlhiasl ähneln sich stark. Es konnte bisher nicht einwandfrei geklärt werden, ob Personenidentität Stormberger/Mühlhiasl vorliegt.

Bei den bisherigen Auszügen aus Seherberichten habe ich die Anführungszeichen meistens entfallen lassen. Dieses Verfahren wird auch im folgenden beibehalten und ich bin gewiß, daß kein redlicher Kenner des Gebietes einen Fehler darin sieht. Denn Anführungszeichen bedingen das exakte Zitat, d. h. wortwörtliche Wiedergabe der Sehersprache. Dem aber stehen entgegen:

— Sprache im Dialekt ist nicht allgemein verständlich
— und wurde oft ins Hochdeutsche übertragen.
— Nicht selten nur mündliche Überlieferung von Seherangaben.
— Nachträglich schriftliche Fixierung von Seheraussagen.
— Nachträgliche, meist unabsichtliche Verfälschungen.
— Sprachwandelung im Lauf von Generationen.
— Weiteres.

Einige Voraussagen des bayerischen Sehers Josef Stockert sollen dieses Kapitel beenden:

».... Westlich des Rheins sah ich einen Mann .... kämpfen. .... Der Mann kämpfte leidenschaftlich und zäh. Er war von hellem Licht umgeben (göttliches Licht oder NBE) und in der rechten Hand führte er ein zweischneidiges Schwert. Seine Bekleidung erschien mir ganz anliegend wie die eines Tauchers (Schutzkleidung gegen NBE oder chemischen Krieg). Sein Kopf steckte in einem glasartigen Überzug. Seine Gesichtszüge vermochte ich zu unterscheiden: Er trug einen schwarz gestutzten Schnurrbart. Auf seinem Haupte leuchtete eine Krone, die mir dadurch besonders auffiel, daß das in der Mitte befindliche Kreuz in schräger Richtung stand. Mit beiden Füßen stand er westlich des Rheins. ....«

»....Südwestlich des Monarchen sah ich ein helles Licht (**NBE Lyon?**). Ich konnte nicht unterscheiden, ob es eine Stadt oder etwas anderes war. Aber ich sah dort in der Nähe den Hl. Vater. Außerdem sah ich <u>noch</u> eine große Lichtsäule, die bis in den Himmel reichte. Der Monarch .... wurde von dieser Lichtsäule gestärkt. In Zeitabständen sah ich Licht von der Säule auf ihn übergehen und neue Kraft belebte seine Glieder. — ....«

»....Der Mann am Rhein:
Die Zeit arbeitet für den großen Monarchen und das neue Europa. ....«

PROPHET
UND
PROPHEZEIUNG

Ich kenne einen, welcher sagt:

Die *beste* Prophezeiung ist diejenige, welche *nicht* eintrifft.

Das ist ein wahres Wort. —

Die Bibel nennt den wie folgend grob umrissenen Fall: Ein geachteter Prophet *warnt* die Menschen davor, ihre Lebensweise wie gewohnt fortzusetzen. Er sagt, daß dieser und jener Mißstand unbedingt alsbald zu beseitigen sei. Würden die Menschen ihre Lebensweise wie bisher weiterführen und Nachlässigkeit in der Ausräumung der spezifischen Mängel an den Tag legen, so sei das Unglück XY mit Sicherheit zu erwarten.

Und siehe da: Die Menschen *glauben* der eindringlichen Warnung des respektierten Propheten. Sie beseitigen die aufgezeigten Mängel nach wirklich besten Kräften und bemühen sich ernsthaft einer sauberen Lebensweise. Daraufhin geschieht: Nichts. Das Unglück XY bleibt aus.

Dies ist die *beste* denkbare Prophezeiung.

Immer, wenn ein *solcher* Prophet solches prophezeit, sind seine Worte mit der *Warnung* vor Unglück verbunden. Gnade und Verschonung und sogar Gutes im Übermaß erfahren *die* Menschen, die sich *insgesamt* bessern und zum Besseren tätig erheben. Wo nur der Einzelne sich mäßig bessert und bemüht, da wird das Unglück an ihm nicht spurlos vorübergehen können. Es wird ihn aber weniger hart treffen, als jene Anderen, die nicht hören wollten.

Bekanntlich gibt es dann auch noch jene Variante, bei der einige *Wenige*, die in einer eigentlich *nicht* verschonenswerten Stadt leben, aufgrund ihres intensiven *Wertes* dazu beitragen, daß die *gesamte* Stadt dem Unglück entgehen kann.

So — ungefähr — steht es in der Bibel, die vieles weiß über WK III.

Was nun den dritten Weltkrieg und Parallelereignisse betrifft, so haben Propheten sowie Seherinnen und Seher der seriösen Art längst mehr oder weniger deutlich zu verstehen gegeben: WK III wird kommen. Er ist unvermeidbar. Die Menschen insgesamt werden sich nicht rechtzeitig und deutlich genug zu bessern wissen, um dieses Unglück abwendbar zu machen. Allgemein düstere Aussichten also?

Immer und stets liegt es in der *Macht* des Einzelnen, das Schlimme auf sich zu ziehen oder abzuschwächen. Hier gelten — zum Schlimmeren und Besseren — unabänderliche Gesetze, Gesetze gegen die auch ein Gott nichts ausrichten kann, weil daran nichts zu ändern *ist.* Gott kann und will nicht: sich selbst verleugnen.

Unter den in diesem Buch erwähnten Sehern dürften sich eher wenige finden, die den Titel eines Propheten für sich beanspruchen würden. Irlmaier zum Beispiel sagte in der nicht nur für ihn typischen Bescheidenheit:

».... Glauben tuns mir viele nicht, ich weiß es auch nicht, was der Herrgott tut, aber was ich sehe, das darf ich sagen, ohne daß ich ein Prophet sein will. Schließlich stehn wir alle in Gottes Hand. Aber wer ans Kreuz nicht glaubt, den wird's zermalmen. ....

Auch Nostradamus hat sich zu seiner Person über die Bezeichnung »Prophet« geäußert:

».... will ich mir für die Gegenwart nicht einen Titel von so hoher Erhabenheit zuteilen: denn wer (lateinisch:) heute Prophet genannt wird, ist einst Sehender benannt worden: ....«

Nostradamische Untertreibung klingt in diesen Worten an, aber auch ein anderer Gesichtspunkt: Es ist verständlich, daß Nostradamus den Titel eines Propheten für *seine* Gegenwart nicht führen wollte, denn seine Voraussagen gelten ja in erster Linie der Zukunft, die nach ihm kam und kommt und die er für *seine* Gegenwart nicht als prophetisch — eingetroffen in Anspruch nehmen wollte. Nachdem *jetzt* bereits eine beträchtliche Anzahl von Voraussagen des Nostradamus als wahre Prophezeiungen eingetroffen und identifiziert sind, können wir nicht mehr anders, als diesem Mann den Titel eines Propheten — zumindest im Sinne des heutigen, allgemeinen Sprachgebrauchs — mit Bewunderung zugestehen.

Im eigentlichen Sinne aber ist ein Prophet ein Mensch, der eine Gottesbotschaft verkündet. Insofern kann Nostradamus heute noch nicht als Prophet gelten, denn *seine* Gottesbotschaft muß von den meisten Menschen erst noch *erkannt* werden.

Alles in allem schlage ich vor, hinsichtlich Nostradamus gegenwärtig beide Bezeichnungen, die des Sehers und des Propheten anzuwenden.

»MÄNGEL« VON SEHERBERICHTEN

Leider haften allen Sehervoraussagen (nicht nur jenen über Kriege) »Mängel« an.

Hierfür einige Beispiele:

1. Das Zeitproblem bei der Vorausdatierung:
   Wenn ein Seher ein von ihm richtig angekündigtes, also später eintreffendes Ereignis *selbst* vorausdatiert, so liegt er in seiner Datierung meist falsch.

2. Das Chronologie- und das Kausalitätsproblem:
   Die in Sehervoraussagen erscheinende Chronologie von Ereignisabläufen sowie deren Kausalität können falsch sein.
   Die Voraussagen lassen also mitunter eine nur scheinbare, in Wirklichkeit anders verlaufende Abfolge von Ereignissen entstehen. Ursächliche Zusammenhänge zwischen Ereignissen werden vom Seher bisweilen falsch verstanden, unrichtig dargestellt oder unzutreffend selbstgedeutet.

3. Das Restproblem:
   Immer bleibt bei Sehervoraussagen ein (oft großer) Rest: Unoffenbartes, Ungesagtes, Unvollständiges, Bruchstückhaftes, Unerklärliches, Mißverständliches, Teilirrtum, Vages, Verschleiertes, Symbolisches, Allegorisches usw.

Es kommt auch vor, daß Seher bestimmte Angaben machen, die sie selbst überhaupt nicht verstehen und die auch von anderen Menschen nicht verstanden werden, obwohl diese Angaben sich später als in der Zielrichtung richtig oder als in der Tendenz gut getroffen erweisen.

Die Gründe für diese und andere »Mängel« von Voraussagen sind teilweise erklärbar und oft von numinos-wunderbarer Absicht. Wir wollen hier nur festhalten, daß derartige »Mängel« zwar die konkrete Brauchbarkeit von Voraussagen erschweren und einschränken können, daß seriöse Voraussagen deshalb aber längst nicht immer und in toto wertlos oder unnütz sein müssen.

Die erhöhte Aufmerksamkeit richte sich nunmehr auf den Seher ganz besonderen Formats, auf den vielverkannten, vielbeforschten, höchstbegnadeten

Michel Nostradamus.

Einige der Besonderheiten seines Sehertums:

1. Während andere Seher sich meist auf Voraussagen eines oder mehrerer Einzelgeschehen beschränken, beschreibt Nostradamus überaus zahlreiche Ereignisse aus reichlich zwei Jahrtausenden (ca. 1550–3800).
2. Ein Chronologieproblem gibt es für ihn nicht. Kausal zusammenhängende Abfolgen sieht er in zutreffender Verknüpfung.
3. Äußerst vielfältig sind die von ihm angegebenen, verschlüsselten Vorausdatierungen, die sich nicht nur auf Jahre, sondern auch auf Monate und Tage beziehen.

Ein Restproblem gibt es allerdings auch bei Nostradamus, doch trägt es umgekehrte Vorzeichen:

Nostradamus war gegeben *so Vieles so klar* zu sehen, daß er aus verschiedenerlei Motivation (z. B. Furcht vor Inquisition und Anfeindung) nicht gewillt war, seine Wahrnehmungen den Zeitgenossen und der Nachwelt unverdunkelt zu hinterlassen. Er hat also *absichtlich* verdunkelt und unkenntlich gemacht und dies nach *allen* Regeln der Kunst.

MICHEL NOSTRADAMUS

LEBEN

Hier soll nicht der übliche Lebenslauf des Michel Nostradamus wiedergegeben werden, welcher in vielen Nostradamus-Büchern nachlesbar ist. Wir halten uns nachfolgend an etwas Besonderes aus erster Hand, an den Bericht über das Leben des Nostradamus, so wie er von Jean-Aymes de Chavigny-Beaunois gegeben wird, welcher Zeitgenosse und Schüler des Nostradamus war.

»Michel Nostradamus, der bekannteste und berühmteste, den es seit langer Zeit auf dem Gebiet der Voraussage, die sich auf die Kenntnis der Sterne[1] stützt, gegeben hat, wurde in der Stadt Saint-Rémy en Provence geboren, im Jahre der Gnade 1505, an einem Donnerstag, 14. Dezember, ungefähr um 12 Uhr mittags. Sein Vater hieß Jacques de Nostredame, Notar des Ortes, seine Mutter Renée de Saint-Rémy. Seine väterlichen und mütterlichen Vorfahren galten als sehr gelehrt in den Mathematikwissenschaften und in der Medizin, indem der eine Arzt gewesen ist von René, König von Jerusalem und Sizilien, Graf der Provence und der andere (Arzt) von Jean, Herzog von Kalabrien, Sohn des Königs René.

Das schließt einigen Neidern den Mund, die, über die Wahrheit schlecht informiert, über seinen Ursprung Übles nachgeredet haben. Die Familie von Nostradamus war, sagen einige Urheber, jüdischen Ursprungs aus dem Stamm von Issachar, und übergetreten zum Katholizismus. So erklärt sich, daß unser Autor (Nostradamus) in seinen Kommentaren sagt, ›. . . . daß er die Kenntnis der Mathematikwissenschaften[2] gleichwie von Hand zu Hand von seinen alten Vorfahren erhalten hat . . . .‹ und im Vorwort zu seinen Zenturien (den zu Hundertschaften gefaßten Versvoraussagen) ›. . . . daß die erbliche Sprache der verborgenen Weissagung in seinem Bauch eingeschlossen sein wird. . . .‹

---

[1] Die Kenntnis der Sterne diente Nostradamus zur Vorausdatierung empfangenen Vorauswissens.

[2] Die Kenntnis der Mathematikwissenschaften ist wichtig für die Ausführung astronomischer Berechnungen.

Nach dem Hinscheiden seiner Urgroßmutter, die ihm quasi spielerisch einen ersten Geschmack der Himmelswissenschaften gegeben hatte, wurde er nach Avignon geschickt, um die humanistischen Wissenschaften zu erlernen. Dann befleißigte er sich sehr glücklich der Philosophie und der Theorie der Medizin in der Universität von Montpellier, bis er anläßlich einer Pest, die über das Land kam, seinen Weg nach Narbonne, Toulouse, Bordeaux nahm, Städte, in welchen er sich nach seinen ersten Erfolgsversuchen, obwohl erst 22 Jahre alt, durch seine Arbeit Gutes erwarb. Nachdem er sich vier Jahre in diesen Gebieten aufgehalten hatte, fand er es gelegen, nach Montpellier zurückzukehren, um den Doktorgrad zu erwerben, welches ihm in kurzer Zeit gelang, mit Lob und Bewunderung des gesamten Kollegiums. Über Toulouse kam er nach Agen, Stadt am Ufer der Garonne, wo Jules César Scaliger (Mediziner, Philologe, Philosoph, Astrologe, Naturforscher, Dichter), ein Mann von seltener Gelehrsamkeit, ihn einige Zeit festhielt und mit dem er große Vertraulichkeit hatte, die sich nichtsdestoweniger (seitens des Scaliger) einige Zeit danach in Haß und Eifersucht verwandelte, wie Derartiges oft unter Doktoren vorkommt, welcherlei man durch ihre Schriften erkennen kann. Dort nahm er ein sehr ehrenhaftes Fräulein zur Frau, von welcher er zwei Kinder hatte, einen Jungen und ein Mädchen. Indem diese und seine Frau verschieden und sich allein und ohne Gesellschaft sehend, beschloß er, sich in die Provence, sein Heimatland zu begeben. In Marseille angelangt, kam er nach Aix (-en-Provence), wo er drei Jahre lang im Gehalt der Bürgerschaft war, zu der Zeit, als die Pest dorthin kam im Jahr Unseres Herrn 1546, die sehr wütend und grausam war, so wie auch der Lehnsherr von Launay es in seinem Théâtre du monde berichtet.

Von dort nach Salon de Crau kommend, einer Stadt, eine kleine Tagesreise von Aix entfernt und auf halbem Weg zwischen Avignon und Marseille, verheiratete er sich in zweiter Ehe. Mit seiner zweiten Frau, geborene Anne Ponce Gemelle, hatte er sechs Kinder, drei Söhne und drei Töchter. Der erste der männlichen Nachkommen, genannt César, ist derjenige, dem er seine ersten ›Centuries‹ (zu Hundertschaften verfaßte Voraussagen) gewidmet hat.

Wie er die großen Revolutionen und Veränderungen voraussah, die in Europa geschehen müssen und selbst die zivilen und blutigen Kriege und die verderblichen Mißhelligkeiten, die dieses Königreich (Frankreich) verheeren müßten, ganz erfüllt von einer Hingabe, und wie entzückt von einer ganz neuen Begeisterung machte er sich daran, seine Zenturien und andere Ahnungen niederzuschreiben . . .

Er behütete seine Zenturien lange Zeit, ohne sie veröffentlichen zu wollen, aus Furcht, daß ihm aus der Neuheit der Materie üble Nachreden und Verleumdungen entstünden, so wie es ihm auch geschah. Aber endlich, gedrängt vom Wunsch den er hatte, der Öffentlichkeit Gefälligkeit zu erweisen, entließ er sie ins Licht.

Sie wurden sehr bald bewundert, nicht nur von denen seines Landes, sondern überdies durch die Ausländer. Dieser große Ruf gelangte Henry II, König von Frankreich zu Ohren, der ihn an den Hof abholen ließ, im Jahr der Gnade 1556, wo es geschah, daß er ihn, nachdem er mehrere Unterhaltungen mit ihm gehabt hatte, mit Geschenken beladen entließ. Einige Jahre später erwies Charles IX, sein Sohn (jetzt König von Frankreich) beim Besichtigen seiner Provinzen, welches 1564 war, diesem großen Mann (Nostradamus) die Ehre, ihn zu besuchen, und er waltete ihm gegenüber in seinem königlichen Freimut, indem er ihn mit dem Rang seines (des Königs) Beraters und Leibarztes beehrte. Er (Nostradamus) war über 60 Jahre alt, als der König Charles diese Reise machte; und da er (Nostradamus) sehr gebrechlich und sehr schwach war aufgrund von Krankheiten, die ihn oft heimsuchten, sogar Arthritis und Gicht, verschied er am 2. Juli 1566, kurz vor Sonnenaufgang, nachdem seine Gicht zu Wassersucht geworden war, die ihn nach Ablauf von acht Tagen erstickte. Man darf gern glauben, daß ihm der Zeitpunkt seines Todes bekannt war, selbst der Tag und die Stunde, da er ja in die Ephemeriden (Daten-Tabellen der Gestirnpostionen) von Jean Stadius[3] bei Ende Juni des erwähnten Jahres mit eigener Hand diese lateinischen Worte geschrieben hatte:

›Hic prope mors est.‹
›Hier ist der Tod nahe.‹

Und am Tag bevor er von diesem Leben zum anderen hinüberging, nachdem ich ihm lange Zeit assistiert hatte, und indem ich gegen Abend Urlaub bis zum nächsten Morgen von ihm nahm, sagte er mir diese Worte:

›Sie werden mich bei Sonnenaufgang nicht im Leben sehen.‹«

Soweit Jean-Aymes de Chavigny-Beaunois. Vollkommen zutreffend hatte Nostradamus im letzten, dem 141. Vierzeiler seiner Présages (= Weissagungen/Voraussagen) geschrieben:

---

[3] Stadius berechnete die Ephemeriden wie üblich nur auf einige Jahre im voraus. Für seine bis zum Jahre 3797 n. Chr. reichenden Voraussagen und Datierungen mußte Nostradamus selbst rechnen: Fleißarbeit für einen hochbegabten Astronomen.

> Du retour d'Ambassade, don de Roy, mis au lieu,
> Plus n'en fera, Sera allé à Dieu,
> Parens plus proches, amis, freres du sang,
> Trouvé tout mort prez du lict & du banc.

Zurück von Gesandtschaftsreise, Königsgabe, an den Ort gebracht,
Wird (er = Nostradamus) nichts mehr damit machen,
      Wird (er = Nostradamus) zu Gott gegangen sein,
Nächste Verwandte, Freunde, Blutsbrüder,
Gefunden ganz tot nahe am Bett & an der Bank.

Nostradamus wurde tatsächlich an jenem nächsten, von de Chavigny erwähnten Morgen gefunden. Er dürfte gegen drei Uhr morgens gestorben sein. Der Körper befand sich auf der Bank und war fast erkaltet (tout mort = ganz tot).

Der Vierzeiler hat, abgesehen von dem darin Lesbaren, noch eine zweite Bedeutung. Er enthält die letzten offiziellen Worte des Sehers und Propheten vor seinem Tod. Nostradamus war durch Tod

> Du retour d'Ambassade....
> Zurück von der Gesandtschaftsreise....

d. h. er hatte seine Erdenmission (= Gesandtschaftsreise) beendet und ging zurück ins Jenseits. Die Königsgabe steht stellvertretend für die göttliche Gabe der Prophetie in Verbindung mit Vorausdatierungsfähigkeit:

> .... don de Roy, mis au lieu,
> .... Königsgabe, an den Ort gebracht,

Seine von Gott gegebenen Prophezeiungen hat Nostradamus zusammen mit den Vorausdatierungen als Buch erscheinen lassen, d. h. an den Ort Erde gebracht und hier unverlierbar verankert.

MICHEL NOSTRADAMUS

MENSCH

Es ist nicht einfach, ein Bild vom Menschen Nostradamus zu gewinnen. Glücklicherweise reicht auch hier de Chavigny-Beaunois die helfende Hand:

»Er war von ein wenig minderer als mittelmäßiger Leibesgröße von robustem Körperbau, munter & kräftig. Er hatte die Stirn groß & offen, die Nase gerade & eben, graue Augen, sanften Blick, aber im Zorn wie aufleuchtend-flammend, das Gesicht streng & lachend, von der Art, daß man in ihm mit der Strenge eine große Menschlichkeit verbunden sah; rote Wangen, zu sehen bis ins äußerste Alter, der Bart lang & dicht, die Gesundheit gut & frisch (wenn wir das Greisenalter ausnehmen) & alle Sinne scharf & sehr ungeteilt.

Was den Geist angeht, hatte er ihn lebendig/lebhaft & gut, indem er alles was er wollte leicht verstand; feine/scharfsinnige Urteilskraft, glückliches & bewundernswertes Gedächtnis, von schweigsamer Natur, viel denkend & wenig sprechend; sehr gut redend zur rechten Zeit; im übrigen wachsam/umsichtig, flink & schnell/plötzlich, jähzornig, aber geduldig in der Arbeit. Seine Schlafzeit umfaßte nur vier bis fünf Stunden; er lobte/und liebte die Freiheit der Zunge/Sprache, zeigte sich fröhlich, spaßhaft, halb beißend, halb freundlich lachend.

Er hieß die Zeremonien der Römischen Kirche gut & legte Wert auf katholischen Glauben & Religion, versicherte, daß es außerhalb derselben gar kein Heil/ewige Seligkeit gebe; & er tadelte jene hart, die, zurückgezogen aus dem Schoß derselben (aus dem Schoß katholischen Glaubens und katholischer Religion), sich ködern und tränken ließen von den Schmeicheleien und Freiheiten ausländischer/fremder/sonderbarer/befremdender & verdammenswerter Lehren: bekräftigend/versichernd, daß ihnen (den Abtrünnigen) daraus ein übles & verderbliches Ende entstehen würde.

Ich will nicht vergessen zu sagen, daß er sich gern im Fasten, in Gebeten, Almosen, im Geduldigsein übte; daß er das Laster verabscheute und es scharf züchtigte; wahrlich, es kommt mir in Erinnerung, daß er, indem er den Armen gab, denen gegenüber er sehr freigebig & mildtätig war, gewöhnlich dieses, der Heiligen Schrift entnommene Wort im Mund führte:

›Machet euch Freunde mit dem ungerechten Mammon, auf daß, wenn es damit zu Ende ist, sie euch aufnehmen in die ewigen Hütten.‹«
(Lukas 16,9)

Auch Charles Reynaud-Plense (Lit.-Verz.), Konservator des Nostradamus-Museums in Salon-de-Provence, sehr verdient und hochqualifiziert in Nostradamus-Fragen, betont, daß der Seher ein inbrünstiger Katholik gewesen sei.

Viele Nostradamus-Forscher suchten, den Menschen Nostradamus zu ergründen. Einer von diesen war Anatole Le Pelletier. In seinem 1867 in Paris erschienenen Buch (Lit.-Verz.) führt er aus, daß Nostradamus vertraut gewesen sei mit den sogenannten toten Sprachen und allen Zweigen der alten Literatur, daß er einen Professorenstuhl an der Universität von Montpellier bekleidet habe, sich später aber der judiziellen Astrologie (= beurteilenden Astrologie) zuwandte, in welcher er alle anderen überragt habe.

Das Letztgenannte wollen wir festhalten, denn es wird sich als sehr wichtig erweisen: Nostradamus war ohne Zweifel ein astrologisches Genie.

Ein weiterer Kernsatz dieses Nostradamus-Forschers lautet: »Alles ist zweideutig bei Nostradamus: der Mensch, das Denken, der Stil.« Und man darf hinzufügen: In seinen Prophezeiungen ist Nostradamus oft nicht nur zwei-, sondern vieldeutig, ganz nach Maßgabe seines Vielwissens und seiner beweglich-wandlungsfähigen Veranlagung.

Le Pelletier sagt: »... christlich an der Oberfläche und heidnisch vielleicht im Grunde.« Hier geht er zu weit, denn Nostradamus war ein tiefchristlicher Mensch und heidnisch höchstens insofern, als er die katholische Kirche offiziell zwar lobte, ihrem Rahmen in Wirklichkeit aber entwachsen war.

Ein Hexenmeister ist Nostradamus ganz gewiß nicht gewesen, obwohl es ihm — sein Wollen absurderweise einmal vorausgesetzt — nicht schwergefallen sein dürfte, so manchen Hexer in die Tasche zu stecken.

Nostradamus stand übrigens unter wohlwollendem Schutz von Catherine de Médicis (Katharina I.), die zunächst Ehefrau von Henry II, später Regentin für ihren Sohn, Charles IX war. Nostradamus hatte Henry II, nachdem er von ihm an den Hof gerufen worden war, ausdrücklich vor einer Gefahr gewarnt, die dem König im Duell drohe. Henry II jedoch wollte nicht darauf hören.

Am 15. Juli 1559 geschah das Un-Erhörte, das im Vierzeiler 35 der I. Zenturie des Nostradamus schriftlich und wie stets maskiert vorausgesagt wird.

I, 35, veröffentlicht 1555:

> Le lyon ieune le vieux surmontera,
> En champ bellique par singulier duelle,
> Dans cage d'or les yeux luy crevera,
> Deux classes une puis mourir mort cruelle.

> Der junge Löwe den alten wird überwältigen,
> Im Kriegsfeld durch sonderbares Duell,
> Im goldenen Käfig die Augen ihm wird ausstechen,
> Zwei Ränge/Stände einer dann sterben grausamen Tod.

Nostradamus hatte es also kommen gesehen:

Im Turnier (Im Kriegsfeld durch sonderbares Duell) stand Henry II auf eigenen Wunsch dem Grafen Gabriel de Montgomery, welcher Leutnant der Schottischen Wache war, Mann zu Mann gegenüber. Unglücklicherweise erhielt Henry II (der alte Löwe) durch den jungen Leutnant (den jungen Löwen) einen Lanzenstoß quer über das Visier seines goldenen Rüstungshelmes (goldener Käfig). Dies bedeutete den Verlust eines Auges (die Augen ausstechen). Nach dieser Verletzung lebte Henry II, König von Frankreich, noch 11 Tage (grausamer Tod).

Damit sieht es so aus, als sei der Vierzeiler identifiziert und vollkommen entschlüsselt. Der Eindruck täuscht, denn es ist die Zeile 4, mit der wir uns näher beschäftigen müssen:

> Deux classes une puis mourir mort cruelle.
> Zwei Ränge einer dann sterben grausamen Tod.

Hier hat Nostradamus zum Zwecke der Verschleierung seinen *Komma-Trick* angewandt: er läßt das Komma weg und dies ganz gezielt in der Absicht, daß der Dechiffreur es nachträglich an der richtigen Stelle einfügen möge. Welche ist nun die richtige Stelle für das Komma? Wir unternehmen einen Versuch.

> Deux classes, une puis mourir mort cruelle.
> Zwei Ränge, einer dann sterben grausamen Tod.

Zwei Ränge, d. h. erstens der Rang des Königs (= Henry II) und zweitens der Rang eines Grafen (de Montgomery) standen sich im Turnier-Duell gegenüber. Einer dieser Ränge, nämlich der des Königs, also Henry II, starb infolge des Unfalls einen grausamen Tod. Die Deutung stimmt, unser Komma steht richtig.

Nun zu einer weiteren Wahrheit, die in die Zeile hineinversteckt wurde. Um sie erkennen zu können, muß der Leser zunächst wissen, daß das Wort classes = Ränge/Stände recht vielseitig übersetzbar ist.

classes: **Klassen, Ränge, Stände, Arten, Ordnungen, Gattungen, Abteilungen, Kategorien.** . . .

Wir übersetzen die Zeile 4 neu:

> Deux classes une puis mourir mort cruelle.
> Zwei Abteilungen eine dann sterben grausamen Tod.

Wir konzentrieren uns auf die ersten beiden Worte der Zeile: Zwei Abteilungen.

Nunmehr muß ich darum bitten, die Wandlungsfähigkeiten des Nostradamus einzukalkulieren und deshalb das eigene Einfühlungsvermögen zu aktivieren.

Zeile 4, Anfangsworte:

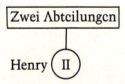

Es geht weiter in Zeile 4:

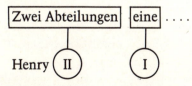

Damit sind wir bei Henry II + I = Henry III.

Jetzt setzen wir das Komma in die Zeile 4 verändert ein:

> Deux classes une, puis mourir mort cruelle.
> Zwei Abteilungen eine, dann sterben grausamen Tod.
> = Henry III , dann sterben grausamen Tod.

Wir haben einen echten Dechiffrier-Treffer, denn auch Henry III (Sohn von Henry II) starb einen grausamen Tod: Er wurde (1589) von einem Dominikanermönch ermordet.

Wir resümieren:

1. Die Zeilen 1 — 4 des Vierzeilers sagen den Tod und die grausamen Todesumstände von Henry II voraus.

2. Die Zeile 4 des Verses enthält die Voraussagen eines grausamen Todes für Henry II *und* für Henry III.

Darüberhinaus läßt sich hinsichtlich der Anspielungen von Zeile 4 feststellen: Von zwei französischen Gattungen = classes = Königshäusern (Valois und Bourbonen) war die eine Gattung (der Valois) durch die Ermordung von Henry III einen grausamen Tod gestorben, nämlich endgültig erloschen.

Dieser Vierzeiler I, 35 ist beispielhaft geeignet, zu veranschaulichen, daß der zwei-, drei- und mehrdeutige Nostradamus seine Prophezeigungen kaschiert zu geben pflegt.

Im Rahmen dieses Buches, welches WK III und insbesondere seine Datierung durch Nostradamus ins Auge faßt, können Leben und Person des Sehers nicht ausführlich dargestellt werden. Das Kapitel beendend sei festgestellt, daß Nostradamus ein begnadeter Arzt war, beseelt vom Verlangen zu helfen und zu heilen. Es heißt, er habe sich bei späteren Besuchen in Aix-en-Provence (wo er während der Pest ärztlich tätig gewesen war) vor der Dankbarkeit der Bevölkerung gezwungenermaßen einschließen müssen.

Nostradamus hatte ohne Zweifel jüdische Vorfahren. Er war ein gesunder Mensch und kränkelte erst im Alter. Er hinterließ ein beträchtliches Vermögen.

Im Jahre 1622 bzw. 1660 besuchten Louis XIII und Louis XIV (der spätere Sonnenkönig) das Grabmal des Sehers, um sich davor zu neigen.

Und schließlich liegt mir am Herzen, zu sagen: Nostradamus war gewiß kein lauer Mensch. Er wußte, Stellung zu beziehen. Er dürfte manches deutliche Wort gesagt haben. Dies gilt insbesondere für seine Prophezeiungen, sobald sie identifiziert bzw. entschlüsselt sind.

Deutliches und zugleich Verschlüsselungen enthalten auch die folgenden Zeilen, welche dem Sechszeiler Nr. 44 entnommen sind.

> La belle roze en la France admiree,
> D'un tres-grand Prince à la fin desiree,
> Six cens & dix, lors naistront ses amours
> . . . .

=

> Die schöne Rose in dem Frankreich bewundert,
> Von einem sehr-großen Prinzen schließlich begehrt,
> Sechs hundert & zehn, da werden seine »amours« geboren werden
> . . . .

Der Sechszeiler ist heute noch nicht zu entschlüsseln. Sicherlich enthält er im weiteren Verlauf weniger Erfreuliches. Aber er beweist, daß Nostradamus auch vom Schönen berichtet.

MICHEL NOSTRADAMUS

WERK

Michel Nostradamus hat der Nachwelt unter anderem schriftlich hinterlassen:

1. Eine Abhandlung über die Pest und Pestkrankheiten. (Darin weist er hin auf unmittelbare Zusammenhänge zwischen der Pestseuche und dem Vorkommen von Ratten.)
2. Opuscule de plusieurs exquises receptes pour entretenir la santé du corps, d. h. Kleine Schrift mehrerer auserlesener Mittel, um die Gesundheit des Körpers instandzuhalten.
3. Le vray et parfait embellissement de la face, d. h. Die wahre und vollendete Verschönerung des Gesichts.
4. Traité de fardements, d. h. Abhandlung über Schminken.

Die von Nostradamus gegebenen Schönheitstips und Schminkrezepturen waren bei den Damen der Zeit hochgeschätzt. Reynaud-Plense, der einstige Konservator des Nostradamus-Museums, sagt sinngemäß, daß moderne Kosmetikprodukte vor den Rezepturen des Nostradamus erbleichen würden. Übrigens soll die Schrift in den Apotheken weitverbreitet gewesen sein.

Im Bereich der unter 2.–4. genannten Titel und weiterer sind gefälschte Drucke nicht ausschließbar. Auch gefälschte Rezepte u. ä. laufen um.

5. Einen langen Brief an seinen Sohn César Nostradamus. Es handelt sich gewissermaßen um das Einführungsschreiben zu den schriftlichen Prophezeiungen des Nostradamus. Es steht fest, daß der Brief nicht nur an den Sohn, sondern auch an alle Interessierten der Nachwelt gerichtet ist.
6. Einen langen Brief an einen ganz bestimmten König

 ». . . . Henry roy de France. . . .«
 ». . . . Heinrich König von Frankreich. . . .«

Man denkt zunächst an Henry II = Heinrich II., den Zeitgenossen des Nostradamus, der dieses Schreiben tatsächlich erhielt und dann später durch den vorausgesagten Turnierfall starb. Verschiedentlich erwähnt Nostradamus in seinem Widmungsschreiben an den König den tiefen Eindruck, den die Majestät auf ihn gemacht habe, und tatsächlich war Nostradamus mit Henry II aus mehreren intimen Unterhaltungen persönlich gut vertraut und wurde vom König sehr geschätzt und beschenkt. Es ist jedoch *falsch*, die betont warmherzigen, intensiv verehrenden Worte, die Nostradamus an ». . . . Henry, König von Frankreich . . . .« richtet, auf Henry II zu beziehen.

Diese Worte gelten *vor allem* einem Zukunftskönig Henry von Frankreich, der unserem Nachbarland erst noch bevorsteht. Dieser *neue* Henry wird den früheren Henry II in Bedeutung und Format weit übersteigen. Und die so sehr verehrenden und herzlich warm gehaltenen Worte, die Nostradamus an die große Zukunftsmajestät richtet, erklären sich schlicht dadurch, daß der Prophet mit dem noch zu erwartenden großen Henry ja bestens bekannt war und zwar durch *Vorausgesicht*. Die Forschung ist sich in diesem Punkt einig.

Der Briefanrede folgt ein ausdauerndes Bravourstück an Verschlüsselung in Prosa. Es erstreckt sich über ca. 13 engbedruckte Seiten und entzieht sich gegenwärtig weitgehend allen Entschlüsselungsversuchen, weil die Zeit für den Zukunftskönig noch nicht reif, noch nicht gekommen ist, wiewohl sie nahe sein könnte.

In seinem prophetischen Schreiben legt Nostradamus der Majestät nicht nur Demut, Gehorsam und Dienstbereitschaft durch (heute noch) enorm verschlüsselten Briefinhalt zu Füßen, sondern auch jene drei Hundertschaften von Versvoraussagen, die das Tausend voll machen. Solchermaßen, d. h. scheinbar via Henry II, wußte der Prophet sicherzustellen, daß seine tief in die Zukunft reichenden Voraussagen nicht verlorengehen. Die ersten Zeilen des Briefinhaltes entsprechen in ihren genauestens erwogenen Formulierungen einer seinerzeit unerkennbaren, feinen Ironie gegenüber Henry II, sie bezeugen aber Ergebenheit und Bewunderung in bezug auf den Henry der Zukunft.

Ich benutze die Gelegenheit, um nochmals darauf hinzuweisen, daß Deutschland nach WK III wieder einen Monarchen haben wird. Das wunderbar atmende, prophetische Lindenlied (siehe am Schluß des Buches) stützt diesbezüglich die übereinstimmenden Voraussagen deutscher Seher. Beachtlich gewählt sind zudem jene Worte des Lindenliedes, die unserer Gegenwart gelten.

> ». . . .
> Da die Herrscherthrone abgeschafft,
> Wird das Herrschen Spiel und Leidenschaft,
> . . . .«

7. Das Hauptwerk:

LES PROPHETIES DE M. MICHEL NOSTRADAMUS
d. h. DIE PROPHEZEIUNGEN VON M. MICHEL NOSTRADAMUS

Sie bestehen aus vier- und sechszeilig gereimten Versen. Ihre Aufgliederung ist kompliziert und soll hier nicht im Detail durchgeführt werden. Es existieren

1. ca. 969 Vierzeiler, die überwiegend in Centuries = Zenturien = Hundertschaften von Versen zusammengefaßt sind. Unter diesen 969 Vierzeilern befinden sich 27, welche dem Nostradamus unbewiesenermaßen zugeschrieben werden. Für die Behandlung der Thematik und Daten von WK III wird keiner dieser 27 Vierzeiler herangezogen.

2. 58 Sechszeiler, welche oft als XI. Zenturie bezeichnet werden.

3. 141 Vierzeiler, genannt die »Présages«. Nr. 141 (sie betrifft Werk und Tod des Nostradamus) wurde bereits angeführt.

Ich zitiere und übersetze die Voraussagen und Briefe des Nostradamus gemäß der Textausgabe von Charles Reynaud-Plense (Lit.-Verz.). Diese hält sich an die unverfälschten Frühausgaben, welche von Reynaud-Plense wie folgend definiert werden:

Lyon:	1558–1566	bei Pierre Rigaud
Lyon:	1568–1605	bei Benoist Rigaud
Troyes:	1611	bei Pierre Chevillot
Leyde =	Leiden in Holland:	
	1650	bei Pierre Leffen.

Reynaud-Plense stützt sich ferner auf jene Dokumente, die er als Konservator im Nostradamus-Museum verwahrte.

Übersetzung erfolgt nach bestem Bemühen, aber ohne Gewähr. Dies muß gesagt sein, denn Mißverständnis des von Nostradamus absichtlich verschleiert gegebenen Textes hat Fehlübersetzung zur Folge. Schon aus diesem Grund halte ich es für geboten, grundsätzlich zunächst am Text klebend zu übersetzen, ohne Rücksicht auf dadurch entstehendes Holpern usw.

Im Brief (siehe vorstehend unter 5.), den Nostradamus an seinen geliebten Sohn César geschrieben hat, läßt er erkennen, daß seine Weissagungen niemals auf verwerfliche Weise zustande gekommen sind. Wer in diesem Brief zu lesen weiß, wird erkennen, daß hier ein Mann von großer sittlicher und geistiger Reife spricht, um dem Verstehenden Flagge und Kennung zu zeigen. Es ist klar, daß der Mensch, der hier *nicht* versteht und nicht ahnt, um welcherlei Zusammenhänge es sich handelt, nur allzu leicht zum Mißverstehenden wird und dann im Verborgenen auch sogleich das Verwerfliche sieht. Tatsächlich stehen die Gegebenheiten im umgekehrten Verhältnis: Gerade *weil* Nostradamus über hochentwickelte sittliche und geistige Reife verfügte, wurden ihm Tore zu Bereichen geöffnet, die dem Normalmenschen verdunkelt bleiben. *Nur* und wirklich nur in diesem Sinne darf die Bezeichnung »okkulter Seher« auf Nostradamus Anwendung finden. Gleichwohl lief Nostradamus gewiß nicht mit dem sichtbaren Heiligenschein um und im Brief an Sohn César sagt er es auch ganz ehrlich und mehr als selbstkritisch: ». . . . bin größerer Sünder als sonst keiner dieser Welt, ausgesetzt allen menschlichen Anfechtungen. . . .«

Der Leser, der über das verfügt, welches man einen ausgeglichenen Seelenhaushalt zu nennen pflegt, wird den Brief des Sehers zumindest teilweise verstehen und ihn — sei es nur in Abschnitten und gefühlsmäßig — richtig auffassen. Zum besseren Verständnis der weiteren Untersuchungen will ich dem Schreiben einige Auszüge wörtlich übersetzt oder sinngemäß entnehmen und kommentieren:

». . . . alles ist gelenkt und regiert durch Gottes Allmächtigkeit, die uns weder durch bacchantische Raserei noch durch lymphatische Bewegung inspiriert (d. h. zu Voraussagen befähigt), sondern durch astronomische Gegebenheiten. . . .«

Mit »astronomische Gegebenheiten« welche zu Voraussagen befähigen, meint Nostradamus verschiedenerlei, wie u. a.:

Gestirnstände . . .

- . . . wie sie für Zeitpunkt und Ort der Geburt eines Sehers gegeben sind.
- . . . zum Zeitpunkt des »Sehens« an einem bestimmten Ort.
- . . . und deren Anzeige von Zeitpunkten und Verhältnissen in bezug auf bestimmte Personen, Ereignisse und Lokalitäten auf der Erde.

Diese Zusammenhänge sind für den astrologieunkundigen Leser schwer zu verstehen und in Kürze nicht erklärbar. Nostradamus betont aber insbesondere, daß jede empfangene prophetische Inspiration zu *allererst von Gott*, dem Schöpfer komme und ferner durch Stunde (astronomische Verhältnisse) sowie durch Natur und Veranlagung bedingt sei.

Zum Problem der Veröffentlichung seiner Prophezeiungen sagt Nostradamus u. a.:

».... Erwägend auch den Satz des Wahren Retters: Wollet nicht das Heilige den Hunden geben, und werfet nicht die Perlen vor die Säue, damit jene sie nicht mit Füßen treten, sich umwenden und euch zerreißen. ....«

Hieraus spricht die Furcht des Nostradamus vor der Inquisition seiner Zeit und vor Zeitgenossen, sowie auch manch andere Erwägung, z. B. bezüglich zukünftiger Menschen und der Wunsch, sich nach Gottes Willen zu verhalten.

Nostradamus teilt mit, daß er u. a. aus diesen Gründen, auch um die Menschen nicht zu verängstigen und um Mißbrauch seiner Prophezeiungen zu verhindern, den Weg gewählt habe, seine Voraussagen nur verschleiert zu geben:

».... geschrieben unter nebulosen Bildern. ....«

Mit eben dieser Schwierigkeit, diesem ganz erheblichen Risiko der Fehldeutung werden wir uns zu beschäftigen haben.

Vieles versucht Nostradamus in diesem Brief seinem Sohn und der Nachwelt anzudeuten oder zu erklären, ohne die Geheimnisse der Weissagung letztlich offenbar machen zu können, geschweige denn zu wollen.

».... habe ich prophetische Bücher zusammengestellt, jedes hundert astronomische Voraussagen-Vierzeiler enthaltend (d. h. die Centuries = Hundertschaften von vierzeiligen Versen), die ich ein wenig (d. h. völlig) obskur aneinanderstückeln[1] gewollt habe: und sind fortlaufende Weissagungen für von hier (Jahr 1555 n. Chr.) bis zum Jahr 3797. ....«

---

[1] d. h. mit Hilfe von einem oder mehr als einem grandiosen Durcheinander-Verschlüsselungssystem.

Übrigens unterscheidet der Seher *scharf* zwischen der mehr als abscheulichen Magie einerseits und der judiziellen (= beurteilenden) Astrologie andererseits. Vor der erstgenannten warnt er seinen Sohn sehr eindringlich und bittet ihn, sich niemals ihr hinzugeben. (Er selbst tat es auch nicht.) Gleichzeitig weist er darauf hin, daß die Magie seit Vorzeiten schon durch die heiligen Schriften verworfen sei. Sodann aber legt er großen Wert darauf, festzustellen, daß die judizielle Astrologie von alledem ausgenommen sei.

Gesamtübersetzungen dieses Schreibens sind (obgleich vorhanden) schwierig und problematisch, denn wie sollte sich all das übersetzen lassen, welches *zwischen* den Zeilen steht, welches vor allem anderen erst einmal verstanden und erfaßt sein will, um übersetzbar und erklärbar zu werden.

Ähnlich verhält es sich mit dem Brief des Nostradamus an Henry, den Zukunftskönig von Frankreich (vgl. S. 48). Bezugnehmend auf den Inhalt seiner Versvoraussagen läßt Nostradamus den König unter vielem anderen wissen:

».... der Rhythmus (der Verse) ist ebenso einfach, wie die Intelligenz des Sinnes schwierig ist. ....« (Verschleierung).

».... komponiert eher aus natürlichem Instinkt begleitet von einer poetischen Begeisterung, als durch Regel der Poesie, und die Mehrzahl (der Verse) zusammengestellt und in Übereinstimmung[2] gebracht mit der astronomischen Berechnung[3], entsprechend den Jahren, Monaten und Wochen der Regionen, Gegenden[4]....«

».... das alles (= die Vers- und anderen Voraussagen) ist zusammengestellt und berechnet worden nach Tagen und Stunden der Auswahl[2] und gut angeordnet und auf das Genaueste, wie es mir möglich gewesen ist. ....«

Die wichtigsten, hochbedeutsamen Worte der beiden letztstehenden Zitate lauten: Übereinstimmung und Auswahl. Es handelt sich um Übereinstimmung und Auswahl in dem Sinne, daß Nostradamus für die von ihm selbst zunächst *vorausgesehenen* Ereignisse sodann die passenden, übereinstimmenden astrologischen Merkmale (Gestirn-

---

[2] Im Original ohne Hervorhebung.

[3] D. h. zugleich: astrologischen Beurteilung (= judizielle Astrologie).

[4] Auch hier spielen astronomische und astrologische Faktoren hinein.

positionen und andere) auswählte und solchermaßen (durch Auswahl) die gegenseitige Zuordnung (= Übereinstimmung) herstellen konnte.

Indem er als Astrologe den *Zeitpunkt* des Vorliegens der von ihm ausgewählten astrologischen Ereignis-Merkmale *vorausberechnen* konnte, ergibt sich automatisch folgender Ablauf:

1. Vorausgesehenes Ereignis.

2. Dementsprechende Auswahl der astrologischen Merkmale, die mit dem gesehenen Ereignis übereinstimmen.

3. Astronomische Vorausberechnung des Zeitpunktes (= Datums) für das Vorliegen der astrologischen Merkmale.

4. Damit steht das Datum für das vorausgesehene Ereignis fest.

Die vorstehende Erklärung ist bewußt einfach gehalten.

Der *größte* Fehler, den man einem Nostradamus gegenüber machen kann, liegt darin, die Fähigkeiten dieses Mannes zu *unterschätzen*. Wir halten also fest, denn es wird für uns datierungsmäßig und für die Lokalisierung *sehr wichtig* werden:

1. ».... entsprechend den Jahren, Monaten und Wochen der Regionen, Gegenden....«

2. ».... nach Tagen und Stunden der Auswahl und gut angeordnet und auf das Genaueste, wie es mir möglich gewesen ist. ....«

Die Anspielungen des Nostradamus auf die Möglichkeiten der judiziellen Astrologie sind unübersehbar. Und indem ich nochmals kurz zum Schreiben des Sehers an seinen Sohn César zurückkehre, bitte ich um Beachtung des folgenden Auszuges:

».... Was uns betrifft, die wir Menschen sind, so vermögen wir aus unserer natürlichen Kenntnis und Begabungsanlage nichts von den versperrten Geheimnissen Gottes des Schöpfers zu erkennen.[5] Weil es nicht das Unsere ist, die Zeiten und Momente etc. zu kennen. Wiewohl auch gegenwärtig Personen/Persönlichkeiten erscheinen und (existent) sein können, denen Gott der Schöpfer durch imaginative

---

[5] Der folgende Satz steht im Originaltext in Form eines lateinisch gehaltenen Einschubes.

Eindrücke einige Geheimnisse der Zukunft offenbaren gewollt haben möge, in Übereinstimmung[2] gebracht mit der judiziellen Astrologie, ...«

Hier breche ich ab, um diesen uns unmittelbar interessierenden Briefabschnitt klarer zu fassen. Zunächst sagt Nostradamus, daß Gott der Schöpfer über viele geheime Möglichkeiten und Wege verfügt, welche dem Normalmenschen nicht einsehbar sind. Selbstverständlich sind diese Worte insbesondere auf die Geheimnisse der Zukunft und auf die Möglichkeit von Zukunftsvoraussagen zu beziehen.

Im nächsten Satz gibt Nostradamus zu verstehen: Aber selbst wenn es vereinzelt und dank göttlicher Gnade und Absicht diesem oder jenem Menschen ermöglicht wird, in die Zukunft zu sehen und Zukunftsvoraussagen zu machen, so fehlt bei alledem immer noch die Fähigkeit, Zukunftsvoraussagen mit exakten Daten (Zeiten und Momente) zu verbinden.

Im dritten Satz sagt Nostradamus, daß *trotz alledem* Menschen vorkommen, die Voraussagen von Zukunftsgeschehen machen und selbiges mit Hilfe der judiziellen Astrologie vorausdatieren *können*.

>Ich, Nostradamus, bin ein solcher, extrem seltener
>Fall und Mensch. Ich sage dies in Bescheidenheit
>vor Gott, dem Herrn: Ich irre nicht.
>
>».... Possum non errare, ...«
>
>Oh, Normalmensch, ich liebe Dich, ich fürchte Dich.
>Ich schütze mich vor Dir und Dich vor meinen
>Worten und Voraussagen. Deshalb spreche ich
>in Rätseln, Masken, Schleiern.

Es ist somit ein glücklich sich ergänzendes, rares Triumvirat, welches dem Nostradamus so überragende, erschütternde Vorausdatierungsmöglichkeiten verleiht:

1. Nostradamus war ein unfaßbar begnadeter Seher.
2. Er verfügte über astronomische und astrologische Fähigkeiten äußersten Ranges.
3. Aus der in *einer* Person vorliegenden *Kombination* der vorgenannten Faktoren erwächst die durchschlagende Vorausdatierungspotenz des Nostradamus. (Vgl. hierzu auch Seiten 95, 96.)

Endlos viel mehr läßt sich zum Werk des Nostradamus sagen, aber ich muß mich auf Stichworte beschränken.

Nostradamus benutzt gern die Regeln der lateinischen Syntax, d. h. Inversionen der Worte und Redewendungen. Dies gestattet ihm zusätzliche Komplizierung des Sinninhaltes seiner gereimten Voraussagen. Häufig kommen auch Inversionen des Zeitablaufes in Form von »falscher« Zeilenfolge oder sogar zeilenintern vor.

Er bedient sich mehrerer Fremdsprachen und verwendet vor allem lateinische Worte, Wortstämme, Wortanklänge, Ausdrücke, auch Kombinationen und Schöpfungen aus verschiedenen Sprachen. Er stellt gern Buchstaben um und nimmt häufig buchstabenmäßige »Korrekturen« in Einzelworten vor, bzw. setzt derartige »Korrekturen« und buchstabenmäßige Veränderungen durch den Leser voraus. Die Buchstabenspiele des Nostradamus sind als Chiffrier-Trick in ihrer Bedeutung selbst von der Forschung heute noch kaum erkannt. Zahlreiche Beispiele werden folgen.

Andere Chiffrier-Beispiele:

Bär	= Rußland
Hahn	= Gallischer Hahn = Frankreich
Aquilon	= Nordwind/Nord-Nord-Ost-Wind/Sturm/ Deutschland/Länder des Nordens (nicht endgültig geklärt).
Hitler:	Un capitaine de la grand Germanie Ein Kapitän vom großen Germanien = Groß-Deutschland
Duce Mussolini:	D.M.; le Duc = der Duce

Roosevelt:	Sur le milieu du grand monde la rose
	Auf der Mitte der großen Welt die Rose
	                        Welt Rose
	                           Roosevelt

Dies alles gewährt einen nur allzu knappen Einblick in die allegorische, symbolische, metaphorische, historische, mythologische, phonetische, changierende, reflektierende, täuschende etc. Ausdruckswelt des schillernden Nostradamus, der stets offene Messer bereit hält,

Fallen stellt, Haken schlägt, Holzwege anlegt usw. Die genannten Beispiele stehen für aberhundertfach weitere und andersartige Ausdrucksweisen. Ein Lexikon der auf den neuesten (auch technisch neuesten) Stand gebrachten Nostradamus-Terminologie wäre sehr mühsam zu erstellen und würde dennoch viele Unwägbarkeiten übriglassen.

Selbstverständlich kannte der Seher die gesamte moderne Kriegsmaschinerie: Flugzeuge, Panzer, Kampf-Hubschrauber, Raketen, Nuklearbomben, usw., aber auch Waffen, die erst später noch zu erfinden sind.

Das Werk des Nostradamus, d. h. seine Voraussagen lassen sich auf einer Unzahl von Seiten wiedergeben und kommentieren und tatsächlich existiert bereits eine kaum übersehbare Nostradamus-Literatur sehr unterschiedlicher Qualität. Selbst innerhalb der lobenswerten Arbeiten ist die reife Findung gleich neben dem totalen Fehlschluß zu entdecken. Das kann auch gar nicht anders sein, denn ließe Nostradamus sich im beliebigen Umfang entschlüsseln, so wären seine Voraussagen zensurbedingt längst verschwunden. Es *ist* aber denkbar, daß die dichten Schleier, die im allgemeinen über den Texten liegen, sich zu außergewöhnlichen Zeiten, wie z. B. der unseren, ein wenig lüften lassen, um noch rechtzeitig ihre prophetischen Warnungen freizugeben.

Die Forschung hat bis zur Gegenwart nicht klar erkannt: Wo immer Nostradamus es wünscht und eine lohnende Gelegenheit sieht, ist er bestrebt, in jeweils einen Vers *mehr* als nur eine Voraussage hineinzuverschlüsseln.

Ein erstes Beispiel für diese Methode wurde vorgestellt in Form des schon analysierten Vierzeilers I,35 (Der junge Löwe), welcher die Voraussagen für den Tod bzw. die Ermordung der namensgleichen Könige Henry (II, III) enthält. Beide Ereignisse liegen zeitlich klar auseinander. Nichtsdestoweniger sind im Hinblick auf die Namensgleichheit, die Standesangehörigkeit und die Grausamkeit der Todesumstände beider Personen gewisse Duplizitäten gegeben, Duplizitäten, die den alles überschauenden Seher Nostradamus reizten und zur Verarbeitung in ein- und demselben Vers veranlaßten.

Ein weiteres Beispiel vergleichbarer Art mit der zusätzlichen Pointe einer in gewissem Sinne sogar zeitlichen Duplizität wird in Form des Vierzeilers VI,97 (Hiroshima – Massiv nukleare Phase von Weltkrieg III) dechiffriert werden.

Und auch der noch zu beleuchtende Vierzeiler VI,5 (Brisantes Atom — Arktischer Pol) mag als Beispiel dafür gelten, wie Nostradamus es fertigbringt, *ein* Geschehen vorauszusagen und ein *anderes* bis ins Detail in die Voraussage gleich mit hineinzuverschlüsseln.

Die drei Beispiele mögen stellvertretend stehen für viele vergleichbare Voraussagen, welche in derartig hoher Anzahl ohne die virtuosen Chiffrierkünste des Nostradamus nicht möglich gewesen wären. Die virtuose Textverarbeitung stellt jedoch nur das äußere Erscheinungsbild einer Angelegenheit dar, die im Kern unvergleichbar bedeutsamer ist: Verse wie die drei vorgenannten konnten von Nostradamus nur deshalb geschrieben werden, weil er ein Viel-Seher und ein Klar-Seher über alle Maßen war. Diese Vorzüge in unvergleichbaren Graden ermöglichten ihm den historischen Überblick, die Erkenntnis der kausalen, geschichtlichen und zeitlichen Zusammenhänge, die — in Verbindung mit seinen Vorausdatierungsfähigkeiten — für *solche* Verse insgesamt Bedingung sind.

Nostradamus hat seine Voraussagen jedoch nicht nur sinninhaltlich verschleiert, sondern zudem die Reihenfolge der Verse bezüglich ihres chronologischen Ablaufes ins totale — wenngleich methodische — Zeitdurcheinander hineinverschlüsselt. Durch diese doppelte Verschleierungstaktik entfallen fast immer beide Möglichkeiten:

a) Inhaltsdemaskierung durch Rückschlüsse aus der Chronologie geordneter Verse.
b) vice versa, d. h. Herstellung einer wenigstens in bruchstückweisen Abschnitten geordneten Vers-Reihenfolge aufgrund von absehbaren Geschehensabläufen.

Bisher ist keinem Computer, keinem Dechiffreur die Entschlüsselung der Vers-Reihenfolge gelungen. Mit Computern ist nichts zu erreichen, denn Nostradamus spricht zum Menschen.

Mit Hilfe dieses noch zu findenden Dechiffrierschlüssels wird es eines Tages möglich sein, die von Nostradamus durcheinandergewürfelte Reihenfolge seiner Verse geordnet wiederherzustellen. Man wird dann nicht mehr umhin können, einzusehen, daß Nostradamus die wichtigen Ereignisse der Weltgeschichte ab 1555 richtig und in richtiger Reihenfolge voraussagt, daß sein historischer Überblick, seine Einsicht in kausale Verknüpfungen grandios sind. Auch der Beweis, daß Nostradamus regelmäßig richtig vorausdatiert und vielfältigen Gebrauch von seiner Fähigkeit gemacht hat, wird dann erbringbar sein. Dieser Beweis läßt sich *heute* nicht leicht erbringen und lohnt dennoch die Anstrengung.

KONNTE NOSTRADAMUS VORAUSDATIEREN?

Verfügte Nostradamus über die — selbst unter Sehern nahezu einzigartige — Fähigkeit, von ihm gesehene Zukunftsereignisse vorausdatieren zu können? Diese Frage ist von erstem Interesse, denn wenn sie sich positiv beantworten läßt, so steigt damit automatisch auch der Wert der von Nostradamus für WK III gegebenen Vorausdaten in ganz beträchtlicher Weise. *Meine* Einstellung zur aufgeworfenen Frage ist in Form eines klaren *Ja* bereits bekannt. Sie soll nichts präjudizieren.

1792:
Die französische Revolution kulminiert

Im Brief an König Heinrich von Frankreich nennt Nostradamus im Verlauf eines sehr langen Satzes und im Zusammenhang mit einer interessanten Bemerkung die Jahreszahl 1792:

».... jusques à l'an mil sept cens nonante deux que l'on cuidera estre une renovation de siecle: ....«

Das heißt: ».... bis zum Jahr tausend sieben hundert neunzig zwei, welches man für eine Erneuerung des Zeitalters halten wird: ....«

Oder gleichberechtigt übersetzt: ».... bis zum Jahr tausend sieben hundert neunzig zwei, von welchem man glauben wird, es sei eine Erneuerung des Zeitalters: ....«

Im Jahre 1792 erlebte die Französische Revolution ihren Höhepunkt: Sturm auf die Tuilerien, Gefangennahme des Königs Louis XVI, Abschaffung der Monarchie, Frankreich wechselt zur Republik, die Adligen werden entmachtet, man ruft

»Liberté, Egalité, Fraternité!«
(= Freiheit, Gleichheit, Brüderlichkeit!).

Mancher Franzose jenes Jahres dürfte geglaubt haben, daß eine Erneuerung des Zeitalters stattfindet, denn wahrlich landeserschütternd und erneuernd waren die die gesellschaftlichen Verhältnisse umkrempelnden Ereignisse dieser Revolution und dies — wie gesagt — ganz besonders im Hinblick auf das Kulminationsjahr 1792.

In seinen Vierzeilern erweist Nostradamus sich als bestens und bis in Miniatur-Details informiert über die entsprechenden Vorgänge, über Fluchtversuch des Königspaares, Sturm auf die Tuilerien, Gefangensetzung des Königs, spätere Enthauptung und vieles andere mehr. Die in diesen Voraussagen erwähnten Einzelheiten sind ebenso frappierend wie eindeutig identifiziert.

Es ist selbstverständlich, daß Nostradamus im Brief an seinen König nicht unverblümt erwähnen konnte: ›Sire, im Jahre 1792 wird die Monarchie abgeschafft.‹

Dies berücksichtigend liegt es nun beim Leser, zu beurteilen, ob die Formulierung ».... bis zum Jahr 1792, von welchem man glauben wird, es sei eine Erneuerung des Zeitalters:....«

1. die Ereignisse von 1792 trifft;

2. dem König gegenüber vorsichtig und geschickt gewählt war.

Die Bejahung beider Punkte bedeutet: richtige Vorausdatierung.

1945: Hiroshima
VI, 97

Vierzeiler Nr. 97 der VI. Zenturie lautet:

    Cinq & quarante degrez ciel bruslera,
    Feu approcher de la grand' cité neuve,
    Instant grand flamme esparse sautera
    Quand on voudra des Normans faire preuve.

Die Zeile 2 übersetze ich in drei Versionen.

    Fünf & vierzig Abschnitte/Stufen/Grade Himmel wird brennen,
    Feuer herannahen der großen neuen Stadt,/
    /Feuer herannahen von der großen neuen Stadt, /
    /Feuer herannahen aus der großen neuen Stadt,
    Augenblick große Flamme zerstreut wird springen
    Wenn man wird wollen von den Normannen machen Beweis.

Ab sofort und für den weiteren Verlauf der Untersuchungen empfehle ich, die den Versvoraussagen folgenden Analysen und Kommentare, insbesondere die zeilenweisen Erläuterungen stets aufmerksam in Vergleich zu nehmen mit den Worten und Zeilen des französischen Originalverses bzw. mit der dem Originalvers jeweils folgenden, sorgfältigen, »klebenden« Übersetzung. Um das Verfahren erklärend einzuleiten, gebe ich anschließend in Klammern einige Hilfsbeispiele.

Z 1 (= Zeile 1): Nostradamus erwähnt die Zahl Fünf & vierzig = 45.
    Er meint 1945, läßt die ersten beiden Ziffern jedoch wegfallen, um zu verschleiern. Auch das Wort degrez = Abschnitte/Stufen/Grade dient der Verschleierung. Es bedeutet: Jahre.

(19)45	Jahre	Atombomben-Feuerball am Himmel
Fünf & vierzig	Abschnitte/Stufen/Grade	Himmel wird brennen,

Z2: Feu approcher de la grand' cité neuve,
Feuer herannahen der großen neuen Stadt,

Tatsächlich nahte das Feuer der Stadt Hiroshima, nämlich von oben her, da die Atombombe in der Höhe von wenigen Kilometern über der Stadt gezündet wurde. Hiroshima war eine große, schnell gewachsene Industriestadt (großen neuen Stadt). Die Formulierung de la ist schwer übersetzbar, weil mehrdeutig angelegt. Ich komme darauf sehr viel später zurück.

Z3: Instant grand flamme esparse sautera
Augenblick große Flamme zerstreut wird springen

Innerhalb eines Augenblicks (Augenblick) geschah es, daß der Feuerball (große Flamme) sich blitzartig ausdehnte (zerstreut). Im Anfang dieses Augenblicks erfolgte die Ausdehnung des Feuerballs mit angenäherter Lichtgeschwindigkeit (wird springen).

Z4: Quand on voudra des Normans faire preuve.
Wenn man wird wollen von den Normannen machen Beweis.

Die USA wollten mit der Detonation der A-Bombe über Hiroshima einen Beweis dafür liefern (wollen machen Beweis), daß sie über eine supermächtige, kapitulationserzwingende Waffe verfügen.

Nostradamus schreibt anstelle von USA das verschleiernde Wort Normannen. Die Normannen eroberten England. Ihr Blut vermischte sich mit dem der Engländer. Die Engländer wiederum wurden zu Erstsiedlern im Gebiet der heutigen USA. Daher die Formulierung:

Wenn man wird wollen von den Normannen (= von seiten der Normannen/USA) machen Beweis.

7./8. August 1846: Neptun

IV, 33

Vierzeiler IV, 33 ist ein Unikum aus der Feder des Nostradamus. Der Seher-Poet spielt darin an auf die »Beinahe-Entdeckung«, man darf auch sagen: auf die »Nicht-Entdeckung« des Planeten Neptun (8. Planet unseres Sonnensystems) und sagt auch dessen Namen richtig voraus. Richtige oder verschleierte Voraussagen von Eigennamen sind für Nostradamus typisch.

> Iupiter ioinct plus Venus qu'à la Lune,
> Apparoissant de plenitude blanche:
> Venus cachee sous la blancheur Neptune
> De Mars frappee par la gravee branche.

Die wie immer am Originaltext klebende Übersetzung lautet:

> Jupiter verbunden mehr Venus als zum Mond,
> Erscheinend von weißer Fülle:
> Venus versteckt unter der Weiße Neptun
> Von Mars getroffen durch den gravierten (= beschwerten) Ast.

Z1: Jupiter verbunden mehr Venus als zum Mond,
d. h.: Jupiter steht der Venus näher als dem Mond.

Z2: Erscheinend von weißer Fülle:
d. h.: Der Mond erscheint von weißer Fülle, es ist also Vollmond.

Z3: Venus versteckt unter der Weiße Neptun

Das ergibt keinen Sinn. Zwischen dem Wort versteckt und dem Wort unter scheint ein Komma zu fehlen, demnach:

> Venus versteckt, unter der Weiße Neptun

Das ist aber nur ein Teilerfolg. Um die Raffinesse dieser Zeile zu verstehen, müssen wir sie ganz anders zerlegen, ein wenig ergänzen und schließlich zwei Worte doppelt anwenden.

> Venus versteckt unter . . . .

Die Frage, inwiefern der Planet Venus sich unter irgend etwas versteckt, ist leicht durch Ergänzung beantwortbar:

> Venus versteckt unter (dem Horizont) . . . .

Indem der Planet Venus unter dem Horizont steht, ist er unsichtbar, also versteckt. Jetzt lesen wir die Worte versteckt unter zum zweiten Mal, so daß sich ergibt:

> . . . . versteckt unter der Weiße Neptun

Unter welcher Weiße versteckt der Neptun sich also?

Neptun ist ein sehr entfernter, sehr unauffälliger Planet mit einer scheinbaren Helligkeit der 7,5ten Größenklasse, also für das bloße Auge nicht mehr sichtbar. Sobald der Mond, insbesondere der helle Vollmond, dem kleinen, schwachleuchtenden Neptun nahekommt, geschieht es, daß das helle Vollmondlicht = die Helligkeit des Vollmondes = die Weiße (vgl. Z3) überstrahlend wirkt. Der nur schwach leuchtende Neptun wird von der Weiße, die vom Vollmond ausstrahlt, überboten, »verschluckt«. Solchermaßen geht das kleine Licht des Neptun wortwörtlich unter (vgl. Z3) in den Überstrahlungseffekten des Mondes. Auf diese Weise gelingt es Neptun, Versteck zu spielen, indem er sich unsichtbar macht, auch für das Teleskop. Z3, klarer:

> Venus (steht) versteckt unter (dem Horizont), versteckt unter der (überstrahlenden) Weiße (des Vollmondes steht) Neptun

Z4:   Von Mars getroffen durch den gravierten (= beschwerten) Ast.

Die hervorgehobenen Worte lassen wir zunächst wegfallen, so daß sich ergibt:

> Von Mars getroffen durch den . . . . Ast.

Nostradamus spricht hier von dem astrologischen/astronomischen Sachverhalt einer Opposition. (Der Begriff bezeichnet die Gegenüberstellung zweier Planeten/Sterne.) Zur verschleierten Darstellung dieses Sachverhaltes einer Opposition hat Nostradamus sich folgender Worte bedient:

> getroffen durch den . . . . Ast.

Wir setzen das Gefundene (Opposition) in die Zeile 4 ein:

> Von Mars getroffen durch den . . . . Ast.
> = Von Mars Opposition.

Die Sache wird aber erst durch Hinzunehmen des letzten Wortes von Zeile 3 sinnvoll:

Z3: . . . . Neptun

Z4:   Von Mars getroffen durch den . . . . Ast.
  = Von Mars Opposition.

Der Mars steht also in Opposition (gegenüber) zu Neptun, oder anders gesagt: Die beiden Planeten Neptun und Mars stehen einander gegenüber und somit in Opposition. Mars ist dabei der »Treffende«, und Neptun ist der von Mars »Getroffene«, denn Mars, als schnell laufender Planet, wird im Vergleich mit dem langsam laufenden Neptun zum Auslöser des Sachverhaltes der Opposition.

Das Wort Ast (frz.: branche) ist von Nostradamus sehr überlegt und hinweisend ausgesucht worden. Dieser Ast bezeichnet nämlich die Oppositions-Linie, welche sich ergibt, wenn die beiden sich gegenüberstehenden Planeten Mars und Neptun in ihren Positionen durch eine graphische Strich-Ziehung »astmäßig« verbunden werden. Die Astrologen bedienen sich solcher Strichziehungen recht gern, um die entsprechenden Aspekte (in diesem Fall die Opposition) deutlich hervorzuheben.

Jetzt wollen wir den zunächst ausgelassenen Teil von Zeile 4 hinzunehmen.

  Von Mars getroffen durch den gravierten (= beschwerten) Ast.

Die Opposition des Mars gegen den Neptun ist graviert, d. h. beschwert, denn der Planet Mars steht zusätzlich (vgl.: beschwert) zu seiner Opposition gegen Neptun zugleich in einer zweiten Opposition, nämlich der gegen den (astrologisch) beschwerenden Planeten Saturn.

Wenngleich es an den gefundenen Resultaten nichts ändert, möchte ich auch noch auf eine variierte Lesbarkeit dieser Zeile aufmerksam machen. Wir lassen das erste Wort der Zeile 4 (De = Von) entfallen und schreiben anstelle des getroffen das Wort betroffen, so daß entsteht:

  Mars frappee par la gravee branche.
  Mars betroffen durch den gravierten Ast.

Und tatsächlich, Mars, der nicht nur den Neptun, sondern auch den

Saturn »trifft« (= opponiert), dieser Mars ist nun seinerseits im Rückprall von der Schwere des Saturn betroffen. Damit ist die uns schon bekannte Opposition Mars-Saturn nochmals erstaunlich, d. h. ebenso bündig wie »frappierend« klar beschrieben. Nostradamus war wirklich auch ein Dichter.

Die soeben erläuterten Himmelsverhältnisse werden durch die folgende Graphik dargestellt:

      7. AUGUST 1846, ca. 24 Uhr
= 8. AUGUST 1846, ca. 0 Uhr   (Greenwich-Zeit)

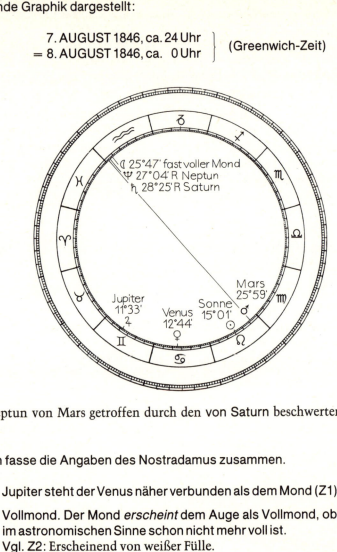

Neptun von Mars getroffen durch den von Saturn beschwerten Ast.

Ich fasse die Angaben des Nostradamus zusammen.

1. Jupiter steht der Venus näher verbunden als dem Mond (Z1).
2. Vollmond. Der Mond *erscheint* dem Auge als Vollmond, obwohl er im astronomischen Sinne schon nicht mehr voll ist.
   Vgl. Z2: Erscheinend von weißer Fülle.

66

3. Venus unterhalb des Horizontes, denn es ist tiefe Nacht (Z3).
4. Der Mond steht dem Neptun sehr nahe, so daß sein helles Licht den schwachen Schein des Neptun überstrahlt (Z3).
5. Mars Opposition Neptun (Z3 + Z4).
6. Mars Opposition Saturn (Z4).
7. Saturn Konjunktion Neptun (Z3 + Z4).

Übrigens hat Nostradamus bei diesem Vierzeiler IV, 33 großzügig in seine Trickkiste gegriffen, denn wir finden mehrere mißverständliche Wort- und Sinnbezüge und ein fehlendes Satzzeichen.

Nun kommen wir zum tieferen Sinn des Vierzeilers. Im Jahre 1846 wußte man in der astronomischen Fachwelt, daß es jenseits des bereits entdeckten Planeten Uranus einen weiteren geben müsse. Vor allem der französische Astronom Le Verrier — welch schöner Name für einen Astronomen — hatte entsprechende Vorberechnungen zur Lokalisierung dieses noch zu entdeckenden Planeten angestellt.

Der englische Hofastronom Airy beauftragte seinen bewährten Kollegen Challis, das zu findende Planetenobjekt per Teleskop am Himmel zu entdecken. Dabei versäumte Airy nicht, dem Mr. Challis zugleich vorzuschreiben, mit welcher Methode die Suche nach dem Wandelstern vorzunehmen sei. Diese Methode war nicht gut, weil mühsam und zeitraubend. Challis hatte die Aufgabe, durch das Teleskop blickend unter einer Unzahl von Lichtpunkten den richtigen herauszufinden. Er stand gewissermaßen auf einem Quadratmeter Sand und sollte ein einziges, ganz bestimmtes Sandkorn suchen.

Challis beobachtete zunächst vier Nächte lang zwischen dem 30. Juli und dem 4. August 1846. Ab dem 5. August mußte er für die Dauer einer Woche unterbrechen, teils wegen schlechten Wetters (Wolken), teils aufgrund des Umstandes, daß der volle Mond dem Beobachtungssektor so nahe kam, daß sein hell strahlendes, weißes Licht die geringe Leuchtkraft der nahestehenden Gestirne absorbierte:

Zeile 3: .... cachée sous la blancheur Neptune
.... versteckt unter der Weiße Neptun

Am 12. August konnte Challis seine Beobachtungen wieder aufnehmen, denn der Mond hatte sich von dem betreffenden Sektor ausreichend entfernt, und auch das Wetter war besser.

»Bald nach dem 12. August« verglich Challis seine aufgezeichneten Beobachtungen vom 30. Juli mit jenen vom 12. August. Leider fiel dieser Vergleich nicht sorgfältig genug aus. Mit einem Quentchen mehr Aufmerksamkeit hätte dem Mr. Challis das eine überzählige Objekt in seinen Aufzeichnungen nicht entgehen können: Neptun.

Dies ist die Geschichte von der »Nicht-Entdeckung« des Planeten Neptun. Der qualifizierte Astronom Challis ging ein in die Encyclopedia Britannica als der unsterbliche Neptun-Nichtentdecker.

Mit keinem Wort erwähnt Nostradamus in seinem Vierzeiler eine geglückte Entdeckung von Neptun. Er bezieht sich aber durch seine Angaben zu den Himmelsverhältnissen auf den 7./8. August 1846, welcher merkwürdig genau zwischen dem erwähnten 30. Juli 1846 und dem (Challis:) »Bald nach dem 12. August« 1846 liegt.

Neptun wurde relativ kurz nach diesem gelungenen Beobachtungs-, aber mißlungenen Entdeckungsversuch endgültig entdeckt. Der erwähnte französische Astronom Le Verrier hatte u. a. die Position und Größe des Planeten bereits *fabelhaft* genau vorausberechnet, als sich ganz kurzfristig eine zündende Zusammenarbeit zwischen diesem sehr beachtlichen Gallier und dem deutschen Astronomen Galle ergab, der sich augenblicklich ans Werk, d. h. an das hochwertige Fraunhofer Refraktorteleskop in Berlin setzte, ohne sogleich fündig zu werden. Galles Assistent d'Arrest zog eine sehr gute, neue Sternenkarte zu Hilfe. Während Galle vom Teleskop aus Stern für Stern mit zugehöriger Position ansagte, nahm d'Arrest entsprechende Vergleiche auf der Sternenkarte vor. Schon nach wenigen Ansagen konnte d'Arrest ausrufen: »Dieser Stern ist nicht auf der Karte!«

Die nächste Nacht (24. September 1846) brachte endgültige Sicherheit. Der schwer identifizierbare Langsamläufer Neptun war gefunden. Le Verrier hatte in seinen Vorausberechnungen von Position und anderen Spezifika des Wandelsternes eine glänzende Präzisionsarbeit geleistet.

Challis erfuhr die Entdeckung. Er überprüfte seine Aufzeichnungen nochmals und erkannte, daß er den Neptun zweimal unwissend beobachtet hatte. Challis hatte den Neptun also gesehen, aber nicht bewußt entdeckt. Mein Respekt gilt trotzdem auch ihm, denn er mußte buchstäblich »gegen die Sterne«, d. h. gegen die in vielerlei Hinsicht widrigen Umstände kämpfen.

Ich wiederhole, daß Challis seine Beobachtungstätigkeit ab dem 5. August 1846 – bedingt durch beginnende Mondüberstrahlung und Bewölkung – unterbrechen mußte und füge hinzu, daß insbesondere am 7./8. August 1846 für Neptun galt: intensive Überstrahlungseffekte, also

> .... versteckt unter der Weiße Neptun.

Dies (7./8. August 1846) ist das von Nostradamus durch seine Angaben zu den Himmelsverhältnissen verschlüsselt genannte Datum. Der Rhythmus der Wiederkehr für die Gesamtheit dieser gleichzeitigen Aspekte und astronomischen Gegebenheiten ist ein extrem seltener. Ich kann ihn nicht berechnen. Die Kalkulation dürfte auch für einen Astronomen oder Versicherungsmathematiker keine leichte Aufgabe darstellen. Ich schätze, daß der Rhythmus mindestens bei einer vierstelligen Jahreszahl liegt. Die Chance für Nostradamus, den von ihm durch Ansage von gleichzeitigen Aspekten und astronomischen Gegebenheiten datenmäßig fixierten Zeitpunkt der Nicht-Entdeckung bzw. der Beinahe-Entdeckung des Neptun zufällig auf die zutreffenden, sehr komplexen Himmelsverhältnisse festzulegen, diese Chance war somit quasi null.

Eine Frage ist noch zu klären. Warum nennt Nostradamus (in Form verschleierter Konstellationsangaben) ausgerechnet jenes Vorausdatum, für welches gilt, daß der Planet Neptun nicht, sondern nur *beinahe* entdeckt wurde?

Die Antwort ist astrologischer Natur. In der Astrologie verfügen insbesondere die Gestirne des Sonnensystems über die ihnen eigene, typische Symbolik[1], die anhand der Beispiele Mars und Saturn veranschaulicht sei.

Mars-Symbolik:

> Kampf, Trieb, Durchsetzung, Aggression, Krieg, Militär, Chirurgie, Eisen, das Sofort, das Gerade-Drauflos, Tatendrang, Impuls, Kraft, Affekt, das Vorwärts, das Heißblut, das »kleine Unglück« etc.

Saturn-Symbolik:

> Beschwerung, Erschwerung, Verzögerung, das Bremsen, das »Nein«, die Läuterung, die Schwere, Blei, Einsamkeit, Pessimismus, die Ansammlung, Aufspeicherung, Ballung, das Langsame, Ausdauer, Zuverlässigkeit, Treue, das Konservative, das »große Unglück« etc.

---

[1] Symbolik, welche *nicht* gleichzusetzen ist mit Kausalkraft.

Und nun zur Neptun-Symbolik:

> Auflösung, Verschleierung, Nebel, das Nicht-Faßbare, das Täuschende, Ungreifbares, Verwirrendes, Verborgenes, das Sich-Entziehende, das schwer Entdeckbare, das Sich-Versteckende, das Beinahe etc.

Der Astrologe Nostradamus wußte selbstverständlich um diese Symbolik und spaßt mit ihr *durch* ihre Berücksichtigung: Voller »Taktgefühl« und Anspielung »dem Neptun gegenüber« wählte der Astrologe Nostradamus in Form seiner Konstellationsangaben jenes Datum vom 7./8. August 1846, an dem es dem Planeten Neptun seiner Symbolik gemäß »gelang«, sich der Entdeckung zu entziehen. Es war eben nur eine Neptun-typische Beinahe-Entdeckung, und Nostradamus, der Verschleiernde, der Schwer-zu-Fassende, der Sich-Entziehende, »der Neptunische« gibt mit diesem Vierzeiler sich selbst die Ehre.

Abschließend sei gesagt, daß der Vers schon von dem deutschen Nostradamus-Forscher Dr. Centurio analysiert wurde. Er kam dabei zu Ergebnissen, die mit den vorstehenden im großen und ganzen übereinstimmen.

1939: Polen

III, 57

Sept fois changer verrez gens Britannique,
Taints en sang en deux cens nonante an,
Franche non point par appuy Germanique,
Aries doubte son pole bastarnan.

Sieben Mal werdet (ihr) britisches Volk (sich) verändern sehen,
Blutbefleckte in zwei hundert neunzig (= 290) Jahr,
Gar nicht französische durch germanische Stütze,
Widder zweifelt (an) seinem bastarnischen Pol.

Der deutsche Nostradamus-Forscher C. Loog übersetzte in seinem 1921 erschienenen Buch »Die Weissagungen des Nostradamus« frei und wie folgend:

»Man wird sehen, daß das Britenvolk sich sieben Mal
in 290 Jahren ändert, nachdem es mit Blut befleckt ist.
Eine französische keineswegs, durch eine deutsche Stütze.
Der Widder zweifelt an seinem Bastarner Schutzland.«

Loog erkannte in Zeile 4 richtig, daß mit dem bastarnischen Pol Polen gemeint ist, denn in Polen lebten in früherer Zeit die sogenannten Bastarner. Und tatsächlich hat Nostradamus uns ein Bestätigungssignal für Polen in den Text gleich miteingebaut:

<u>pol</u>e bastarnan = <u>Pol</u> bastarnisch
<u>Pol</u>ogne = <u>Pol</u>en

Hiermit haben wir einen weiteren Chiffriertrick des Nostradamus entdeckt. Wir werden ihn den *Drei-Buchstaben-Trick* nennen und noch oft erleben.

Sodann erforschte Loog im Detail jene sechs britischen Veränderungen, die gemäß Zeile 1 der siebten, seinerzeit noch abzuwartenden Veränderung vorangingen und gelangte zurück zum Jahr 1649, in welchem der englische König Charles I hingerichtet wurde (vgl. Blutbefleckte, Z2). Loog fiel auf, daß dieser Königstod auch im Vierzeiler VIII, 37 Erwähnung findet. Von der Königshinrichtung ausgehend, knüpfte er die Beziehung zu dem in Zeile 2 von III, 57 erwähnten Blut = sang. Es war nunmehr ein leichtes, zur Jahreszahl 1649 (Königshinrichtung) noch die 290 Jahr dieser Zeile zu addieren, um als Ergebnis die Jahreszahl 1939 zu erhalten. 1921 veröffentlichte Loog, indem er sich auf die von Nostradamus in Zeile 1 genannte, siebente Veränderung bezog:

(Loog, »Die Weissagungen des Nostradamus«:)

». . .
7. Da nun 1649 und 290 = 1939 sind, so müßte zu diesem Zeitpunkt die letzte bemerkenswerte Änderung in England eintreten.
Offenbar wird *dann* ›der Widder an seinem Schutzland Bastarnien verzweifeln.‹

. . .
Nostradamus will uns also offenbar erzählen, daß 1939 mit der letzten und größten englischen Krise auch eine Krise für das wiedererstandene Polen Hand in Hand geht.

. . .«

Das war recht gut getroffen, denn 1939 begann Hitler den Krieg gegen Polen. Da England (= Widder) wenige Tage zuvor einen Beistandspakt mit Polen (= bastarnischer Pol) abgeschlossen hatte, sah es sich nunmehr zur Kriegserklärung an Deutschland genötigt. Die Folgen für England waren durchaus krisenhaft.

Somit hat C. Loog das Datum 1939 richtig entschlüsselt. Den Ausbruch des WK II konnte er dem Vers aufgrund seiner inhaltlichen Maskierung nicht entnehmen, aber in der Tendenz lag er zumindest nicht falsch. Die Leistung ist sehr beachtlich.

Die Bedeutung der Zeile 3 wurde noch nicht erklärt. Sie bezeichnet die sechste der sieben Veränderungen: Louis XIV versuchte vergeblich, einen Bourbonen auf den englischen Thron zu setzen. Vielmehr wurde 1714 der deutsche Georg I., Kurfürst von Hannover, Thronfolger der englischen Königin Anne. Es entstand also eine germanische Stütze für England, nicht eine französische.

Ich erlaube mir den Hinweis, daß Nostradamus in diesem Vierzeiler nicht nur über die Ereignisse von 1939 spricht. Der Vers enthält außerdem *weitere* Voraussagen. Dies läßt sich ganz allein schon am holpernden Stil in Verbindung mit der »mangelhaften« Grammatik erkennen. Hierfür zwei Beispiele.

In Zeile 2 schreibt Nostradamus absichtlich falsch:

    . . . . en deux cens nonante an,
    . . . . in zwei hundert neunzig Jahr,

Richtig müßte es lauten:

> .... en deux cens nonante ans,
> .... in zwei hundert neunzig Jahren,

In Zeile 3 scheint ein Komma zu fehlen. Diesen Trick des unterlassenen Kommas kennen wir schon durch IV, 33 (Neptun, Seite 63) und insbesondere aus I, 35 (Der junge Löwe, Seiten 44–46). Die Loog'sche Übersetzung setzt das fehlende Komma an der eingeklammerten Stelle voraus:

Z3:   Franche non point(,) par appuy Germanique,
       »Eine französische keineswegs, durch eine deutsche Stütze.«

Es geht aber auch anders:

Z3:   Franche(,) non point par appuy Germanique,
       Französische(,) keineswegs durch germanische Stütze,

Noch interessanter wird es, wenn wir wie folgend übersetzen:

    Franche = Freimütig

Z3:   Franche non point par appuy Germanique,
       Freimütig durchaus nicht(,) durch germanische Unterstützung,
       Freimütig(,) gar nicht durch germanische Unterstützung,

Es ist offensichtlich, daß dieser Vers in Zeile 2 (deux cens) »Zwei-Sinn« enthält und mindestens eine sehr geschickte Inversion. Er verfügt über Querverbindungen zu weiteren Versen.

13. Februar 1820: Leo

III, 96

Chef de Fossan aura gorge coupee,
Par le ducteur du limier & levrier:
Le faict patré par ceux du mont Tarpee,
Saturne en Leo 13. de Fevrier.

Oberhaupt von Fossan wird durchschnittene Kehle/Brust haben,
Durch den Führer vom Spürhund & Windhund:
Die Tat bevatert durch die vom Tarpe(jischen) Berg,
Saturn in Löwe 13. von Februar.

Dieser Vierzeiler betrifft das Attentat auf den Duc de Berry (= Herzog von Berry) im Jahre 1820, am 13. Februar.

Z1, erste Hälfte: Chef de Fossan = Oberhaupt von Fossan

Die Verschleierung bezeichnet den Herzog von Berry und erklärt sich wie folgend: Der Canal du Berry (= Kanal von Berry, Berry-Kanal) durchzieht die Region Berry (Frankreich) und trägt daher den Namen dieser Region und den Namen des Herzogs von Berry. Nun ist nur noch zu bedenken, daß Nostradamus beim Verschleiern gern mit lateinischen Worten und Bezügen spielt:

deutsch:	Kanal von Berry (= Berry-Kanal)
französisch:	Canal du Berry
lateinisch:	Fossa[2] Berry
vgl. Z1:	Chef de Fossan = Oberhaupt von Fossan

Das Attentat auf den Herzog von Berry ereignete sich schon im Jahre 1820, wohingegen der Canal du Berry erst ab 1831 in Dienst gestellt wurde. Für den die Zeiten überblickenden Nostradamus war dies kein Hinderungsgrund, mit Hilfe seines Chef de Fossan auf den Fossa Berry anzuspielen und damit auf den Chef de (Fossa) Berry, also das Oberhaupt von Berry, den Herzog von Berry = Duc de Berry. Diese sinngemäß durchgeführte Entschlüsselung verdanken wir dem französischen Nostradamus-Forscher Dr. de Fontbrune (Lit.-Verz.).

---

[2] (lat.) Fossa = Graben, Kanal.

Nostradamus schrieb Chef de Fossan = Oberhaupt von Fossan. Er hat also im Vergleich mit Fossa Berry den Buchstaben n zusätzlich geschrieben. Das geschah, um den Dechiffrierweg zum Herzog von Berry nicht allzu vordergründig aufzuzeigen, um einen französisch klingenden Namen zu erhalten, sowie aus weiteren, interessanten Gründen, die insbesondere von Le Pelletier (Lit.-Verz.) ausgeführt werden. Wir schreiben die Zeile 1 nun entsprechend unserem Entschlüsselungsergebnis und nehmen Zeile 2 hinzu:

>   Duc de Berry aura gorge   coupee,
>   Par le ducteur du limier & levrier:

=

>   Herzog von Berry wird durchschnittene Kehle haben,
>   Durch den Führer vom Spürhund & Windhund:

Der Attentäter des Herzogs von Berry hieß Louis-Pierre Louvel. Er war in den Hofstallungen des Königs Louis XVIII angestellt und führte die Aufsicht über die darin gehaltenen Jagdhunde, vgl. Zeile 2.

Das Wort ducteur = Führer (Z2) ist im Französischen nicht existent. Nostradamus hat sich erneut des Lateinischen bedient, nämlich beim Wort ductor = Führer, und die Endung ins Französische umgeformt. Die Wortwahl ducteur ist sehr ausgeklügelt vorgenommen worden:

>   Herzog von Berry wird durchschnittene Kehle haben,

=

Z1:   Duc de Berry aura gorge   coupee,
Z2:   Par le ducteur du limier & levrier:

=

>   Durch den Führer vom Spürhund & Windhund:

Somit ist im Wort ducteur (= Führer) der Duc (= Herzog) bereits angedeutet. Nostradamus benutzt diese Methode in seinen verschleiernden Texten sehr gern, um solcherart dem Dechiffreur ein Bestätigungssignal für die richtig erfolgte Entschlüsselung nachzuliefern. Indem wir die Delikatesse der Situation zu würdigen wissen, stellen wir ausdrücklich fest, daß im Wort ducteur beide enthalten sind, der ermordete Herzog = Duc und sein Mörder als Führer = ducteur der königlichen Jagdhunde.

Tatsächlich hat der Attentäter, Louis-Pierre Louvel, seinem Opfer, dem Herzog von Berry, die Kehle *nicht* durchschnitten. Louvel versetzte dem Herzog von Berry (am Ausgang der Pariser Oper) einen Messerstich. Hier ist nicht etwa ein Irrtum des Nostradamus gegeben, sondern das Feuer des (in diesem Fall vierzeilig gleichreimenden) Poeten, vor allem aber die schockierende, schwerstverschlüsselte *Voraus-Namensnennung* des Attentäters.

Der Attentäter hieß (wie gesagt) Louis-Pierre Louvel. Zumindest der Nachname war Nostradamus auf ca. zweieinhalb Jahrhunderte im voraus bekannt. Derartiges ist bei Nostradamus kein Einzelfall, sondern eher die Regel. Der dichtende und verschleiernde Seher hat uns diesen Nachnamen Louvel höchstgradig unauffällig in die ersten beiden Zeilen seines Verses hineingeschrieben. Dies wird durch die lobenswerte und sorgfältige Nostradamus-Textausgabe von Reynaud-Plense (Lit.-Verz.) sehr schön verdeutlicht:

CENTURIE III
96.

Chef de Fossan aura gorge coupee,
Par le ducteur du limier & levrier:
Le faict patré par ceux du mont Tarpee,
Saturne en Leo 13. de Fevrier.

Wir konzentrieren uns auf das jeweils letzte Wort der Zeilen 1 und 2 und erkennen die *kombinierte Zeilensprung- und Buchstaben-Rückwärts-Methode* des Chiffreurs Nostradamus:

```
                              2 3
Z1:              . . . . c o u pee,
Z2:              . . . l e v rier:
                       1
                       6 5 4
```

Die Lesart ist also folgende:

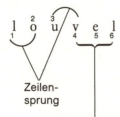

Zeilensprung

Die Silbe vel ergibt sich aus der Buchstaben-Rückwärts-Methode der Silbe levrier.

(Der Buchstabe l erscheint im Namen Louvel zweimalig und steht in Obigem nur ein Mal zur Verfügung. Die Doppelverwendung von Buchstaben ist im Dechiffrierspiel mit Nostradamus jedoch voll zulässig. Vgl. Ziffern 1 und 6.)

Damit wird klar, weshalb Nostradamus hinsichtlich dieses Attentates *nicht* vom eigentlich zutreffenden Erstechen spricht, sondern von

durchschnittene Kehle = gorge coupee.

Er benötigte die von mir hervorgehobenen Buchstaben ou an genau jener Stelle von Zeile 1, an die er sie mit Hilfe dieser Formulierung

passend zu   gorge c o u pee
                 l e v rier

placieren konnte. In diesen Zeilen 1 und 2 von III, 96 ist, wie meist bei Nostradamus, alles berechnet und genau aufeinander abgestimmt.

Übrigens enthält das Wort coupee = durchschnittene (Kehle) bereits das Wort coup = Stich (vgl. Messerstich). Die Formulierung gorge coupee = durchschnittene Kehle verfügt zudem in sich über einen weiteren Vorteil: Der Attentäter Louvel wurde (nach Prozeß und Urteil) durch die Guillotine hingerichtet, d. h. enthauptet, wobei der Gedanke an die durchschnittene Kehle naheliegt. Die Wortwahl des Nostradamus kündet somit den Tod für den Herzog von Berry und — in gewisser Weise — auch den Tod sowie die zum Tod führenden Umstände bezüglich des Attentäters.

Diese Zusammenhänge sind schwach vergleichbar mit dem Fall des Wortes ducteur, welches — wie wir sahen — zugleich den Führer der Hunde (= Louvel) als Mörder und den Duc de Berry als den Ermordeten andeutet.

Wir, die Nachwelt des Nostradamus, haben vom Jahr des Attentates an gerechnet (1820) 160 Jahre (bis 1980) benötigt, um die in den Vers hineinchiffrierte Namensnennung des uns längst bekannten Attentäters nachträglich auch wirklich zu erkennen.

Das war in diesem Fall sehr schwierig, denn Nostradamus hat unerhört feinfühlig und mit maximaler Unscheinbarkeit gearbeitet. Das Beispiel spricht für jenes Wort des Nostradamus, wonach »man« (frz.: »on/l'on«) die Richtigkeit seiner Voraussagen erst nach deren Eintreffen erkennen werde.

Louis-Pierre Louvel wurde vor Gericht gestellt. Die minutiöse Untersuchung dauerte mehr als drei Monate. Der Mörder zeigte keinerlei

Reue. Es war unmöglich, ihm nachzuweisen, daß er einen oder mehrere Komplizen gehabt habe. Louvel sagte klar und beharrlich aus, daß er die Tat allein geplant und ausgeführt habe. Er bestand darauf, von niemandem zur Tat angestiftet, von niemandem unterstützt worden zu sein.

So steht es heute noch in den Geschichtsbüchern und Lexika. Nostradamus hingegen, als *Seher*, deutet uns in den letzten beiden Zeilen seines Verses das *Gegenteil* an.

Z3: Le faict patré par ceux du mont Tarpee,
    Die Tat bevatert durch die vom Tarpejischen Berg,

Es ist eigenartig, daß Nostradamus vom Tarpejischen Berg = mont Tarpee spricht. Denn die richtige, seit den Zeiten des alten Rom gebräuchliche Bezeichnung lautet Tarpejischer Felsen = roche Tarpé(ienne). Hierüber wird zu sprechen sein.

Den eingeklammerten Teil des Wortes mag der Poet weggelassen haben, um den Versreim durchführen zu können. Es liegt aber vor allem ein in Bälde zu beleuchtender Chiffrier-Trick in dieser Umformung Tarpéienne → Tarpee. Und auch die Anfügung eines »ungerechtfertigten«, zweiten e, hat einen später zu erklärenden Grund.

Das Wort Tarpee ist abgeleitet vom Namen Tarpeja, über welchen das Brockhaus-Lexikon wie folgend schreibt:

»Tarpeja, Römerin, die die Sabiner in die Burg Roms einließ. Ursprünglich scheint Tarpeja eine Totengöttin gewesen zu sein, deren Heiligtum am Tarpejischen Felsen, dem Westabhang des Kapitols, lag. . . .«

Der Tarpejische Felsen fällt steil in die Tiefe ab. Im alten Rom wurden die Verräter und Staatsverbrecher von diesem Felsen hinabgestürzt und solchermaßen hingerichtet. Mit dem Stichwort Tarpejischer Berg = mont Tarpee signalisiert Nostradamus:

Gewalt und Politik sind hinsichtlich des Attentats gegen den Herzog von Berry im Spiel, und sie haben gemäß dem Tarpejischen Felsen Verbindung zu Rom oder zum ebenfalls dortgelegenen Vatikan.

Z3: Le faict patré par ceux du mont Tarpee,
    Die Tat bevatert durch die vom Tarpejischen Berg,

Da ist zunächst einmal ein zeileninterner Reim festzustellen:

      patré — Tarpee

Derartiges erregt Aufsehen, und so ist es von Nostradamus auch gedacht. (Der im Originaltext über dem Wort Tarpee fehlenden Akzentsetzung messen wir keine Bedeutung bei, denn in den meisten vergleichbaren Fällen verzichtet Nostradamus auf sie.)

Wir streichen (dies ist bei der Nostradamus-Dechiffrierung zulässig) einen Buchstaben, nämlich das letzte e im Wort Tarpeé, und stellen die beiden aufsehenerregenden Worte nebeneinander:

        patré — Tarpe

Aus jedem der beiden Worte läßt sich durch Umstellung der Buchstaben das jeweils andere Wort bilden, und die Buchstaben gehen jetzt sogar perfekt auf! Damit stützt und verstärkt das eine Wort das andere und dessen Wichtigkeit. Wir haben zwei ausgesprochen starke Dechiffrierhebel in Händen und müssen uns ihrer nur noch zu bedienen wissen.

Das Wort patré existiert im Französischen gar nicht. Erneut hat Nostradamus eine »Anleihe in Latein« aufgenommen und diese nachträglich auf Französisch frisiert. Der schon genannte französische Nostradamus-Forscher Le Pelletier weist (teilweise, aber nicht erschöpfend richtig) hin auf das lateinische patratus = zustande gebracht, vollbracht. Tatsächlich übernimmt Nostradamus dieses Vergangenheitspartizip, indem er französisch schreibt: patré (Participe passé).

Z3 und ihre Übersetzung lauten somit:

    Le faict (= l'attentat) patré par ceux du mont Tarpee,
    Die Tat (= Attentat) zustande gebracht durch die vom Tar-
                                             pejischen Berg,

Ich hingegen bin an das Wort patré (noch ohne die Versanalyse von Le Pelletier zu kennen) folgendermaßen herangegangen:

        patré → patre → pater.

Ein Pater steht stets in Verbindung zur katholischen Kirche. Und höchster Pater ist der Papst. Damit erhärtet sich unser Verdacht, daß das Attentat in Verbindung mit dem Vatikan zu sehen ist. Nostradamus schrieb patré und ich übersetzte anfangs mit bevatert. Jetzt füge ich sinngemäß hinzu: unterstützt/angestiftet.

Somit Z3:

> Le faict patré par ceux du mont Tarpee,
> Die Tat bevatert/unterstützt/angestiftet durch die vom Tarpejischen Berg (= Vatikan),

Z4: Saturne en Leo 13. de Fevrier.
Saturn in Löwe 13. von Februar.

Es ist Tatsache, daß das tödliche Attentat des Louis-Pierre Louvel gegen den Herzog von Berry an einem 13. Februar erfolgte. Der Herzog von Berry erhielt den Messerstich am 13. Februar 1820 beim Verlassen der Pariser Oper und starb am Morgen des nächsten Tages.

Äußerst selten gibt Nostradamus ein Vorausdatum in so klarer Form. Es fehlt jedwede Verschlüsselung. Die anderen Versangaben sind hingegen desto stärker codiert. Dies gilt auch für die erste Hälfte der Zeile 4, welche lautet

> Saturne en Leo . . . .
> Saturn in Löwe . . . .

Schon zu Beginn der Versanalyse habe ich wie direkt vorstehend übersetzt. Diese Übersetzung ist zwar korrekt, sie geht aber vollkommen an dem von Nostradamus Gemeinten vorbei. Mit unserer Übersetzung sind wir hineingetappt in eine der bestgetarnten Astrologen-Fallen des Nostradamus. Auf das Vorhandensein solcher astrologischen Fallen weist der Prophet indirekt hin, indem er alle *unfähigen* Astrologen nachdrücklich auffordert, seinem Voraussagenwerk fernzubleiben. Die Aufforderung entspricht sehr nobler Warnung zur Vorsicht, denn längst nicht immer, aber oft, wenn Nostradamus uns Astrologisches, insbesondere astrologisch verschlüsselte Daten anzugeben *scheint*, spricht er in Wirklichkeit von Dingen, die mit verschlüsselten Daten oder aber mit Astrologie nicht das Geringste zu tun haben.

So zum Beispiel gelingt es ihm manches Mal, die Astrologen hinzureißen, indem er scheinbar bildschöne astrologische Verschlüsselungen wählt, in Wahrheit aber glashart Astronomie betreibt. Der Astrologe, der da nicht gewaltig aufpaßt, entschlüsselt dann *astrologisch* garantiert das falsche Datum, weil es ihm nicht gelingt, die *astronomische* Witterung aufzunehmen. Nostradamus benutzt (wiewohl seltener) offenbar aber auch Tricks gegen Astronomen-Entschlüsseler. Der

Astronom wittert dann zu Recht Astronomisches und richtet sein teleskopierendes Augenmerk *trotzdem* unberechtigt oder falsch gen Ekliptik.

Die Möglichkeiten zur Fehlentschlüsselung von Vorausdaten wurden von Nostradamus so zahlreich und in immer anderen Variationen der Täuschung durchgespielt, daß jener Dechiffreur, der glaubt, »gefunden zu haben«, sich damit *nicht* zufrieden geben darf. Denn *nur*, wenn zum Gefundenen die neu einbrechende Findung in Form eines jubilierend klaren Bestätigungssignals hinzutritt, nur dann herrscht Sicherheit. Die Sicherheit, die ich hier bezeichne, ist sehr wohl eine der nüchternen Gegenproben, sie ist aber auch eine des Empfindens.

In diesem Rahmen geschieht es, daß Nostradamus sich seines Namens würdig erweist. Er weist die Chiffrier-Abteilungen des zweiten Weltkrieges in die Schranken ihrer zeitgemäß beträchtlichen Fähigkeiten und jenen des dritten Grades weist er gütig-gutmütiges Lächeln. Könner des rationalen Kalküls sind sie als zeitige Programmierer der zeitlich begrenzten Unwahrscheinlichkeit.

Nostradamus hingegen macht es anders.

Er fühlt und denkt als Mensch *mit* dem ganzen, ewig lebend-lebendigen *Menschen*, der nach ihm kommt, und er verschlüsselt – mit Gottes Hilfe – nicht auf Jahre, sondern auf Jahrhunderte und dabei zeitgemäß für den Zeitpunkt.

Ein anderes ist die Dechiffrierung von Städten und Lokalitäten. Auch hier ergeben sich zuweilen Signale der ersehnten, glänzenden Bestätigung, doch indem datenmäßige Ziffern und rechenmäßige Überprüfbarkeiten bei den weniger wägbaren Buchstabenkombinationen nicht mehr vorhanden sind, wird vielfach nur das Nachhinein die Fehler des Autors und die Richtigkeit der lokalen Angaben Nostradami schlagend unter Beweis stellen können.

Zurück zu unserem Spürhund-Vers III, 96. Durch Saturne en Leo = Saturn in Löwe wirft Nostradamus uns einen Hundekuchen vor die Nase, der astrologisch einerseits »vergiftet«, andererseits aber auch völlig einwandfrei genießbar ist.

Zunächst sieht es so aus, als wolle Nostradamus das Jahr 1820 in verschlüsselter Form angeben, indem er anzudeuten scheint, daß am 13. Februar 1820 der Saturn im Zeichen Löwe stehen müsse. Die Kontrolle ergibt einen totalen Fehlschlag (vgl. folgende Graphik).

Der nächste Gedankengang richtet sich auf den Geburtstag des Herzogs von Berry (24. Januar 1778), um sodann von den Transiten des 13. Februar 1820 her eine kritische Aspektierung des Geburtssaturn des Herzogs zu finden. Die Überprüfung führt wiederum zur Enttäuschung, denn auch am 24. Januar 1778 läßt sich ein Saturn im Löwen nicht finden (vgl. folgende Graphik).

Mit Hartnäckigkeit und in gleicher Absicht wird schließlich der 7. Oktober 1783, d. h. der Geburtstag des Attentäters Louvel, hinsichtlich Saturn im Löwen angegangen und fruchtlos abgelegt (vgl. folgende Graphik). Damit endet die mühsame Saturnsuche in ziemlicher Verbitterung, um dann rasch zur Erkenntnis zu führen.

Denn indem Nostradamus Tag und Monat des Attentates klipp und klar angibt, *muß* ihm auch das zugehörige Jahr bekannt gewesen sein. Dies ist nicht etwa eine leichtfertige Behauptung meinerseits, sondern Tatsache, die sich aus *eisernen* astronomischen und astrologischen Gesetzmäßigkeiten makellos ergibt.

Gerade dadurch, daß Nostradamus Tag und Monat des Attentates (13. Februar) präzise niederschreibt, tut er uns folgendes kund.

Ich, Nostradamus, kenne ganz selbstverständlich auch das Jahr.

Wenn Du, lesender Freund, den Vierzeiler in seiner Bedeutung hinsichtlich der Ermordung des Herzogs von Berry erkennst und sodann siehst, daß das Attentat an einem 13. Februar verübt wurde, dann wirst Du, sofern Du etwas von Astronomie und Astrologie verstehst, nicht anders können, als mir zugestehen müssen, daß ich das Jahr 1820 gemeint habe und kein anderes. Denn würde ich ein anderes Jahr meinen, so hätte ich Tag und Monat nicht richtig angeben können; das bestätigen die astronomischen und astrologischen Gesetze in ihrem Verbund. Indem ich aber Tag und Monat richtig angebe, kann ich nur das Jahr 1820 meinen.

Es ist zutreffend, daß ich die Jahreszahl zum Monat und Tag nicht hinzugeschrieben habe. Ich habe das Jahr absichtlich weggelassen, denn ich bin mit der gänzlich unverschlüsselten Angabe von Tag und Monat schon sehr weit gegangen, ungewöhnlich und gefährlich weit, im Verhältnis zu den meisten meiner vielen anderen, völlig verschleierten Vorausdatierungen.

Nur die astrologisch Gebildeten unter meinen Lesern werden die Möglichkeit haben, zu erkennen, daß mir auch die Jahreszahl, nämlich

1820, bekannt war. Ob die astrologisch Gebildeten die ihnen gegebene Möglichkeit, dies zu erkennen, wirklich nützen, das ist fraglich, denn ich setze ihnen zwei ebenso riesige wie verdrehte Wegweiser an den Entschlüsselungspfad, indem ich in der ersten Zeilenhälfte durch die so leicht mißdeutbaren Worte Saturne en Leo .... eine doppelt verfängliche Astrologen-Falle stelle.

Man wird sagen, ich, der große Nostradamus, müsse mich im Jahr geirrt haben, weil ja ein Saturn im Löwen im Jahre 1820 nicht gegeben ist. Andere werden den Saturn im Löwen an den Geburtstagen des Herzogs von Berry, des Mörders Louvel und weiterer Personen suchen, die ich in dem Vers chiffriert nenne. Und auch diese, immerhin schon schlauere Garde der Saturnsuchenden wird aufgeben müssen.

All das ist mir sehr recht, denn ich will ja vermeiden, daß die Menschen allzu frühzeitig meine Vorausdatierungsfähigkeiten erkennen und anerkennen. Dieses darf nicht zu früh geschehen. Geschähe es zu meinen Lebzeiten, so würde ich zum Hexer erklärt und im Rahmen der Inquisition verbrannt werden. Geschähe es bald nach meinem Tod, so würden meine Nachkommen unter dem mir fälschlich angelasteten Hexerleumund zu leiden haben.

Die Erkenntnis meiner Vorausdatierungsfähigkeiten würde für die meisten Menschen einen Schock bedeuten. Dieser Schock darf erst dann erfolgen, wenn die Menschen ihn verkraften können werden und dafür muß die Zeit erst reif sein: Ich bin bestrebt, mich an den Willen Gottes zu halten.

Dieser Vierzeiler mit der von mir in so ungewöhnlich klarer Form gegebenen Vorausdatierung wird nur von jenen Menschen verstanden werden, die hierzu bestimmt sind.

Was nun Saturne en Leo betrifft, so muß erst einmal erkannt werden, daß ich damit überhaupt keine Zeitangabe verbinde.

Was also bedeutet Saturne en Leo. ....?

Saturn ist in der astrologischen Symbolik der »Fährmann«, der den *Tod* bringt, indem er die Lebenden vom einen Ufer hinüber zu jenem des anderen Lebens befördert. Saturn ist ein Todessymbol: die Schwelle hütend, die zwischen diesem Leben und dem des Jenseits liegt. Saturn ist — allegorisch — jener hagere Mann aus Haut und Knochen, Sehnen und Haar, der in der einen Hand das Stundenglas hält, mit dem Ausdruck des Ermahnens: »Erdenmensch, nutze Deine kostbaren Erdentage.« In seiner anderen Hand hält der personifizierte Saturn die Sense. Er ist der »Mann«, der am Ende des Lebens eines Menschen kommt, die Sense zu schwingen.

Saturn ist, kurz gesagt, astrologisch gesagt und unter vielem anderen »das große Unglück« und der »Todesbringer«. Und genau diese Worte setzen wir ein in Zeile 4:

Saturne en Leo 13. de Fevrier.

$$= \left. \begin{array}{l} \text{Das große Unglück} \\ \text{Todesbringer} \end{array} \right\} \text{in Löwe 13. Februar.}$$

Nun bedarf es nur noch eines kleinen, korrigierenden Rückschritts. Wir übernehmen das von Nostradamus geschriebene Wort Leo im Original:

$$\left. \begin{array}{l} \text{Das große Unglück} \\ \text{Todesbringer} \end{array} \right\} \text{in Leo 13. Februar.}$$

Das große Unglück, der Todesbringer für den Herzog von Berry sind in Form von Leo zu sehen, sind mit dem Wort Leo bezeichnet. Mit diesem Wort Leo spielt Nostradamus an auf den Papst Leo XII., den Zeitgenossen des Herzogs von Berry. Tatsächlich erscheinen sogar die entsprechenden Zahlen in völlig richtiger Reihenfolge:

Todesbringer in Leo <u>XII</u>. <u>13</u>. Februar.

Nun sind wir zum dritten Mal beim Vatikan gelandet, und zwar

1. durch mont Tarpee = Tarpejischer Berg → Gewalt/Politik, Nähe zum Kapitol, zu Rom, zum Vatikan.

2. durch patré→Pater→ katholische Kirche→Vatikan (wobei das Wort patré bedeutet: bevatert, unterstützt, angestiftet, zustande gebracht).

3. durch den Papst Leo XII.

Leo XII. war zum Zeitpunkt des Attentates (1820) noch nicht Papst. Das wurde er erst im Jahre 1823. Ab 1816 führte Annibale de la Genga (der künftige Papst Leo XII.) den Titel eines Kardinals, ab 1820 den eines Kardinalvikars.

Nichtsdestoweniger hat der vorausschauende Nostradamus bereits für den 13. Februar 1820 die erst drei Jahre später erfolgende Ernennung zum Papst und den Namen dieses Papstes (Leo XII.) im Vorgriff vorweggenommen. Denn dieser Name Leo, welcher nur allzuleicht als die lateinisch übliche Bezeichnung des Tierkreiszeichens Löwe mißverstanden werden kann, ermöglichte es Nostradamus, zusammen mit dem janusdeutigen Saturne seine so hochgefährliche Astrologen-Falle aufzustellen, die scheinbar eine Jahresangabe enthält, in Wirklichkeit aber einen der Attentatsanstifter bezeichnet: den späteren Papst Leo XII.

Es kommt hinzu, daß der historisch wohlbekannte päpstliche Name Leo sich ausgezeichnet zu den Vatikanchiffrierungen (patré — Tarpee) der Zeile 3 fügt. (Die Geschichtsschreibung verzeichnet 13 Päpste des Namens Leo.)

Es wäre unsinnig anzunehmen, Nostradamus würde in seinem Vierzeiler zum Ausdruck bringen wollen, daß zum Zeitpunkt des Attentates ein Papst des Namens Leo im Amt sei. Nostradamus *wußte*, daß dies nicht der Fall sein würde, und er verrät uns dieses Wissen folgendermaßen.

Der zum Zeitpunkt des Attentates im Amt befindliche Papst Pius VII. (Amtsführung 1800–1823) hieß mit bürgerlichem Namen Barnaba Gregorio Chiaramonti.

Beginnen wir mit dem zweiten Vornamen: Gregorio. Wir streichen (dechiffriermäßig zulässig) zwei Buchstaben ab — Gregor/i/o — und erhalten Gregor. Dieser Name wurde von Pius VII. im Amt selbstverständlich nicht geführt. Da es aber bis zur Gegenwart insgesamt 16 Päpste des offiziellen Namens Gregor gegeben hat, ist auch von diesem Gesichtspunkt aus gemäß Zeile 3 eine Anspielung gegeben auf das Papsttum und die Hochgestellten vom Tarpejischen Berg = Vatikan. Das sei jedoch nur am Rande vermerkt.

Für uns ist wichtiger, nochmals auf das schon so viel besprochene Wort gorge = Kehle zurückzukommen (vgl. Zeile 1: gorge coupee = durchschnittene Kehle). Nostradamus hat hier ganz einfach die Buchstaben vertauscht und wir entwirren dieses sogenannte Anagramm wie folgend, wobei ich nochmals betone, daß die Doppelverwendung vorhandener Buchstaben statthaft ist (vgl. Buchstabe r):

Dieser Name Gregor bringt uns zugegebenerweise nicht ganz zu dem von uns gesuchten bürgerlichen Vornamen Gregorio (von Pius VII.). Wir müssen uns mit dem Fehlen zweier Buchstaben abfinden, denn noch besser ist es chiffriermäßig von Nostradamus nicht zu erwarten. Oder doch? Jetzt fehlt nur noch ein Buchstabe, d. h. das i:

Wir nahmen einen gewissen Anstoß daran, daß Nostradamus statt des tödlichen Messerstiches in den Leib des Herzogs von Berry von einer durchschnittenen Kehle spricht. Wir konnten dies dermaßen erklären, daß die durchschnittene Kehle für den Herzog zwar nicht die Todesform, wohl aber den Tod ankündigt, wohingegen sie hinsichtlich des Attentäters Louvel den Tod *und* die Todesform (Guillotinierung) beinhaltet. Äußerst nahe ist in Zeilen 1 und 2 die Guillotine (= Kehle durchschnitten) mit der chiffrierten Namensnennung des enthaupteten Louvel verbunden (gemäß der schon erläuterten Zeilensprung- und Buchstaben-Rückwärts-Methode):

Z1 (deutsch):	Kehle durchschnitten (= Guillotine)
Z1:	gorge coupee ou
Z2:	limier & levrier l vel

Nunmehr können wir zusätzlich feststellen, daß das Wort gorge = Kehle auch insofern geschickt ausgewählt war, als darin die Dechiffriermöglichkeit für den bürgerlichen Vornamen Gregor(i)o mitenthalten ist. Nostradamus hatte also wirklich gute Gründe für seine Wortwahl: Guillotinierung und Namensnennung Louvel sowie bürgerlicher Vorname des Papstes Pius VII. Wer diese Zusammenhänge erkennt, wird Nostradamus zugute halten, daß er im Vorausgesicht den eigentlichen Messerstich in den Leib des Herzogs gesehen hat, zumal ja die so sorgfältig gewälten Worte gorge coupee im Französischen zweierlei bedeuten:

1. Kehle durchschnitten (Louvel durch Guillotine)

2. Brust/Busen durchschnitten (Herzog von Berry durch Messerstich).

Ferner nahmen wir Anstoß daran, daß Nostradamus schreibt mont Tarpee = Tarpe(jischer) Berg anstelle des normal-gebräuchlichen roche Tarpee = Tarpe(jischer) Felsen. Es muß also mit der »ungerechtfertigten« Anwendung des Wortes mont eine besondere Bewandtnis haben. Wir durchschauen dieses Wort wie folgend:

dechiffriert
aus
gorge:

Z3:   Barnaba   Gregor(i)o   Chiaramonti (= Pius VII.)
       Le faict patré par ceux du   mont Tarpee,
= Die Tat bevatert/ durch die vom Berg Tarpe(jisch),
         angestiftet/
         unterstützt

Bevaterer/Anstifter/Unterstützer des Attentates durch Louvel gegen den Herzog von Berry sind somit gewesen:

1. Der regierende Papst Pius VII., dessen bürgerlicher Name lautet: Barnaba Gregor(i)o Chiaramonti.
2. Annibale de la Genga, der ab 1823 Papst wurde und somit den Namen Leo XII. trug.

Nostradamus tut jedoch noch ein übriges, damit wir ganz sicher sein können, daß nicht nur der spätere Leo XII., sondern auch der regierende Papst Pius VII. Attentatsbevaterer waren.

Das Wort Tarpee entspricht der reimmäßig besser geeigneten Kurzform von Tarpéienne (= Tarpejische). Insofern ist die Sache in Ordnung. Es erstaunt jedoch, daß Nostradamus durch Doppelschreibung des Buchstabens e auf die feminine Endung zielt: Tarpee. Denn der Berg = (frz.) mont ist auch im Französischen maskulin. Dennoch schreibt Nostradamus statt des eigentlich richtigen mont Tarpé sein »falsches« mont Tarpee. Zur Lösung dieses Rätsels müssen wir den *Phonetik-Trick*, d. h. den *Aussprache-Trick* des Nostradamus in Rechnung stellen.

Wir streichen ab: Tarpee. Die verbleibenden drei Buchstaben pee werden im Französischen wie im Deutschen quasi gleichlautend ausgesprochen, nämlich so, wie der Buchstabe P hörbar buchstabiert wird, als »Pee« = P. Und hier haben wir ihn gleich zweimal, den Buchstaben P:

Papst P̲ius VII.
(frz.:) P̲ape P̲ie VII.

Übrigens hatte Nostradamus keinerlei Möglichkeit, zwecks Andeutung des Pape P̲ie vom mont Tarp̲ie zu sprechen: Es hätte ihn den Reim gekostet.

Nachdem wir nun wirklich sehr tief in die Verschlüsselungen des Verses »pee«-netriert sind, bleibt zu hoffen, daß die Historiker — vielleicht ein hartnäckig recherchierender Doktorand — nachträglich Indizien oder gar einen Beweis erbringen für die Richtigkeit der seherischen Leistung des Nostradamus:

Der Prozeß gegen Louvel und seine Ergebnisse sind nicht befriedigend. Louvel war der festen Überzeugung, das Richtige getan zu haben. Die Preisgabe der prominenten Anstifter und Unterstützer (= »Bevaterer«) hätte ihm nichts mehr nützen können. Die Guillotine war ihm ohnehin vollkommen sicher. Der Verdacht, daß Louvel angestiftet oder unterstützt worden sei, dieser Verdacht ergab sich schon bald nach dem Attentat, wurde prozessual auch verfolgt, ohne nachweisbar zu sein.

Nicht nur dieser Vierzeiler III, 96 entspricht einer chiffriermäßigen Höchstleistung: *Jeder* Vers des universal gebildeten Astronomen, Astrologen, Poeten, Chiffreurs und Sehers Nostradamus stellt *höchste* Klasse dar. Abschließend nochmals der Gesamtvers und seine jetzt richtige Übersetzung:

III, 96

    Chef de Fossan aura gorge c o u pee,
    Par le ducteur du limier & l ev rier:
    Le faict patré par ceux du mont Tarpee,
    Saturne en Leo 13. de Fevrier.

Oberhaupt von Fossan wird durchschnittene Kehle/Brust haben,
Durch den Führer vom Spürhund & Windhund:
Die Tat bevatert/unterstützt/angestiftet durch die vom Tarpejischen Berg,
Todesbringer } in (Form vom Anstifter) Leo (XII.) 13. Februar.
Das große Unglück

Übrigens war Charles Fernand Duc de Berry in seiner Eigenschaft als zweiter Sohn des Königs Charles X der letzte bourbonische Thronerbe. Allein hieraus erhellt die politische Bedeutung seiner Existenz bzw. (nach Attentat) seiner Nicht-Existenz.

Ich fasse zusammen:

1. Das Attentat gegen den Herzog von Berry fand statt am 13. Februar 1820.

2. Nostradamus nennt in Verbindung mit diesem Attentat das Datum eines 13. Februar.

3. Gemäß den in Kürze unerklärbaren astronomischen und astrologischen Gesetzmäßigkeiten muß Nostradamus außer dem Tage (= 13.) und dem Monat (= Februar) auch das Jahr *zwangsläufig* gekannt haben.

Die besprochene, doppelt verfängliche Astrologen-Falle findet auf der folgenden Seite ihre graphische Darstellung.

DIE ASTROLOGEN-FALLE DES NOSTRADAMUS

Der nicht vorhandene, weil nicht gemeinte

> Saturne en Leo
> Saturn in Löwe

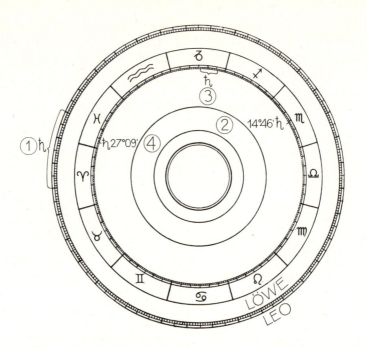

① = Saturn-Position am 13. Februar 1820,
   Attentat auf Herzog von Berry.
   (Grobe Festlegung der Position, weil keine Ephemeride verfügbar.)

② = Saturn-Position am 24. 1. 1778,
   Geburtstag Herzog von Berry.

③ = Saturn-Bewegungen in 1783,
   Geburtsjahr Louvel.

④ = Saturn-Position am 22. 8. 1760,
   Geburtstag Annibale de la Genga (Papst Leo XII.).

In diesem Kapitel habe ich mich, soweit im Rahmen dieses Buches möglich, anhand von sorgsam ausgesuchten Beispielen darum bemüht, Hilfestellung für die Beantwortung der Frage nach den Vorausdatierungsfähigkeiten des Michel Nostradamus zu geben.

Wohl dem, der auf Grund des Zitierten, Übersetzten und Erläuterten wenigstens zu dem Standpunkt gelangt ist, daß die Vorausdatierungen *dieses* Sehers *nicht* auf die leichte Schulter genommen werden dürfen.

Und *wohl* jenem, der schon jetzt *mehr* als dieses ahnt.

Nach meiner Überzeugung gilt:

1. Die Vorausdatierungsfähigkeit des Nostradamus steht grundsätzlich außer Frage. Datierungsfehler wären — sofern überhaupt vorhanden — äußerst selten und anzusehen als echter Ausnahmefall von der Regel.

2. Nostradamus datiert zumindest in mehreren, wahrscheinlich in vielen Fällen (bis zum Jahre 3797) *auf den Tag genau.*

3. Nostradamus datiert bisweilen auf die Stunde genau. Ein explizites Beispiel hierfür werde ich im Rahmen dieses Buches allerdings nicht geben.

WIE KONNTE NOSTRADAMUS VORAUSDATIEREN?

Nostradamus bediente sich zur Vorausdatierung der judiziellen (= beurteilenden) Astrologie. Da dieses Stichwort längst gegeben ist und astrologische Gesichtspunkte später, bei der Vorausdatierung von WK III-Daten und deren Entschlüsselung sehr wichtig werden, möchte ich dem, welcher der alten Wissenschaft Astrologie ablehnend gegenübersteht, klar zugestehen, daß tatsächlich viel Unfug, Betrug, Scharlatanerie, Geschäftemacherei u. ä. auf diesem Gebiet getrieben wird, so z. B. in den Zeitungs- und Illustriertenhoroskopen. Wenn sie nicht (wie fast immer) vom Redaktionslehrling, sondern wenigstens von einem »Sonnenstandsastrologen« gemacht sind, dann kann sporadisch ein Treffer vorkommen. Mit der ernsthaften Astrologie haben derlei »Horoskope« nichts, in Ausnahmefällen nur schwach abklatschhaft noch zu tun. Grundlage für ein ordentliches Horoskop ist stets die möglichst minutengenaue Berücksichtigung der Geburtszeit sowie die Angabe des Geburtsortes.

Ein Hauptgrund für die Ablehnung, mit der viele Menschen — wiewohl inkompetent — der Astrologie gegenüberstehen, liegt nach meiner Meinung in folgendem: Vielfach besteht der Eindruck, die Astrologie basiere auf der Grundvoraussetzung, daß die fernen Planeten Einfluß und Wirkung auf uns Erdenmenschen und unsere Umgebung ausüben würden. Hier liegt ein Mißverständnis vor. Natürlich verhält es sich *nicht* so, daß die fernen Planeten Merkur, Venus, Mars, Jupiter, Saturn, Uranus, Neptun und Pluto Einflüsse (wie etwa die der zuvor angeschnittenen Symbolik) auf uns Erdenmenschen wirken lassen.

Die Planeten sind nur *Anzeiger* von Einflüssen, Wirkungen und Gegebenheiten. So, wie die Zeiger einer Uhr über das Zifferblatt kreisen und die Zeit ganz einfach nur anzeigen, *ohne* den Fluß der Zeit zu bewirken, so sind auch die kreisenden Planeten nur Anzeiger.

Ein Windrichtungsanzeiger zeigt die Windrichtung an, aber er macht sie nicht. Ein Barometer, welches stark fällt, informiert, daß die »Zeichen auf Sturm stehen«, aber es ist nicht Bewirker oder Auslöser. Ein Kompaß orientiert uns, »wo es lang geht«, aber gehen muß der Mensch selbst.

Die Planeten sind die Anzeigeinstrumente des Astrologen. Sie sind dabei als Instrumente ungleich feinfühliger und vielseitiger als alle von Menschenhand geschaffenen Apparaturen. Ein Thermometer z. B. macht nur Anzeigen von Kälte und Hitze, der Planet Mars hingegen kann Anzeigen geben über Hitzigkeit, Temperament, Leidenschaft, Impuls, Trieb, Kampf, Angriff, Draufgängertum, Kraft, Durchsetzungsvermögen, Initiative, Berufe, Unfälle, Operationen, Streit, Krieg und vieles andere mehr, aber immer nur *Anzeigen* diesbezüglich und ohne Bewirkungsmacht.

Im Augenblick, in dem ein Mensch geboren ist und seinen ersten Atem schöpft, tritt er in eine Welt, in einen Kosmos, der sich exakt so darstellt, wie er in diesem Augenblick *ist*. Am Himmel bzw. unter dem Horizont stehen Sonne, Mond und Planeten gewissermaßen momentan still. Ehrfurcht fordert dieser Augenblick der Stille, denn am Himmel stehen die Gestirne als Abbild, als Anzeiger, als Entwurf der Eigenschaften und des Schicksals dieses Menschen. Die Gestirne zeigen an, welche Schule des Lebens der neue Mensch auf der Erde durchlaufen wird, und welche Lektionen er bereits so gutgelernt mitbringt, daß er sie hier nicht mehr lernen muß, sondern bereits zu seinem und aller Gutem nutzbar machen kann.

Der Astrologe studiert nun den Stand der Gestirne, d. h. die *Anzeigen* dieser Gestirne, und erhält daraus Informationen über den betreffenden Menschen und dessen Lebensweg, über seine Eigenschaften, Schwächen, Stärken, Lebensprüfungen, Erfolge usw. Dabei ist es wie beim Arzt: Je mehr Anhaltspunkte und Auskünfte der Patient liefern kann, desto leichter und treffender die Diagnose und helfende Beratung, deren Qualität selbstverständlich abhängt von der Güte des Astrologen.

Eigenschaften und Schicksal eines Menschen sind Dinge, die *nicht* von außen kommen. Sie sind *in* dem betreffenden Menschen selbst gegeben, sie sind in ihm beschlossen. So wie es *in* diesem Menschen aussieht, so auch wird sein Leben sich äußerlich gestalten. So, wie es innen »um diesen Menschen steht«, so stehen die Gestirne außen für ihn. Er hat sich den Zeitpunkt und den Ort seiner Geburt selbst ausgesucht, selbst verdient bzw. selbst verschuldet. Er hat sich ausgesucht, wie »seine Sterne stehen«.

Auf die Frage, *warum* denn des Menschen Eigenschaften und Lebenslauf ausgerechnet im Augenblick nach der Geburt und so speziell in Form anzeigender Gestirnstände ihr Abbild finden, auf diese Frage kann ich in Kürze nur folgendermaßen antworten.

Der wahrhaft einfache, d. h. der sogenannte unzivilisierte Mensch wird die Frage gar nicht stellen, denn er in sich selbst und der gestirnte Himmel *in* und *über* ihm *sind* ihm bereits Antwort.

Dem komplizierten Menschen andererseits, der möglichst alles wissenschaftlich erläutert wünscht, gebe ich nur zwei Stichworte zum Studium im Falle besonderen Interesses:

1. Kairos: Begriff für die (günstige) Eigenschaft des Zeitpunktes. Wort der alten Griechen, deren Leben von Wissenschaft noch so unverbrämt war, daß sie sich nicht selbst den Schatten warfen und deshalb auf ihre Weise *wußten*.
2. Exterriorisierendes Synchronizitätsphänomen: Begriff der C. G. Jung'schen Schule.

Zudem möchte ich jenen Mitmenschen, die sich von der astrologischen Lehre deterministisch eingeengt und in ihrer Freiheit begrenzt fühlen, sagen: Nach meiner Überzeugung ahnt der Mensch in der großen Mehrzahl der Fälle überhaupt nicht, wie hocherstaunlich weit seine Möglichkeiten zur Freiheit sind. Selbstverständlich gibt es Grenzen. Im Moment, in dem der Mensch die *Weite* dieser Grenzen erkennt, fühlt und bewegt er sich befreit.

Wer schließlich generell bezweifelt, daß die Gestirne überhaupt Anzeiger sind, stelle einmal die folgende, wirklich ganz einfache Überlegung an: Wenn die Sonne noch unter dem Horizont steht, dann zeigt sie an, daß es bald Tag wird. Die Sonne kann also durch ihren Stand *anzeigen*. Sie verfügt über die Fähigkeit der Anzeige. Und was die Planeten des Sonnensystems angeht, so sind sie »Untertanen« und »Zugehörige« der Sonne und deshalb ebenfalls befähigt, anzuzeigen. Ich hoffe, daß ich Hilfestellung geben konnte.

Nachzutragen ist, daß die *Sonne* nicht nur Anzeiger, sondern zugleich *Bewirkerin,* oder besser gesagt, Einwirkerin, Mitwirkerin, unterstützende oder gegenläufige, d. h. bezüglich-notwendige Wirkerin ist. Ähnliches gilt für den Mond, obwohl dessen Wirkungen passiv abhängig sind von denen der Sonne.

Kommen wir zurück zu den Gestirnen des Sonnensystems in ihrer komplexen Gesamtheit. Die Gestirne sind die Anzeiger der Eigenschaften von Zeiten und Momenten, von Geschehen und Ereignissen hier oder dort.

Wenn man sich nun nicht damit zufrieden geben will, astrologische Ereignisannahmen auf die jeweilige Gegenwart zu begrenzen, sondern

Aussagen darüber hinaus für die Zukunft vornehmen will, so bleibt nichts anderes übrig, als die notwendigen Berechnungen der zukünftigen Gestirnpositionen vorzunehmen. Von diesen Zukunftspositionen der Gestirne ausgehend, ist es dem sehr fähigen Astrologen sodann in mancherlei Fällen möglich, entsprechende Zukunftsvoraussagen zu machen. Das Irrtumsrisiko hierbei ist groß.

Da Nostradamus ein sehr fähiger Astronom und Astro-loge war, war es ihm möglich, derlei astronomische Berechnungen von Zukunftspositionen der Gestirne vorzunehmen, um sodann von dieser Grundlage aus sein astro-logisches Wissen und *enormes* Können in Anwendung zu bringen. Dennoch umfaßt all dies in bezug auf den superben Nostradamus noch nicht einmal entfernt die halbe Wahrheit.

Das Entscheidende hinsichtlich dieses wahrhaft großen Mannes liegt darin, daß er zugleich höchstbegnadeter *Seher* war. Das bedeutet:

1. Nostradamus hatte es gar nicht nötig, seine astronomischen Fähigkeiten anzuwenden, um von errechneten Zukunftspositionen der Gestirne ausgehend astrologische Geschehensprognosen zu erstellen, denn

2. er war ja Seher und hatte die Zukunft in großem Umfang und bis in Details durch göttliche Gnade bereits *gesehen*, und dies dank seiner seherischen Befähigung quasi fehlerlos.

3. Hierauf, das heißt auf seinen bereits vorhandenen Vorausgesichten basierend, konnte er es sich leisten, den *umgekehrten* Weg zu gehen:

4. Er errechnete die Zukunftspositionen der Gestirne.

5. Er beurteilte diese astronomischen Zukunftspositionen astrologisch.

6. Das Entscheidende: Er stellte fest wo sich Übereinstimmungen ergaben zwischen gesehenem Geschehen und seiner astro-logischen Beurteilung. (Vgl. Seiten 53 – 55.)

7. Dort, wo er fündig wurde, wo er also die Übereinstimmung zwischen gesehenem Geschehen und astrologischer Beurteilung herstellen konnte, brauchte er sodann nur noch zu sagen:

8. Das von mir (Nostradamus) gesehene Geschehen XY paßt ganz genau auf meine Beurteilung der astrologischen Verhältnisse XY.

9. Da die astrologischen Verhältnisse XY gemäß meiner astronomischen Berechnung am Tag A, im Monat B, des Jahres C vorliegen,

so wird das von mir gesehene Geschehen XY, welches mit meiner astrologischen Beurteilung XY übereinstimmt, zu eben diesem mathematisch-astronomisch errechneten Zeitpunkt *stattfinden*.

10. Indem mir, Nostradamus, im Vorausgesicht der Ort des Geschehens offenbart wird, bin ich in gewissen Fällen dank astronomischer Berechnung und astrologischer Beurteilung sogar in der Lage, die Tages- bzw. Nachtzeit oder selbst die Stunde des Ereignisses festzulegen, soweit ich sie nicht schon im Vorausgesicht gesehen habe.

Im Gegensatz zu anderen Sehern, die nur einige Einzelgeschehen aus relativ kurzen Zeitperioden voraussahen, erlebte Nostradamus eine Fülle von Geschehensabläufen aus Jahrtausenden. Und diese Fülle hatte er richtig zu kombinieren mit der entsprechenden Anzahl von astronomisch zu berechnenden und astrologisch zu beurteilenden Situationen. Seine Leistung liegt dabei nicht nur in der Bewältigung der großen Anzahl, sondern vor allem in der Vermeidung von Fehlkombinationen zwischen Gesehenem und astrologisch zu Beurteilendem. Dieses Erkennen von Übereinstimmung bedingt neben dem Seher vor allem den Spitzenastrologen, wie er heute wohl kaum existiert, es sei denn, er gibt sich nicht zu erkennen. Es bedingt aber auch profunde astronomische Kenntnisse und Fähigkeiten von jener Art, die in unserer Zeit der Spezialisierung in einer Einzelperson nicht mehr angetroffen wird.

Talent, Schulung, Ausdauer, Arbeitsfreude, Rechenkünste, Wissen und nochmals Wissen, Erfahrung, Analyse-, Synthese- und Intuitionsfähigkeiten, ein zuverlässiges Hochleistungsgehirn, ein phantastisches Gedächtnis, vielseitige Begabung und Interessen sowie manches andere gehören im hohen Grade dazu.

Wußte Nostradamus von der Existenz des erst 1930 entdeckten Planeten Pluto? Zumindest Uranus (entdeckt 1781) dürfte ihm bekannt gewesen sein.

Seine über Jahrtausende reichenden astronomischen Vorausberechnungen der Gestirnpositionen sind möglicherweise nicht nur das Ergebnis langer Rechenstunden des Fleißes. Kannte Nostradamus Gesetzmäßigkeiten für die Umläufe und kombinierten Bewegungen der Planeten, die ihm seine Berechnungen und astrologischen Tiefblicke erleichterten, die jedoch uns Gegenwärtigen längst verloren gingen? Welch Staunen erregen heute die von Jakob Lorber vor mehr als hundert Jahren gemachten Angaben zur Konstruktion des Universums.

Heute gibt es relativ viele Astronomen, die der Astrologie Unfähigkeit nachsagen, auch dort, wo sie ernsthaft betrieben wird. Und es gibt relativ wenig Astrologen, die die Astronomie befeinden. Der Astronom Halley stellte die Astrologie in Frage, und der Kollege-Astronom Sir Isaac Newton nahm Stellung: »Sir, I have studied it, you have not!«

Schwesterlich waren einst Astrologie und Astronomie verbunden, und Schwestern werden sie wieder. *Über* den Zeiten stehen Goethes Worte, welche *mehr* enthalten als alles in diesem Kapitel zum Thema Astrologie Gesagte:

> Wie an dem Tag, der dich der Welt verliehen,
> Die Sonne stand zum Gruße der Planeten,
> Bist alsobald und fort und fort gediehen
> Nach dem Gesetz, wonach du angetreten.
> So mußt du sein, du kannst dir nicht entfliehen,
> So sagten schon Sybillen, so Propheten;
> Und keine Zeit und keine Macht zerstückelt
> Geprägte Form, die lebend sich entwickelt.

ANALYSEN VON VERSEN
DES NOSTRADAMUS

In den folgenden Kapiteln unternehme ich den Versuch, eine Reihe von Vers-Voraussagen des Nostradamus im voraus zu analysieren. Das ist ein schwieriges, höchst irrtumsträchtiges Unterfangen.

Schon die Voraussagen der »normalen« Seher (im Kapitel WK III — SEHERBERICHTE) waren vorsichtig zu lesen und zu beurteilen. Jetzt aber haben wir es zu tun mit Nostradamus, mit dem Seher, der die Verschleierung *erstrebt*, der sie aus vielerlei Gründen erstreben mußte und der erreichen will, daß »man« kapituliert oder blind in die Irre rennt.

Das wird auch uns nicht erspart bleiben. Unsere Wege werden schwer und lang sein. Überall stehen Hindernisse, warten Fallgruben, Unwägbarkeiten und falsche Richtungsweiser.

PERSIEN

I, 70

Pluye, faim, guerre en Perse non cessee,
La foy trop grande trahira le monarque:
Par la finie en Gaule commencée,
Secret augure pour à un estre parque.

Regen, Hunger, Krieg in Persien nicht aufgehört (= nicht beendet),
Der zu große (= zu starke) Glaube (= Islam, Schiismus) wird den
　　　　　　　　Monarchen (= Schah von Persien) verraten:
Dadurch / von dort her beendet in Gallien (= Frankreich = Exil
　　　　　　　　Chomeini) begonnen,
Geheime Weissagung für an ein Wesen Parze (= zugunsten eines
　　　　　　　　Parzenwesens).

Der Vierzeiler behandelt die Entwicklung in Persien seit September 1978.

Z1:　　Regen, Hunger, Krieg in Persien nicht aufgehört,

Nostradamus will sagen, daß Persien eine nicht aufhörende, also langwährende Phase von Prüfungen durchmacht.

Regen:　In dieser Phase spielt in irgendeiner Form der nicht aufhörende Regen eine Rolle, z. B. als nicht endenwollende Regenzeit oder als eine anhaltende Regenkatastrophe. Dieser Regen steht Persien heute (5. Mai 1980) noch bevor.

Hunger:　Auch der Hunger ist heute (5. Mai 1980) noch kein akutes Problem für Persien. Es ist aber absehbar, daß das Land bei entsprechend sich fortsetzender Entwicklung ein Hungerproblem bekommen wird. Zum prognostizierten Hunger sagt Nostradamus ebenfalls, daß er über einen längeren Zeitraum anhalten wird.

Krieg:　Nostradamus kündigt Krieg in Persien an, welcher wiederum nicht rasch beendet sein wird. Der Seher erwähnt nicht, ob es sich um Bürgerkrieg handelt oder um einen Krieg, welcher gegen das Ausland stattfindet. Er sagt nur: . . . . Krieg in Persien . . . . Einen Vorgeschmack hinsichtlich Bürgerkrieg in

Persien haben wir schon bekommen: Zwischen September 1978 und März 1979 starben ca. 60 000 Menschen durch landesinterne Querelen. Die gegenwärtige Lage (5. Mai 1980) läßt Bürgerkrieg als nicht unwahrscheinlich erscheinen.[1]

Z2: Der zu große (= zu starke) Glaube (= Islam, Schiismus) wird den Monarchen verraten (= Schahvertreibung):

Der Schah wollte sein Land gewissermaßen gewaltsam zu einem Staat moderner, westlicher Prägung herandrillen. Er unterschätzte dabei die Kräfte eines übergangenen, nicht einkalkulierten Glaubens: des Islam/Schiismus. Solchermaßen − grob gesagt − kam es zur Schahvertreibung.

Interessant ist folgendes: In Zeile 1 spricht Nostradamus von einem heute (5. Mai 1980) noch bevorstehenden Geschehen:

Z1: Regen, Hunger, Krieg in Persien nicht aufgehört,

Erst in der folgenden Zeile gibt er preis, was diesem Geschehen bereits voranging:

Z2: Der zu große Glaube wird den Monarchen verraten:

Dennoch hat Nostradamus die Ereignisse zweifellos in der chronologisch richtigen Reihenfolge gesehen. Er bedient sich einer Wiedergabe in der Inversion (= umgekehrte Reihenfolge, in diesem Fall des zeitlichen Ablaufes), um die Versentschlüsselung auch auf diese Weise zu erschweren.

Z3 (zweite Hälfte): . . . . in Gallicn (= Frankreich) begonnen,

In Frankreich lag das Exil Chomeinis. Als Chomeini sein französisches Exil verließ, um nach Persien zurückzukehren, begannen im Frühstadium jene persischen Wirren und Prüfungen für das Land, welche sich entsprechend der Voraussage von Zeile 1 (Regen, Hunger, Krieg in Persien . . . .) und im Vergleich mit heutigen Gegebenheiten noch intensivieren und verschlimmern müssen, damit die Voraussagen der ersten Zeile als erfüllt gelten dürfen. Es wird so kommen.

Z3 (erste Hälfte): Par la finie . . . .

---

[1] Nachtrag: Inzwischen (25. Juli 1981) gibt es für Persien nicht nur bürgerkriegsähnliche Zustände, sondern auch einen Krieg gegen das Ausland (Irak) zu verzeichnen.

Der Ausdruck Par la ist schwer übersetzbar, und es besteht in seinem Zusammenhang Verschleierungsverdacht bzw. Vermutung eines von Nostradamus beigegebenen Bestätigungssignals oder einer entsprechenden Dechiffrierhilfe. Derartige Signale, Hilfen und Bestätigungen werden im weiteren Verlauf von Versanalysen im einzelnen erläutert werden. In diesem Fall kann ich heute nichts Konkretes sagen.

Wir übersetzen Par la mit Dadurch / Von dort her. Nostradamus will uns also erzählen, daß das persische Debakel durch die Abreise Chomeinis aus Gallien (= Frankreich) seinen Anfang nahm (= begonnen), und daß die persischen Wirren einst (zukünftig) in einer Weise beendet werden, die wiederum irgendwie mit Gallien (= Frankreich) zusammenhängt oder von dort ausgeht. Dies wird bei Umstellung der beiden Hälften von Zeile 3 deutlicher.

Nostradamus: Par la finie en Gaule commencée,
               Dadurch/Von dort her beendet in Gallien begonnen,

Umstellung: En Gaule commencée par la finie,
d. h. Inversion In Gallien begonnen von dort her/dadurch beendet,
der Worte

Irgendeine Bewandtnis muß es jedenfalls damit haben, daß Nostradamus erneut und diesmal erkennbar absichtlich die zeitlich falsche Reihenfolge angibt. Reimgründe innerhalb des Verses, die Erschwerung des Verständnisses für den Inhalt der Voraussage oder eine in der falschen Reihenfolge diskret enthaltene Chiffrierung mögen ihn hierzu bewogen haben, aber auch andere Möglichkeiten sind denkbar, z. B. Komma-Trick. Wenn die Zeile entsprechend unserer Umstellung gelesen wird, . . .

    In Gallien begonnen von dort her/dadurch beendet,

. . . so entsteht der Eindruck, daß möglicherweise eines Tages ein persischer Mann aus Gallien (= Frankreich) abreist, um nach Persien zurückzukehren und dort die Probleme des orientalischen Landes zu beenden, so, wie einst der aus Gallien anreisende Chomeini diese Probleme begonnen hatte bzw. verschärfte, nachdem der Grundstock hierzu schon z. Z. des Schah gelegt wurde.

Z4:   Secret augure pour à un estre parque.
      Geheime Weissagung für an ein Wesen Parze./
      /Geheime Weissagung für an ein Parzenwesen.

Nostradamus sagt ganz klar, daß sein Vers bzw. insbesondere diese Zeile 4 des Verses eine geheime Weissagung enthält. Mit anderen Worten: Diese Weissagung ist im voraus schwerlich entschlüsselbar. Nichtsdestoweniger wollen wir uns einmal völlig unverbindlich daran versuchen.

Wir beginnen mit den drei Schicksalsgöttinnen der Griechen: Klotho, Lachesis, Atropos. Diese drei Schicksalsgöttinnen, insgesamt Moiren genannt, wurden von der römischen Mythologie als die Parzen (vgl. parque, Z4) übernommen. Die Namensgebung der drei Göttinnen veränderte sich dabei im Lateinischen kaum: Clotho, Lachesis, Atropus.

Auf zumindest eine dieser drei Parzenwesen scheint Nostradamus anzuspielen. Dabei fällt auf, daß die Formulierung pour à = für an doppelt genäht ist:

>Secret augure pour à un estre parque.
>Geheime Weissagung für an ein Parzenwesen.

Die Sache scheint im Hinblick auf das »überflüssige« à = an recht einfach auszusehen: Klotho Lachesis Atropos. Beim genauen Betrachten der Parzen-Namen in Verbindung mit den merkwürdigen Formulierungen (und den Buchstaben) der Zeile 4 läßt sich noch mehr erkennen. Eines Tages werden wir wissen, wie der von Nostradamus verschlüsselt angegebene Eigenname lautet.

Diesen Vierzeiler abschließend möchte ich sagen, daß wir bei späteren Dechiffrierversuchen von Eigennamen günstigere Voraussetzungen vorfinden werden, denn es wird sich häufig um die (heute schon bekannten) Namen von Städten handeln.

DIE SABÄISCHE TRÄNE

V, 16

A son hault pris plus la lerme sabee,
D'humaine chair par mort en cendre mettre,
A l'Isle Pharos par Croisars perturbee,
Alors qu'a Rhodes paroistra dur espectre.

Auf ihrem höchsten Preis die sabäische Träne,
Menschliches Fleisch durch Tod in Asche setzen/legen,
Bei der Insel Pharos durch »Croisars« gestört/beunruhigt/verwirrt/
　　　　　　　　　　　　　　　　　　　durcheinandergebracht,
Während bei Rhodos erscheinen wird hartes Gespenst.

Auch in diesem Vierzeiler bedient Nostradamus sich der von ihm häufigst angewandten Buchstaben-Versteckspiel-Methode, die er zwecks zusätzlicher Unkenntlichmachung durch *Phonetik-Tricks* anreichert.

Der Meister-Chiffreur hat diese Art des Codierens, die mit Buchstaben, falschen Buchstaben, Buchstaben-Wandlungen, Buchstaben-Umstellungen, Buchstaben-Anklängen etc. arbeitet, in vielen Varianten und Kombinationen bis zur unauffälligen Perfektion entwickelt — so perfekt unauffällig, daß seine Forscher und Dechiffreure es bisher nicht einmal gelernt haben, den *Wald* aus lauter Bäumen zu sehen.

Die »Schreibfehler« des Nostradamus sind nur in den frühen Drucken seiner Voraussagen-Texte sorgfältig enthalten sowie in deren wenigen gleichlautenden Nachdrucken.

Zur Analyse:

Z1: A son hault pris plus la lerme sabee,
　　Auf ihrem höchsten Preis die sabäische Träne,

hault = hoch: Das Wort wurde zu Zeiten des Nostradamus gern mit diesem l geschrieben, welches im modernen Französisch entfällt.

pris = Preis: Altfranzösisch für prix. Verschleierungsverdacht mit mehreren Erklärungsmöglichkeiten.

lerme = Träne: Müßte korrekt lauten l̲arme. Mit Hilfe seines »Fehlers« l̲erme bezeichnet Nostradamus die griechische Insel L̲ero̲s (Drei-Buchstaben-Trick). Sie liegt ca. 1̲5̲0̲ km östlich der später zu entschlüsselnden Insel Paros.

sabee = sabäische: Das Reich Saba (der Leser denke an die Königin von Saba) lag im Gebiet des alten Arabien, etwa im Bereich des heutigen Yemen.

la lerme sabee = die sabäische Träne = Erdöl: Ob speziell der Yemen oder genereller die Erdölfördergebiete des Nahen Ostens gemeint sind, ist nicht entscheidbar.

Z1:   A son hault pris plus la lerme sabee,

    Auf ihrem höchsten Preis die sabäische Träne,
= Auf Höchstpreis das Erdöl des Nahen Ostens/des Yemen,

Damit sind Zeitpunkt und ursächliche Zusammenhänge (Erdöl) grob umrissen. Mit Sprachgefühl läßt sich der Zeile entnehmen, daß auch ein Abbruch der Erdölförderung (pris plus) im Bereich Yemen/Nahost angedeutet sein könnte.

Z2:   D'humaine chair par mort en cendre mettre,
    Menschliches Fleisch durch Tod in Asche legen,

Sinngemäß: Menschenfleisch durch Tod zu Asche machen/Menschen einäschern.

Mit Napalmbomben ist das zwar möglich, doch wird neben anderem auch N̲uklear-B̲omben-E̲xplosion (abgekürzt: NBE) denkbar. Die von dem NBE-Feuerball ausstrahlende Hitzewelle würde menschliches Fleisch leicht verbrennen und durch Tod in Asche legen können.

Wir müssen aber vorsichtig folgern, denn Nostradamus schreibt

    Menschliches Fleisch durch Tod in Asche legen/versetzen,

und nicht

    Menschliches Fleisch durch Tod in Asche g̲elegt/ver̲setzt,

so daß wir alternative Möglichkeiten zu berücksichtigen haben: die lediglichle Androhung bzw. den durchgeführten Einsatz einer das Menschenfleisch verbrennenden Waffe.

Z2: D'humaine chair.... = Menschliches Fleisch....

Wir konzentrieren uns auf Fleisch = chair.

Wir streichen einen Buchstaben ab: chair→cair. Wir schreiben groß: Cair. Wir vervollständigen: (frz.) Caire = (deutsch) Kairo /Cairo.

Dieses ergänzenden Buchstabens e bedarf es aber eigentlich gar nicht mehr, denn die Worte Cair und Cair(e) werden ohnehin völlig identisch ausgesprochen (Aussprache-Trick).

Z2:   = Caire
  (D'humaine) chair par mort en cendre mettre,
= (Menschliches) Fleisch durch Tod in Asche legen,
     = Kairo

Damit ist die Entschleierung von Kairo aber noch nicht gesichert, denn die Zeile steckt voller weiterer Einkleidungen! Ein mögliches Bestätigungssignal für Caire = Kairo stellt Nostradamus uns durch das Zusammenwirken der jeweils ersten Worte der Zeilen 2 und 3 zur Verfügung:

       = Caire
Z2: D'humaine chair....
Z3: A l'Isle Pharos....
=
       = Kairo
Z2: Menschliches Fleisch....
Z3: Bei der Insel Pharos....

Im Klartext: Kairo, bei der Insel Pharos....

Pharos war im Altertum eine Insel bei Alexandria an der Nordküste Ägyptens. Sie trug einen Leuchtturm (frz.: phare), der als eins der sieben Weltwunder galt. Die Entfernung zwischen der (heutigen Halb-) Insel Pharos und Kairo beträgt etwa 180 km. Es ist somit (verschleierungsmäßig, bzw. als Hilfe zur Dechiffrierung und als Bestätigungssignal) vertretbar, zu sagen: Kairo, bei der Insel Pharos.

Pharos — ich sage es nochmals und deutlicher — war nur früher einmal eine Insel. Heutzutage ist Pharos Halb-Insel. Selbstverständlich hat Nostradamus das gewußt und dennoch von der Insel Pharos gesprochen.

Er, der stets zweideutig Formulierende tat dies aus aller Absicht. Denn er meint außer Pharos auch noch P_aros, welche eine echte Insel ist: Paros gehört zu den griechischen Kykladen-Inseln.

Pharos diente als Dechiffrierhilfe/Bestätigungssignal für die Entschlüsselung des nahegelegenen Kairo = Caire. Von jetzt an aber geht es Nostradamus nur noch um die echte Insel Paros:

Z3:   A l'Isle Pḥaros. . . .
        Bei der Insel Pḥaros . . . .

Unsere Abstreichung des Buchstabens h hat Grund, denn Nostradamus bestätigt Paros wie folgend:

A son hault pris plus la lerme sabee,
D'humaine chair par mort en cendre mettre,
A l'Isle Pḥaros par Croisars perturbee,
Alors qu'a Rhodes paroïstra dur espectre.

Nun wollen wir sehen, was bei der Insel Paros geschieht:

Z3:   A l'Isle Pḥaros par Croisars perturbee,
        Bei der Insel Pḥaros durch »Croisars« gestört/beunruhigt/
                                                verwirrt/durcheinander-
                                                gebracht,

Das Wort Croisars ist im Französischen ebensowenig existent wie in einer anderen Sprache. Tatsächlich gibt Nostradamus ja auch zu, daß er (siehe oben) in diesem Wort etwas durcheinandergebracht hat. Richtig müßte es lauten: Croiseurs = Kreuzer — Kriegsschiffe.

Wir probieren:

Z3:   A l'Isle Pḥaros par Croiseurs perturbee,
        Bei der Insel Pḥaros durch Kreuzer — Kriegsschiffe
                                        gestört/beunruhigt/verwirrt,

Wir fassen den bisherigen Stand der Entschlüsselung zusammen:

Z1:   Erdöl (= sabäische Träne) auf Höchstpreis.
Z2:   Kairo (= cḥair) bedroht.
Z3:   Bei der griechischen Insel Paros stören Kriegsschiffe den Frieden des Meeres.

Kurz gesagt: Schwere Krise im Nahen Osten.

Warum aber schrieb Nostradamus sein durcheinandergebrachtes Wort Cro<u>isa</u>rs anstelle des korrekten Cro<u>ise</u>urs = Kriegsschiffe? Ich gebe hier nur eine Vermutung hinzu: Da Nostradamus bekanntermaßen ein großer Vorauswisser von Namen war, könnte er einen Kriegsschiff-Namen in seine Wortschöpfung miteinbezogen haben.

Croisars:
<u>Sa</u>ratoga lautet der Name eines schlagkräftigen U.S.-Flugzeugträgers der Gegenwart. Die »<u>Sa</u>ratoga« ist zumindest zeitweise Bestandteil der U.S.-Mittelmeerflotte. Übrigens kann das wohlbedacht großgeschriebene, aber durcheinandergebrachte Wort Croisars ebenso wie das direkt darunter erscheinende paroistra nochmals auf Cairo zielen.

Zur Zeile 4:

> Alors qu'a Rhodes paroistra dur espectre.
> Während bei Rhodos erscheinen wird hartes/ Gespenst.
> hartnäckiges/
> problematisches

Ein metallisch hartes (= dur) U-Boot könnte mit der Bezeichnung dur espectre = hartes Gespenst umschrieben sein, denn U-Boote sind die »Gespenster« des Meeres.

Hinsichtlich der letzten beiden Worte des Vierzeilers dur espectre = hartes Gespenst gibt es möglicherweise noch mehr zu finden: Die merkwürdige Schreibweise des Nostradamus

      e<u>s</u>pectre (nicht existent)
anstelle von spectre (= Gespenst)

soll uns beschäftigen. Es verhält sich damit ungefähr so, als würde ich schreiben »Auf der Straße ist großes <u>E</u>spektakel«, anstatt des richtigen »Auf der Straße ist großes Spektakel«.

Unwillkürlich überlegt man: ›Was meint er nur mit seinem <u>E</u>spektakel?‹ Die Lösung des Problems ist einfach, aber nicht leicht zu erkennen.

Sowohl im Deutschen wie auch im Französischen wird der Buchstabe s (vgl. e̲s̲pectre) hörbar ausgesprochen wie »es« (vgl. e̲s̲pectre).

Beim Buchstabieren, also beim Aufsagen des deutschen Alphabets zum Beispiel klingt das etwa so:

        a be ce de e ef ge . . . . e̲s̲ te u vau we usw.

Wir folgern: Nostradamus hat das s im Wort spectre als ein hörbares e̲s̲ aufgeschrieben und gelangt auf diese Weise zu e̲s̲pectre statt spectre. Dieses hörbare Aufschreiben des s als es soll durch die Merkwürdigkeit des Verfahrens Aufmerksamkeit erregen. Zwei Möglichkeiten sind zu bedenken:

a) Nostradamus zielt auf das Hörbare und Sichtbare seiner Schreibweise des Buchstabens s, also auf das e̲s̲ im e̲s̲pectre.

b) Nostradamus zielt *nicht* auf sein hörbar geschriebenes es. Vielmehr dient diese hörbare Schreibweise ihm lediglich dazu, uns zu signalisieren:

Beachte den Buchstaben s im Wort spectre!
Ich (als Nostradamus) schreibe ihn hörbar damit Du, Freund Leser, ihn siehst.

Der hier entstandene Freiraum dient zur durchgängigen Dechiffrierung auf der Folgeseite.

Daran wollen wir uns halten und das bezügliche e in den Worten dur espectre vergessen, um dem s desto mehr Aufmerksamkeit zu widmen:

    1. dur spectre
    2. dur s~~pectre~~
    3. dur s

Wir übersetzen: hartnäckiges/ausdauerndes s.

Jetzt schreiben wir dieses s auf wirklich hartnäckig-ausdauernde Weise, das heißt als doppeltes s:

    4. dur ss
    5. d'ur ss
    6. d'UR SS
    7. d'URSS   (französische Abkürzung)

    = von USSR (deutsche Abkürzung)

Ein schwaches Bestätigungssignal für die Sowjetunion/USSR/URSS hat Nostradamus uns auch in diesem Fall an die Hand gegeben:

Z3 + Z4: A l'Isle Pharos par Croisars pert<u>ur</u>bee,
          Alors qu'a Rhodes paroistra dur <u>es</u>pectre.

Also Z3:   ur

   Z4:   es
bzw. als »hartnäckiges«, doppeltes s: ss

V, 16   Z3 + Z4 entschleiert:

      A l'Isle Pharos (= Paros!) par Croisars (= Croiseurs) perturbee,
      Alors qu'à Rhodes paroistra dur espectre.

=   Bei der Insel Paros durch Kreuzer-Kriegsschiffe beunruhigt,
      Während bei Rhodos erscheinen wird von USSR hartes Gespenst.

Diesen schwierigen Vierzeiler V, 16 fasse ich in seinen wichtigsten Punkten zusammen: Zum Zeitpunkt Höchstpreis für Erdöl (und denkbarerweise auch in kausalem Zusammenhang zu Erdöl) entsteht eine sehr gefährliche militärische Krise. Bei der griechischen Kykladeninsel Paros operieren Kreuzer/Kriegsschiffe. Bei der griechischen Insel Rhodos erscheint bzw. wird geortet ein hartes/hartnäckiges Gespenst der USSR. Dieses Gespenst mag ein russisches U-Boot sein. Auch die griechische Insel L̲e̲ros (vgl. Wort l̲e̲rme, Z1) ist als Ortsangabe im Vierzeiler enthalten.

Zwischen dem Vierzeiler V, 16 (Die sabäische Träne) und den folgenden Worten des Sehers Irlmaier könnte ein Zusammenhang bestehen. Es muß aber nicht unbedingt so sein.

Irlmaier (zitiert gemäß Dr. Adalbert Schönhammer, Lit.-Verz.):

.... Alles ruft Frieden, Shalom! Da wird's passieren. — Ein neuer Nahostkrieg flammt plötzlich auf, große Flottenverbände stehen sich im Mittelmeer feindlich gegenüber — die Lage ist gespannt. Aber der eigentlich zündende Funke wird im Balkan ins Pulverfaß geworfen: Ich sehe einen ›Großen‹ fallen, ein blutiger Dolch liegt daneben. — Dann geht es Schlag auf Schlag. Massierte Truppenverbände marschieren in Belgrad von Osten her ein und rücken nach Italien vor. Gleich darauf stoßen drei gepanzerte Keile nördlich der Donau blitzartig über Westdeutschland in Richtung Rhein vor — ohne Vorwarnung. Das wird so unvermutet geschehen, daß die Bevölkerung in wilder Panik nach Westen flieht. Viele Autos werden die Straßen verstopfen — wenn sie doch zu Haus geblieben wären oder auf Landwege auswichen. Was auf Autobahnen und Schnellstraßen ein Hindernis ist für die rasch vorrückenden Panzerspitzen, wird niedergewalzt. Ich sehe oberhalb Regensburg keine Donaubrücke mehr. Vom großen Frankfurt bleibt kaum etwas übrig. Das Rheintal wird verheert werden, mehr von der Luft her. — Augenblicklich kommt die Rache über das große Wasser. Zugleich fällt der gelbe Drache in Alaska und Kanada ein. Jedoch, er kommt nicht weit. ....

Ich wiederhole, daß zwischen dieser Voraussage des Sehers Irlmaier und dem Vierzeiler V, 16 (Die sabäische Träne) ein Zusammenhang bestehen kann. Es ist selbstverständlich, daß der Vers weitere Codierungen enthält. Bei näherer Überlegung ergibt sich der Eindruck, daß Irlmaier mit folgenden Worten vom Einsatz nuklearer Waffen spricht:

.... Vom großen Frankfurt bleibt kaum etwas übrig. ....

Die moderne Kriegführung gestattet es nicht, eine so große Stadt wie Frankfurt durch zeitraubende konventionelle Luftangriffe in Trümmer zu legen. Auch für langwierigen, herkömmlichen Artilleriebeschuß der Stadt bleibt im kurzen WK III keine Zeit. Alle derartigen Vorgangsweisen gegen eine Großstadt wären für den Warschauer Pakt mit militärischen Nachteilen verbunden und kommen daher kaum in Betracht.

....Das Rheintal wird verheert werden, mehr von der Luft her. — ....

Hier deutet Irlmaier ebenfalls schreckliche Waffenwirkungen an: Chemischen Krieg oder NBE.

....Augenblicklich kommt die Rache über das große Wasser (Atlantik). ....

Diese Worte und insbesondere das .... Augenblicklich .... lassen vor allem an die Raketenwaffe und damit an Vergeltung durch NBE denken.

DER DRITTE WELTKRIEG:

14 VERSE DES NOSTRADAMUS

Drittes Kriegszeitalter
XI, 27

Sechszeiler Nr. 27 der (sogenannten) XI. Zenturie des Nostradamus lautet:

> Celeste feu du costé d'Occident,
> Et du Midy, courir iusques au Levant,
> Vers demy morts sans point trouver racine
> Troisiesme aage, à Mars le Belliqueux,
> Des Escarboucles on verra briller feux,
> Aage Escarboucle, & à la fin famine.

Himmlisches Feuer von Seite des Okzidents (Westens),
Und vom Süden, laufen bis zur Levante/bis zum Aufgang (der Sonne,
d. h. Osten),
Etwa halbtote ohne Punkt finden Wurzel
Drittes Zeitalter, an Mars den Kriegerischen,
Von Karfunkeln man wird sehen glänzen Feuer/Hitze/Gluten/
Blitze/Lichter/Glanz,
Karfunkel-Zeitalter, & am Ende Hunger.

Hier befinden wir uns bereits im späteren, d. h. nuklearen Stadium von WK III. Zunächst ein Blick auf Zeile 4.

Z4:   Troisiesme aage, à Mars le Belliqueux,
      Drittes Zeitalter, an Mars den Kriegerischen,

Mars war der römische Kriegsgott. Nostradamus benutzt den Namen Mars auch in anderen Versen und zwar als Tarnbezeichnung im Sinne von Mars = Krieg. In diesem Fall jedoch macht Nostradamus kaum einen Tarnungsversuch:

> Drittes Zeitalter, an Mars den Kriegerischen,

Es bedarf wirklich keiner Phantasie, in diesen Worten die General-Voraussage des dritten Weltkrieges zu erkennen. Ereignisse aus WK I und WK II wurden von Nostradamus in zahlreichen Versen angekündigt, aber selten spricht er so deutlich-warnend, wie hier. Jetzt wollen wir dem Sechszeiler näher zu Leibe rücken.

Z1:   Himmlisches Feuer von Seite des Okzidents,

Himmlisches Feuer: Die Formulierung enthält zunächst einmal eine deutliche Anspielung auf NuklearBombenExplosionen (NBE). Diese Bomben pflegen in der Höhe (vgl. Himmlisch, Z1) von wenigen Kilometern zu detonieren. Ihr Feuerball (vgl. Feuer, Z1) leuchtet wie »himmlisches Feuer«: unerhört hell und heiß, gleich dem himmlischen Feuer der Sonne. Tatsächlich werden wir schon im Verlauf der Analyse des nächstfolgenden Verses sehen, daß Nostradamus auch das Wort Sonne als eine seiner Tarnbezeichnungen für NBE benutzt.

Die Formulierung Himmlisches Feuer gilt aber zugleich den Feuerschweifen jener Trägerraketen, die mit Nuklearbomben bestückt über den Himmel ziehen. Alois Irlmaier, der schon vorgestellte Seher, sprach in diesem Sinne von den Feuerzungen, die er wie Kometenschweife sah.

Z1:   Himmlisches Feuer von Seite des Okzidents,
   =
   Nuklearbomben/Raketen-Feuerzungen von Seite des
                                                          Westens,

Dies klingt, als beginne die Phase des massiven Nuklearkrieges vom Westen her. Auch (aber nicht nur) der später zu behandelnde Sechszeiler XI, 39 (Monstrum ohnegleichen) führt in seinen verschleierten und zu klärenden Andeutungen zu diesem Verdacht.

Z1:   Nuklearbomben/Raketen-Feuerzungen von Seite des
                                                          Westens,
Z2:   Und vom Süden, laufen bis zum Aufgang (der Sonne =
                                                          Osten),

Z2, frz.: Et du Midy, courir iusques au Levant,

Die Bezeichnungen Midy und Levant wollen wir genauer ansehen. Im Französischen ist das Wort Midy/Midi auf dreierlei Weise übersetzbar: 1. Süden, 2. Gebiet Südfrankreich, 3. Mittag/Mittagszeit. Nostradamus meint hier mindestens den Süden.

Schwieriger verhält es sich mit dem Wort Levant, welches im Französischen bezeichnet: 1. den Sonnenaufgangspunkt, also Osten, 2. die Levante, d. h. die östlichen Mittelmeerländer, 3. die Zeit des Sonnenaufgangs. Nostradamus meint hier vor allem Osten und/oder Levante. Erneut setzen wir das Gefundene ein:

Z1: Nuklearbomben/Raketen-Feuerzungen von Seite des Westens,

Z2: Und vom Süden laufen bis Osten/Levante,

Da die Levante-Gebiete oder aber die weiter östlich gelegenen Länder nicht nur von westlicher, sondern auch aus südlicher Richtung angezielt werden, kommen als Abschußbasen der aus Süden anfliegenden Nuklearbomben-Raketen auch U-Boote in Frage, die sich beispielsweise im Mittelmeer, Roten Meer, Persischen Golf oder Arabischen Meer und Indischen Ozean befinden. Auch die Zeit des Sonnenaufgangs in den Levante-Gebieten kann eine Rolle spielen.

In Zeile 3 holpert die Sinnlosigkeit so unübersehbar durch die Worte, daß sich sofortiger Verschleierungsverdacht ergibt:

Z3: Vers demy morts sans point trouver racine
     Etwa halb tote ohne Punkt finden Wurzel

Wir wollen versuchen, durch zwei Buchstaben-Variationen etwas Ordnung zu schaffen:

Z3:   Vers demy morts sans point trouver racine
Var.: Vers demy mort*s* sans point*e* trouver racine

Die Übersetzung (nach Abstreichung des s und Anfügung des e) lautet nunmehr:

Z3:   Etwa halbtot ohne Spitze finden Wurzel

Nostradamus spricht also von den Vegetationsschäden, die der Nuklearkrieg und seine radioaktiven Strahlen verursachen:

Etwa halbtot, ohne (Pflanzen-) Spitze findet man die Wurzeln vor.

Das fügt sich gut zur zweiten Hälfte der letzten Zeile:

      . . . . & à la fin famine.
      . . . . & am Ende Hunger.

Es ist einleuchtend, daß die Menschen nach einem chemisch und nuklear geführten Weltkrieg III ein Hungerproblem bekommen, denn die Pflanzen sind verdorben.

Nochmals ein geübter Blick auf die Zeile 3:

> Vers demy morts sans point trouver racine
> Etwa halb tote ohne Punkt finden Wurzel

Ein einziger Buchstabe ist abzustreichen und sofort wird der zweideutige Sinn klar:

> Vers demy mo~~r~~ts sans point trouver racine
> Etwa halbe Worte ohne Punkt finden Wurzel

Nostradamus läßt anklingen:

Willst Du die Wurzel finden zu einem Teil meiner Verschlüsselungen, so suche etwa halbe Worte ohne Punkt. Worte ohne Punkt sind unvollständige Worte. Etwa halbe Worte entsprechen der ersten (noch unvollständigen) Worthälfte.

Damit bestätigt Nostradamus seinen von uns schon erkannten Drei-Buchstaben-Trick.

Die Zeile 4 wurde bereits übersetzt:

(Z4:)   Drittes Zeitalter (= WK III), an Mars den Kriegerischen,

Z5:   Des Escarboucles on verra briller feux,
      Von Karfunkeln man wird sehen glänzen Feuer/Hitze/
                                          Gluten/Blitze/
                                          Lichter/Glanz,

Das letzte Wort der Zeile lautet feux und steht in Mehrzahl geschrieben. Seine Übersetzung: Feuer/Hitze/Gluten/Blitze/Lichter/Glanz.

Das läßt sofort an NuklearBombenExplosion (NBE) denken. Aus dem brutal grell leuchtenden Licht-Blitz bei NBE entwickelt sich der Feuer-Ball mit seiner Hitze-Welle, seinen Gluten, seinem rötlichen Glanz.

Auch das Wort Karfunkeln = Escarboucles hat Nostradamus sich sehr geschickt gewählt. Es stellt eines seiner Codeworte dar für Nuklearbombenexplosion/en.

Der Karfunkel ist ein Granat-Edelstein von großer Leuchtkraft. Auch der NBE-Feuerball hat große Leuchtkraft. Der Vergleich fällt wirklich treffend aus:

Karfunkel:	NBE-Feuerball:
stark leuchtend	stark leuchtend
rötlich	rötlich
»glühend«	glühend
»feurig«	feurig
»hitzig«	enorm heiß
etwa feuerrot,	etwa feuerrot,
mit verschiedenen Nuancen	mit verschiedenen Nuancen
von hellrötlich bis dunkelrot.	von hellorange über hellrötlich bis kräftig rot.

Die Entschlüsselung Escarboucles = Karfunkeln = NBE-Feuerbälle gelang meines Wissens dem deutschen Nostradamus-Forscher Rudolf Putzien (Lit.-Verz.). Zeile 5 lautet somit:

Von Karfunkeln man wird sehen glänzen Feuer/Hitze/ Gluten/Blitze/ Lichter/Glanz,

= Von NBE-Feuerbällen wird man glänzen sehen Blitze/ Feuer/ Hitze/Gluten/Lichter/ Glanz,

Zeile 6 scheint nun leicht übersetzbar:

Aage Escarboucle, & à la fin famine.

Karfunkel-Zeitalter, & am Ende Hunger.
= Zeitalter der NBE-Feuerbälle, & am Ende Hungersnot.

Nochmals der Gesamtvers:

Nuklearbomben/Raketen-Feuerzungen von Seite des
                                                                                       Westens,
Und vom Süden (aus U-Booten) laufen bis zum Osten/zur
                                                                                       Levante,
Etwa halbtot ohne Spitze finden Wurzel
Drittes Zeitalter, an Mars den Kriegerischen (WK III),
Von NBE-Feuerbällen wird man glänzen sehen die Licht-Blitze/
                                                        Feuer/Gluten/Hitze/den Glanz,
NBE-Feuerball-Zeitalter, & am Ende Hunger.

Der Sechszeiler enthält exakte Angaben über NBE-Lokalitäten in der Levante oder in weiter östlichen Gebieten.

Nachts die Sonne
I, 64

De nuict Soleil penseront avoir veu
Quand le pourceau demy homme on verra.
Bruit, chant, bataille au Ciel battre aperceu,
Et bestes brutes à parler l'on orra.

Sie werden denken nachts die Sonne gesehen zu haben
Wenn das Schweinchen halb Mensch man sehen wird.
Lärm, Gesang, Schlacht am Himmel schlagen bemerkt/
                        wahrgenommen/gesehen,
Und rohe Bestien zum Sprechen man wird haben.

Z1: Nachts ist die Sonne unsichtbar. Die Menschen, welche hier denken, nachts die Sonne gesehen zu haben, sehen in Wirklichkeit eine scheinbare, eine falsche Sonne — den der Sonne ähnlichen, hellen, weiß-rötlich glänzenden NBE-Feuerball.

Immer wieder in seinen Versvoraussagen benutzt Nostradamus die Worte (le) Soleil, le Sol = die Sonne als Schlüsselwort für NBE-Feuerball. Dies ist gerechtfertigt, denn ein NBE-Feuerball verfügt über typische Merkmale:

1. Er entwickelt in seinem Inneren sonnenhafte Temperaturen von vielen Millionen Grad Celsius.
2. Er dehnt sich anfangs mit angenäherter Lichtgeschwindigkeit gleich dem Licht der Sonne aus.
3. Er ist etwa rund wie die Sonne.
4. Er scheint und glänzt weiß-rötlich wie die Sonne.
5. Er ist hell wie die Sonne (und kann im Anfangsstadium aufgrund der Helligkeit des Lichtblitzes sogar zu vorübergehender Erblindung führen).
6. Er verbrennt sich selbst und die Umgebung wie die Sonne.

Es ist kein Zufall, sondern Absicht, daß Nostradamus seine »Sonne« = Soleil (Sol) mit einem hinweisenden Großbuchstaben beginnen läßt. Wirklich ernst zu nehmen sind die vorgenannten Vergleichspunkte zum Thema (le) Soleil, denn im folgenden wird der Kenntnis dieser

Tarnbezeichnung des Nostradamus große Bedeutung zukommen. Die Entschlüsselung gelang meines Wissens Rudolf Putzien.

Z1: Sie werden denken nachts die Sonne gesehen zu haben

Z2: Wenn man das Schweinchen halb Mensch sehen wird.

Ein Schweinchen halb Mensch oder deutlicher gesagt ein halbmenschliches Schwein ist nichts anderes als ein Mensch, der eine Gasmaske zum Schutz gegen chemische Kampfmittel trägt. Auf diese Weise erhält das menschliche Gesicht einen Schweinerüssel, eine Schweineschnauze. Die gekonnte Entschlüsselung verdanken wir Rudolf Putzien.

Weshalb aber benutzt Nostradamus die Verkleinerungsform pourceau = Schweinchen anstelle des normalen Wortes porc = Schwein? Für ironische Witzeleien ist in Anbetracht von nächtlicher Sonne und von Gasmasken (Chemischer Krieg) kein Anlaß, das wußte auch der dichtende Seher. Vergleichen wir einmal die Buchstabenfolgen beider Worte:

po rc

pourc|eau.

Bis zum Strich ergibt sich Übereinstimmung, mit Ausnahme des im Wort po_rc fehlenden u. Dieses u war für die Chiffrier-Absicht des Nostradamus so wichtig, daß er sich für pourceau = Schweinchen anstelle von po_rc = Schwein entschied.

Damit sind wir auf die Spur einer famos chiffrierten Lokalität gestoßen, die mit den Buchstaben Pourc .... zu beginnen hätte. Buchstabenfolgen der vorstehenden Art erscheinen eigentlich nur im Französischen und auch der Umstand, daß Nostradamus für sein Heimatland Frankreich besonders viele chiffrierte Lokalisierungen bereithält, spricht dafür, die von Nostradamus angedeutete Örtlichkeit in seinem Land zu suchen.

Es gibt im gesamten Frankreich nur ganz wenige Lokalitäten, die diese fünf Buchstaben in obiger Reihenfolge aufweisen. Deshalb ist zu fragen, ob wir in unserer Fast-Schon-Findung vielleicht übers Ziel hinausgeschossen sind?

Nostradamus schreibt in Zeile 2: ....pourceau demy.... = ...Schweinchen halb.... Nehmen wir also nur die Hälfte vom Wort

pour|ceau

Pour....

Nun sieht die Sache nicht mehr so leicht aus, denn es läßt sich bereits eine Liste von Orten aufstellen, deren Namen mit der viergliedrigen Buchstabenfolge beginnen.

Der Vers enthält aber noch weitere Eigenartigkeiten, die sich als Dechiffrierhinweise für verschleiert genannte Lokalitäten werten lassen.

Z3:   Bruit, chant, bataille au Ciel battre aperceu,
       Lärm, Gesang, Schlacht am Himmel schlagen wahrgenommen,

Eine so auffällige und sogar zeileninterne Wiederholung von Buchstabenfolgen spricht für sich selbst. Außerdem fragt Nostradamus seinen Leser ganz deutlich, ob er denn die unterstrichenen Buchstabenfolgen auch wirklich wahrgenommen (= aperceu) habe?

Wir schlagen zu: Am hinweisend großgeschriebenen Himmel (= au Ciel) hören wir Lärm und »Gesang« von Hochleistungsdüsentriebwerken in der Luftschlacht. Am Himmel sind nicht nur Kampfflugzeuge wahrzunehmen, sondern auch Bergspitzen.

Eine davon heißt

         Puy de Bataillouse   (1683 m hoch)
vgl. Z3:   bataille   (= Schlacht)
         battre   (= schlagen)

Dieser Berg liegt etwa 85 km südsüdwestlich Clermont-Ferrand im Massif Central (= Zentralmassiv). Die Bergspitze von Bataillouse hat mehrere Nachbarn. Einer davon heißt

        Bergspitze Brunet   (1806 m hoch)
        =   Puy Brunet
vgl. Z3:   Bruit   (= Lärm)
vgl. Z4:   brutes   (= rohe)

Die Entfernung vom Puy de Bataillouse zum Puy Brunet beläuft sich auf ca. 6 km. Nostradamus schreibt in Zeile 3:

        Lärm, Gesang, Schlacht am Himmel . . . .
        Bruit, chant, bataille au Ciel . . . .

Beim Wort chant streichen wir das h und fügen zwei Buchstaben an gemäß c̷hant(al):

        cantal = gesangsmäßig, sängerisch.
Zum Vergleich: chant = Gesang.

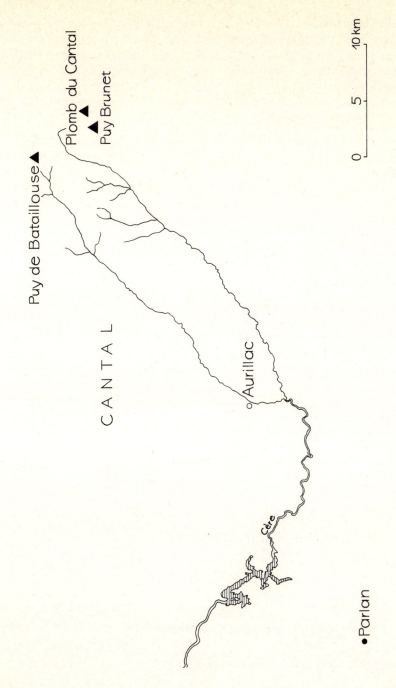

Der Plomb du Cantal (= Bergstumpf von Cantal) hat eine Höhe von etwa 1583 m und seine Distanzen betragen: Ca. 2 km zum Gipfel Brunet und etwa 7 km zur Bergspitze von Bataillouse. Alle drei Berge gehören zu den Monts du Cantal = Berge von Cantal und das Ganze liegt im französischen Département Cantal. Die Luftschlacht ist damit gebietsmäßig lokalisiert. Sie findet im Bereich der drei genannten Berge und ihrer näheren Umgebung statt.

Die Zeile 4 bezeichnet bestienartige, brutale, sprechende = feuernde Panzer oder wiederum Flugzeuge. Das Wort à ist von großer Bedeutung:

Z4: Et bestes brutes à parler on orra.
Und rohe Bestien zum Sprechen wird man haben.

Das Wort à ist sehr vielseitig übersetzbar im Sinne von zu/zum/bei/nach etc. Wir demaskieren:

Z4: Et bestes brutes à parler on orra.
Und rohe Bestien bei Par.... wird man haben.

Nostradamus verwendet den soeben demonstrierten Trick überaus häufig, denn ein Franzose pflegt »flüssig« (im Sinne von zum Sprechen) darüber hinwegzulesen[1]. Ich sehe eine Möglichkeit, die Worte

à parler (= zum Sprechen)
= à Par....

sprechend werden zu lassen. Der kleine Ort Parlan (= phonetisch: Sprechend) liegt ca. 130 km südsüdwestlich Clermont-Ferrand, im Massif Central und gerade noch im Département Cantal.

---

[1] Vgl. z.B. die ersten drei Worte des unbehandelten, grausamen NBE-Sechszeilers XI, 32: Vin à foison....
Wein im Überfluß....
= Wein bei Foix....

Brisantes Atom

VI, 5

> Si grand famine par unde pestifere,
> Par pluye longue le long du polle arctique,
> Samatobryn cent lieux de l'hemisphere,
> Vivront sans loy exempt de pollitique.

So großer Hunger durch verpestende (= radioaktive) Welle,
Durch langen Regen entlang dem arktischen Pol,
Samatobryn (= NBE) hundert Orte/Stellen der Hemisphäre,
Werden leben ohne Gesetz, frei von Politik.

Var.: Werden leben ohne Gesetz, ausgenommen das (Gesetz) des Geschicks, der Schläue.

Z1: unde pestifere = verpestende Welle (radioaktiv verseuchende Welle).

Das Wort Pest in seinen verschiedenen Ableitungen (verpestend usw.) wird von Nostradamus gern stellvertretend für radioaktive Verseuchung benutzt. Damit lautet

Z1: So große Hungersnot durch radioaktiv verseuchende Welle,

Z2: Durch langen Regen entlang des arktischen Pols,

Der große Prophet spricht davon, daß es in der Nähe des Nordpols (arktischen Pols) zu langdauernden Regenfällen kommt. Dies deutet auf Klimaveränderung hin. Klimaveränderung ist eine Folge von Erdkippen (vgl. später). Ein Erdkippen wird von zahlreichen Sehern vorausgesagt. Die Möglichkeit eines Erdkippens ist wissenschaftlich nicht mehr umstritten. Die moderne Wissenschaft glaubt sogar, viele (wenngleich lang zurückliegende) Erdkippen nachweisen zu können. Die Zusammenhänge zwischen Erdkippen und WK III werden im späteren Kapitel FINSTERNIS, ERDKIPPEN angesprochen. Daran anschließend wird dieser Vierzeiler VI, 5 unter dem Titel »Arktischer Pol« erneut behandelt.

Z3: Samatobryn:

Hier liegt ein für Nostradamus typisches Buchstabenversteckspiel vor. Mit Hilfe der sehr beachtlichen Entschlüsselungsleistung von Rudolf Putzien ergibt sich

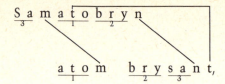

wobei der Buchstabe t doppelt verwendet wird. (Dies ist bei derartigen Dechiffrierungen erfahrungsgemäß statthaft.)

Zu deutsch: Atom zerbrechend/Atom zerschlagend, also eine klare Anspielung auf Kernspaltung (= zerbrechendes Atom) und Atombombenexplosionen (= zerschlagendes Atom).

(Z3:) Zerschlagendes Atom hundert Orte/Stellen der Halbkugel,

Wir würden heute im modernen Französisch schreiben

          atome brisant

anstelle von atom brysant. Die dem Nostradamus dabei unterstellte Schreibweise atom (also ohne e) scheint auf den ersten Blick nicht ganz korrekt zu sein, denn auch im 16./17. Jahrhundert schrieb man im Französischen bereits atome = Atom/unteilbar.

Erst auf den zweiten Blick eröffnet sich die Möglichkeit, daß Nostradamus gar nicht das französische atome entschlüsselt wissen will, sondern das philosophisch vornehmere griechische atomos = unteilbar.

Der Unterschied zwischen dem brysant (des Nostradamus) und dem heutigen brisant ist leicht erläutert: Zur Zeit des Nostradamus wurde der Buchstabe y vielfach anstelle des heutigen i verwendet. Versuchen wir es nun einmal mit

        atomos brysant:

        S a m a t o b r y n
Abstriche: // / / / // // / / / /.

Die Sache geht jetzt sogar perfekt auf und auch die drei Doppelabstriche sind erlaubt, weil der besseren Tarnung, d. h. der erschwerten Dechiffrierung dienlich.

Nochmals Z3:

     Samatobryn cent lieux de l'hemisphere,

     Zerbrechendes } Atom hundert Stellen der Hemisphäre,
     Zerschlagendes

An hundert Stellen der Halbkugel detonieren NBE. Die Zahl hundert ist nicht unbedingt wörtlich zu nehmen, sie darf auch poetisch gelesen werden im Sinne von ›an sehr vielen Stellen detonieren NBE‹. Selbst aber, wenn wir sie wörtlich nehmen (was bei Nostradamus oft angebracht ist), läßt sich nichts Genaues wissen, denn über die Stärke und Explosionshöhe der einzelnen Bomben ist damit noch nichts gesagt, und eben darauf sowie auf weitere Faktoren kommt es an, wenn man Näheres über Folgen allgemeiner Radioaktivität wissen will.

Nostradamus scheint sich mit dem Wort hemisphere vor allem auf die nördliche Hemisphäre (= nördliche Halbkugel) zu beziehen, denn er spricht in Z2 vom arktischen Pol = Nordpol.

Die Zeile 4 habe ich in zwei Versionen übersetzt, deren zweite lautet:

> Werden leben ohne Gesetz, ausgenommen (das Gesetz) des Geschicks, der Schläue.

Hier ist sinngemäß lesbar, daß die Menschen nach dem Nuklearkrieg unter gesetzlosen Verhältnissen leben, also zumindest im Anfangstadium relativ unorganisiert und wenig zivilisiert. Man wird auf praktisches Geschick angewiesen sein bzw. auf die Schläue des Sich-Durchschlagens.

Es ist sicher, daß der Vierzeiler weitere, wesentliche Angaben enthält. Ich komme auf ihn — wie gesagt — zurück.

Der Brandstifter
V, 100

Le boutefeu par son feu attrapé,
De feu du ciel à Carcas & Cominge,
Foix, Aux, Mazere, haut vieillart eschappé,⁽ᵔ⁾
Par ceux de Hasse, des Saxons & Turinge.

Der Brandstifter durch sein Feuer eingeholt/gefangen/
erwischt/getroffen,
Von Feuer vom Himmel bei Carcas & Cominge,
Foix, Aux, Mazere, hoher Greis entwischt,
Durch die von »Hasse«, der Sachsen & Thüringen.

Beginnen wir mit Zeile 2:

Von Feuer vom Himmel bei Carcas & Cominge,

Nostradamus spricht von Feuer, das vom Himmel kommt und im Gesamtzusammenhang der Versangaben ergibt sich die Deutungsmöglichkeit: NBE-Feuerball/-Feuerbälle am Himmel und Feuer folglich auch auf der Erde.

Z2, zweite Hälfte:

.... bei Carcas & Cominge,

Carcas = Carcassonne. Diese schöne Stadt liegt etwa 85 km südöstlich Toulouse, vgl. folgende Karte.

& Cominge: Die ca. 95 km südwestlich Toulouse gelegene Lokalität wird heute mit doppeltem m geschrieben. Es mag sich um die gleichnamige, frühere Grafschaft bzw. das alte Land Comminges handeln, aber auch das Dorf St. Bertrand-de-Comminges, als ehemaliger Hauptort dieser Pyrenäen-Gegend kann gemeint sein.

Z3, erste Hälfte:

Foix: Der ca. 75 km südöstlich Toulouse anzutreffende Ort bzw. die Grafschaft dieses Namens ist gemeint.

Aux: Allerlei Orte in Frankreich beginnen mit diesen Buchstaben. Die Ansiedlung Aux-et-Lannefrancon, auch Aux-Aussat genannt, könnte in Frage kommen. In Frankreich selbst wird man Aux am besten zu beurteilen wissen und meine Vermutung gegebenenfalls berichtigen.

Mazere: Das heutige Mazères ist ca. 45 km südsüdöstlich Toulouse zu finden.

Z3, zweite Hälfte:

....., haut vieillart eschappé,
....., hoher Greis entwischt,

Die Akzentsetzung an der gekennzeichneten Stelle steht in Frage. Übersetzungsmäßig ändert sich dadurch nichts. Wenige, schwachindizienartige Angaben verschiedener Seher geben Anlaß zur Vermutung, daß Nostradamus mit der Zeile 3 den Papst und seine Fluchtorte bezeichnet. Es ist zweifellos ein hochgestellter Greis gemeint. Die Formulierung eschappé (= entwischt) könnte eine feinsinnige Anspielung auf Eschatologisches beinhalten, wofür der Papst von Amtes wegen ja spezifisch zuständig ist. Es bleibt dabei, daß der hohe/hochgestellte Greis eschappe = entwischt.

Z1 + Z4 sind der besseren Verständlichkeit halber im Zusammenhang zu lesen:

Z1: Der Brandstifter durch sein (eigenes) Feuer eingeholt/
gefangen/erwischt/getroffen,

Z4: Durch die von »Hasse«, der Sachsen & Thüringen.

Der Brandstifter (= Truppen des östlichen Kriegsbeginners) befindet sich in Südfrankreich, im Gebiet der von Nostradamus in Zeile 2 namentlich genannten Städte. Und eben hier wird er von seinem eigenen NBE-Feuer getroffen.

Es werden also von sächsischem oder/und thüringischem Boden aus nuklear bewaffnete Raketen abgefeuert, welche Südfrankreich anzielen.

Das Wort Hasse (Z4) mag unter anderem Lokalitätsverschleierung für die Startstellungen dieser Raketen in der DDR betreffen. Es existieren in Sachsen, Sachsen-Anhalt und Thüringen etliche Orte, die mit den Buchstabenfolgen Has...., Hass...., Haß...., Hasse.... beginnen. Auch ein Personenname kann anklingen.

Der Vierzeiler steckt voller Einkleidungen und in diesem Sinne ist zu bemerken: Der Brandstifter kann durch sein Feuer vom Himmel in Südfrankreich *nur* unter der Voraussetzung eingeholt werden, daß er sich auch wirklich an den von Nostradamus angegebenen Lokalitäten befindet.

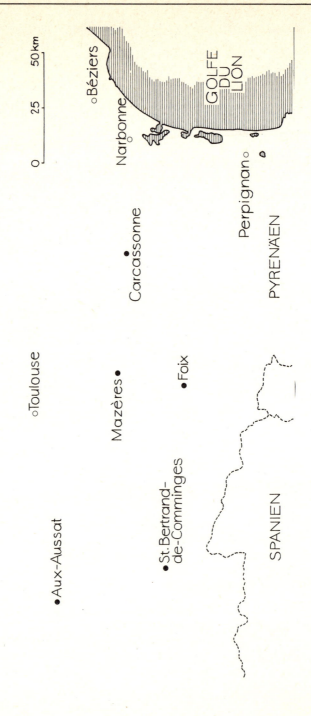

Monstrum ohnegleichen
XI, 39

>Le pourvoyeur du monstre sans pareil,
>Se fera veoir ainsi que le Soleil,
>Montant le long la ligne Meridienne,
>En poursuivant l'Elephant & le loup,
>Nul Empereur ne fit iamais tel coup,
>Et rien plus pis à ce Prince n'advienne.

Der Versorger/Lieferant (= USA) des Monstrums ohnegleichen,
Wird sich zu sehen (= sichtbar) machen so wie auch die Sonne,
Aufsteigend entlang der Meridianlinie (= Längengradlinie),
Verfolgend den Elephanten & den Wolf (= USSR),
Kein Herrscher/Kaiser (= Großmacht) machte (= führte) jemals solchen Hieb/Stoß,
Und möge nichts Schlimmeres diesem Prinzen/Ersten/Fürsten geschehen (= zustoßen).

Auch dieser Vers führt uns ins nukleare Stadium von WK III. Gleich das erste Wort ist von herausragender Bedeutung.

Le pourvoyeur = Der Versorger/Lieferant.

Im Rahmen der späteren Vorausdatierung von WK III wird dieser Formulierung ein sehr hoher Stellenwert zukommen, denn sie dient Nostradamus als Codewort für die USA.

Zwei Exkurse werden das Verständnis für den Tarnbegriff herstellen. Exkurs Nr. 1 führt uns zu einem anderen Sechszeiler, zu XI, 7.

Der große Prinz
XI, 7

La sangsue au loup se ioindra,
Lors qu'en mer le bled defaudra,
Mais le grand Prince sans envie,
Par ambassade luy donra
De son bled, pour luy donner vie,
Pour un besoin s'en pourvoira.

Der Blutegel (= La sangsue[2] = China) dem Wolf (= au loup = USSR) wird sich verbinden (= verbünden/anschließen),
Wenn im Meer das Getreide/der Weizen mangeln wird,
(= Wenn die Getreideverschiffungen über das Meer mangeln/ausbleiben/sich verringern),
Aber der große Prinz/Erste/Fürst (= USA) ohne Verlangen (= ohne Eigenbedürfnis),
Durch Botschaft ihm (dem Blutegel oder dem Wolf) wird geben
Von seinem Getreide/Weizen, um ihm Leben zu geben (= Hungersnot zu ersparen)
Für einen (?= einen einzigen?) Bedarf wird (der Blutegel oder der Wolf) sich davon versorgen.

Verblüffend ist dieser Vers nicht nur wegen seiner Voraussage eines Ausbleibens bzw. einer Reduzierung von Getreidelieferungen der USA. Auch die anderen darin enthaltenen Details sind hochinteressant, insbesondere natürlich die Ankündigung einer Annäherung, mehr noch eines Bündnisses zwischen China und USSR (vgl.: sich verbinden/sich anschließen, Z1).

Bei genauem Studium und unter Berücksichtigung der Trickkiste des Nostradamus ergeben sich hinsichtlich des Zeitpunktes für Annäherung/Bündnis China — USSR zwei Möglichkeiten.

a) Die Annäherung/das Bündnis vollzieht sich zum Zeitpunkt/als Folge verringerter/ausbleibender U.S.-Getreidelieferungen an den Wolf = USSR. Wenn also die gegenwärtige (ab Januar 1980) Afghanistan-Krise mit der Folge verminderter U.S.-Getreidelieferungen angepeilt wird, so müßte die chinesisch-russische Annäherung jetzt bald entstehen. Wahrscheinlicher allerdings erscheint mir die anschließende Betrachtungsweise.

---

[2] Nähere Erläuterung des Begriffes auf Seiten 305, 306.

b) Die Annäherung bzw. das Bündnis China — USSR vollzieht sich als Folge verringerter/ausbleibender U.S.-Getreidelieferungen an Rotchina. Da gegenwärtig von einer Verminderung oder Streichung der U.S.-Getreidelieferungen an Rotchina überhaupt keine Rede sein kann (— die USA liefern in erheblichem Umfang —) so ist das chinesisch-russische Bündnis/Annäherung noch nicht sehr nahe (Juni 1980). Noch stehen China — USSR im Stadium der latenten Feindschaft und des Sich-Beschimpfens.

Die letzten Zeilen des Verses scheinen weniger dem Wolf (USSR) als China zu gelten, aber auch diese Alternative ist nicht mit Sicherheit zu entscheiden. Schreibweise und Wortwahlen enthalten weitere Detailverschlüsselungen.

Der eigentliche Sinn unseres Exkurses zu diesem Sechszeiler XI, 7 liegt jedoch in seinem letzten, von mir unterstrichenen Wort.

XI, 7, Zeile 6:

    Pour un besoin s'en pourvoira.
    Für einen Bedarf wird er (der Blutegel oder der Wolf) sich
                        davon versorgen.

Wir wollen jetzt nicht überlegen, ob es Rußland oder (wahrscheinlicher) China ist, welches sich dank großzügiger Botschafts-Regelung für einen bzw. einen *einzigen* Bedarf mit U.S.-Getreide versorgen kann. Wichtiger ist der Vergleich zwischen XI, 7, Zeile 6, letztes Wort und XI, 39, erstes Wort:

    ...s'en pourvoira.   = ...sich davon wird versorgen.
    Le pourvoyeur....=   Der Versorger/
                               Lieferant....

Hieraus ergibt sich: Das letzte Wort unseres Exkurs-Sechszeilers XI, 7 ist als Verbum s'en pourvoira = sich davon wird versorgen zwar noch China-bezüglich bzw. USSR-bezüglich. In Wirklichkeit liegt in dieser Wortwahl s'en pourvoira aber schon der diskrete Entschlüsselungshinweis in Richtung auf das zugehörige Substantiv, in Richtung auf den Versorger USA = Le pourvoyeur (XI, 39).

Nachdem Le pourvoyeur = Der Versorger/Der Lieferant solchermaßen als USA-bezüglich und U.S.-Getreide-bezüglich identifiziert ist, lassen wir Nostradamus den nächsten Haken schlagen und nehmen einen zweiten Exkurs vor.

Meeresmonstrum

XI, 16

> En Octobre six cens & cinq,
> Pourvoyeur du monstre marin,
> Prendra du souverain le cre͜me
> Ou en six cens & six, en Juin,
> Grand'ioye aux grands & au commun
> Grands faits apres ce grand baptesme.

Im Oktober sechs hundert & fünf,
Versorger/Lieferant des Meeresmonstrums,
Wird nehmen (= empfangen) vom Oberherrn (der katholischen Kirche = Papst) die Auslese/das Beste (= die Segnung)
Oder in sechs hundert & sechs, im Juni,
Große Freude bei den Großen & bei Allgemein
Große Taten nach dieser großen Taufe.

In Zeile 2 schlägt Nostradamus seinen angekündigten Haken. Er funktioniert um: Aus dem Getreide-Versorger USA macht er den Meeresmonstrum-Versorger (= USA). Demnach lautet Zeile 2:

> (USA =) Pourvoyeur du monstre marin,
> (USA =) Versorger/Lieferant des Meeresmonstrums,

Das Meeresmonstrum wird uns in Kürze interessieren. Für den Augenblick vergessen wir es und schreiben statt der gesamten Zeile 2 lediglich USA, so daß sich ergibt:

Z1: Im Oktober sechs hundert & fünf,
Z2: USA
Z3: Wird nehmen (= empfangen) vom Papst die Auslese/das Beste (= die Segnung)

Es fanden — seitdem es Päpste gibt — nur zwei Papstbesuche in USA statt, der zweite im Oktober 1979 durch Johannes Paul II.

XI, 16, Z1:

> En Octobre six cens & cinq,
> Im Oktober sechs hundert & fünf,

Die Sechshunderter-Verschlüsselungen des Nostradamus stellen ein großes, völlig ungelöstes Problem dar. Sofern die Zahl sechs hundert

& fünf jahresbezüglich ist, müßte sie (nach Entschlüsselung) 1979 ergeben. Sie könnte gemäß

<u>Sechs</u> hundert & <u>fünf</u>

auch auf den 5. und 6. Oktober zielen. Tatsächlich war Johannes Paul II. im Rahmen seines 1979er USA-Besuches vom 1. bis 7. Oktober in den Vereinigten Staaten, also auch am 5. und 6. Oktober. Dennoch dürfen wir hier keine eigentliche Datenentschlüsselung in Anspruch nehmen, denn die wirkliche Decodierung eines Datums muß exakt aufzeigbar sein und daran mangelt es hier.

Mit Ausnahme des in Kürze zu klärenden Begriffes des monstre marin = Meeresmonstrums ist die erste Hälfte unseres zweiten Exkurses damit vorerst behandelt. Nun zur letzten Hälfte von XI, 16.

Z4:   Oder in sechs hundert & sechs, im Juni,
Z5:   Große Freude bei den Großen & bei Allgemein
Z6:   Große Taten nach dieser großen Taufe.

Die Zahl sechs hundert & sechs mag nach ihrer für mich nicht vollziehbaren Entschlüsselung das Jahr 1980 ergeben. Ende Mai, Anfang Juni 1980 (vgl. Z4: im Juni) besuchte Papst Johannes Paul II. Paris und Umgebung. Gemäß Zeile 5 war der Besuch tatsächlich mit großer Freude für die besuchten Franzosen verbunden.

Der Besuch galt unter anderen den folgenden Großen (vgl. Z5):

Valéry Giscard d'Estaing (Staatspräsident)
Jacques Chirac (Bürgermeister von Paris, Führer der Gaullisten)
François Mitterand (Führer der Sozialisten)
Georges Marchais (Führer der Kommunisten).

Das letztstehende Wort wollen wir ein wenig verändern und dann vergleichen mit Zeile 5: Kommunisten→<u>Communisten</u>→<u>commun</u>.

Z5:   Grand'ioye aux grands & au <u>commun</u>
      Große Freude bei den Großen & bei Allgemein

Der 1980er Papstbesuch von Paris und Umgebung galt aber nicht nur den politisch großen Männern Frankreichs, sondern in erster Linie der Bevölkerung. Zum Stichwort bei den Großen läßt sich bemerken, daß Johannes Paul II. am 31. Mai (also noch nicht im Juni) in Notre Dame einen Dankgottesdienst zelebrierte. Hierfür wurden Eintrittskarten ausgegeben, die der Allgemeinheit (vgl.: commun) nicht zugänglich waren. Das Großbürgertum (bei den Großen) stellte das Publikum und das Ereignis war mindestens ebensosehr ein gesellschaftliches wie es eigentlich Gottesdienst sein sollte.

Am Folgetag, dem 1. Juni 1980 (vgl. Z4: im Juni) besuchte der Papst commun = Allgemein. In der Basilika von Saint Denis (im Norden von Paris) sprach er zum gemeinen Volk: Saint Denis ist heute Arbeiterviertel, Vorort von Paris, arm, kommunistisch (vgl.: commun). Saint Denis ist die »rote Hauptstadt« von Frankreich. Der Bürgermeister ist Kommunist, der Bischof und viele Priester arbeiten hier mit der KPF, der Kommunistischen Partei Frankreichs zusammen.

Nichtsdestoweniger waren am 1. Juni 1980 aus Anlaß der ans gemeine Volk gerichteten Papstansprache in der Basilika des roten Saint Denis auch die Großen (aux grands = bei den Großen) vertreten: Die Gebeine der meisten französischen Könige ruhen hier.

Über diese 5. Zeile des Sechszeilers XI, 16 darf man staunen. Für den königstreuen Nostradamus war es gewiß reizvoll, die geschichtlichen Zusammenhänge in Kontrast und Überblick dermaßen bizarr zu umfassen: Königsgruften im kommunistischen Herz des Frankreichs unserer Zeit. Der Papst in der Königs-Basilika des roten Saint Denis.

Die Zeile 5 präsentiert die sozialen Spannungen innerhalb der »Dame« Frankreich und sie enthält — noch indirekt, aber schon drohend — die Vorwegnahme all dessen, welches daraus folgen und von dem Poeten-Propheten an anderen Stellen deutlicher gemacht wird: den französischen Bürgerkrieg, der noch vor WK III zu erwarten ist. Einer seiner Höhepunkte wird der durch die Franzosen selbst gelegte Brand von Paris sein.

Hinsichtlich der letzten Zeile werden wir abwarten müssen, auf wen sie sich bezieht; ob auf den Versorger/Lieferanten des Meeresmonstrums (= USA), auf die französische Außenpolitik, auf Ereignisse im Innern des Landes oder auf die Aktivitäten des Papstes:

Z6: Grands faits apres ce grand baptesme.
Große Taten nach dieser großen Taufe (= Weihe durch den Papst).

Selbstverständlich konnten wir auch in diesem Sechszeiler nur einen Teil der Chiffrierungen erkennen und entschlüsseln.

Es war der Ausgangssechszeiler XI, 39 (Monstrum ohnegleichen), welcher uns in zwei Exkurse entführt hat. Wir stellen nunmehr vergleichend untereinander die Zeile 2 des Sechszeilers XI, 16 und die Zeile 1 unseres Ausgangssechszeilers XI, 39 (Monstrum ohnegleichen).

XI, 16, Z2:   Pourvoyeur du monstre marin,
XI, 39, Z1:   Le pourvoyeur du monstre sans pareil,
=

XI, 16, Z2:   Versorger/Lieferant des Meeresmonstrums,
XI, 39, Z1: Der Versorger/Lieferant des   Monstrums ohnegleichen,

Am Schluß unserer Exkurse haben wir es endlich einmal leicht. Echte Seeungeheuer, wirkliche Monstren des Meeres sind die vom Versorger/Lieferant (= USA) bereits konzipierten, gegenwärtig (1981) im Bau befindlichen neuen Riesen-Atom-U-Boote der Vereinigten Staaten von Amerika. Die USA als Lieferant (= Erbauer) und »Versorger« dieser

Ungeheuer ohnegleichen
= monstre sans pareil

haben ihre neue U-Boot-Generation auf den Namen ›Trident‹ getauft und eben diese Namensgebung wird uns noch fesseln.

Die Trident-U-Monstren (Normal-Tauchtiefe beginnend ab 300 m) sind 160 m lang, 80 km/h schnell, mit je 24 Trident C-4-Raketen bestückt, von denen jede bis zu 24 nukleare Sprengköpfe trägt. Das sind monströse Zahlen. Noch effektivere Raketen sind in Entwicklung, aber schon jetzt läßt sich sagen: Die Zerstörungskraft eines *einzigen* dieser U-Boot-Monstren grenzt ans Unvorstellbare. Ein einziges Trident-U-Boot kann mit Hilfe seiner Trident-Raketen mehr zerstören, als im Weltkrieg II insgesamt zerstört wurde.

Jetzt verfügen wir über jene Mittel, die eine zumindest teilweise Entschleierung unseres Ausgangssechszeilers XI, 39 ermöglichen.

XI, 39 (Monstrum ohnegleichen):

Z1:   Der Versorger/Lieferant (= USA als Erbauer) des Monstrums ohnegleichen (= des Meeresmonstrums/der U-Boot-Riesen),

Z2, erste Hälfte:

    Wird sich zu sehen (= sichtbar) machen ....

Raketenabschuß. Die Raketen durchstoßen – unter Wasser abgefeuert – die Meeresoberfläche und werden sich zu sehen (= sichtbar) machen.

135

Z2, zweite Hälfte:

>.... so wie auch die Sonne,

Anspielung auf die Sonne d. h. auf NBE-Feuerbälle infolge nuklear bewaffneter Raketen. Zusätzlich kann gemeint sein, daß die Raketenabschüsse etwa bei Sonnenaufgang erfolgen. Wir verfolgen den Weg der Raketen:

Z3: Aufsteigend entlang der Meridianlinie (= Längengrad-Linie),

Die Raketen steigen auf und ziehen ihren Weg entlang den um den Globus gedachten Längengradlinien. Die Raketen fliegen also in Nord-Süd-Richtung oder – viel wahrscheinlicher – in Süd-Nord-Richtung, ganz so, wie auch die Längengradlinien verlaufen.

Z4: Verfolgend den Elephanten & den Wolf (= Rußland),:

Vgl. Z1: Le pourvoyeur du monstre sans pareil,
= Der Versorger/Lieferant des Monstrums ohnegleichen,
= Die USA als Erbauer der Trident-U-Boote mit deren Raketen

Vgl. Z4: verfolgen (= bekämpfen) den Elephanten & den Wolf (= USSR),

Elephant: Codewort für Warschauer Pakt (gemäß späterer Erläuterung in XI, 29 – Der Greif).

Da die Raketen in Süd-Nord-Richtung fliegen, kommen als Abschußpositionen, d. h. als Standorte der Riesen-U-Boote der USA für den Zeitpunkt der Raketen-Abschüsse in Frage: Alles was zwischen grob 5° östlicher Länge und etwa 190° östlicher Länge liegt, dabei im Meer und in einer Entfernung zum Warschauer Pakt und zur USSR, welche von den U.S.-U-Boot-Raketen bewältigt werden kann, also: Mittelmeer, Indischer Ozean (Arabisches Meer, Golf von Bengalen etc.), Pazifik usw.

Z5: Kein Herrscher/Kaiser (= Supermacht) machte (= führte) jemals solchen Hieb/Stoß,

Dieser möglicherweise nicht nur von den U.S.-Meeresmonstren = Trident-U-Booten aus gestartete NBE-Raketenangriff erfolgt dermaßen effektiv, daß alles vorangegangene WK III-Geschehen davor verblaßt.

Z6: Und nichts Schlimmeres diesem »Prince« = Ersten/Fürsten/ Prinzen (= USA) geschehen möge.

Das Wort Prince verdient in diesem Fall besondere Beachtung. Da wir wissen, daß Nostradamus gern Bezüge zum Lateinischen einarbeitet, ist zu bedenken: Das französische prince bzw. Prince leitet sich her vom lateinischen

> princeps = adjektivisch: der erste, zuerst, der angesehenste, der vornehmste;
> = substantivisch: der Vornehmste, Haupt, Führer, Urheber, Anstifter, Fürst.

Die unterstrichenen Worte eröffnen den eigentlichen Sinn der Zeilen 5 und 6.

Z5: Kein Herrscher (Großmacht: USA) führte jemals solchen Hieb/Stoß,

Z6: Und möge nichts Schlimmeres diesem Ersten/ Urheber (= frz.: Prince = USA) geschehen.

Meine beiden hervorhebenden Unterstreichungen sind vertretbar. Schon aus Zeile 5 ergab sich, daß die USA (im Zusammenhang mit den Zeilen 1—4) einen massiven nuklearen Schlag (gerade auch von ihren Trident-U-Booten aus) gegen Rußland (Wolf) und Warschauer Pakt (Elephant) führen:

> Kein Herrscher führte jemals solchen Hieb,

Man kann also sagen: Die USA sind das *erste* Land, welches einen derartig starken Nuklear-Hieb führen wird.

In Zeile 6 spricht Nostradamus vor allem von den Folgen des Vorgehens der Vereinigten Staaten für die USA selbst. Er wünscht seinem »Prince« (= USA), daß diesem nicht noch Schlimmeres (Et rien plus pis) geschehen möge. Mit anderen Worten: Nachdem der Herrscher (= USA) gemäß Zeilen 1–5 einen gewaltigen Nuklear-Hieb gegen den Elephanten (= Warschauer Pakt) und gegen den Wolf (= USSR) geführt hat, bleibt den USA nur noch zu hoffen, daß der nukleare Gegenschlag sie selbst nicht noch schlimmer treffen möge.

Der Sechszeiler spricht zweifellos von NBE. Wir hingegen müssen uns fragen, welche *Art* von NBE hier eigentlich beschrieben wird:

a) »Normale« Nuklearbombenexplosionen mit dem Ziel der Zerstörung von militärischem Potential/Industrien/Städten usw.

b) NBE — EMP (der Begriff wird sofort erklärt).

c) »Normale« Nuklearbombenexplosionen und NBE — EMP.

EMP: Unter dieser Abkürzung (= Elektro-Magnetischer-Puls) verstehen Wissenschaftler und Militärs folgenden Vorgang. Eine starke nukleare Bombe (z. B. Wasserstoffbombe) wird in sehr großer Höhe (z. B. 50–500 km) über der Erde zur Explosion gebracht. Der Lichtblitz ist für die Menschen auf der Erde nur in seltenen Fällen sichtbar, z. B. in ungewöhnlich klarer Nacht. Selbst bei Sichtbarkeit des Blitzes entsteht durch seine von den Luftschichten der Erde stark geminderte Helligkeit keinerlei Schaden für das Auge. In der Regel entfallen auch alle anderen körperlichen Verletzungen direkter, unmittelbarer Art. Kein Gebäude wird beschädigt. Die Zivilbevölkerung kann die NBE in so hochgelegener Entfernung in den meisten Fällen gar nicht bemerken.

Der eigentliche Schaden ergibt sich ganz anders: Die NBE in der Höhe setzt Gamma-Strahlen frei, die mit derartiger Geschwindigkeit gegen die umgebenden bzw. tieferliegenden Luftmoleküle anrennen, daß Compton-Elektronen freigeschossen werden, die sich vom Magnetfeld der Erde einfangen lassen, indem sie die Feldlinien umkreisen und auf diese Weise zur Oberfläche unseres Planeten geleitet werden. Und nun geschieht »es« innerhalb von etwa 10 oder 20 Milliardsteln einer Sekunde bei einer Spannung von mehreren zehntausend Volt pro Meter:

Die Stromversorgung ist dahin, das Telefon wird (meistens) unbrauchbar, viele Radios und vor allem viele Computer und andere elektronische Ausrüstungen zerschmelzen innerlich.

Die gesamte Kommunikation ist *schwer* getroffen. Der militärische Effekt ist gewaltig, aber heute nicht exakt abschätzbar. Für die Zivilbevölkerung entstehen größte Probleme.

Jede Militärmacht (auch die kleine) fürchtet EMP (= Elektro-Magnetischer-Puls). Jede versucht fieberhaft, Vorkehrungsmaßnahmen zu treffen, die sich aber nur teuer erforschen und noch kostenintensiver und sehr bedingt durchführen lassen. EMP ist längst eminenter Faktor in den Planspielen der Strategen.

Dies ist die Wahrheit über EMP. Selbst ein Fachmann würde sich schwer tun, die tausendfältigen Folgen im Detail zu beschreiben. Klar ist, daß eine Supermacht (USA), die einen derartigen EMP-Hieb ausführt, mit Schlimmerem rechnen muß: mit einem noch gewaltigeren EMP-Rückschlag oder mit direktem Kernwaffenangriff. Und damit sind wir wieder bei Nostradamus.

Z5 + Z6: Nul Empereur ne fit iamais tel coup,
      EMP,
      Et rien plus pis à ce Prince n'advienne.

=

   Kein Herrscher (= Supermacht/USA) machte jemals solchen Hieb,
   Und möge nichts Schlimmeres diesem Prinzen/Ersten/Urheber (USA) geschehen.

Z5:   .... tel....: Telefon, Telegraf, Telekommunikation, Television, Satellit usw.

Z5:   .... tel coup = solchen Hieb: Mit einer einzigen starken EMP-Wasserstoffbombe läßt sich auf der Erdoberfläche ein Gebiet von 1000 und mehr Kilometern radialer Umgebung treffen.

Z6:   .... pis = (phonetisch) π: Anspielung auf den Um-Kreis des von EMP jeweils betroffenen Großgebietes. Die Formulierung plus pis = mehr π eröffnet die Möglichkeit, daß die USSR mit »mehr Umkreis« antwortet.

Z3:   .... ligne = Linie: Linie der Telefonleitung, Stromkabel-Linie, Schalt-»Linien« in Computern, etc.

Z3:   .... ligne Meridienne = Meridian-Linie = Längengradlinie/erdmagnetischer Meridian.

Mit nochmaligem Blick auf die erste Zeile des Sechszeilers XI, 39 kommen wir zum Ende der Analyse.

   Der Versorger/Lieferant (= USA) des Monstrums ohnegleichen,

Damit sagt Nostradamus, daß es auf seiten der USSR kein den U.S.-Trident-U-Booten vergleichbares U-Boot-Monstrum geben wird. Sollte die USSR U-Boot-Riesen der Trident-Größe bauen, so werden die russischen U-Monstren dem Vergleich dennoch nicht standhalten, sei es infolge weniger effektiver Raketenausrüstung, sei es infolge schlechterer elektronischer Abschirmung gegen Ortung und Vernichtung oder aus anderen Gründen.

Nostradamus mißt der Trident-U-Boot-Generation hohe Bedeutung zu und er kennzeichnet die U.S.-Monstren ganz klar mit sans pareil = ohnegleichen.

Eine Schlußbemerkung: In Zeile 3 benutzt Nostradamus die Worte le long la ligne Meridienne. Ich übersetzte mit entlang der Meridianlinie und stütze mich dabei auf den Meridian, d. h. auf den Längenkreis = Längengrad im Sinne der Geographie. Die Interpretation setzt astronomisch die Zugrundelegung des äquatorealen Systems der sphärischen Koordinaten voraus. Die Worte sind astronomisch aber auch auf das azimutale und (nostradamisch) vielleicht sogar auf das ekliptikale System beziehbar. Das Geschehen läßt sich nicht verhindern und diese zweitrangige Frage wird sich ganz von selbst klären.

Die Analyse dieses Sechszeilers XI, 39 entstand sukzessiv während der Jahre 1978 – 1981.

Dreizack-Soldaten
II, 59

Classe Gauloise par appuy de grand garde,
Du grand Neptune, & ses tridens souldars,
Rongee Provence pour soustenir grand bande,
Plus Mars Narbon par iavelots & dards.

Gallische (= Französische) Flotte durch/mit Unterstützung der
  großen Wache/Garde/Obhut/Bewachung/Deckung,
Des großen Neptun, & seiner Dreizack-Soldaten (= tridens souldars),
Provence benagt/gequält um zu stützen/aufrecht zu halten
  großes Band, große Binde/Streifen/Rand/Seite/große Bande,
Mehr Mars Narbon(ne) durch Speere und Wurfspieße.

Aus den Zeilen 1 und 2 geht hervor, daß die gallische, d. h. die französische Kriegsflotte vom großen Neptun in irgendeiner Weise Hilfe erhält. Großer Neptun (Z2) lautet die Tarnbezeichnung des Nostradamus für die Seestreitkräfte der USA.

Es ist klar, daß der Tarnbegriff großer Neptun irgend etwas mit dem Meer gemein haben muß, denn Neptun ist ja der Meeresgott. Stets führt der Meeresgott Neptun sein Wahrzeichen mit sich: den Dreizack, welcher im Französischen trident heißt, im Englischen/Amerikanischen ebenso trident und im Lateinischen — Nostradamus spielt gern mit Latein — nur geringfügig anders geschrieben wird: tridens (vgl. Z2).

Die Gedankenverbindung zu den in der Voranalyse erwähnten Trident-U-Booten des großen Neptun = USA ist damit offenbar, dies um so mehr, als die riesigen Trident-U-Boote dem großen Neptun wahrlich entsprechen.

Zur Verdeutlichung nochmals die Zeilen 1 und 2 im Zusammenhang:

Classe Gauloise par appuy de grand garde,
Du grand Neptune, & ses tridens souldars,
=
Gallische (= Französische) (Krieg)Flotte mit Unterstützung der
  großen Wache/Garde,

Des großen Neptun (= Seemacht USA), & seiner tridens-»souldars«
Trident-
Dreizack-
= Trident-Soldaten,

Mit dem letzten Wort der Zeile 2, souldars, welches nunmehr zu analysieren ist, erreicht Nostradamus eine schier unglaubliche Präzisierung und Verfeinerung. Dieses Wort souldars existiert in keiner Sprache der Welt und ist nichtsdestoweniger zu übersetzen als Soldaten. Die französische, korrekte Schreibweise hierfür lautet soldats, und im Englischen/Amerikanischen schreibt man entsprechend soldiers. Die englische/amerikanische Schreibung ist für uns (und Nostradamus) insofern wichtig, als es sich auf den Trident-U-Booten ja um Besatzungen aus amerikanischen Soldaten handelt.

Wir stellen nebeneinander:

Französisch	Nostradamus	Amerikanisch
sol̲dats	sou̲ldars	sol̲diers

Soweit es die unterstrichenen Silben betrifft, läßt sich feststellen: Mit seinem soul .... erstrebt Nostradamus eine lautschriftmäßige Darstellung des amerikanisch ähnlich zu sprechenden sol(diers), in Lautschrift: ['soul....].

Jetzt konzentrieren wir uns auf die unterstrichenen, zweiten Silben der Worte:

soldats	souldars	soldiers

Mit seinem ....dars versucht Nostradamus eine Annäherung an die amerikanische Schreibweise ....diers. Und zudem achtet er selbstverständlich darauf, daß er sich in seiner Schöpfung souldars nicht allzuweit vom französisch korrekten soldats entfernt.

Die Zeilen 1 + 2 lauten also im Original und in Entsprechung zum vorläufigen Stand der Entschlüsselung:

Classe Gauloise par appuy de grand garde,
Du grand Neptune, & ses tridens souldars,
=
Französische Kriegsflotte mit Unterstützung der großen Wache/
Garde,
Des großen Neptun (= Seemacht USA), & seiner Trident-Soldaten, Dreizack-Soldaten,

Ich sagte an früherer Stelle, daß der größte Fehler einem Nostradamus gegenüber darin liegt, die Fähigkeiten dieses Mannes zu unterschätzen. Deshalb jetzt zum noch unbesprochenen, dreifachen Clou im Wort souldars.

Wir beschränken uns auf die erste Silbe soul...., streichen das l ab soul und ersetzen es durch ein s : sous = unter.

Clou Nr. 1:

Es handelt sich bei den Trident-Soldaten tatsächlich um

>   sous-souldars
>   (sous-soldats)
> = »Unter-Soldaten«,

denn sie befinden sich im getaucht fahrenden U-Boot unter (= sous) der Meeresoberfläche. Und das Schiff dieser Dreizack-Soldaten ist ein sous – marin = Unterseeboot.

Clou Nr. 2:

Wir greifen die zweite Silbe des Wortes souldars heraus und erhalten ....dars, dem wir ein zusätzliches d einfügen: dards = Wurfspieße. Das Wort erscheint bestätigend als letztes des Vierzeilers.

Tatsächlich verfügen die tridens souldars = Trident-Soldaten über schreckliche dards = Wurfspieße, nämlich über mit Mehrfachsprengköpfen versehene NBE-»Wurfspieße«-Raketen.

Clou Nr. 3:

Die beiden soeben nacheinander vorgenommenen buchstabenmäßigen Veränderungen des Wortes souldars also soul→sous und dars →dards führen wir jetzt auf einmal, d. h. gleichzeitig durch und erhalten statt

>   souldars
>   sous(-)dards
> = Unter(-)Raketen

im Sinne der unter Wasser transportierten und unter Wasser abzufeuernden Raketen, der gleichnamigen Typenbezeichnung ›Trident‹.

Ich lasse Zeile 1 vorangehen und übersetze Zeile 2 in den *beiden* gültigen Versionen:

Z1: Classe Gauloise par appuy de grand garde,

Gallische (= Französische) (Kriegs)Flotte mit Unterstützung der großen Wache/Garde/Obhut/Bewachung/Deckung,

Z2, 1. Übersetzungsmöglichkeit:

Du grand Neptune, & ses tridens souldars,
Des großen Neptun, & seiner Trident-Soldaten,

Z2, 2. Übersetzungsmöglichkeit:

Du grand Neptune, & ses tridens sous-dards,
Des großen Neptun, & seiner Trident-Unter-Raketen,

Es steht fest, daß die Zeilen 1 und 2 weitere Geheimnisse bergen. An der zweiten Vershälfte (Zeilen 3 und 4) will ich mich dechiffriermäßig grundsätzlich nicht versuchen, sondern nur folgendes feststellen:

Z3: Das letzte Wort (bande) ergibt keinen Reim auf das letzte Wort von Z1 (garde). Das ist sehr ungewöhnlich.

Z4: Mars: Das Wort kann u. a. stehen für Mars = Krieg oder Mars = Marseille.

.... iavelots & dards.
= .... Speere & Wurfspieße.

Es scheint, daß Nostradamus sich mit diesen Wurf-Waffen auf verschiedenartige Raketentypen bezieht, wie z. B. auf kleinere und größere oder auf nicht-nukleare und nukleare o. ä. Vgl. Rudolf Putzien, von welchem ich die Enttarnung Speere & Wurfspieße = Raketen übernommen habe. Somit lautet die Zeile 4:

Z4: Plus Mars Narbon par iavelots & dards.
Mehr Krieg Narbonne durch kleine & große Raketen.
/Marseille

Selbstverständlich stehen den Trident-Soldaten = Dreizack-Soldaten nicht nur die großen Trident-Raketen mit ihren nuklearen Mehrfachsprengköpfen zur Verfügung. Auch andere, kleinere Raketen-Typen wie z. B. der fliegende Torpedofisch können zusätzlich angesprochen sein. Er wird unter Wasser abgeschossen und durchstößt die Meeresoberfläche, um in der Luft große Geschwindigkeit aufzu-

nehmen. Sodann zerstört er ein Landziel bzw. ein Überwasser-Schiff.
Er kann aber auch erneut ins Wasser eintauchen.

Am Ende der Analyse von II, 59 schlage ich einen vergleichenden Blick
auf Nr. 2 der Présages vor:

> La mer Tyrrhene, l'Occean par la garde
> Du grand Neptun & ses tridens soldats.
> Provence seure par la main du grand Tende.
> Plus Mars, Narbon l'heroiq de Vilars.

In den Zeilen 2 und 4 benutzt Nostradamus Worte, die wohlbekannt sind. Und auch hier fehlt merkwürdigerweise der Reim. Nr. 2 der Présages bezieht sich auf Ereignisse des beginnenden 18. Jahrhunderts. Damals war England die stärkste Seemacht der Welt (vgl. der große Neptun, Dreizack-Soldaten, Z2). Zudem werden der heroische Herzog von Vil(l)ars, Marschall von Frankreich, seine Erfolge (1702–1712) und wiederum die Provence angesprochen. Présage Nr. 2 und II, 59 beweisen beispielartig, daß Nostradamus der überschauende Chronist der Zukunft war. Zudem könnte sich herausstellen, daß Présage Nr. 2 neben Vergangenem auch WK III-Voraussagen enthält. Die falsche Schreibweise des herzoglichen Namens Vil(l)ars sowie die Erwähnung des Ortes Tende bzw. des Passes von Tende sprechen dafür. Die beiden letztgenannten liegen beim Fluß Roya im französisch-italienischen Grenzgebiet. Zumindest im küstennahen Bereich dieses Flusses wird WK III toben. Ich komme darauf zurück.

Der große Neptun

II, 78

Le grand Neptune du profond de la mer,
De gent Punique et sang Gaulois meslé:
Les Ifles à sang pour le tardif ramer,
Plus luy nuira que l'occult mal celé.

Der große Neptun aus der Tiefe des Meeres,
Aus punischem Volk und gallischem Blut gemischt:
Die »Ifles« bei Blut/zu Blut/in Blut/blutig wegen des späten
Ruderns,
Mehr ihm wird schaden daß das Verborgene schlecht verheimlicht (ist).

Z1:   Der große Neptun aus der Tiefe des Meeres,

Die Seemacht USA handelt aus der Tiefe des Meeres heraus und das heißt: durch U-Boot-Einsatz, durch U-Boot-Waffen (Raketen/Flugkörper/Torpedos etc.).

Z1 + Z2:

Le grand Neptune du profond de la mer,
De gent Punique et sang Gaulois meslé:

=

Der große Neptun aus der Tiefe des Meeres,
Aus punischem Volk und gallischem (= französischem) Blut
gemischt:

Die Punier (— der Leser denke an die Punischen Kriege —) lebten im Gebiet des früheren Karthago, welches dem heutigen Tunis (= Hauptstadt von Tunesien) entspricht.

Das Verwirrende dieser ersten beiden Zeilen von II, 78 liegt darin, daß zunächst unverständlich bleibt, inwiefern U.S.-U-Boote (= der große Neptun) mit ihren amerikanischen Besatzungen aus punischem Volk und französischem (= gallischem) Blut gemischt sein sollen.

Die erste Hälfte der Zeile 3 wird uns allmählich weiterhelfen:

Z3:   Les Ifles à sang . . . .
          Die »Ifles« (= Inseln) bei Blut/zu Blut/in Blut/blutig . . . .

Hier gibt es zwei weitere Merkwürdigkeiten: Das Wort Ifles ist im Französischen nicht existent. Wohlbekannt hingegen (und zwar aus älterem Französisch und auch vom Englischen her) ist das Wort Isles = Inseln. Der Gedanke ist richtig. Es handelt sich hier aber nicht etwa um einen Druckfehler der frühen Textausgaben, sondern um eine absichtliche Falsch-Schreibung des Wortes durch Nostradamus, auf welche ich später zurückkomme. Wir nehmen uns die Freiheit, einstweilen zu schreiben Isles = Inseln anstelle von Ifles.

Z3:   Les Isles à sang....
        Die Inseln bei Blut/zu Blut/in Blut/blutig....

Die andere Merkwürdigkeit entsteht dadurch, daß Nostradamus nun schon zum zweiten Mal in diesem Vierzeiler von Blut (= sang) spricht:

Z2:   Aus punischem Volk und gallischem Blut gemischt:
Z3:   Die Inseln bei Blut/zu Blut/in Blut/blutig....
     =
Z2:   De gent Punique et sang Gaulois meslé:
Z3:   Les Isles à sang....

Eine solche Wiederholung läßt den Verdacht keimen, daß Nostradamus dem Dechiffreur auf die Sprünge helfen will. Zwei Begriffe sind zu bedenken:

    sang Gaulois = Gallisches Blut

Les Isles à sang = Die Inseln bei Blut/zu Blut/in Blut/blutig

Aus diesen beiden Begriffen ergeben sich bei Betrachtung drei Stichworte:

    1. Gallisch (= Französisch)
    2. Blut
    3. Inseln

Die Frage lautet somit: Gibt es eine Möglichkeit, diese drei Stichworte miteinander in sinnvolle Verbindung zu bringen?

Die folgende Karte zeigt einen Ausschnitt der Westküste von Korsika:

Iles Sanguinaires = Blutige Inseln

Z3: Les Isles à sang.... = Die Inseln bei Blut/zu Blut/in Blut/ blutig ....

Die Iles Sanguinaires
= Isles Sanguinaires (= älteres Französisch)
= Blutigen Inseln
= Inseln bei/zu/in Blut

gehören zu Korsika und damit zu Frankreich = Gallien. Wir haben die von uns gesuchten drei Stichworte in bester Kombination gefunden.

Jetzt wollen wir im Eilschritt eine weitere Lokalität dechiffrieren.

Z1: Le grand Nept<u>une</u>....
Z2: De gent P<u>uni</u>que....
=
Z1: Der große Nep<u>tun</u>....
Z2: Aus p<u>uni</u>schem Volk....

Das punische Volk lebte — wie schon gesagt — im Gebiet des früheren Karthago, des heutigen <u>Tunis</u> (frz. ebenfalls <u>Tunis</u>, Hauptstadt von <u>Tun</u>esien, frz. <u>Tun</u>isie), wobei diese p<u>uni</u>sche Stadt <u>Tuni</u>s bestätigt wird durch Le grand Nept<u>une</u>.... = Der große Nep<u>tun</u>....

Auch diese Codierung hat Nostradamus hinsichtlich Dechiffrierbarkeit erstaunlich angelegt. Die beiden vielsagenden Buchstabenfolgen stehen im Französischen nahe beieinander.

Z1: Le grand Nept<u>une</u>....
Z2: De gent P<u>uni</u>que....

Es kommt uns — wohlgemerkt — nicht an auf die beiden Buchstabenfolgen un, sondern darauf, daß <u>Tuni</u>s (hergeleitet von Nept<u>une</u>) bestätigt wird durch P<u>uni</u>que (= punisch) und zwar durch geographische Identität. Und nun zum Ergebnis:

Z1: Le grand Neptune du profond de la mer,
Der große Neptun aus der Tiefe des Meeres,

Klartext:

Die Seemacht USA (= Der große Neptun) operiert aus der Tiefe des Meeres heraus. Es handelt sich um Einsatz der U.S.-U-Boot-Waffe.

Z2: De gent Punique et sang Gaulois meslé:
Aus punischem Volk und gallischem Blut gemischt:

Klartext:

Die U-Boot-Waffe der Seemacht USA ist hier in Form von zwei U.S.-U-Booten vertreten. Das eine dieser beiden U-Boote steht vor der Küste von Tunis (= punisches Volk = gent Punique, Z2), das andere U.S.-U-Boot befindet sich beim gallischen Blut (= sang Gaulois) bzw. bei den Inseln zum Blut (= Isles à sang) also bei den Iles Sanguinaires (= Sanguinaires-Inseln).

So erklärt sich, daß der aus der Tiefe des Meeres operierende große Neptun aus punischem Volk und gallischem Blut »gemischt« ist.

Damit sagt Nostradamus Standorte und Aktionen zweier U.S.-U-Boote für einen mir unerkennbaren Zeitpunkt von WK III voraus. Ein verschlüsseltes Datum für diesen Zeitpunkt scheint dem Vers nicht beigegeben zu sein. Einst, wenn die korrekte Versreihenfolge der Voraussagen des Nostradamus gefunden und hergestellt sein werden wird, mag es sich ergeben, daß der dem Vierzeiler II, 78 voranstehende oder nachfolgende Vers datenmäßige Anhaltspunkte liefert. Es kann sich aber auch derart verhalten, daß ein Zeitpunkt für die Aktionen und Standorte dieser U.S.-U-Boote lediglich aus Kausalverbund oder Chronologie der von Nostradamus vorausgesagten WK III-Geschehnisse ersichtlich wird, also z. B. aus angekündigtem zeitlichen Vor- oder Folgegeschehen.

Auch hierfür müßte zunächst der Schlüssel zur Herstellung der richtigen Versreihenfolge gefunden werden.

Übrigens stehen nicht unbedingt zwei U.S.-U-Boote in Rede. Die Entfernung vom Seegebiet Tunis zu den Sanguinaires-Inseln (bzw. umgekehrt) beträgt grob 600 km und ist von einem U-Boot der Trident-Klasse innerhalb von 8 Stunden zu bewältigen.

Bisher arbeiteten wir mit

(Z3:)   Les Isles à sang . . . .

Nostradamus jedoch schrieb:

Les Ifles à sang . . . .

Da das Wort Ifles im Französischen — wie schon gesagt — überhaupt nicht existiert, vermuten wir einen mit Hilfe der falschen Schreibweise darin angedeuteten Eigennamen. Wir dürfen uns dieser Vermutung ziemlich sicher sein, denn die Buchstabenfolge If/if erscheint in Zeile 3 zweimalig:

Les Ifles à sang pour le tardif ramer,
Die »Ifles« blutig wegen des späten Ruderns,

Auch die Großschreibung Ifles spricht zugunsten eines verschleiert angegebenen Eigennamens, der selbstverständlich mit großem I zu beginnen hat. Die spanische Enklave Ifni an der Nordwestküste Afrikas scheidet aus, denn sie ist Festland und nicht Insel. Wir aber suchen Inseln = Isles gemäß Ifles.

Kurz vor Marseille liegt unser Objekt namens Ile d'If = Insel If = Isle d'If (alte Schreibweise).

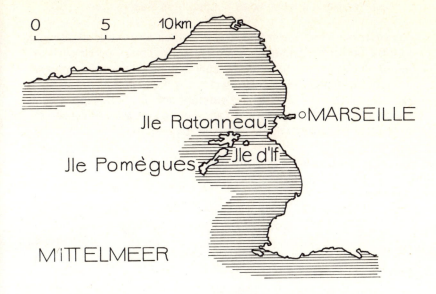

Wir setzen bei der alten Schreibweise das f einmal anstelle des s ein und erhalten Ifle. Nostradamus schrieb allerdings in Mehrzahl:

    Les Ifles à sang . . . .
    Die Inseln blutig . . . .

Dies bedeutet, daß er nicht nur die kleine Insel If meint, sondern die anderen beiden nahestehenden Inseln miteinbezieht: Ratonneau und Pomègues, vgl. vorstehende Karte. Sie alle zusammennehmend erhalten wir das, welches Nostradamus mit Les Ifles bezeichnet.

Z3: Les Ifles à sang pour le tardif ramer,
    Die If-Inseln in Blut/blutig wegen des späten Ruderns,

Derjenige, welcher spät rudert, ist der große Neptun, von welchem schon in Zeilen 1 und 2 die Rede ist und der auch in Zeile 4 zur Sprache kommen wird. Also:

U-Boote oder andere Kriegsschiffe der Seemacht USA rudern (= fahren) spät und durch die Verspätung ist es bedingt, daß die If-Inseln blutig werden/in Blut geraten. Wie dies im einzelnen geschehen wird und zusammenhängt, darüber läßt sich spekulieren. Die verspätete Ankunft des großen Neptun bei den If-Inseln kann gemeint sein, aber auch sein spätes Verlassen des Seegebietes dieser Inseln.

Aus seinem späten Rudern (= Fahren/Abfahren) erwächst dem großen Neptun in irgendeinem Zusammenhang mit den If-Inseln ein Schaden. Dies wird deutlich, wenn die Zeilen 3 und 4 im Kontext gelesen werden. Noch größerer Schaden, d. h. ein deutliches Mehr an Schaden bzw. militärischem Nachteil entsteht dem großen Neptun durch Ereignisse, die insbesondere in Zeile 4 angesagt werden. Gleich das erste Wort von Zeile 4 wird sinngemäß zu beachten sein:

Z3: Les Ifles à sang pour le tardif ramer,
Z4: Plus luy nuira que l'occult mal celé.
=
Z3: Die If-Inseln blutig wegen des späten Ruderns,
Z4: Mehr wird ihm schaden daß das Verborgene schlecht verheimlicht.

Klarer:

Z3: Die If-Inseln in Blut wegen des späten Ruderns (des großen Neptun),
Z4: Mehr wird ihm (= dem großen Neptun) schaden(,) daß das Verborgene schlecht verheimlicht (ist).

Das klingt rätselhaft und scheint ohne Aussicht auf Entschlüsselungserfolg. Doch der Schein trügt, denn in den letzten Worten des Vierzeilers verrät der Chiffreur uns sein Rezept.

Z4: .... l'occult mal celé.
.... das Verborgene schlecht verheimlicht.

Wir suchen in diesem Vierzeiler etwas Verborgenes, das schlecht verheimlicht ist. Dabei gehen wir wie folgend vor:

Z3: Les Ifles à <u>sang</u> pour le tardif ramer,
Z4: Plus luy <u>nuira</u> que l'occult mal celé.

        sang
        nuira

Der Buchstabe i wurde statthafterweise doppelt verwendet, die fehlenden Buchstaben e und s erscheinen ergänzungsbedingt in Klammern. Damit hat Nostradamus uns zum zweiten Mal, jetzt auf neue Weise hingeführt zu den Iles Sanguinaires = Sanguinaires-Inseln. Wir haben hier die Gegenprobe für die Richtigkeit unserer Annahme, daß ein U.S.-U-Boot sich zu einem gewissen Zeitpunkt von WK III bei den Iles Sanguinaires aufhält und hier du profond de la mer = aus der Tiefe des Meeres heraus handelt. Die Iles Sanguinaires wurden bereits im Rahmen der Verschleierungen der Zeilen 2 und 3 namhaft gemacht. Diese Inseln erscheinen in getarnter Form auch und erneut in den Angaben der Zeilen 3 und 4 wie soeben dargestellt. Es ist deshalb konsequent, die Angaben der Zeile 4 in direkten Zusammenhang mit den Iles Sanguinaires zu bringen. Wir lesen also die Zeile 4 und denken dabei an die Sanguinaires-Inseln:

Z4: Plus luy nuira que l'occult mal celé.

= Mehr wird ihm (= dem großen Neptun in der Tiefe des Meeres bei den Sanguinaires-Inseln) schaden, daß das Verborgene schlecht verheimlicht (ist).

Die Schlußfolgerung, daß das bei den Sanguinaires-Inseln verborgene U.S.-U-Boot sich schlecht verheimlicht und deshalb geortet und vernichtet wird, diese Schlußfolgerung ist möglich. Sie ist bezweifelbar. Ich halte sie für richtig. Der Verlust eines der großen Trident-U-Boote würde für den großen Neptun (= Seemacht USA) einen militärisch nennenswerten Schaden darstellen: luy nuira = wird ihm schaden. Ein Trident-U-Boot liegt in den heutigen (1980) Baukosten bei ca. 3 Milliarden DM. Dementsprechend hoch ist der Verlust an Kampfkraft, also die Höhe des Schadens für die Seemacht USA (= großer Neptun) im Falle des vorzeitigen Verlustes eines solchen Monstrums.

Am Ende der Analyse von II, 78 stelle ich vollständigkeitshalber fest:

Ifriqiyya (vgl.: Les Ifles) lautete der alte arabische Name für das Gebiet des heutigen Tunesien. Hier liegt möglicherweise ein zusätzliches Bestätigungssignal für das punische Volk = Tunesien/Tunis der Zeile 2 vor.

Das Wort ramer = rudern kann eine Anspielung auf die Seemacht USA enthalten:

>ramer
>Amerique (frz.)
>Amer(ika).

Amer(ika) erscheint auch in den letzten vier Buchstaben der ersten Zeile.

Das Cap d' A r m e
(vgl.: r a m e r)

bildet die Südspitze der Insel Porquerolles, welche ostsüdöstlich Toulon liegt.

Der Ort Ramatuelle (vgl. ramer) ist mehrere Kilometer grob südlich St. Tropez anzutreffen, allerdings nicht unmittelbar am Meer.

Roter Gegner bleich
III, 1

Apres combat et bataille navalle,
Le grand Neptune à son plus haut befroy:
Rouge aversaire de peur viendra pasle,
Mettant le grand Ocean en effroy.

Nach Kampf und Schiffsschlacht/Schiffskampf/Schlacht
zur See/Seegefecht,
Der große Neptun (= Seemacht USA) auf seinem höchsten
Wachturm:
Variante: Der große Neptun (= Seemacht USA) auf seiner höchsten
Alarmstufe/Wachsamkeit:
Roter Gegner von Furcht wird kommen bleich,
Variante: Roter Gegner von Furcht wird bleich werden,
Versetzend den großen Ozean in Entsetzen/Schrecken.

Wissend, daß der große Neptun und die Seemacht USA dasselbe darstellen, beginnen wir die Analyse des Vierzeilers.

Z 1: Apres combat et bataille navalle,
      Nach Kampf und Schlacht zur See/Seegefecht,

Nostradamus weist gemäß den (nachträglichen) Unterstreichungen combat et bataille darauf hin, daß eine Lokalität zu finden ist, die mit der Buchstabenfolge Bat.... beginnt. Bessere Atlanten verzeichnen eine Unzahl von solchen Örtlichkeitskandidaten in vielen Teilen der Erde und es fällt schwer, die Absichten des Nostradamus zu erkennen. Möglichkeiten unter anderen:

a)   Baton Rouge (USA, Hauptstadt von Louisiana).

Das Zweit-Wort Rouge entspricht dem Erst-Wort von Zeile 3: Rouge.

b)   Battipaglia (kleinerer Ort am Gebirgsrand jener Ebene, die
     beim Golf von Salerno liegt; Süditalien.)

Diesen Ort werden wir bald ziemlich scharf ins Visier nehmen.

Vorerst ist Zeile 2 an der Reihe, der wir die Zeile 1 aus Gründen des Zusammenhanges vorangehen lassen.

Z1: Apres combat et bataille navalle,
Nach Kampf und Schlacht zur See/Seegefecht,

Z2: Le grand Neptune à son plus haut befroy:
Der große Neptun auf seiner höchsten Alarmstufe/Wachsamkeit:

Das Wort befroy ist eindeutig falsch geschrieben. Es muß richtig lauten: beffroy (altfranzösisch) bzw. beffroi (modern). Es fehlt somit in der Schreibweise des Nostradamus ein Buchstabe f. Dieses Fehlen ist zu beachten, denn es ergibt sich daraus, daß in der falschen Schreibweise befroy eine Chiffrierung enthalten ist, sei es eine angedeutete Lokalität, wie z. B. die Fröya-Insel (vage schreibmäßige Chiffrierung) oder die Froan-Insel (vage phonetische Chiffrierung). Beide Inseln liegen im Atlantik, nordwestlich Trondheim/Norwegen. Wir vermuten mit diesem Dechiffrierversuch vielleicht vollkommen falsch, denn im Wort befroy kann ebensogut eine Flugzeugtype, ein Schiffsname, ein modernes Waffensystem oder eine Satellitenbezeichnung verborgen stecken.

Jedenfalls ist aus dem fehlenden f im Wort bef(f)roy Verdacht zu schöpfen, denn im letzten Wort des Vierzeilers gibt Nostradamus seinen absichtlichen Schreibfehler offen zu: Entsetzen/Schrecken = effroy. Hier macht er alles durch das jetzt richtig geschriebene ff wieder gut.

Nun zur deutschen Bedeutung des Wortes bef(f)roy. Es handelt sich in jedem der nachfolgenden Alternativ-Fälle um einen Turm und zwar

a) um einen Wachturm, von dem aus in alter Zeit und mit Hilfe seiner Glocke der Alarm geläutet wurde. Deshalb meine Übersetzung

(Z2): Der große Neptun auf seiner höchsten Alarmstufe:

wobei das Wort höchsten die Höhe eines Turmes sehr gut beinhaltet. Nostradamus hat seine Formulierung also passend gewählt.

b) um einen hölzernen, rollenden, beweglichen Turm, der in alter Zeit zum Angriff gegen die hohen Mauern von Festungen benutzt wurde.

Wir entnehmen uns die wichtigsten Stichworte aus Zeile 2 bzw. aus den vorstehenden Alternativen a) und b):

1. Großer Neptun (= Seemacht USA)
2. hoch   (wie ein Turm)
3. beweglich
4. wachsam   (Wachturm)
5. Alarm
6. Angriff

Die Lösung: Marine-Flugzeuge der Seemacht USA (= großer Neptun, Meeresgott) fliegen hoch (wie ein Turm) und sind im Flug beweglich. Sie sind wachsam gleich einem Wachturm aus seiner Höhe. Mit ihrem Sonar-Gerät überwachen die Flugzeugbesatzungen die Meerestiefen unter sich und suchen die feindlichen U-Boote.

    Mit seinem   (= à son, Z 2)
    höchsten   (= plus haut, Z 2)
    Ton/Schall   (= son, Z 2)

gibt das Sonar-Gerät im Flugzeug aus Wachturm-Höhe den U-Boot-Alarm. Das Flugzeug leitet den Angriff ein und vernichtet das U-Boot. Das Vorauswissen des Nostradamus hinsichtlich der Sonar-Ortung von U-Booten ist durch weitere Übersetzungsmöglichkeiten exakt demonstrierbar:

Z 2:   Le grand Neptune   à   son plus haut befroy:

    Der große Neptun auf/mit Son(ar) höchst Wachturm/
                                              Alarm/Angriff:

Oder anders übersetzt:

Der große Neptun schallig (= à son) höchst wachsam/alarmbereit/
                                                    angreifend:

Schall (vgl. die zutreffende Übersetzung »schallig«) ist das Prinzip jeglicher Sonar-Ortung.

Noch deutlicher:

Z 2:   .... son plus haut ....
        .... Schall höchst ....

Höchster Schall ist Ultra-Schall[3] und die Sonar-Ortung arbeitet einzig und allein mit Ultra-Schall!

---

[3] Ultra-Schall liegt normalerweise oberhalb der Hörgrenze, mit Frequenzen jenseits 16–20 kHz.

Das französische Wort son ist auf zweierlei Weise übersetzbar:

1.

$$son = \begin{cases} sein \\ seines \\ seinem \\ usw. \end{cases}$$ (im Sinne von »sein Hut«, als besitzanzeigendes Wort, als sogenanntes Possessiv-Pronomen)

vgl. Z2: Le grand Neptune à son plus haut befroy:
= Der große Neptun auf seiner höchsten Wachsamkeit:
= Der große Neptun auf seinem höchsten Wachturm:

2.

$$son = \begin{cases} Schall \\ Ton \\ Klang \end{cases}$$

vgl. Z2: Le grand Neptune à son plus haut befroy:
Der große Neptun schallig höchst Wachturm:

Nostradamus hat sein Sonar-Wissen völlig unscheinbar hineinversteckt in ein simples Possessiv-Pronomen, über dessen eigentliche Bedeutung nur allzu leicht hinweggelesen wird. Auch die Zeile 3 läßt sich auf zweierlei Weise verstehen.

Rouge aversaire de peur viendra pasle,
Roter Gegner von/aus Furcht wird kommen bleich,

Zunächst ist festzustellen, daß Nostradamus einen Buchstaben zu wenig geschrieben hat. Im Wort aversaire = Gegner fehlt das obligate d für adversaire. Eine so auffällige Unterschlagung müssen wir als Dechiffrierhinweis werten und suchen daher nach irgend etwas, welches der falschen Schreibweise aversaire Sinn geben könnte: aversa|ire →Aversa. Die Stadt Aversa findet sich ca. 25 km nordwestlich Neapel. Der schon erwähnte Ort Battipaglia (vgl. Z1: combat et bataille) liegt ca. 65 km südöstlich von Neapel. Dieses Zusammentreffen ist verdächtig, zumal die relativ ebene Umgebung beider Örtlichkeiten für Kämpfe zu Lande tauglich scheint. Mag sein, daß der rote Gegner hier, bei Battipaglia oder/und Aversa, Kämpfe zu Lande verliert und so das Fürchten lernt (vgl. folgende Karte).

Das Wort combat (Z 1) bezeichnet ganz allgemein einen Kampf zwischen bewaffneten, gegnerischen Truppen. Ich gehe also davon aus, daß in diesem Vierzeiler nicht nur von einer Auseinandersetzung auf See (vgl.: bataille navalle, Z 1), sondern auch von mindestens einer bedeutenden Landschlacht (vgl.: combat, Z1) die Rede ist. Zudem ist möglich, daß die Stadt Neapel in Zeile 3 erwähnt wird:

Z3: Rouge aversaire de peur viendra pasle,
Roter Gegner von/aus Furcht wird kommen bleich,

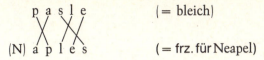

Naples = Neapel liegt den Orten Battipaglia und Aversa — wie soeben festgestellt — recht nahe. Wenn wir Neapel einmal einsetzen, so ergibt sich:

Z3: Rouge aversaire de peur viendra Naples,
Roter Gegner von/aus Furcht wird kommen Neapel,

Es entsteht der Eindruck, daß der rote Gegner sich aus Furcht — d. h. möglicherweise nach verlorenen Kämpfen bei Battipaglia/Aversa — in die Stadt Neapel zurückzieht. Aber auch Palermo kann im Wort pasle (= bleich) angedeutet sein, denn der Buchstabe s wird nicht mitgesprochen: pa⁄le = Palermo.

Ich bin der Ansicht, daß Nostradamus die Zeile 3 darüber hinaus noch in einem anderen, umfassenderen Sinne verstanden wissen will. Hierfür ist es notwendig, dem Wort viendra die Silbe de voranzustellen, so daß sich ergibt: deviendra.

Z3: Rouge aversaire de peur deviendra pasle,
Roter Gegner von Furcht wird werden bleich,

Der rote Gegner wird bleich nach

1. zumindest einem (verlorenen) combat = Kampf (Z1), vermutlich Landkampf.
2. zumindest einer (verlorenen) bataille navalle = Seeschlacht/Seegefecht (Z2).
3. der zunehmend erfolgreichen Bedrohung und Vernichtung der USSR-U-Boote durch die Flugzeug-Sonar-Wachtürme des großen Neptun mit seiner besseren Elektronik. (Ob auch Satelliten-Sonar-Wachtürme existieren, weiß ich nicht.)

Nachdem der rote Gegner durch solcherlei Erfahrungen das Fürchten gelernt hat, geht er zu einer besonders brutalen Taktik über, welche Nostradamus in Zeile 4 ankündigt:

Z3: Rouge aversaire de peur (de)viendra pasle,
Z4: Mettant le grand Ocean en effroy.
=
Z3: Roter Gegner von/aus Furcht wird werden bleich,
Z4: Versetzend den großen Ozean in Entsetzen/Schrecken.

Dies ist eine ziemlich deutliche Anspielung auf die NBE-Flutwellen-Methode, die von der USSR in WK III mit Sicherheit angewendet wird. Ein Flugzeug oder eine Rakete sorgt dafür, daß an einer gewünschten Stelle eine nukleare Bombe ins Meer fällt. Nach der in Entsprechung zur Wassertiefe optimal eingestellten Sinkzeit detoniert diese meist starke, nukleare Bombe. Die Explosion gibt ihren Druck ans umliegende Wasser ab. Es entstehen je nach Detonationstiefe und Stärke der Bombe ...

... ein Krater im Meeresboden (oder auch nicht)
... eine Wassersäule über Wasser (oder auch nicht)
... Feuerball und Fall-out über Wasser (oder auch nicht)
... eine Schockwelle im Wasser (in jedem Fall)
... eine ringförmig sich ausbreitende, an der Oberfläche dahinrasende Flutwelle. } (in jedem Fall)

Diese Flut- oder Sturzwelle ist in ihrer Höhe, Geschwindigkeit und Energie abhängig von der Stärke und Explosionstiefe der nuklearen Bombe sowie von weiteren Faktoren (z. B. Topographie des Meeresgrundes, der Küsten, Gezeitengang etc.). Meist führt eine solche NBE-Flutwelle zu *enormen* Zerstörungen. Die NBE-Flutwellen-Methodik wird daher von heutigen Militärs als echte Gefahr erkannt. Vgl. Z4: Ozean in Entsetzen.

Derartige Flutwellen können und werden Schiffs- und Kriegsschiffstonnage vernichten. Da die einzelne Flutwelle dabei zwischen gegnerischen und eigenen Schiffen nicht unterscheiden kann, mag die Vermutung Sinn haben, daß die Flutwellen-Methode vom roten Gegner USSR vielleicht erst dann angewandt werden wird, nachdem er die Erkenntnis gewonnen hat, daß es um die Anzahl und Schlagkraft seiner eigenen Schiffe nicht mehr besonders wirksam bestellt ist. Die Flutwellen beschränken sich aber nicht nur auf die Zerstörung von Schiffstonnage. Sie überrennen Deiche, Hafenanlagen, niedrig gelegene Küsten und ganze Landstriche (vgl. die späteren Berichte der Seher).

Noch eine abschließende Bemerkung: U-Boote werden in WK III eine sehr bedeutende Rolle spielen. Nostradamus hat diese Bedeutung erkannt und widmet sich der Waffe wiederholt und detailliert. Die modernen U-Boote dürften Nostradamus fasziniert haben, ihn, den Neptunischen, den Meeresartigen, den Getaucht-Versteckten, den mit dem souveränen Atem der Welle.

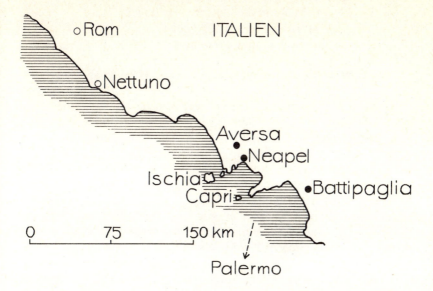

Pille

X, 87

Grand Roy viendra prendre port pres de Nisse,
Le grand empire de la mort si en fera
Aux Antipolles posera son genisse,
Par mer la Pille tout esvanouyra.

Großer König wird kommen nehmen Hafen nahe bei Nisse
(= Nizza),
Das große Reich des Todes wird er so sehr daraus machen
Var.: Das große Reich des Todes wird er so sehr von dort aus machen
Bei den »Antipolles« wird (er) postieren sein(e) Färse,
Durch Meer die »Pille« alles wird vergehen.
Var.: Über Meer hinweg die »Pille« alles wird vergehen.

Der Vers beginnt mit den Worten Grand Roy = Großer König. Ein grand Prince bzw. ein Prince ist uns aus XI, 7 und XI, 39 bereits geläufig. Wir erkannten darin die Supermacht USA und wußten die Verschlüsselung derart zu erklären, daß das Wort Prince (abgeleitet vom lateinischen princeps) den USA die Urheberschaft des ersten massiven nuklearen Schlages zuschreibt. Auch das Wort Empereur = Herrscher = Supermacht USA konnten wir in seiner Doppeldeutigkeit dingfest machen: EMP (= Elektro-Magnetische Pulse durch starke Nuklearbombenexplosionen in der Höhe, vgl. XI, 39).

Nun zur Formulierung Grand Roy = Großer König, die ebenfalls zweideutig angelegt ist. Die Supermacht USSR ist gemeint und zudem ihr Auftreten in der engeren und weiteren Umgebung des Flusses Roya, welcher aus den Bergen des französisch-italienischen Gebietes kommt und ins Mittelmeer mündet (vgl. folgende Karten).

Z 1: Großer König (= USSR) wird kommen nehmen Hafen nahe
bei Nizza,

Nostradamus verrät nicht, wie dieser Hafen in der Nähe von Nizza eingenommen werden wird, ob von Landseite her, durch Landungsunternehmen vom Meer her, aus der Luft oder durch kombinierte Angriffe.

Wenn wir die Worte prendre port = nehmen Hafen im poetischen Sinne verstehen, so muß damit nicht zwangsläufig die Eroberung eines einzigen Hafens gemeint sein. Auch ein großangelegtes Landeunternehmen, d. h. ein umfangreiches »Hafen-Nehmen« entlang der Küste in Nizza-Umgebung kann dann in Frage kommen oder ein über viele Kilometer sich erstreckendes Durchstoßen von Landseite her zur Küste.

Sogar ein U-Boot des großen Königs USSR kann im poetischen Sinne einen »Hafen nehmen«, indem es sich küstennah reglos verbirgt und auf diese Weise seinen »Hafen« schafft.

Es gibt drei verschiedene Möglichkeiten der Übersetzung und des Verständnisses von Zeilen 1 und 2. Der große König nimmt einen Hafen bei Nizza ein.

a) Aus (= en) dem eingenommenen Hafen macht er das große Reich des Todes.

b) Aus (= en) der Stadt Nizza macht er ein großes Todesreich.

c) Vom eingenommenen Hafen (nahe bei Nizza) ausgehend (= en) verbreitet er das große Reich des Todes in der mehr oder weniger weit zu fassenden Umgebung.

Nun zu den lokalen Feinheiten der ersten beiden Zeilen.

Großer König wird kommen Hafen nehmen nahe bei Nizza,
Das große Reich des Todes wird er so sehr daraus machen/von dort aus machen

=

Grand Roy viendra prendre port pres de Nisse,
Le grand empire de la mort si en fera

Französisch empire bedeutet deutsch Reich. Eingedenk des Umstandes, daß Nostradamus gern mit dem Lateinischen operiert, übertragen wir: (frz.) empire = imperium (lat.). Die Stadt Imperia finden wir etwa 65 km östlich von Nizza und somit relativ nahe bei Nizza (= pres de Nisse, Z 1). Imperia ist Hafenstadt (vgl. Hafen nehmen = prendre port, Z 1) und zudem Hauptstadt der italienischen Provinz Imperia. Diese Namensidentität erwähne ich, weil es ja immerhin denkbar ist, daß der große König USSR von Ost nach West über Nordjugoslawien durch die italienische Po-Ebene und Nordwestitalien vorstößt. Bei dieser Art des Hafennehmens von Landseite her müßten die Truppen der USSR bzw. des Warschauer Paktes zwangsläufig zunächst in die Provinz Imperia eindringen, um sodann die am Meer gelegene Hafen- und Hauptstadt Imperia einnehmen zu können. Die Stadt Imperia entstand im Jahre 1923 aus Zusammenschluß der Gemeinden Oneglia und Porto Maurizio (vgl. folgende Karte).

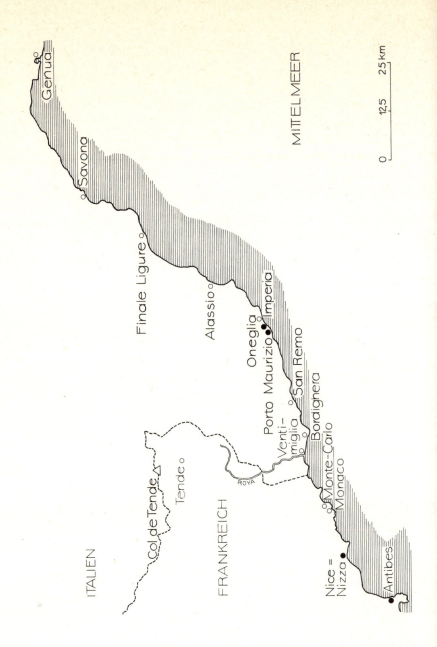

Der Ort Porto Maurizio spielt für uns eine besonders wichtige Rolle, denn Nostradamus benutzt ihn als Bestätigungssignal für die richtige Entschlüsselung von Imperia. Wir erkennen diese Bestätigungssignal wie nachstehend.

Zeile 1: Großer König wird kommen nehmen Hafen nahe bei Nizza,
= Grand Roy viendra prendre port pres de Nisse,
                                   Porto

Hinsichtlich des nun noch zu findenden Maurizio werden wir nur teilweise, aber ausreichend bedient:

Z 2: Das große Imperium des Todes . . . .

= Le grand empire de la mort . . . .
                        Maur(izio)

Eine schreibmäßige Übereinstimmung zwischen mort und Maur(izio) läßt sich nicht konstatieren. Mit Hilfe der Anwendung des Phonetik-Tricks (= Aussprache) werden wir allerdings sofort fündig. Denn die Wörter mort und Maur erscheinen in der Lautschrift quasi identisch als [mōr] und [mor].

Vorläufige Zusammenfassung der Entschlüsselungsresultate von Zeilen 1 und 2:

Z 1: Großer König wird kommen nehmen Hafen nahe bei Nizza,
= Grand Roy viendra prendre port pres de Nisse,
= Fluß Roya   Porto . . .

Z 2, (Übersetzungsversion 2):

Das große Reich des Todes so sehr von dort aus wird er machen
= Le grand empire de la mort si en fera
        imperium   maur
        Imperia   Maur
                  . . . Maurizio

Es steht damit außer Zweifel, daß das Hafen-Nehmen des großen Königs im Bereich des geographisch nahezu identischen Imperia — Porto Maurizio erfolgt.

Recht interessant ist ein weiterer Aspekt des Wortes mort.

(Z 2:) Das große Reich des Todes wird er so sehr daraus/von dort
=   aus machen
       Le grand empire de la mort si en fera

Das Capo Mortola (= Kap Mortola) und die Ortschaft Mortola bzw. Mortola-Inferiore liegen zwischen Nizza und Imperia oder — genauer gesagt — zwischen Menton und Ventimiglia, knapp östlich der französisch-italienischen Grenze, direkt am Mittelmeer, nahe am Fluß Roya und seiner Mündung.

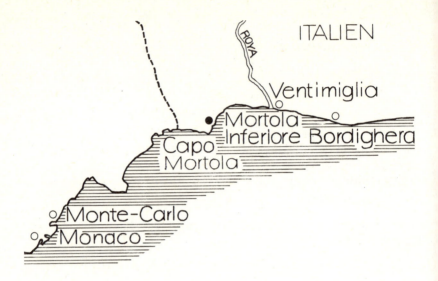

Das Massif des Maures (= Mauren-Gebirge) erstreckt sich — ganz grob gesagt — im Südwesten von Nizza zwischen Toulon und Fréjus. Erneut hilft uns die Lautschrift:

Wort, geschrieben: Wort, gesprochen:

      mort   (Z 2)   [mōr]
(Massif des) Maures   [mō'r]

Die Aussprache erfolgt mithin quasi identisch. In Zeile 2 steckt noch mehr:

     Le grand empire de la mort si en fera

Die Entfernung vom Cap Ferrat und vom Ort St. Jean-Cap-Ferrat bis nach Nizza (= Nice) beläuft sich auf ca. 5 km (Luftlinie). Übrigens wird das t im Namen Ferrat nicht gesprochen, so daß auch im Phonetischen weitgehende Kongruenz vermerkbar ist.

Textmäßig sieht die Angelegenheit Nizza und Cap Ferrat/St. Jean-Cap-Ferrat wie folgend aus:

Z 1:   .... pres de Nisse,
Z 2:   .... si en fera

Die gegenseitige Nähe beider Lokalitäten ist wirklich unverkennbar.

Im Zusammenhang des eigenartig unelegant formulierten .... si en fera hege ich Verschleierungsverdacht, den ich aber nicht konkretisieren kann.

Die Zeile 3 lautet:

      Aux Antipolles posera son genisse,
      Bei den »Antipolles« wird er sein(e) Färse postieren,

Ich sehe zwei Möglichkeiten a) und b), das Wort Antipolles zu knacken.

a) Dies ist die nach meinem Erachten weniger wahrscheinliche und dennoch ernstzunehmende Möglichkeit. Mit dem Wort Antipolles, zu deutsch Antipole, könnte Nostradamus anspielen auf die Antipoden-Inseln = (frz.) I(s)les des Antipodes, welche dem in Zeile 1 und 2 genannten Mittelmeerraum Nizza, Imperia etc. ziemlich genau antipodisch[4] gegenüberliegen (vgl. die folgenden Karten).

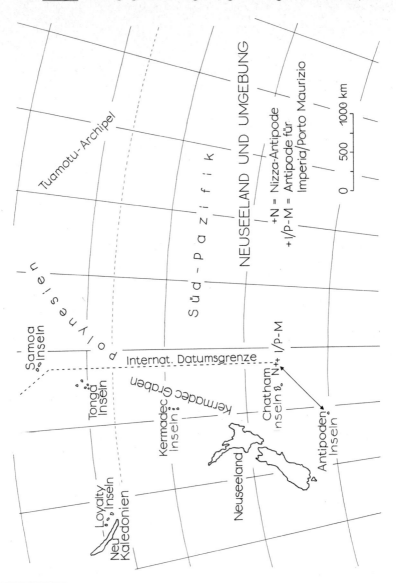

[4] Das Wort Antipode bezeichnet jeweils die Stelle des Erdballes, welche einer angenommenen Stelle exakt gegenüberliegt. So z. B. liegt die Antipode von Quito (Hauptstadt von Ekuador) auf der Insel Sumatra.

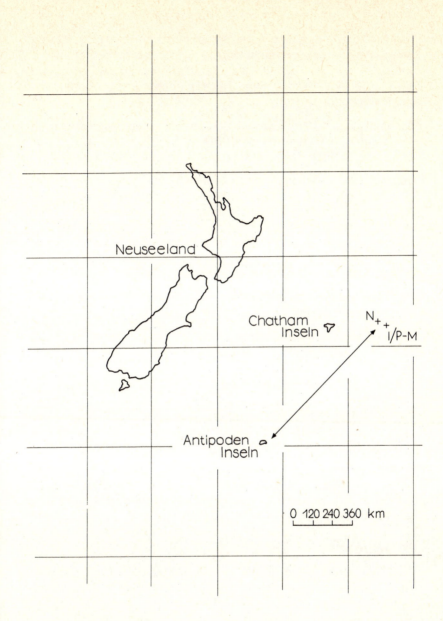

Wir setzen ein in Zeile 3:
   Bei den Antipoden-Inseln wird er postieren sein(e) Färse,
= Aux I(s)les des Antipodes posera son genisse,

Das französische genisse bedeutet auf deutsch Färse. Eine Färse ist eine junge Kuh, die noch nicht gekalbt hat. Dieses Tarnwort Färse paßt nach meiner Einschätzung ganz ausgezeichnet auf ein U-Boot, welches seine »Kälber«, d. h. seine Raketen noch nicht »geboren« (noch nicht abgeschossen) hat.

Somit ergibt sich gemäß Zeile 3: Bei den Antipoden-Inseln wird er, der große König, die Supermacht USSR, seine »Seekuh«, sein U-Boot postieren und noch hat dieses U-Boot nicht gefeuert.

Dies war die Darstellung der Möglichkeit a), welche ich — wie gesagt — für weniger wahrscheinlich halte. Ich habe sie trotzdem durchgespielt, denn es ist normal, daß Zweideutigkeiten des Nostradamus von effektiv doppelter Bedeutung sein können. Die Antipoden-Inseln waren z. Z. des Nostradamus noch nicht entdeckt und infolgedessen namenlos, doch will das gar nichts besagen, denn Nostradamus war ein großer Vorauswisser von Entdeckungen und Namen.

Nun zur Möglichkeit b), der ich einen wesentlich höheren Wahrscheinlichkeitsgrad zubillige.

b) Es ist erneut auszugehen von den Worten

    Aux Antipolles . . . .

  = Bei den Antipolen . . . .

Die Stadt Antibes liegt nur ca. 18 km südwestlich von Nizza (= Nice = Nisse), welches bereits in Zeile 1 genannt wurde. Antibes hieß bei den Griechen und später auch bei den Römern Antipolis.

Noch heute gelten die Bewohner von Antibes im Französischen als die Antipolitains (vgl.: Antipolles). Antibes, das frühere Antipolis, ist Küstenstadt. Das Cap d'Antibes liegt nahe und außerdem eine namensgleiche Ansiedlung.

Wir setzen ein:

 Aux Antipolles (= Antipolis = Ville ou Cap d'Antibes) posera son
                   genisse,
=

 Bei den Antipolen (= Antipolis = Stadt oder Kap Antibes) wird er
                postieren sein(e) Färse,

Gemäß dieser Möglichkeit b) steht das russische U-Boot feuerbereit in der Nähe von Antibes. Und Nostradamus bestätigt, denn Nizza liegt

seinerseits auch in der Nähe von Antibes (ca. 20 km Luftlinien-Entfernung):

- = Nizza (deutsch)
- = Nice (französisch)
- = Nisse (Nostradamus, Z1)
- = genisse (= Färse/U-Boot, Z3).

Somit lautet endgültig die von Nostradamus angegebene Position für das U-Boot der USSR: Etwa bei Antibes und etwa beim ca. 20 km entfernten Nizza bzw. zwischen Antibes und Nizza im Küstenbereich. So erklären sich die von Nostradamus so extravagant ausgewählten Benennungen Nisse und genisse, die uns hier zu einem guten Resultat geführt haben.

Auch in diesem Vierzeiler, wie schon im Falle des voranalysierten III, 1 (Roter Gegner bleich), verrät Nostradamus seine Kenntnis der hochmodernen Sonar-Ortung von U-Booten, die bei Nizza/Antibes zweifellos zum Einsatz kommen wird. Nostradamus schreibt absichtlich falsch .... son genisse = Sonar, anstelle des eigentlich richtigen sa genisse (fem.). Und wenn wir die Zeile 3 einmal bewußt spekulativ übersetzen, so wird aus

```
┌── Bei den Antipolen wird postieren sein(e) Färse,
│ = Aux    Antipolles    posera    son    genisse,
└─▶ Bei    Antibes       Position  Sonar  U-Boot,
```

Das herausragende und großgeschriebene Wort in Zeile 4 heißt

la Pille.

Mit diesem Ausdruck kaschiert Nostradamus NBE. Der deutsche Nostradamus-Forscher Dr. Alexander Centurio erkannte und enttarnte die Codierung. Er macht hierzu Ausführungen, die grundsätzlich mit den folgenden übereinstimmen.

Das französische la pile (mit einem l geschrieben), bezeichnet unter vielem anderen eine Säule. Eine Säule entsteht bei einer Nuklearbombenexplosion. Es ist die typische Detonationssäule, über welcher der Detonationsball (= Feuerball, späterer »Wolkenball«) steht. Es empfiehlt sich, die beiden Worte Säule und Ball für die folgende Betrachtung im Auge zu behalten.

Indem wir bedenken, daß Nostradamus gern und häufig auf das Lateinische zurückgreift, gelangen wir von

      (Nostradamus:) la Pille
über französisch la pile
zum lateinischen pila
und pilum.

Die Übersetzungen vom Lateinischen ins Deutsche:

1. pilum: Mörserkeule. Hieraus ergibt sich die Ähnlichkeit zur Form der Säule.
2. pilum: Wurfspieß (des römischen Fußvolkes). Man darf an eine moderne Waffe denken, an die »geworfene«, spießartige Rakete.

3. pila muralia: Wurfgeschosse (bei Belagerungen). Auch hier liegt der Gedanke an die modernen Raketen nahe.
4. pila: Pfeiler. Erneuter Bezug zur Säule, zum Detonationspfeiler mit darüberstehendem Detonationsball nach NBE.
5. pila: Ball. Detonationsball nach NBE.

Das französische Lexikon »Petit Larousse« definiert den Ausdruck ›pile atomique‹ folgendermaßen:

»Energiegenerator, welcher sich der Kernspaltung bedient.«

Die vielsagenden Wortvergleiche mit »la Pille« lassen sich französisch, englisch, lateinisch etc. fortsetzen.

Übrigens schreibt sich das deutsche Wort »die Pille« im Französischen als »la pilule«. Das Stichwort liegt ohnehin in der Luft und ich zitiere für die Zeit während und nach la Pille (= NBE) die Bibel:

»Weh aber den Schwangeren und Säugenden zu jener Zeit!« (Neues Testament, Matthäus 24, 19 ff. und Markus 13, 17 ff.)

Wir setzen die Decodierung la Pille = NBE in Zeile 4 ein:

Par mer la Pille tout esvanouyra.
=NBE

Z 4, Übersetzungsvariante 1:

Durch Meer NBE alles wird vergehen.

Eine im Meer detonierende NBE, die eine Flutwelle auslöst, kann bewirken, daß durch Meeres-NBE alles vergeht.

Was meint Nostradamus nun ganz genau mit

.... tout esvanouyra.
= .... alles wird vergehen. ?

Meint er nur die in Rede stehende russische Färse oder weitere U-Boote und Schiffe, welche durch NBE-Flutwelle vergehen? Spricht er alle in diesem Vierzeiler angegebenen Orte, wie z. B. Nizza, Imperia, Porto Maurizio, Antibes, die Gebiete beim Cap Ferrat, beim Capo Mortola, beim Fluß Roya und andere als Flutwellen-Opfer an?

Meint er speziell Toulon?:

(Z 4:) .... tout esvanouyra.
= .... alles wird vergehen.
bzw. Toulon wird vergehen.

Toulon ist bedeutendster französischer Kriegshafen im Mittelmeer und liegt ca. 120 km südwestlich Antibes/Nizza.

Der große Seher schreibt:

.... NBE alles wird vergehen.
.... la Pille tout esvanouyra.

Er könnte damit eine NBE-Flutwelle bezeichnen, die gegen die Côte d'Azur und die Riviera di Ponente oder gegen noch ausgedehntere französisch-italienische Küstengebiete anrennt, könnte aber in seinen Verschleierungen ebensogut ganz andere als Flutwellen-Aussagen andeuten wollen (vgl. die folgende Behandlung der Übersetzungsvariante 2 von Zeile 4).

Denn das Wort Pille setzt entsprechend dem lateinischen pila/pilum (Ball/Pfeiler/Säule) an und für sich voraus, daß ein Detonationsball und daß eine Detonationssäule entstehen. Eben dies geschieht unter Wasser aber nur bedingt oder unsichtbar, so daß die Annahme Pille = Unterwasser-NBE mit Flutwelle durchaus zweifelhaft ist. Würden hingegen NBE-Ball und NBE-Säule sich über Wasser deutlich und sichtbar bilden, so könnte die ausgelöste Flutwelle nicht gerade sehr stark sein, weil ja ein erheblicher Teil der Detonationsenergie in der Luft arbeitet anstatt im Wasser. Die Flutwelle könnte aber gerade stark genug sein, um den in diesem Vierzeiler verschleiert genannten Lokalitäten zu schaden.

Die Enttarnung la Pille = NBE ist sehr interessant auch in eine zweite Übersetzungsvariante von Zeile 4 einsetzbar.

Par mer la Pille tout esvanouyra.
Über Meer hinweg NBE alles wird vergehen.

Über das Meer hinweg fliegt/fliegen die Nuklearbombe(n) und dort, wo sodann die NBE erfolgt/erfolgen, wird alles vergehen.

Es ist ebenso denkbar, daß Nostradamus die Wortwahl (la) Pille immer dort verwendet, wo er eine Nuklearbombe bezeichnen will, die nicht durch Flugzeug, sondern durch eine Rakete anfliegt. Denn in (lat.)

pilum = Wurfspieß bzw. pila (muralia) = Wurfgeschosse sind — wie zuvor demonstriert — wortgemäße Bezüge enthalten zur NBE-Detonationssäule, zum NBE-Detonationsball *und* zur Rakete.

Wenn wir hingegen das lateinische pilum speziell im Sinne von Mörserkeule übersetzen und die Mörserkeule dann auf den Kopf stellen, so erhalten wir etwa dieses Bild (skizziert).

Mörserkeule = A-Bombe (Atombombe):

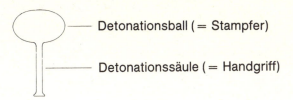

Besonders in früherer Zeit wurden Mörserkeulen (deutsch: Pistille) verwendet, die häufig die folgende Formgebung aufwiesen und auch heute noch vorkommen.

Mörserkeule = H-Bombe (Wasserstoffbombe):

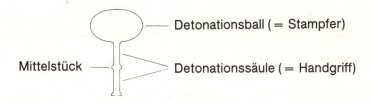

Die mittlere Ausbuchtung erscheint oft typisch bei einer Wasserstoffbombenexplosion (H-Bombe). Der praktische Hauptunterschied zwischen beiden Bomben liegt darin, daß eine H-Bombe im Vergleich zur A-Bombe vielfach stärkere und ausgedehntere Zerstörungskräfte entfesselt. So zum Beispiel würden (gemäß einer Äußerung Chruschtschows) etwa sechs H-Bomben für die Ausschaltung der Bundesrepublik Deutschland genügen.

Die Heuschrecken

III, 82

Freins, Antibor, villes autour de Nice,
Seront vastées fort par mer & par terre:
Les sauterelles terre & mer vent propice,
Prins, morts, troussez, pillez, sans loy de guerre.

Freins, Antibor, Städte um Nizza herum,
Werden stark verwüstet werden durch Meer & durch Erde:/
    = (dé)vastées   durch Meer & durch Land:/
                         vom Meer her & vom Land her:
Die Heuschrecken Land & Meer Wind günstig,
»Prins«, Tote, »troussez«, »pillez«, ohne Kriegsgesetz.

Die Michelin-Landkarte Nr. 84 (Carte Michelin Nr. 84) im Maßstab 1 : 200 000 eignet sich gut zur Verfolgung eines Teiles der nachstehenden Lokalisierungen. Eine Skizze folgt am Schluß der Analyse.

Z 1:   Freins, Antibor, villes autour de Nice,
          Freins, Antibor, Städte um Nizza herum,

Die Stadt Antib|or = Antibes kam schon im vorbehandelten Vierzeiler zur Sprache. Sie befindet sich gemäß Zeile 1 in der engen Umgebung von Nizza.

Das Wort Anti|bor enthält einen weiteren Namen: Bordighera. Die Distanz Nizza — Bordighera beläuft sich auf etwa 32 km. Bordighera gehört damit ebenfalls zur Umgebung von Nizza.

Der Ort Bormes-les-Mimosas (ca. 100 km südwestlich Nizza) scheint nicht gemeint. Die Entfernung nach Nizza ist zu groß, als daß sich von Nizza-Umgebung sprechen ließe.

Freins: Auch in diesem ersten Wort von Zeile 1 dürften (wie schon in Antibor) zweierlei Ortsangaben enthalten sein. Nostradamus bezeichnet mit der ersten Hälfte seines Freins wahrscheinlich die Stadt Fréjus (50 km südwestlich Nizza, vgl. Karte am Schluß der Analyse).

Eine andere Möglichkeit wäre die Stadt La Garde-Freinet. Sie liegt westlich St. Tropez im Massif des Maures (vgl. Karte), 80 km von Nizza entfernt.

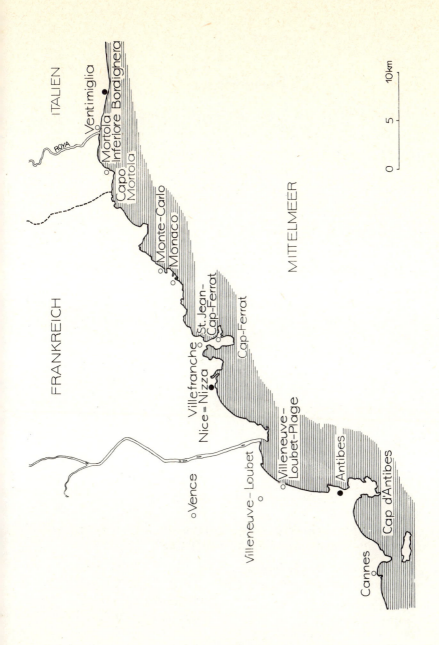

In der Formulierung der Zeile 1

    .... Städte um Nizza herum

    .... villes autour de Nice

könnten Villeneuve-Loubet und Villefranche enthalten sein:

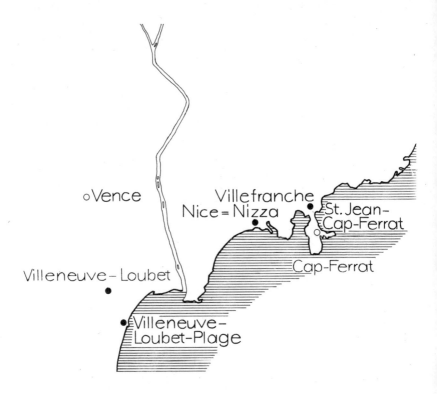

Zeile 2 sagt an, was mit den von Nostradamus in Z 1 verschlüsselt angegebenen Städten geschieht. Diese Städte . . .

Seront vastées fort par mer & par terre:
Werden stark verwüstet werden durch Meer & durch Erde:/
                    durch Meer & durch Land:/
                    vom Meer her & vom Land her:

Das Wort vastées übersetzte ich mit verwüstet. Ich habe dabei zurückgegriffen auf dévastées, da das Wort vastées im Französischen nicht vorkommt. Die Vorgangsweise scheint erlaubt und richtig, denn aus dem Lateinischen kennen wir sowohl vastare = verwüsten als auch devastare = gänzlich verwüsten. Ausgehend vom Wort vastées (= verwüstet) könnten für uns zudem von besonderem Interesse sein:

lateinisch:	vastus	= verwüstet, verheert, unermeßlich, weit, riesig, gewaltig, groß
französisch:	vaste	= unermeßlich, weit, ausgedehnt
französisch:	vasé(es)	= schlammbedeckt.

Eine NBE-Flutwelle und deren Wirkung passen erstaunlich gut ins Bild dieser vorstehend zusammengestellten Stichworte. Eine solche NBE-Flutwelle und der von ihr mitgeführte Meeresschlamm lassen sich sogar aus einer der Übersetzungsvarianten herauslesen:

(Z 2:)

$$\text{Seront } \begin{Bmatrix} \text{vastées} \\ \text{(vasées)} \end{Bmatrix} \text{fort par mer \& par terre:}$$

$$= \text{Werden stark } \begin{matrix} \text{verwüstet} \\ \text{(schlamm-} \\ \text{bedeckt)} \end{matrix} \text{ werden durch Meer \& durch Erde:} = \text{Schlamm}$$

Es fügt sich ebenfalls ins Bild einer vermuteten Flutwelle, daß Nostradamus jene Orte in der Umgebung von Nizza nennt, die eine relativ niedrige Höhenlage über dem Meeresspiegel aufweisen und deshalb der Flutwelle und dem von ihr mitgeführten Schlamm besonders leicht zum Opfer fallen. Diese Zusammenhänge werden von Worten des Sehers Alois Irlmaier gestützt, welcher bereits vorgestellt wurde.

Irlmaier:

.... Die schöne Stadt (?) am blauen Wasser (= Mittelmeer/? Côte d'Azur ?) versinkt fast ganz im Meer und im Schmutz und Sand, den das Meer hinauswirft. Drei Städte seh ich versinken gegen Süden, gegen Nordwesten und gegen Westen. ....

Irlmaier sagt nicht, welche schöne Stadt am blauen Wasser (= Mittelmeer) er in diesem Fall meint. Es muß nicht unbedingt Nizza sein, er könnte beispielsweise auch Marseille bezeichnen. Wichtig ist, daß er mit seinen Worten ganz offensichtlich von einer Meeresflutwelle spricht, die Schlamm (Schmutz und Sand) mitführt.

Z 3:   Les sauterelles terre & mer vent propice,
       Die Heuschrecken Land & Meer Wind günstig,

Mit dem Decknamen sauterelles = Heuschrecken unternimmt Nostradamus eine bildhafte Anspielung auf die schweren sowjetischen Kampfhubschrauber. Wenn man sich eine gigantisch vergrößerte Heuschrecke vorstellt, so ergibt sich eine recht gute Vergleichsmöglichkeit zum Erscheinungsbild dieser Hubschrauber, die heuschreckenähnlich über Bäume und Berge, über Land & Meer (Z 2) springen. Die Heuschrecken-Hubschrauber haben immer Wind günstig (Z 2), denn sie machen sich ihren Wind selbst mit Hilfe ihrer Rotorblätter und Motoren. Diese Kampfhubschrauber können atomare Waffen tragen. Ihre Feuerkraft ist vorwiegend auf Angriff ausgelegt und enorm stark (ca. 120 bis 200 Raketen pro Hubschrauber plus zwei Maschinenkanonen, plus 25 Angriffsoldaten im Rumpf). Zum manuellen Nachladen der Raketenrohre hüpft diese Spezies von Riesen-Heuschrecken einfach hinter den nächstbesten Heuhaufen, um sodann als raketenspeiender »Heu-Schreck« neu aufzutauchen. Zwei bis drei solcher nacheinander erfolgenden Angriffe hinterlassen Tod, Feuer, Chaos und totale Paralyse des Bekämpften. Bei günstigem Wind = vent propice (Z 2) könnte auch ein mit chemischen Kampfmitteln vorgetragener Angriff wirksame Folgen zeitigen.

Zeile 3 enthält verschleierte Lokalitäten:

   Die Heuschrecken Land & Meer Wind günstig,
   = Les sauterelles terre & mer vent propice,

Die Stadt Ventimiglia liegt ca. 30 km nordöstlich Nizza, an der italienischen Küste. Bordighera ist Nachbarstadt von Ventimiglia.

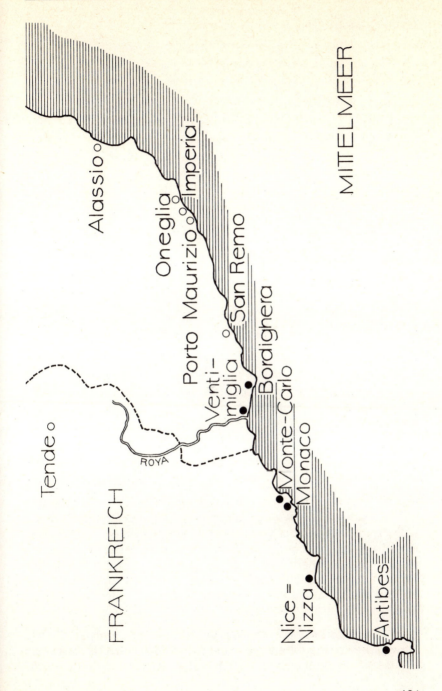

Noch etwas in Zeile 3:

> Die Heuschrecken Land & Meer Wind günstig,
> = Les sauterelles terre & mer vent propice,

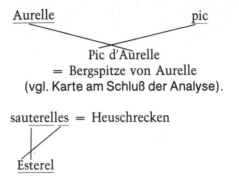

Pic d'Aurelle
= Bergspitze von Aurelle
(vgl. Karte am Schluß der Analyse).

sauterelles = Heuschrecken

Esterel

Die Corniche de l'Esterel bzw. das Massif de l'Esterel liegen dem Pic d'Aurelle nahe (vgl. Karte am Schluß der Analyse).

Zeile 4: Prins, morts, troussez, pillez sans loy de guerre.

Prins: Mit diesem Wort greift Nostradamus zurück auf die Sprache der mittelalterlichen, provençalischen Troubadouren. Raynouards und Levys Wörterbücher (Lit.-Verz.) klären: Prins = Prince = Prinz, Fürst.

Der Vierzeiler nennt mehrere Lokalitäten in der Nähe des Fürstentums Monaco. Es ist offenbar, daß das Fürstentum oder der Fürst von in diesem Vierzeiler genannten Ereignissen betroffen sein werden.

Das nächste Wort der letzten Zeile lautet morts = Tote. Auf die möglichen Zusammenhänge zum Capo Mortola bzw. zur Ortschaft Mortola-Inferiore wurde in der vorangegangenen Analyse von X, 87 (Pille) eingegangen. Tote könnte es auch im Mauren-Gebirge = Massif des Maures (gesprochen [mōr']) geben, welches phonetisch mit dem Wort morts (gesprochen [mōr] = Tote) nahezu übereinstimmt. Ein Teil des Massif des Maures = Mauren-Gebirges erscheint auf der Kartenskizze am Schluß der Analyse.

Sehr interessant ist das dritte Wort der letzten Zeile: troussez. Charles Reynaud-Plense (Lit.-Verz.) führt den Infinitiv dieses Wortes in seinem »Glossaire Nostradamique«: ›TROUSSER, attacher derrière la selle d'un cheval, <u>enlever</u>, <u>emporter</u>.‹ Die von mir unterstrichenen Worte übersetzen sich etwa wie folgend: aufheben/wegnehmen/wegtragen/mitnehmen/fortreißen/hinwegraffen etc.

Der Flutwellen-Aspekt wird von solcherlei Andeutungen erneut betont, denn eine NBE-Flutwelle pflegt dort, wo hohe Felsen ihr nicht im Wege stehen, alles fortzureißen. Nicht nur die Fortgerissenen (Menschen und Städte) sind hier bezeichnet, sondern Nostradamus befiehlt imperativisch: Reißen Sie fort!, nehmen Sie hinweg!.... den Schleier von den verschleiert genannten Städten und Personen. Zudem lassen sich vergleichen

            troussez
    St. Tropez (vgl. Karte am Schluß der Analyse).

Das nächste Wort in der letzten Zeile heißt: pillez. Die phonetische Übersetzung hierfür wäre Geplünderte, Ausgeplünderte, Geraubte. Die Sache sieht allerdings schlimmer aus, wenn wir uns bezüglich pillez an jenem Ausgangswort Pille orientieren, welches uns bereits bekannt ist im Sinne von Pille = NBE. Das hiervon abgeleitete pillez bedeutet sinngemäß Beballte/Besäulte/»Bepillte«, also NBE-Einsatz und als imperativische Aufforderung an den Leser: Beballen Sie! Besäulen Sie! Dieser Vierzeiler spricht nicht nur von NBE-Flutwelle, sondern auch von Überland-NBE in Ein- oder Mehrzahl.

Die letzten Worte der Zeile 4 lesen sich

    ....sans loy de guerre.
    ....ohne Kriegsgesetz./
    ....ohne Kriegserklärung./
    ....ohne (Einhaltung von) Kriegskonvention(en).

Das ist aber nur das Vordergründige daran. Den tieferen Sinn erkenne ich nicht.

Zum Abschluß dieser Analyse eine kleine Zahlenspielerei. Der Vierzeiler trägt die Bezeichnung III, 82. Hieraus machen wir 3, 82 und versetzen das Komma: 38, 2. Von dieser Stelle an berichtet der Prophet Hesekiel (in der Bibel im Alten Testament) über WK III. Auch der anschließende Abschnitt 39 ist interessant.

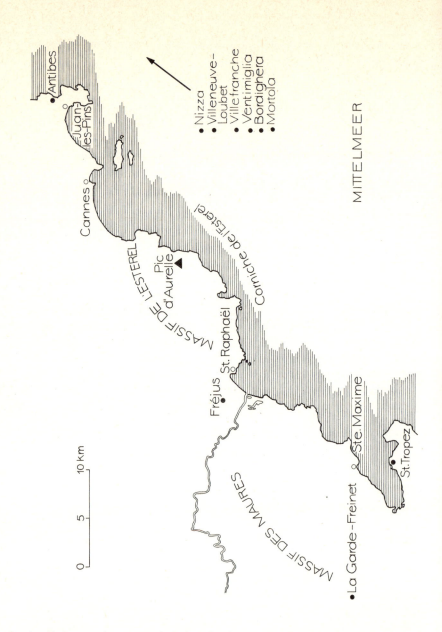

Im Rahmen der vorstehenden Analyse wurde eine Voraussage des bayerischen Sehers Irlmaier wiedergegeben. Ich erwähnte in diesem Zusammenhang die Stadt Marseille. Die alten und neueren Seher(innen) verschiedener Nationen sagen dieser Stadt für WK III bzw. für die unmittelbar anschließende Zeit ein sehr schlimmes Schicksal voraus und warnen scharf.

In IX, 48 warnt auch Nostradamus Marseille (vgl. maritime, nachfolgend) vor den Fluten = marets. Er scheint zudem andere Örtlichkeiten in der Nähe des Mittelmeeres bzw. im Mittelmeer anzusprechen. Es ist fraglich, ob die Formulierung vent espouvantal = entsetzlicher Wind auf eine Druckwelle durch NBE hinweisen soll. Die Bezeichnung solstice hyemal = winterliches Solstitium scheint eine Astronomen-Falle zu enthalten. Zur Zeit des Wintersolstitiums (kurz vor Weihnachten) herrscht die *längste Nacht* des Jahres. Eine noch längere, nämlich 72-stündige Nacht steht am Ende von WK III bevor, vgl. späteres Kapitel FINSTERNIS, ERDKIPPEN. Der österreichische Seher Franz Kugelbeer (1922) warnte Marseille vor der Meeresflut in der Finsternis. Die Prophezeiung von La Salette u. v. a. äußern sich ähnlich.

Dem Vierzeiler IX, 48 gebe ich eine Einklammerung sowie einige Unterstreichungen hinzu. Diese Zusätze sind teilweise schon erklärt worden, zu einem anderen Teil für diejenigen französischen Leser gedacht, die sich angesprochen fühlen.

> La grand' cité d'Occean maritime
> Environnee de marets en christal:
> Dans le solstice hyemal & la prime,
> Sera tentee de vent espouvantal.

> Die große Stadt des maritimen Ozeans
> Umgeben von Fluten (= marets) in Christall:
> In dem winterlichen Solstitium & »la prime«,
> Wird berührt werden von Wind entsetzlich/
>   von entsetzlichem Wind.

»la prime« (Z 3):
a) die erste Zeit, d. h. das Anfangsstadium der Finsternis.
b) die Prime, d. h. die Zeit des ersten Stundengebetes, ca. 6 – 7 Uhr.

Es ist vielsagend, daß Nostradamus es vorzieht, vom winterlichen Solstitium (= solstice hyemal) zu sprechen, denn die normale Bezeichnung lautet Wintersolstitium (solstice d'hiver). Den Akzent hat er unterlassen, um ihn nicht »in die falsche Richtung« setzen zu müssen: Die Stadt Hyères bzw. die Hyères-Inseln (ca. 70 km südöstlich Marseille) scheinen angesprochen.

Der Größte
III, 53

> Quand le plus grand emportera le pris,
> De Nuremberg, d'Ausbourg, & ceux de Basle
> Par Agrippine chef Frankfort repris,
> Traverseront par Flamant iusqu'en Gale.

Wenn der Größte davontragen wird den Preis,
Von Nürnberg, von Augsburg, & die(jenigen) von Basel
Durch Agrippine Oberhaupt Frankfurt wiedergenommen,
Werden (sie) durchqueren durch flämisch bis hinein nach Gallien.
(= Frankreich)

Es fällt mir schwer, zu beurteilen, ob dieser Vers auf WK III-Ereignisse zu beziehen ist oder ob er von Dingen handelt, die in einer ganz anderen Zeit, einem zukünftigen Jahrhundert geschehen werden. Wir gehen nachstehend davon aus, *daß* der Vers WK III-Ereignisse betrifft.

Der Vierzeiler spricht von westlichen Siegen bei Nürnberg und Augsburg. In bezug auf Basel (Z 2) ist schwer klärbar, ob hier weitere Siegespreise errungen werden

entsprechend: .... & ceux (prix) de Basle
 .... & die(jenigen Siegespreise) von Basel

oder ob Soldaten aus dem Raum Basel angesprochen sind

entsprechend: .... & ceux (soldats) de Basle
 .... & die(jenigen Soldaten) von Basel

Zeile 3 lautet:

> Par Agrippine chef Frankfort repris,
> Durch Agrippine Oberhaupt Frankfurt wiedergenommen,

Wahrscheinlich steckt im Namen Agrippine, zu deutsch Agrippina, ein verschlüsselter Eigenname, so daß die provisorische Lesart lautet:

(Z 3): Durch den (Militär-)Chef (namens) »Agrippine« wird Frankfurt zurückerobert/wiedereingenommen,

Es ist offenbar, daß zumindest die erste Hälfte von Zeile 2 im Zusammenhang mit Zeile 1 steht:

>   Quand le plus grand emportera le pris,
>   De Nuremberg, d'Ausbourg, & ceux de Basle
>
> =
>
>   Wenn der Größte davontragen wird den Preis,
>   Von Nürnberg, von Augsburg, & die(jenigen) von Basel

Es ist aber zusätzlich offenzuhalten, daß die Zeile 2 nicht nur im Zusammenhang zu Zeile 1 steht, sondern außerdem mit der Zeile 3 in Verbindung stehen könnte, also des Sinnes, daß nach westlichen Siegen bei Nürnberg, bei Augsburg und möglicherweise bei Basel die Soldaten aus eben diesen Gegenden für neue Aufgaben frei werden und somit dem Militärchef Agrippine zur Verfügung stehen, so daß es ihm mit diesen Männern gelingt, Frankfurt zurückzugewinnen:

Z 2 + Z 3:

>   De Nuremberg, d'Ausbourg & ceux de Basle
>   Par Agrippine chef Frankfort repris,
>
> =
>
>   Von Nürnberg, von Augsburg & die(jenigen) von Basel
>   Durch Agrippine Oberhaupt Frankfurt wiedereingenommen/
>   zurückerobert,

Aus dem Französischen läßt sich als noch genauere Möglichkeit herauslesen, daß dem Militärchef Agrippine speziell/insbesondere/lediglich die Baseler Truppen zur Verfügung stehen, wohingegen der Größte (= le plus grand) mit den Nürnberger und Augsburger Soldaten weiterkämpft und seine Aktionen mit Agrippine chef koordinieren könnte. So betrachtet, erscheint es denkbar, daß die Wiedereinnahme Frankfurts dank der vereinten, aufeinander abgestimmten Kräfte von Agrippine und dem Größten gelingt. Die Komposition der Zeilen 1 und 3 spricht nicht dagegen:

Z 1:   Quand <u>le plus grand</u> emportera le <u>pris</u>,
Z 3:   Par <u>Agrippine chef</u> Frankfort re<u>pris</u>,

Aber das ist wirklich Einfühlungssache und bloße Möglichkeit.

Übrigens kommen theoretisch für die Siege bei Nürnberg und Augsburg deutsche/österreichische/amerikanische Truppen in Frage und für die bei Basel schweizerische/französische/italienische/deutsche/amerikanische. Doch ist das nur die mögliche Palette, denn einige wenige Sehervoraussagen sagen und raten an, daß das (kontinentale) Westeuropa sich in WK III von Hilfestellungen durch USA (und

Großbritannien) *nicht* viel erwarten soll. Im Gegensatz hierzu wird jene Hilfe, die *Frankreich* dem deutschen Nachbarn leistet, als militärisch effektiv und moralisch ermutigend dargestellt.

In Zeile 1 verleiht Nostradamus einen hohen Lobestitel:

> Wenn der Größte davontragen wird den Preis,
> = Quand le plus grand emportera le pris,

Wir wollen wie bisher davon ausgehen, daß es sich bei diesem Größten nicht um ein besonders wirksames Waffensystem, sondern um einen militärisch sehr befähigten Mann handelt.

Z 1:   Quand le plus grand emportera le pris,
Z 3:   Par Agrippine chef Frankfort repris,

Hier dämmert Verdacht auf verschleierte Nennung eines Eigennamens. Interessant ist, daß die Buchstabenfolge pris in der folgenden Versbehandlung von II, 83 (Nieselregen) erneut bemerkenswert vorkommen wird und zwar im Rahmen des Wortes pristine.

Der Name Agrippine lautet deutsch und lateinisch Agrippina und ist uns aus den Zeiten Roms durch die beiden ungewöhnlichen Frauen Agrippina, die Ältere sowie Agrippina, die Jüngere bekannt. Die Erstgenannte war die Tochter des Agrippa, eines sehr bedeutenden *Feldherrn* und Staatsmannes. (Sie starb den freiwilligen Hungertod.) Die Zweitgenannte war Tochter der Erstgenannten und des Germanicus. Sie ließ ihren Ehemann Ahenobarbus vergiften und wurde schließlich selbst (im Auftrag ihres Sohnes, des vom Cäsarenwahnsinn besessenen Despoten und Kaisers Nero) ermordet. Auf diese historischen Zusammenhänge bin ich kurz eingegangen, weil es möglich ist, daß III, 53 (Der Größte) nicht im Zusammenhang mit WK III, sondern mit einem viel späteren Krieg zu sehen ist.

Zunächst verwundert, daß Nostradamus es vorzieht, anstelle des Feldherrn Agrippa von dessen Tochter bzw. Enkelin Agrippine zu sprechen. Die Wortwahl Agrippine chef deutet sodann korrigierend wieder hin auf das eigentliche Oberhaupt dieser agrippinischen Relationen, also auf den Feldherrn Agrippa.

Solcherart entfaltet sich die Vermutung, daß Nostradamus auf den Namen Agrippine (= Agrippina) lediglich deshalb Bezug nimmt, weil dieser Name zur verschleierten Kenntlichmachung des anzudeutenden Eigennamens eines hohen militärischen Führers besser geeignet ist als der Name Agrippa.

DER GRÖSSTE

Ich erachte es als gut möglich, daß der Name des von Nostradamus gemäß Agrippine gemeinten Mannes mit dem Großbuchstaben A beginnt. Zudem scheinen Wortklang und Buchstaben von Agrippine auf einen Namen von eher französischer, denn deutscher Herkunft zu zielen. Aber auch ein großer italienischer Kämpfer kann gemeint sein.

Die Zeile 4 schließlich könnte die Fluchtrichtung aufgeriebener/verfolgter Trupps des Warschauer Paktes kennzeichnen: Nach Osten können diese Soldaten nicht zurückfliehen, denn der gelbe Strich (vgl. Alois Irlmaier gegen Anfang des Kapitels WK III − SEHERBERICHTE) versperrt ihnen den Rückweg. Aber die Flucht ins Flämische = Flamant (Z 4), also nach Flandern im extremen Westen sowie ins Flandern benachbarte Gale = Gallien (Frankreich) liegt im Bereich des Möglichen. Das Wort Flamant (= Flämisch) wird von Nostradamus wahrscheinlich absichtlich mit dem t anstelle des üblichen Flamand geschrieben.

Die Stadt Antwerpen (in Flandern) paßt ins Wort Flamant.

Das letzte Wort des Verses schreibt Nostradamus als Gale, um den Reim zur Zeile 3 (Basle) zu finden. Es enthält eine Verschlüsselung. Ich übersetzte im Sinne von Gaule = Gallien/Frankreich.

Nieselregen

II, 83

Le gros traffic d'un grand Lyon changé,
La plus part tourne en pristine ruine,
Proye aux soldats par pille vendange:
Par Iura mont & Sueve bruine.

Der beträchtliche Verkehr eines großen vertauschten/veränderten Löwen/Lyon,
Die Mehrzahl wendet ins vorige Verderben,
Raub/Beute den Soldaten durch »pille« (= NBE) Weinernte:
Durch Jura Berg/-Gebirge & Schwaben Nieselregen.

Der Vierzeiler scheint u. a. im Sinnzusammenhang mit VIII, 34 (Secatombe) zu stehen, der im Datenteil behandelt werden wird.

Das Wort Lyon (Z 1) dürfte die französische Großstadt Lyon bezeichnen, die sehergemäß einen Wende- oder Schlußpunkt für den Vormarsch des östlichen Angreifers markiert. Aus den Zeilen 1 und 2 ergibt sich der Eindruck, daß die tief nach Westeuropa eingedrungenen Soldaten des Warschauer Paktes spätestens durch die Lyoner Ereignisse von Angreifern zu Angegriffenen werden. Dieser Eindruck wird verstärkt durch den soeben erwähnten VIII, 34 (Secatombe) sowie durch Angaben anderer Seher(innen).

Zeile 2 ist im Detail schwer deutbar, sie verheißt aber gewiß nichts Gutes für jene Truppen des Ostens, die möglicherweise vor der Wahl stehen, bei Lyon vernichtet zu werden oder sich zurückzuwenden (vgl. Z 2: tourne = wendet), um sich jenem Mann »pristine« (verschlüsselter Eigenname, vorletztes Wort, Z 2) zum Kampf zu stellen, der schon zuvor = pristine den Soldaten des Warschauer Paktes Verderben (= ruine, Z 2) brachte, indem er als der Größte den Preis (= le pris, vgl. pristine) von Nürnberg, von Augsburg davontrug.

Als ebensogut denkbar erscheint mir aber auch folgende Interpretation: Jene Soldaten des Warschauer Paktes, die sich im Vorrücken auf Lyon zur Wendung und Umkehr entschließen, weil ihr weiterer Vormarsch aussichtslos ist, werden durch die Umkehr in Auseinandersetzungen verwickelt, bei welchen der Größte *und* Agrippine gemäß pristine ihnen schwer schaden.

Im Wort tourne (Z 2) ist möglicherweise der Ort Tournus angedeutet, der an der Autobahn Paris–Lyon liegt. Die Entfernung Tournus–Lyon beläuft sich auf etwa 90 km.

Ich habe diesen Vers vor allem seines letzten Wortes wegen ausgewählt: bruine = Nieselregen. Ein normaler Nieselregen wäre der Erwähnung gewiß nicht wert. Deshalb und weil in Zeile 3 das Wort pille = NBE fällt, vermute ich, daß es sich bei diesem Nieselregen (= bruine) in Wirklichkeit um die Tarnbezeichnung für radioaktiven Fall-out handelt. Dieser radioaktive Niederschlag würde gemäß Zeile 4 im Gebiet bzw. in einem Teilgebiet von Iura mont = Jura Berg/Jura-Gebirge und in Sueve = Schwaben fallen oder durch NBE in diesen Gebieten entstehen, um in der Nähe oder andernorts als »Nieselregen« niederzugehen.

Der Greif

XI, 29

Le Griffon se peut apprester
Pour à l'ennemy resister
Et renforcer bien son armee,
Autrement l'Elephant viendra
Qui d'un abord le surprendra,
Six cens & huict, mer enflammee.

Der Greif (= Bundesrepublik Deutschland) kann/mag sich
                                                                             vorbereiten
Um dem Feind zu widerstehen
Und verstärken wohl seine Armee,
Sonst wird der Elephant kommen
Der ihn (= den Greif) »d'un abord« überraschen wird,
Sechs hundert & acht, Meer entflammt.

Zeile 1: Kaum ein anderes Land führt den Greif so groß, deutlich, ausschließlich und beherrschend im Wappen wie die Bundesrepublik Deutschland.

Damit lautet Zeile 1:

        Der Greif, d. h. die Bundesrepublik Deutschland kann/mag sich vorbereiten

Z 2:   Um dem Feind zu widerstehen
          Pour à l'ennemy resister

Z 3:   Und verstärken wohl seine Armee,
          Et renforcer bien son armee,

Z 4:   Sonst/Andernfalls wird der Elephant kommen
          Autrement l'Elephant viendra

Schon aus dem Sechszeiler XI, 39 (Monstrum ohnegleichen) und seiner Zeile 4 (Verfolgend den Elephanten & den Wolf) ist uns der Elephant bekannt: Es handelt sich um das Codewort für den Warschauer Pakt, der aufgrund seiner Stärke die Chance hat, das gesamte westliche Europa elephantengleich zu überrennen und niederzutrampeln. Das Vergleichsbild des Elephanten wurde von Nostradamus aber auch in einer anderen Hinsicht gut gewählt. Es sind nämlich vor allem die unzähligen elephantengleich-schwergewichtigen *Panzer* des Warschauer Paktes, welche der Westen im Falle eines überraschend erfolgenden östlichen Angriffs zu fürchten hat. Die Worte der seriösen neueren Seher geben diesbezüglich klare, überdeutliche Warnungen. Erschreckend wirken die Beschreibungen der *gesehenen*, alles niederwalzenden Vormärsche östlicher Panzerkolonnen.

Es ist bekannt, daß der Osten in den Panzern seinen konventionellen Trumpf zu Lande sieht, daß er seine Panzerbesatzungen gern nach der zahlenmäßigen Überlegenheitsmethode üben läßt, etwa entsprechend der Devise: ›Wie bekämpfen zwei/drei östliche Panzer einen westlichen?‹

Und schließlich ergibt sich eine weitere Treffsicherheit des Vergleichsbildes Warschauer Pakt — Elephant — Panzer: Ein Panzer ist nicht nur ein elephantenhafter Koloß, er verfügt meist auch über eine dem Elephantenrüssel recht ähnliche Kanone.

Ich fasse zusammen, daß der Elephant aus der Feder des Nostradamus grundsätzlich dem Warschauer Pakt unserer Zeit entspricht und in zusätzlicher Verfeinerung den Panzerkräften dieses Paktes.

Hieraus läßt sich vielleicht eine Lehre ziehen. Nostradamus empfiehlt nämlich die gute Verstärkung der *Armee*. Da dieses Wort primär die

Landstreitkräfte bezeichnet, wäre zu folgern: Der Greif verstärke seine Verteidigungsmacht *zu Lande*, um den Panzern des Warschauer Paktes zu widerstehen. Die Bezeichnung Der Greif = Le Griffon gilt aber auch der Luftwaffe. Tatsächlich werden die »weißen Tauben« des Irlmaier, die in sehr großer Zahl vom Sand (Nahost?) herauffliegen, einen Unterbrechungsriegel (gelben Staub in einer Linie) vorschieben. Die chemische Totalverriegelung scheint das einzig wirksame Mittel gegen die Übermacht aus Osten zu sein.

Irlmaier (zitiert entsprechend Dr. E. G. Retlaw/Dr. Adlmaier):

. . . . Aber dann kommen die weißen Tauben und es regnet auf einmal ganz gelb vom Himmel herunter. . . . Es ist ein langer Strich.

. . . . Von Prag geht's hinauf bis ans große Wasser (Ostsee) an eine Bucht. In diesem Strich ist alles hin. Dort, wo es angeht (= wo der Strich anfängt), ist eine Stadt ein Steinhaufen. Den Namen darf ich nicht sagen . . . .

Andere Version:

. . . . Schwärme von Tauben steigen aus dem Sand auf. Zwei Rudel erreichen das Kampfgebiet von Westen und Südwesten. . . . . Die Geschwader wenden nach Norden und schneiden den dritten Heereszug ab. . . . .

Die »Tauben« des Irlmaier erfüllen ihre Aufgabe. Sie kommen aber so spät, daß große Panzermengen bereits tief in die Bundesrepublik eingedrungen sind und hier nicht mehr chemisch bekämpft werden können. Deshalb sagt Nostradamus in Zeile 1:

Der Greif (Luftwaffe) mag sich (rechtzeitig) vorbereiten

Die Zeilen 4 und 5 lauten im Zusammenhang:

Sonst/Andernfalls wird der Elephant kommen
Der von einem Zugang/
Der in einer Landung/
Der in einem Kommen/ } ihn (= den Greif) überraschen wird,
Der in einem Ansturm/
Der in einem Angriff/

= Qui d'un abord le surprendra,

Noch gefährlicher klingt es bei Betonung des Wortes un:

Der in/mit einem Angriff/Ansturm ihn (den Greif) überraschen wird,

Ebenso wie die große Zahl deutscher Seher betont auch Nostradamus den gewaltigen Überraschungseffekt des Angriffs aus Osten. Hören wir inzwischen, wie der Münchener Seher Josef Stockert 1969 seine Eindrücke in Worte faßte:

.... 2. Panzer überrollen unser deutsches Vaterland:
Diese Panzer werden von Osten kommen und mit großer Schnelligkeit gegen Westen fahren. Wo sich ihnen Hindernisse in den Weg stellen, machen sie mit großer Übermacht alles dem Erdboden gleich. In drei Zügen ziehen sie nach Westen, an der Nordsee, nach Mitteldeutschland und im Süden entlang den Alpen[5], soweit ich mich noch erinnern kann. Vor Angst fliehen die Menschen nach Westen. In Frankreich werden die Straßen von Flüchtenden und von Autos verstopft sein und es wird kein Vor und kein Zurück geben. ....

.... Die Panzerzüge der Russen werden bis zum Rhein kommen. ....

Auszugsweise Angaben von Alois Irlmaier (zitiert entsprechend Dr. E. G. Retlaw/Dr. C. Adlmaier) lauten wie folgend:

.... Drei Stoßkeile sehe ich herauffluten: Der untere Heerwurm kommt über den Wald (= Bayerischer Wald) daher, zieht sich aber dann nordwestlich der Donau hinauf. Die Linie ist etwa Prag, Bayerwald und Nordwesten. Das blaue Wasser (= Donau) ist die südliche Grenze. Der zweite Stoßkeil geht von Ost nach West über Sachsen, der dritte von Nordosten nach Südwesten. Jetzt sehe ich die Erde wie eine Kugel vor mir, auf der die Linien der Flugzeuge hervortreten, die nunmehr wie Schwärme von weißen Tauben aus dem Sand[6] auffliegen.

Der Russe rennt in seinen drei Keilen dahin, sie halten sich nirgends auf. Tag und Nacht rennen sie bis ins Ruhrgebiet, wo die vielen Öfen und Kamine stehen. ....

.... bis an den Rhein. ....

---

[5] im Süden entlang den Alpen: Dies kann bedeuten
   a) nördlich der Alpen an den Alpen entlang.
   b) südlich der Alpen an den Alpen entlang.

[6] Sand: Ist die Bundesrepublik Deutschland eines Tages an einer Eingreiftruppe in den Sand-Wüstengebieten des Nahen Ostens beteiligt? Im Kriegsfall sind dort stationierte Flugzeuge Deutschlands zurückholbar.

.... Von der Donau bis zur Küste herrscht das Grauen. Zwei Flüchtlingszügen gelingt es noch, den Fluß zu überqueren. Der dritte ist verloren und wird vom Feinde eingekreist. ....

Diese wenigen und viele andere Auszüge aus Seherberichten machen völlig klar: Der Angriff des Warschauer Paktes (= Elephant) mit seinen Panzern erfolgt *sehr* überraschend, zumindest für die westdeutsche Zivilbevölkerung. Ich lege großen Wert auf diese Feststellung.

Zur Zeile 6:

>Six cens & huict, mer enflammee.
>Sechs hundert & acht, Meer entflammt.

Die Erwähnung des Meeres ist insofern interessant, als der Greif, also die Bundesrepublik Deutschland auch vom Meer her angreifbar und zugänglich ist. In diesem Zusammenhang erinnern wir uns der von Nostradamus in Zeile 5 so eigenartig ausgewählten Worte d'un abord = von einem Zugang.

>Der Greif kann/möge/soll sich vorbereiten
>Um dem Feind zu widerstehen
>Und wohl verstärken seine Armee,
>Sonst wird der Elephant kommen
>Der ihn von einem Zugang überraschen wird,
>Sechs hundert & acht, Meer entflammt.

Wir »greifen« Zeile 5 heraus:

>Qui d'un abord le surprendra,
>Der ihn von einem Zugang überraschen wird,

Variation:

>Qui d'un bord le surprendra,
>Der ihn von einem Ufer überraschen wird,

Diese durch Streichung des Buchstabens a erzielte Variation sieht auf den ersten Blick willkürlich aus. Die nähere Analyse jedoch ergibt:

1. französisch: deutsch:
   abord   =   Zugang (zu einer Küste etc.)
   bord   =   Ufer

Dies allein ist bereits bemerkenswert.

2. abordage   =   Anlegen
                    Entern
                    Zusammenstoßen

   aborder   =   anlegen
                    entern
                    übersegeln

Hier haben wir es im Zusammenhang mit dem Wortstamm abord mit Begriffen zu tun, die vielfach aus der Seefahrtssprache, auch aus der Kriegsseefahrt kommen und mit dem Meer in Verbindung stehen.

3. In der Zeile 6 schließlich erwähnt Nostradamus das Meer ganz direkt: .... mer enflammee (.... Meer entflammt).

All dies indiziert, daß es richtig sein könnte, in Zeile 5 Doppelsinn zu erkennen.

   Der ihn von einem Ufer überraschen wird,

Zeilen 3–6 zusammenhängend:

   Sonst wird der Elephant (= Warschauer Pakt) kommen
   Der ihn (den Greif) von einem Ufer überraschen wird,
   Sechs hundert & acht, Meer entflammt.

Hier verstehen wir das Codewort Elephant nicht mehr speziell im Sinne der Panzerkräfte des Ostens, sondern nur in seiner Hauptbedeutung als Warschauer Pakt. Welcher Art also ist die andere Überraschung, die der Warschauer Pakt für die Bundesrepublik Deutschland bereit hält?

Es ist eine Überraschung, die das Meer entflammt und die vom Ufer, das heißt von der Küste her erfolgt. Wahrscheinlich handelt es sich um die NBE-Flutwellenmethode, in der heutige Militärs große Gefahren und schreckliche Möglichkeiten sehen. Eine nukleare Bombe wird von einem Flugzeug des Warschauer Paktes über dem Meer, also in diesem Fall über der Nordsee abgeworfen. Sie detoniert in der eingestellten Tiefe bzw. nach Ablauf der eingestellten Sinkzeit. Der Detonations-Feuerball dieser Nuklearbombe entflammt das Meer.

Dabei verbleibt der Feuerball normalerweise im Meer. Er bildet sich nur dann über der Wasseroberfläche, wenn die nukleare Bombe zu stark bzw. die Explosionstiefe zu gering ist. Der unter Wasser entstehende Explosionsdruck ist derartig stark, daß das Wasser säulenartig gehoben und in ringförmige Ausbreitung gezwungen wird. Dies ist die Flutwelle, die sich in alle Richtungen ausdehnt und gegen sämtliche

Hindernisse anrennt (Schiffe, Bohrtürme, Inseln, Küsten, Deiche, Häfen, Küstenstädte, flaches Festland). Dort, wo diese Flutwelle gegen genügend hohe und feste Felsen schlägt, wird sie abprallen. Dort aber, wo Land oder Deiche nicht hoch oder nicht fest genug sind, wird sie ins Flachland einbrechen und so lange alles überschwemmen, bis sie sich natürlich ausgelaufen hat.

Hierzu die auszugsweisen Angaben der beiden soeben berücksichtigten Seher.

Josef Stockert, München 1969:

.... Von Osten her flog über der Nordsee ein Flugzeug gegen Westen. Als es sich England näherte, glaubte ich, es stürze ins Meer, da es auf einmal absackte. Dabei sah ich, wie aus dem Flugzeug etwas abgeworfen wurde. Das Flugzeug flog mit großer Geschwindigkeit weiter. Gleich darauf erfolgte eine furchtbare Detonation. Das Wasser des Meeres wurde hoch in die Lüfte geschleudert und ich sah unter mir nur noch Gischt und schäumendes, dampfendes Wasser. Weit wurde es ins Land hineingetragen und begrub alles unter sich. Von Land sah ich keine Spur mehr; ich glaubte es sei untergegangen. ....

Alois Irlmaier:

.... Die Inseln[7] vor der Küste gehen unter, weil das Wasser ganz wild ist. Ich sehe große Löcher im Meer, die fallen dann wieder zu, wenn die riesigen großen Wellen zurückkommen. ....

.... Da seh ich aber oan (= einen) daherfliegen von Osten, der schmeißt was in das große Wasser (= Nordsee), na (= dann) geschieht was Merkwürdiges. Da hebt sich das Wasser wie ein einziges Stück turmhoch und fällt wieder runter, dann werd (= wird) alles überschwemmt. Es gibt ein Erdbeben[8] und de (= die) groß Insel (= England) werd zur Hälfte untergehen[8]. ....

.... Die Länder am Meer (= Nordsee) sind vom Wasser schwer gefährdet, das Meer ist sehr unruhig, haushoch gehen die Wellen, schäumen tut es, als ob es unterirdisch kochte. Inseln verschwinden und das Klima ändert sich. Ein Teil der stolzen Insel (= England) versinkt[9],

---

[7] nicht näher bezeichnete Inseln, nicht näher bezeichnetes Meer. Verdacht: Nordsee.

[8] Dieses Erdbeben könnte mit Seebeben einhergehen und ausgelöst werden durch NBE-Detonation am bzw. nahe dem Meeresgrund der Nordsee.

[9] Versinken im Sinne von Untergehen durch Landsenkung, z. B. nach Nordsee-Beben bzw. Erdbeben infolge Nordsee-NBE. Großbritannien ist gegenwärtig durchaus kein erdbebenfreies Gebiet.

wenn das Ding ins Meer fällt, das der Flieger hineinschmeißt. Dann hebt sich das Wasser wie ein festes Stück und fällt wieder zurück. Was das ist, weiß ich nicht. Wann es kommt, weiß ich nicht. ....

Auch der Seher Anton Johansson weiß von einer gewaltigen Flutwelle zu erzählen. Seine entsprechenden Berichte werden im Kapitel NATUREREIGNISSE ODER KRIEGSGESCHEHEN gewürdigt.

Nicht nur in XI, 29 spricht Nostradamus von Feuer und Meer (Meer entflammt). In XI, 24 (Gefahr von Feuer & von Wasser) und in XI, 50 (England; das Feuer widerstehen gegen das Wasser) sind ähnliche Formulierungen anzutreffen. XI, 50 enthält die Ankündigung eines innerbritischen Krieges (Schottland–England). Das Versinken bedeutender englischer Landesteile steht in dem Sechszeiler in Rede und zwar im engen Zusammenhang mit WK III. Der Vierzeiler III, 1 (Roter Gegner bleich) mit seiner Zeile 6 .... Ocean en effroy (.... Ozean in Entsetzen) = NBE-Flutwelle wurde bereits untersucht.

Die Zahl six cens & huict (sechs hundert & acht) wird von Nostradamus nicht nur im vorstehend erörterten XI, 29 genannt. Sie zeigt sich auch im soeben kurz erwähnten XI, 24 (Gefahr von Feuer & von Wasser).

Die Sechshunderter-Verschlüsselungen erscheinen vorwiegend im Rahmen der insgesamt 58 Sechszeiler. Sie müssen nicht unbedingt Datenangaben betreffen. Auch Verweise auf andere, vom Inhalt her doppelt zu zählende Verse (z. B.: VI, 5 Brisantes Atom — Arktischer Pol, gemäß späterer Erläuterung) könnten darin enthalten sein.

Der in dieser Studie zu erbringende Beweis, daß mancher Nostradamus-Vers in Doppelbedeutung zweierlei verschiedene bzw. ähnliche Ereignisse auf *ein* Mal behandelt, rechtfertigt die Vermutung von Vers-Verweisen ebenso wie der Umstand, daß Nostradamus von vollzählig 1000 Versen spricht (die Présages ausgenommen), obwohl er ganz offenbar nur ca. 969 vierzeilige Verse hinterließ.

London

II, 91

Soleil levant un grand feu lon verra,
Bruit & clarté vers Aquilon tendants.
Dedans le rond mort & cris l'on orra,
Par glaive feu, faim, mort les attendans.

Sonne aufgehend ein großes Feuer man wird sehen,
Lärm & Helligkeit gen »Aquilon« gerichtet.
Im Rund/Kreis Tod & Schreie man wird haben,
Durch Schwert Feuer, Hunger, tot die Wartenden.

Aus den drei (nachträglich hinzugefügten) Unterstreichungen läßt sich erkennen, daß Nostradamus in verschlüsselter Form von der Stadt London (frz.: Londres) spricht. Beide Formen der Schreibweise von lon/l'on (= man) waren z. Z. des Nostradamus gebräuchlich. Gerade der Umstand, daß der Poet sich nicht für die einheitliche, sondern zugunsten der unterschiedlichen Schreibweisen entschied, erregt Aufsehen und die sehr berechtigte Annahme, daß London gemeint ist.

Die Zeile 1 lautet nunmehr:

lon
Soleil levant un grand feu Londres verra,
Sonne aufgehend ein großes Feuer London wird sehen,
man

Nostradamus erwähnt die Sonne = Soleil. Für uns entsteht sofort ein NBE-Verdacht hinsichtlich London, denn es ist bekannt, daß der Seher-Poet das Wort Soleil gern und häufig als Codewort für NBE benutzt. Unser Verdacht wird dadurch erhärtet, daß Nostradamus außerdem von einer Soleil levant (Sonne aufgehend) spricht, von einem aufsteigenden Feuerball also, der dem NBE-Feuerball in der Tat ähnelt. Die Ausdrucksweise grand feu (großes Feuer) bestärkt uns nochmals: Bei Sonnenaufgang wird London von NBE heimgesucht.

Es gibt — genau besehen — zwei Möglichkeiten, die Zeile 1 zu übersetzen:

a) Bei Sonnenaufgang wird London ein großes Feuer sehen,

b) Gen Sonnenaufgang wird London ein großes Feuer sehen,

Die zweite Interpretation entfällt jedoch, denn der Münchener Seher Josef Stockert macht endgültig klar, daß London ein direktes NBE-Opfer wird. Er schreibt in seiner Broschüre (Lit.-Verz.):

> .... Durch die Gnade Gottes erkannte ich, daß die eitrigen Geschwüre, aus denen Rauch und Feuerflammen hervorgingen, große und kleine Städte darstellten. Die großen Städte waren: Moskau, Berlin, London, Rom, Prag und viele andere. ....

Mitmensch, der Du in einer dieser Städte wohnst und diese Seherworte gelesen hast, verlasse Deine Stadt zur rechten Zeit.

> ....
> Flieh! auf! hinaus ins weite Land!
> Und dies geheimnisvolle Buch,
> Von Nostradamus' eigner Hand,
> Ist dir es nicht Geleit genug?
> Erkennest dann der Sterne Lauf,
> ....

Dies rät der deutsche Dichter und Seher Goethe, welcher zu den Voraussagen des Nostradamus, zu Astronomie und Astrologie zweifellos positiv eingestellt war.

Z2: Bruit & clarté   vers Aquilon tendants.
     Lärm & Helligkeit   gen Aquilon gerichtet.
= Kriegslärm & Helligkeit gen Aquilon gerichtet.

Erst kommt der Kriegslärm der konventionellen Kriegführung. Die Helligkeit der nachfolgenden NBE-Lichtblitze entsteht durch die spätere nukleare Phase. Im Wort Bruit = Lärm könnte Brüssel = Bruxelles angedeutet sein. Dies ist aber wie in allen Fällen, in welchen starke Bestätigungssignale fehlen, fraglich.

Die gängigen Enttarnungen für Aquilon lauten: Nord-Nord-Ost-Wind, Nordwind, Sturm, Norden, Länder des Nordens, Deutschland. Wind und Sturm wird es in Aquilon geben, denn NBE-Luftdruckwellen bringen, je nach Entfernung vom Detonationsort, Wind oder Sturm oder mehrfachen Orkan. Der deutsche Dichter Jean Paul (1763–1825) sah voraus:

.... aber unsere Nachkommenschaft geht noch durch eine Nacht voll Wind (NBE) und durch einen Nebel voll Gift (chemischer Krieg) bis endlich über eine glücklichere Erde ....

Die Gleichsetzung Aquilon = Deutschland könnte zu gewissem Grade gerechtfertigt sein, zumal das lateinische Wort aquila dem deutschen Adler entspricht, welcher als Bundes- oder Reichsadler bzw. als der Greif schon abgebildet wurde. Es steht fest, daß in Deutschland im Rahmen von WK III NBE stattfinden. Insofern mag es richtig sein, die Zeile 2 wie folgend zu übersetzen:

                                                  Adlerland
Kriegslärm & Helligkeit (= NBE) gen Deutschland gerichtet.
                                                  Aquilon

Aquilon hat noch weitere Bedeutung. Es ist in diesem Fall Codewort für die im nächsten Kapitel ausführlich zu behandelnde große Finsternis, die den Geschehnissen des Vierzeilers II, 91 zeitlich bald nachfolgt. Das lateinische aquilo leitet sich her von aquilus = der Verdunkelnde. Dementsprechend bedeutet Aquilon: Verdunkelung, große Finsternis.

    Bruit & clarté vers Aquilon tendants.
    Kriegslärm & Lichtblitz-Helligkeit (zeitlich) gen Verdunke-
                                                        lung gerichtet.

Noch deutlicher:

Kriegslärm und NBE-Helligkeit gehen der großen Finsternis voraus.

Seit Jahrhunderten, wie auch in unserer Gegenwart warnen die Seher(innen) vor der 72-stündigen Finsternis. Selbstverständlich war auch Nostradamus darüber genau informiert und hier gelang der Nachweis.

Einen besonders reizvollen Eindruck macht neben einer eingekreisten Duplizität eine neuerliche, angenäherte Triplizität:

Z 2:   Bruit & clarté vers Aquilon tend<u>ants</u>.
Z 3:   De<u>dans</u> le rond (mort) & cris l'on orra,
Z 4:   Par glaiv, feu, faim, (mort) les atten<u>dans</u>.

Nostradamus verzichtet in les attendan(t)s = die Wartenden auf den eingeklammerten Buchstaben t. Zwei Zeilen darüberstehend dokumentiert er sein absichtliches Vergessen durch genaue Rechtschreibung. Dänemark im Sinne von Dansk = dänisch oder Gdansk = Danzig können angesprochen sein.

Nostradamus sagt, daß London Soleil levant (Sonne aufgehend) von NBE getroffen wird. Hier heißt es aufgepaßt, denn der Vierzeiler enthält in verschleierter Form nicht nur London als NBE-Lokalität, sondern weitere Ortsverschlüsselungen.

Wenn wir nun voraussetzen, daß Aquilon gleichbedeutend ist mit Deutschland bzw. mit Länder des Nordens, so könnte es richtig sein, wie nachstehend zu folgern: Zu einem Zeitpunkt, zu welchem in London Sonnenaufgang ist, erleben (mit der entsprechenden Zeitzonenverschiebung) auch andere europäische Städte, wie z. B. im Gebiet »Aquilon« ihre NBE-Heimsuchung. Insofern wäre die Zeitangabe Sonne aufgehend London sehr gut durchdacht, da sie keinerlei Rücksicht auf Sommerzeiten und andere Zeitverschiebungen nehmen muß und dennoch völlig exakt ist. Der Zeitpunkt des Sonnenaufgangs für London ist selbstverständlich abhängig von der Jahreszeit bzw. von Monat und Tag. Darüber wird im Datenteil im Zusammenhang mit der terminlichen Einkreisung der massiv nuklearen Kriegsphase recht Genaues gesagt werden.

Ich nehme den Vierzeiler zum Anlaß, zwei wenig bekannte, aber hochinteressante Voraussagen der Seherin Anna Katharina Emmerick wiedorzugeben. Ihr Nachname erscheint oft auch als Emmerich. Diese sehr ungewöhnliche Frau lebte (1774–1824) in Westfalen. Die großen deutschen Lexika halten nähere Auskünfte zur Person bereit.

Anna Katharina Emmerick
Gesicht vom 2. September 1822:

. . . . Ich kam über steile Höhen in einen schwebenden Garten.
Da sah ich zwischen Mitternacht und Morgen, gleich der Sonne am Horizont, die Gestalt eines Mannes aufsteigen, mit langem, bleichem Angesicht.
Sein Kopf schien mit einer spitzen Mütze bedeckt. Er war mit Bändern umwickelt und hatte einen Schild auf der Brust, dessen Inschrift ich vergessen.

Er trug ein mit bunten Bändern umwickeltes Schwert und schwebte mit langsamem Taubenflug über die Erde, wickelte die Bänder los, bewegte sein Schwert hin und her und warf die Bänder auf schlafende Städte. Und die Bänder umfingen sie wie Schlingen. Auch fielen Blattern und Beulen von ihm nieder, in Rußland, in Italien und Spanien. Um Berlin lag eine rote Schlinge. Von da kam es zu uns. Nun war sein Schwert nackt, blutigrote Bänder hingen am Griff; es träufelte Blut auf unsre Gegend, der Flug war zickzack, die Bänder wie Kaldaunen. ....

Anna Katharina Emmerick,
Gesicht vom 11. September 1822:

.... Es steigt ein Engel auf zwischen Morgen und Mittag, mit einem Schwert, und er hat am Griff des Schwertes wie eine Scheide voll Blut, die er hier und da ausgießt, und er kommt bis hierher und gießt Blut aus in Münster auf dem Domplatz. ....

Man muß durchaus kein traumdeutender Psychiater sein, um nahezu jedes der scheinbar unverständlichen Worte erklären zu können. Ein relativ geringes Wissen über die Erscheinungsformen und Funktionsweisen von Raketen, Mehrfachsprengköpfen und NBE verhilft zu der Erkenntnis, daß insbesondere in dem Gesicht vom 2. September 1822 ein massierter NBE-Angriff gegen Städte mit allerlei treffenden Details geschildert wird. Ich beschränke mich auf zwei Beispiele.

1. .... die Gestalt eines Mannes aufsteigen (= Raketentod), mit langem (= schmale, lange Raketenform), bleichem Angesicht (= Tod). Sein Kopf (= oberer Teil der Rakete) schien mit einer spitzen Mütze bedeckt (= oben spitz zulaufende Raketenform). ....

2. .... es träufelte Blut auf unsere Gegend (Westfalen/Dülmen i. W.), der Flug war zickzack, ...

Im Zick-Zack-Flug werden die lenkbaren Atomsprengköpfe nach Verlassen der Trägerrakete täuschend durch die gegnerische Raketenabwehr hindurch ins Ziel geführt. Die USA geben spätestens seit 1979 dreistellige Millionenbeträge (in Dollar) zur Entwicklung des Zick-Zack-Verfahrens aus und die USSR dürfte (die technologischen Fähigkeiten vorausgesetzt) ebenfalls am Ball sein.

Die einzige Möglichkeit zur Abwehr des anfliegenden Raketen-Atomtodes liegt in der Benutzung von schnellen Anti-Raketen. Durch den sogenannten ABM-Vertrag verbieten wir uns gegenseitig diese Abwehrmöglichkeit. Wir legen sozusagen die Hände in den Schoß und lassen die Atombombe kaltlächelnd anfliegen. Der ABM-Vertrag läuft aber bald aus und dann wird das Zick-Zack-Verfahren sehr bedeutend werden. Die mikroelektronisch weit überlegenen USA scheinen sich Vorteile auszurechnen.

FINSTERNIS
ERDKIPPEN

Man stelle sich einmal vor, die Erde würde in der Weise »kippen«, daß Oslo auf der Erdkugel plötzlich jene Stelle einnähme, an der heute etwa Tunis liegt und daß alle anderen Orte der Erde eine entsprechende Veränderung mitmachen.

Man stelle sich außerdem vor, daß die Rotationsachse der Erde (in ihrer Ausrichtung zum Polarstern) trotz dieses Kippens fast unverändert erhalten bleibt.

In Anbetracht des Kippens des heutigen Oslo auf die Breite und Länge des heutigen Tunis würde dies bedeuten, daß die gedachten »Enden« der Rotationsachse der Erde nicht mehr in den Gebieten des gegenwärtigen Nord- und Südpols »aus der Landkarte herausschauen«, sondern entsprechend andernorts. Für den Nordpol käme damit eine Position etwa im Gebiet der nördlichen Bering-Straße infrage, also im Meer zwischen Rußland und Alaska. Die Erde wäre dermaßen gekippt, daß die Bering-Straße dort läge, wo gegenwärtig unser Nordpol ist. Die Bering-Straße wäre neuer Nordpol. Und der Äquator würde dementsprechend etwa durch die Sahara verlaufen. Tunis läge nur noch ca. 1.500 km vom Äquator entfernt und Oslo könnte, grob gesagt, Temperaturen haben, wie sie im heutigen Tunis gegeben sind. Dieses Beispiel, die folgende Skizze und im besten Falle ein vorhandener Globus sollen dazu dienen, die nicht leicht begreiflichen Zusammenhänge zu veranschaulichen, damit erkennbar wird, was unter dem »Kippen« der Erde zu verstehen ist.

Wohlgemerkt: Der Pol als Ende der gedachten, unverändert gebliebenen Rotationsachse, hat sich nur insofern verlagert, als das Ende der Rotationsachse auf der Landkarte aus einem anderen Gebiet als dem bisherigen herausschaut. Auf der abstrakt (ohne Länder und Meere) gedachten Kugel liegt der Pol hingegen an derselben Stelle wie vorher. Oder anders gesagt: In ihrer Lage zum Polarstern weist die Rotationsachse mit ihren Enden — den Polen — keine Veränderung, keine Verlagerung auf. Ein solches Erdkippen (abgekürzt: EK) wird im folgenden besprochen werden.

Selbstverständlich ist zunächst alles offen: Oslo könnte theoretisch auch nach Rio de Janeiro »gekippt« werden, Berlin dorthin, wo heute

Peking oder Sidney liegen usw. Ein Kippen um mehr oder weniger als 180° ist in der Theorie möglich. Zwar sind bereits allerlei Hypothesen über die möglichen neuen Positionen der Pole auf der Landkarte entwickelt worden, doch Definitives wußte man bisher noch nicht.

Nostradamus wird uns im nächsten Kapitel Klarheit verschaffen.

Wir wissen neben allerlei Details vor allem, daß Erdkippen im Laufe der Erdgeschichte sehr häufig stattgefunden hat. Dies ist wissenschaftlich (Geologie, Biologie, Zoologie, Physik etc.) erwiesen. Und wir wissen gemäß den Angaben der Seher, daß ein neues Erdkippen relativ nahe bevorsteht.

Die Vorstellung eines EK erscheint indes den jeweils lebenden Menschen zumeist als blanker Unsinn, weil sie in bezug auf ein derartiges Phänomen wegen seiner Seltenheit über keinerlei Erlebniserfahrung verfügen. Und die überlieferten Berichte früherer Menschen über EK verlieren sich infolge der enormen Zeitspannen, die zwischen einem Erdkippen und dem nächsten vergehen.

Platon weiß in »Der Staatsmann« aus alten Überlieferungen über EK zu erzählen. In der Bibel, im Neuen Testament[1], in diesem oder jenem uralten Epos scheinen EK-Bezüge enthalten zu sein.

Der amerikanische Seher Edgar Cayce (gestorben 1945) sprach mehrfach davon, daß ein EK bevorstehe und daß dieses sich bereits im Erdinneren *anbahne*. Viele Seher sprechen über EK allerdings nur indirekt und zwar insofern, als sie lediglich die Auswirkungen oder Erscheinungsformen von EK nennen, EK selbst hingegen nicht.

Wenn zum Beispiel sehergemäß die Sterne ihre gewohnten Bahnen verlassen haben, so ist dies ein ziemlich unverblümter Hinweis auf erfolgtes EK: Nicht die Sterne änderten ihre Bahn oder Position, sondern die Erde ist gekippt, so daß die Sterne nach erfolgtem Kippen andernorts auf- und untergehen und Bahnen ziehen, die von der Erde aus als andere, »neue« Bahnen gesehen und erlebt werden.

Entsprechendes gilt für die Sonne nach EK: sie geht andernorts auf und unter, die Sonnenbahn verläuft anders, der Winkel der Sonneneinstrahlung ist ein anderer, das Klima verändert sich usw.

---

[1] Offenbarung 6, 12–14; 11, 19; Lukas 21, 5–11, 20–28; Markus 13, 14–26; Matthäus 24, 29–31.

SKIZZIERTES BEISPIEL

Vor Erdkippen:

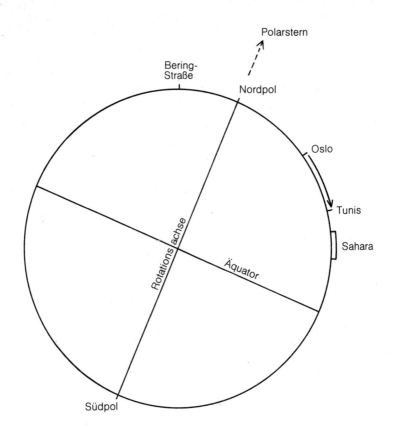

Nach Erdkippen:

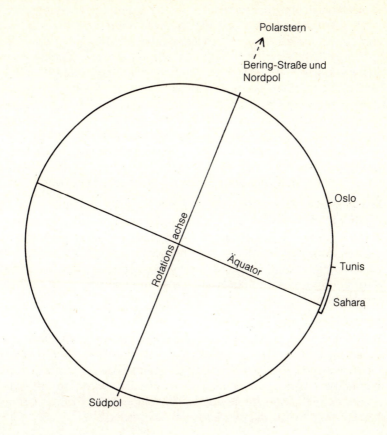

Die folgende Darstellung einiger EK-Zusammenhänge möge im schematischen Sinne verstanden werden.

Die Erdoberfläche ist mehr oder weniger kalt, starr, krustenhaft verfestigt. Unterhalb dieser relativ dünnen Kruste der Erdoberfläche allerdings wandelt sich das Bild: mit zunehmender Tiefe steigen die Temperaturen, die Substanzen werden elastischer, breiig, schließlich flüssig.

Es ist klar, daß sowohl Erdinneres als auch Erdoberfläche stets Zentrifugalkräften unterworfen sind, die durch die Rotation der Erde bedingt sind. An den Polen, das heißt an jenen Stellen der Erde, durch die ihre gedachte Rotationsachse hindurchläuft, ist die Zentrifugalkraft mit Null anzusetzen, am Erdäquator hingegen erreicht sie ihr Maximum. Hier, in Höhe des Äquators, drängt alles am stärksten nach außen. Es ist daher nicht nur logisch, sondern auch wissenschaftlich nachgewiesen, daß der Äquatordurchmesser der Erde größer ist als der Durchmesser durch die Pole. Die Erde hat damit die Form eines sogenannten Rotationsellipsoids, d. h. sie ist keine exakte Kugel, sondern in Äquatornähe durch maximale Zentrifugalkraft leicht aufgebläht, wobei diese Aufblähung sich zu den Polen hin mehr und mehr verliert.

Sobald nun ein EK stattfindet, kommt es zu gravierenden Folgen. Der Äquator läuft in diesem Fall automatisch durch andere Erdgebiete als die gewohnten. Auf diese *neuen* Äquatorgebiete wirken jetzt die maximalen Zentrifugalkräfte, so daß hier die maximale Aufblähung als *Landhebung* erfolgt, während die früheren Äquatorgebiete nunmehr unter geringerer Zentrifugalkraft stehen, so daß dort eher mit *Landsenkungen* zu rechnen ist.

Die Veränderungen beschränken sich aber nicht nur auf die einstigen bzw. nach EK neuen Äquatorgebiete. Für jeden Punkt auf der Erde ergeben sich neue, mehr oder weniger veränderte Kräftekombinationen, welchen je nach Position und Umständen die Tendenz zu Landhebung bzw. Landsenkung innewohnt. Die Erde wird also *beben* und die Seher bestätigen, daß EK ein gleichzeitiges oder raschfolgendes, quasi erdweites, gewaltiges Beben mit sich bringt.

Außerdem ist absehbar, daß eine Folge zahlreicher lokaler Erdbeben, möglicherweise über viele Jahre verteilt, einem solchen großen, erdweiten Beben folgen werden, so lange, bis der *neue* Rotationsellipsoid Erde sich herausgebildet und mit den örtlich herrschenden Spannungen und Verschiebungen »arrangiert« hat.

Ein umfangreiches Erdbeben bei oder bald nach EK ist stets auch verbunden mit Seebeben und Seebeben ihrerseits haben häufig die typischen Tsunamis — das sind machtvolle Flutwellen — zur Folge. Die Seher sprechen gern von Meeresrauschen/Fluten/schäumenden Wogen etc. oder verwenden ähnliche Bezeichnungen, wobei offen bleibe, ob sie damit im Einzelfall meinen:

a) Tsunami-Flutwellen als Seebebenfolge.
b) Flutwellen infolge der Trägheit der ozeanischen Wassermassen bei *schnell* erfolgendem EK.
c) Überschwemmungen infolge Landversinken.

Nicht alle Folgen eines EK lassen sich auf diesen wenigen Seiten aufzählen oder gar schildern. Immerhin will ich versuchen, einige solcher Folgen stichwortartig zusammenzustellen:

* Veränderung der erdmagnetischen Felder
* Stromausfall
* Blitze
* van Allen Gürtel?
* »Stürzen« von Sternen (die Sterne »stürzen sich« in »neue« Positionen)
* Funkenregen, regional alles verbrennend
* Erdbeben und Seebeben (»Weltbeben«, »Riß der Erde«)
* Flutwellen
* Überschwemmungen
* Vulkanausbrüche
* Aufbrechen der Erdkruste an den labilen Spalten zwischen den Krustenplatten (vorwiegend untermeerisch, aber für die Landoberfläche nicht sicher ausschließbar)
* Seichtigkeit von Flüssen/Flußbettverlagerungen/Umkehrung der Fließrichtung
* Sternenhimmel verändert (subjektiv von der Erde aus gesehen)
* Sonnenbahn verändert (subjektiv von der Erde aus gesehen)
* Landhebungen (auch aus dem Meer heraus)
* Landsenkungen (auch Landversinken im Meer)
* Abschmelzen von Poleis
* Neue Pole, neue Eiskappen
* Klimaveränderungen
* Vegetationsfolgen
* Landwirtschaftliche Veränderungen
   . . .

sowie viele andere.

Für einen Teil der Stichworte gilt, daß das Jeweilige auch schon vor und auch noch nach EK stattfinden kann, d. h. in der Vorbereitungsphase für EK und in der Phase der Nachwehen des EK (vgl. folgende schematische Darstellung).

1. Die Vorbereitungsphase für EK:

In dieser Phase, die schon seit Jahrzehnten im Gange ist, wird EK lediglich vorbereitet; sie bahnt sich allmählich an. Die Veränderungen spielen sich hauptsächlich im Erdinneren ab, zeitigen ihre Auswirkungen jedoch bis hinauf auf die Erdoberfläche.

Wir erleben die Auswirkungen vor allem in Form von relativ häufigen Erdbeben. Diese Beben sind lokal mehr oder weniger begrenzt. Die von Edgar Cayce zum Beispiel für den Mittelmeerraum und Umgebung angekündigten Beben- und anderen Aktivitäten gehören zweifellos in diese Phase, sowie wahrscheinlich auch die Beben in Italien, Österreich, Deutschland und Großbritannien, welche in den späteren siebziger Jahren stattfanden. Entsprechendes gilt für die an verschiedenen Örtlichkeiten beobachteten, stets lokal sehr begrenzten Landhebungen im Meer unter der Oberfläche, für Inselbildungen und -rückbildungen und für vielerlei andere, zumal in gesteigerter Anzahl bzw. an ungewöhnlichen Stellen auftretende Phänomene geringer Ausbreitung.

Übernormal anwachsende oder wiedererstehende Vulkantätigkeit sowie neue Vulkane sind dieser Vorbereitungsphase von EK zuzurechnen. Des weiteren scheinen Klimaveränderungen, die nicht plötzlich, sondern eher unscheinbar und langsam stattfinden, in dieser Phase üblich zu sein.

Vorbezeichnete und andere Ereignisse spielen sich stets lokal begrenzt, also nicht gleichzeitig erdweit ab. Die entsprechenden Katastrophennachrichten und deren Todesziffern bleiben — obwohl bedauerlich in jedem Einzelfall — noch überschaubar.

Zwar werden all diese Vorgänge von den Medien gemeldet, doch schenken nur wenige Menschen unserer Zeit den Meldungen noch Aufmerksamkeit. Die Welt wird in den Tagesnachrichten sehr klein. So kommt ein Erdbeben zum anderen, der Mensch stumpft durch Gewöhnung ab und hält die große Zahl für ganz normal. Ein neuer Vulkan oder vulkanisches Wiederaufflackern, das sind Augenblickshappen für den, der sich daran gewöhnen mußte, viel schwerere Kost fast täglich zu verdauen und zu vergessen.

Eine die letzten Jahre umfassende Auflistung von Beben, ›kleinen‹ Flutwellen, Neu-Inseln (wenngleich sie meist schnell wieder verschwinden), von plötzlicher Belebung erloschen geglaubter Vulkane, von lokalen Landhebungen usw., eine solche Auflistung würde gewiß manchen von uns staunen lassen. Nicht minder bedenklich ist, daß Dinge wie Beben und Vulkane seit einer Reihe von Jahren auch *dort* vorkommen, wo sie bisher nicht oder kaum zu erwarten waren. Dies deutet tatsächlich darauf hin, daß *in* der Erde relevante Veränderungen stattfinden, jene Veränderungen im Erdinneren, die von Edgar Cayce mehrfach angesprochen wurden, ohne genaue Erklärung oder Beschreibung zu erfahren. Die Ozeanologen/ Geologen haben inzwischen allerdings viel hinzugelernt. Cayce machte völlig klar, daß diese Veränderungen im Erdinneren zu einem nicht gar so fernen Zeitpunkt zum EK führen werden. Er spricht vom späteren Teil der Spanne 1958 – 1998 und beschreibt umfangreiche Auswirkungen (vgl. Lit.-Verz.: Stearn, Jess).

2. Die sehr kurze Phase des eigentlichen Erdkippens:

Experten nehmen an, daß das eigentliche Erdkippen eine Dauer von Minuten bis wenigen Tagen haben wird. Diese Phase umfaßt Beben schwerster Art und riesiger Regionen innerhalb kurzer Zeit, sowie zahlreiche andere umfangreichste und schwerstwiegende, wahrlich globalkatastrophale Veränderungen von kaum faßbaren Ausmaßen (wie schon dargestellt und in einigen Stichworten zusammengefaßt). Die Todesziffern überschreiten das Vorstellungsvermögen.

3. Die Phase der Nachwehen von EK:

Sie dauert so lange, bis der neue Rotationsellipsoid sich herausgebildet und mit den bis dato herrschenden Verhältnissen arrangiert hat. Ihr Zeitumfang ist schwer zu benennen, eine Bezifferung nach Jahren scheint mir zutreffender, als eine solche nach Monaten oder Wochen. Auch in dieser Phase sind noch umfangreiche, auf große Gebiete zu beziehende Ereignisse möglich, wie z. B. Landsenkungen und -hebungen.

Selbstverständlich gibt es zu alledem Veröffentlichungen: solche streng bzw. mehr oder weniger wissenschaftlicher Art. Das Gebiet ist dermaßen vielschichtig, daß es im Rahmen der vorliegenden (WK III-) Abhandlung nur angesprochen, nicht aber ausgeführt werden kann.

Vieles ist möglich und nicht leichthin sollte man in der heutigen, buchstäblich zum Kippen reifen Zeit, etwas als »Science-fiction« nur deshalb abtun, weil es ins gegenwärtige Weltbild z. B. mangels vorererwähnter Erlebniserfahrung nicht hineinpaßt.

Danach werden wir klüger sein. Heute läßt sich immerhin soviel sagen, daß es ohne unvorstellbare Katastrophen und Umwälzungen, ohne potenziertes Massensterben nicht abgehen wird. Die Sprache der Seher ist deutlich.

Verschiedene Seher machen Angaben, aus welchen sich der Schluß enger zeitlicher Verbindung zwischen der massiv nuklearen Phase von WK III und nachfolgendem Erdkippen ziehen läßt. Insbesondere Nostradamus wird uns in der Annahme dieser engen zeitlichen Abfolge bestätigend unter die Arme greifen.

Es wird jedoch noch ein weiteres Ereignis stattfinden, welches unbedingter Erwähnung bedarf: Dies ist das Phänomen der sogenannten

72-stündigen Finsternis,

auch Finsternis von drei Tagen und Nächten genannt, die von einer überwältigend großen Zahl seriöser Seherinnen und Seher angesagt ist. Die Übereinstimmung in der Voraussage der 72-stündigen Finsternis und ihrer Begleiterscheinungen ist ungeheuerlich und im höchsten Grade alarmierend.

Ich betone die Chronologie wie nachstehend: Erst erfolgt WK III. Sodann wird der dritte Weltkrieg in seiner Spätphase massiv-umfangreich nuklear geführt werden. *Eng* verbunden mit der massiv nuklearen Spätphase von WK III sind die große 72-stündige Finsternis und das Erdkippen.

Diese Feststellungen sind von außerordentlicher Bedeutung, denn die Datierung der massiv nuklearen Spätphase wird uns in einem weiteren Kapitel gelingen. Und da alle drei Ereignisse, also Spätphase WK III, Finsternis und Erdkippen zeitlich engstverbunden sind, läßt sich sagen: durch die Datierung der Spätphase von WK III werden die beiden Phänomene Finsternis und Erdkippen zwangsläufig sehr genau mitdatiert sein.

Der Leser beherzige die *konkreten*, wertvollen Verhaltensratschläge des bewährten Alois Irlmaier:

....Finster wird es werden an einem Tag unterm (= im) Krieg. Dann bricht ein Hagelschlag aus mit Blitz[2] und Donner und ein Erdbeben[2] schüttelt die Erde[2]. Dann geh nicht hinaus aus dem Haus. Die Lichter brennen nicht, außer Kerzenlicht, der Strom hört auf[2]. Wer den Staub[3] einschnauft, kriegt einen Krampf und stirbt.

Mach die Fenster nicht auf, häng sie mit schwarzem Papier zu[4]. Alle offenen Wasser werden giftig und alle offenen Speisen, die nicht in verschlossenen Dosen sind. Auch keine Speisen in Gläsern, die halten es nicht ab[4]. Draußen (außerhalb der Häuser) geht der Staubtod um, es sterben sehr viel Menschen. Nach 72 Stunden ist alles wieder vorbei. Aber noch mal sage ich es: Geh nicht hinaus, schau nicht beim Fenster hinaus, laß die geweihte Kerze[5] oder den Wachsstock brennen und betet. Über Nacht sterben mehr Menschen als in den zwei Weltkriegen ....

Dr. C. Adlmaier (Lit.-Verz.) als sorgfältiger, unermüdlicher Sammler und Herausgeber der Worte des Alois Irlmaier läßt uns außerdem wissen:

---

[2] Typische Begleiterscheinungen von Erdkippen. Irlmaier sagt außerdem andeutungsweise, daß die gesamte Erde von Erdbeben betroffen sei, auch dies kennzeichnend für Erdkippen.

[3] Der von Irlmaier hier angegebene Staub ist eine durch Atemkrampf den sicheren Tod bringende Begleiterscheinung der 72-stündigen Finsternis. Dieser Finsternis-Staub ist nicht zu verwechseln, ist nicht identisch mit dem ebenfalls todbringenden gelben Staub in einer Linie, welcher gemäß Irlmaier-Voraussage von den weißen Tauben (Flugzeugen) als Maßnahme chemischer Kriegführung geworfen wird. Vgl. Seiten 10, 11, 12, 13; 194.

[4] Es gibt Formen der Strahlung (z. B. die wissenschaftlich so genannte Alpha-Strahlung), welche von Papier bis zu gewissem Grad wirksam gehemmt werden, für welche Glas jedoch kein Hindernis darstellt. Aus vermutlich einem derartigen Grund rät Irlmaier, die Fenster mit Papier zuzuhängen. Unklar ist, weshalb er schwarzes Papier anrät. Vielleicht soll die schwarze Farbe die Neugierde des Aus-dem-Fenster-Sehens dämpfen und die Menschen von den Fenstern fernhalten. Es kann dieses Schwarz aber auch anders begründet sein.
Die Fenster sind während der gesamten 72 Stunden fest geschlossen zu halten. Lüften ist ausgeschlossen. Es kann nicht schaden, schlecht schließende Fenster rechtzeitig etwas abzudichten und zusätzlich zum Papier Decken, Stoffe und Vorhänge zum Verhängen zu benutzen.

[5] Kerzen sind möglicherweise die einzige funktionierende Lichtquelle. Viele andere nützliche kleine Vorbereitungen lassen sich mit Vorteil treffen. Trinkwasser darf nur aus der Leitung bzw. aus vorher gefülltem Ganzmetall-Behälter genommen werden.

»...Auf die Frage, was sollen die Leute tun, um die große Finsternis und den kosmischen Staub zu überstehen, antwortete der Seher:«

....Kauft ein paar verlötete Blechdosen mit Reis und Hülsenfrüchten. Brot und Mehl hält sich, Feuchtes verdirbt, wie Fleisch, außer in blechernen Konservendosen. Wasser aus der Leitung ist genießbar, nicht aber Milch. Recht viel Hunger werden die Leute so nicht haben, während der Katastrophe[6] und Finsternis. Das Feuer wird brennen, aber macht während der 72 Stunden kein Fenster auf. Die Flüsse werden so wenig Wasser haben, daß man leicht durchgehen kann[7]. Das Vieh fällt um, das Gras wird gelb und dürr, die toten Menschen werden ganz gelb und schwarz. Der Wind treibt die Todeswolken nach Osten ab[8].

Wie lange es dauert mit dem Krieg? Ich sehe deutlich einen Dreier, aber ob es drei Tag, drei Wochen oder drei Monate sind, weiß ich nicht. Am Rhein sehe ich ....

Wir werden uns mit der Dauer von WK III später ausführlich beschäftigen. Für den Augenblick empfehle ich, die letzten beiden Irlmaier-Auszüge genau zu lesen und bei Gelegenheit näher darüber nachzudenken, denn sie enthalten neben lebensrettenden Hinweisen sehr nützlichen Rat.

Wenn Irlmaier z.B. sagt: ....Wasser aus der Leitung ist genießbar, ... so heißt das noch längst nicht, daß die Wasserversorgung überall funktioniert. Stromausfall kann häusliche und städtische Pumpen leicht ausschalten.

Dies war eine der klarsten und prägnantesten Seherangaben zum katastrophalen Phänomen der 72-Stunden-Finsternis. Viele andere Seherstimmen — teilweise bedeutend älterer Herkunft, meist weniger klar in der Aussage – sind verfügbar. Der Benediktinermönch Ellerhorst zeichnete 1922 die Voraussage des Vorarlberger Sehers Franz Kugelbeer auf, die sich in Auszügen wie folgend liest.

---

[6] Hier spricht Irlmaier nicht nur von der Finsternis, sondern auch von einer Katastrophe: Erdkippen.

[7] Seichtigkeit von Flüssen: Typische Begleiterscheinung von Erdkippen.

[8] Es bleibt unklar, welche Gebiete der Erde von den Staubtod-Wolken erfaßt werden. Nach meiner Ansicht sind zumindest Teile Europas betroffen.

....Finsternis von drei Tagen und Nächten. Beginn mit einem furchtbaren Donnerschlag mit Erdbeben[9]. Kein Feuer brennt[10]. Man kann weder essen noch schlafen, sondern nur beten. Nur geweihte Kerzen brennen (= Stromausfall). Blitze dringen in die Häuser, gräßliche Flüche von Teufeln sind zu hören. Erdbeben[9], Donner[9], Meeresrauschen[9]. Wer neugierig zum Fenster hinausschaut, wird vom Tode getroffen. Man verehre das kostbare Blut Jesu und rufe Maria an. ....

....Es herrscht die Pest, große schwarze Flecken am Arm sieht man, Schwefeldämpfe erfüllen alles, als wenn die ganze Hölle los wäre. ....

Es folgen weitere Seherstimmen.

Marie Julie Jahenny de la Faudais (1891):

....Es wird eine dreitägige Finsternis in der Natur eintreten; während dreier Nächte und zwei Tagen wird eine ununterbrochene Nacht sein. Die geweihten Kerzen von Wachs werden allein noch Licht spenden. ....

....Die Blitze werden in eure Wohnungen eindringen[11] ....

....Wolken, rot wie Blut, werden am Himmel vorüberziehen; ....

....Die Erde wird bis in ihre Grundfeste erschüttert werden. Das Meer wird schäumende Wogen (= Flutwellen) über das Festland schleudern. In einen unermeßlichen Friedhof wird die Erde umgewandelt, die Leichen der Gottlosen und der Gerechten bedecken die Erde. Dann wird eine große Hungersnot sein. Alles wird zerstört sein und ¾ der Menschheit wird umkommen. Diese Krisis wird fast plötzlich ausbrechen und wird auf der ganzen Welt gemeinsam sein. ....

---

[9] Begleiterscheinungen von Erdkippen.

[10] Irlmaier: ....Das Feuer wird brennen, aber macht während der 72 Stunden kein Fenster auf. ....
Es liegt also hinsichtlich des Feuers (z. B. Bauernherd) ein Widerspruch in den Angaben beider Seher (Irlmaier-Kugelbeer) vor.

[11] Über Antennen und Steckdosen können Blitze eindringen. Aber auch der unsichtbar eindringende EMP-Blitz (vgl. S. 138) kann gemeint sein.

La Salette (bei Grenoble):

Am 19. September 1846 erschien der fünfzehnjährigen Mélanie Calvat/Matthieu die Jungfrau Maria. Mélanie berichtet das Gehörte. (Auszug):

.... Frankreich, Italien, Spanien und England werden im Kriege sein. Das Blut wird auf den Straßen fließen. Der Franzose wird mit dem Franzosen kämpfen, der Italiener mit dem Italiener (= Bürgerkriege). Schließlich wird es einen allgemeinen Krieg geben, der entsetzlich wird (= WK III). ....

Mehrere Seher deuten innere Unruhen auch für Deutschland an. So z. B. der schon genannte Franz Kugelbeer:

.... Über Nacht kommt die Revolution der Kommunisten, verbunden mit den Nationalsozialisten (= Neonationalsozialisten/radikale Rechte o. ä.), der Sturm über Klöster und Geistliche. Die Menschen wollen es zuerst nicht glauben, so überraschend tritt es ein. .... Wie der Blitz aus heiterem Himmel kommt der Umsturz von Rußland her (= Revolution durch Kommunisten) zuerst in Deutschland, darauf in Frankreich, Italien und England. Allerorts ist Aufruhr und Zerstörung. ....

Zurück zur Weissagung von La Salette:

Auf den ersten Hieb seines Schwertes (= Schwert Gottes), das wie ein Blitz (= Blitze, EK) einschlagen wird, werden die Berge und die ganze Natur vor Entsetzen zittern, weil die Unordnungen der Menschen und ihre Verbrechen das Himmelsgewölbe durchdringen. ....

Die Natur lechzt nach Rache wegen der Menschen und bebt (= Erdbeben, EK) vor Entsetzen in Erwartung dessen, was über die durch Verbrechen besudelte Erde hereinbrechen soll (= Finsternis, Erdkippen).

Zittert, du Erde und ihr, die ihr Gelübde zum Dienste Jesu Christi abgelegt habt und die ihr innerlich nur euch selbst anbetet, zittert! ....

Die Jahreszeiten werden sich verändern (nach EK). Die Erde wird nur schlechte Früchte hervorbringen, die Sterne werden ihre regelmäßigen Bahnen verlassen. Der Mond wird nur ein schwaches rötliches Licht wiedergeben. Das Wasser und das Feuer werden der Erde furchtbare Erdbeben und krampfhafte Bewegungen (= EK) mitteilen, welche Berge, Städte .... versinken lassen. ....

Zum letzten Satz: Das sind typische Anspielungen auf die insbesondere im Atlantik und Pazifik sich erstreckenden, langen, labilen Spalten zwischen den Krustenplatten der Erde. In den Tiefen der Ozeane brechen diese labilen Spalten anläßlich EK auf, so daß heiße Magma (vgl.: das Feuer) aus dem Erdinneren austritt, die jedoch im Meerwasser (vgl.: das Wasser) abgekühlt wird und unter dem Gegendruck der Wassertiefe erstarrt. Der Vorgang hält an, bis es nach Bebenberuhigung zum selbsttätigen Verschließen der aufgebrochenen Spalten kommt. Neue Forschungen in der Tiefsee durch Ozeanologen und Geologen haben die soeben schematisch dargestellten Vorgänge, die bislang als Mehr-oder-weniger-Hypothese galten, bestätigt.

Anna Maria Taigi (1818):

..... Gott wird zwei Strafgerichte verhängen:

Eines geht von der Erde aus, nämlich Kriege, Revolutionen und andere Übel, das andere Strafgericht geht vom Himmel aus. Es wird über die ganze Erde eine dichte Finsternis kommen, die drei Tage und drei Nächte dauern wird.

Diese Finsternis wird es ganz unmöglich machen, irgendetwas zu sehen. Ferner wird die Finsternis mit Verpestung der Luft verbunden sein, die zwar nicht ausschließlich, aber hauptsächlich die Feinde der Religion hinwegraffen wird. Solange die Finsternis dauert, wird es unmöglich sein, Licht zu machen. Nur geweihte Kerzen werden sich anzünden lassen und Licht spenden. Wer während dieser Finsternis aus Neugierde das Fenster öffnet und hinausschaut oder aus dem Hause geht, wird auf der Stelle tot hinfallen. In diesen Tagen sollen die Leute in ihren Häusern bleiben, den Rosenkranz beten und Gott um Erbarmen anflehen. . . . .

Caesarius von Heisterbach (1180 — 1240):

..... Alle Elemente werden entfesselt und der ganze Zustand der Welt verändert (EK). Die Erde wird an mehreren Orten vor Furcht beben und die Lebendigen verschlingen. Viele Städte und Festungen werden zugrunde gehen. Die Früchte der Erde werden sich vermindern und die Wurzeln ohne Saft sein. Die Saaten werden auf den Feldern verfaulen und die Keime keine Frucht bringen[12]. Das Meer wird brüllen und

---

[12] Folgen von Verseuchung durch Radioaktivität oder chemische Kriegführung. Auch Folgen von EK (Klimawechsel, Vegetationswandel) können eine Rolle spielen.

sich gegen die Länder erheben und viele Schiffe und Menschen verschlingen. . . . .

Viele und schreckliche Zeichen werden am Himmel erscheinen, die Sonne wird sich verdunkeln und sich blutig rot zeigen. Zwei Monde zugleich wird man vier Stunden lang, umgeben von erstaunlichen Dingen, sehen. Mehrere Sterne werden zusammenstoßen zum Zeichen der Zerstörung fast aller Menschen. Der natürliche Zug der Luft wird wegen der Pestkrankheiten (? = radioaktive Verseuchung?) verändert und verkehrt (infolge EK); Menschen und Tiere werden schnell sterben; eine furchtbare Hungersnot wird die ganze Welt und besonders den Westen heimsuchen. — Nie seit Beginn der Welt wird man dergleichen gehört haben . . . .

Nicht selten und insbesondere in neuerer Zeit immer dringender und häufiger erwähnen die Seher als Ursache der Finsternis eine riesige Dunkelwolke. Die Herkunft bzw. die Entstehungsmöglichkeiten einer solchen Wolke sollen in dieser Studie ebensowenig erörtert werden wie die Entscheidung der Frage, ob eine derartige Wolke eine der Großmächte (z. B. aus Angst vor einer »Geheimwaffe« des Gegners) zum prophylaktischen Druck auf den nuklearen Kriegsknopf provoziert und auf diese Weise den massiv nuklearen Krieg auslöst. Uns soll diese Form des Krieges nur insoweit interessieren, als sie stattfinden wird. Zu der erwähnten Dunkelwolke äußern sich zwei Seherinnen wie folgend.

Theresa Helena Higginson (1880):

. . . . Ich sah mich — ich weiß nicht wie und wo — an einen erhöhten Ort versetzt, von dem aus ich die Erde überschauen konnte[13]. Zuerst sah ich eine schwarze Wolke die Erde umhüllen; es war eine wirkliche, dichte, materielle Finsternis, — Sinnbild der geistigen Finsternis, in welche sich die Menschen gestürzt haben. Dann hörte ich das starke Rollen des Donners, ich sah Blitze[14] zucken, und es erschien mir, als fielen feurige Kugeln[14] auf die Erde, die bis in ihr Innerstes drangen, Felsen zermalmend. Hierauf hörte ich das gewaltige Rauschen der Fluten. . . . .

---

[13] Typische Seherposition des Schauens.

[14] Typische Begleiterscheinungen von Erdkippen.

Maria Graf Sutter (1953/54):

.... Aus einem Licht hörte ich die Worte: ›Ich bin die Mutter der göttlichen Gerechtigkeit. Aber wenn man meine Bitten nicht erfüllt, kommt nach mir der Sohn in Gerechtigkeit (= zwangsläufig), die sündige Welt zu strafen. Ein furchtbares Donnern wird die Stunde seines Zornes künden. Hierauf werden die vernünftigen Geschöpfe sicheren Schutz (= Häuser) aufsuchen.‹ Ich sah dies alles mit offenen Augen.

Wie ein riesiger Donner grollte die Erde auf. Und die Tiere, Rehe, Hasen und Vögel eilten dahin. Dann kam wie eine riesige schwarze Decke oder Wolke tiefschwarze Nacht über die Welt. Ich hörte weiter: ›Eine furchtbare Finsternis wird die Erde einhüllen zum Schutze derer, die gerettet werden. ....‹

Josef Stockert spricht in seinem kleinen Buch (Lit.-Verz.) zunächst von der Nordsee-NBE. Unter Punkt 4 schreibt er sodann von einer »Weltkatastrophe« bzw. über eine »große Katastrophe«. Daran anschließend bringt er zum Ausdruck, daß er mit diesen beiden Bezeichnungen nicht nur WK III meint.

Er sagt, daß die Erde aus ihrer Bahn geworfen werde und benennt die 72-Stunden-Finsternis. Er sieht beide Ereignisse (Finsternis und EK) als quasi simultan geschehend.

Josef Stockert:

....

4. Übernatürlich wird die Weltkatastrophe enden:

Die große Katastrophe wird natürlich (= WK III) beginnen und übernatürlich enden. Denket daran, was das heißt: natürlich und übernatürlich[15]!

Gott wird selbst eingreifen. Die Erde wird aus ihrer Bahn geworfen und die Sonne wird ihr keinen Schein mehr geben:[16] Finsternis auf

---

[15] Der Seher Edgar Cayce (gestorben 1945) warnte beharrlich davor, daß die Menschen die ihnen zu Gebote stehenden Kräfte nicht mißbrauchen sollten, da andernfalls die Natur Weiteres besorgen würde. Ein Nuklearkrieg entspricht zweifellos dem Mißbrauch von verfügbaren Kräften.

[16] Dieser von dem Seher Josef Stockert selbst gesetzte Doppelpunkt ist sehr interessant. Er kennzeichnet die simultane Beziehung zwischen Erdkippen und Finsternis.

dem ganzen Erdball 72 Stunden lang. In dieser Finsternis wird kein Licht brennen (= **Stromausfall**) außer dem Licht des Glaubens und geweihter Kerzen, das jenen erhalten bleibt, die die Bitte der Gottesmutter treu erfüllt haben. Die wahren Christen werden in dieser Zeit Fenster und Türen schließen und verhängen und sich um das Kreuz und das Bild der seligsten Jungfrau im Gebete versammeln. Sie werden Gott bitten um das baldige Ende der unerträglichen Finsternis. Die geweihten Kerzenlichter erhellen nicht nur die Räume, sondern auch ihre gläubig im Gebet vereinten Herzen. Schauet nicht hinaus und seid nicht neugierig, was draußen vorgeht, sonst müßtet ihr sterben! ....

Der ebenfalls bayerische Seher Alois Irlmaier (gestorben 1959) spricht niemals in direkt-deutlicher Weise über Erdkippen. Statt dessen macht er Andeutungen und nennt Begleitsymptome.

(Irlmaier:) .... Finster wird es werden an einem Tag unterm (= im) Krieg. Dann bricht ein Hagelschlag aus mit Blitz und Donner und ein Erdbeben schüttelt die Erde. ....

(Irlmaier:) .... es kann sein, daß wir schon in eine Zeit hinein kommen, daß bei uns (in Bayern/Deutschland) überhaupt kein richtiger Winter mehr kommt (Vor-EK-Phase mit allmählichen, unscheinbaren Klimaveränderungen). Ich sehe in späterer Zeit (Nach-EK-Phase und später) Weinberge und Südfrüchte bei uns wachsen, ob ihr es glaubt oder nicht. ....

Das sind deutliche Hinweise auf (zunächst allmählichen, dann durch EK abrupten) Klimawechsel, Vegetationswandel, Veränderungen im landwirtschaftlichen Anbau und damit auf neuen Äquatorverlauf durch Erdkippen.

(Irlmaier.) .... der dritte Neuner bringt den Frieden (hierzu später). Das Klima hat sich geändert (nach EK), es ist alles wärmer geworden, auch bei uns, und Südfrüchte wachsen wie in Italien. Wenn alles vorbei ist, da ist ein Teil der Bewohner dahin und die Leute sind wieder gottesfürchtig. ....

DER NEUE NORDPOL
NACH ERDKIPPEN

Arktischer Pol

Der folgende Vierzeiler VI, 5 scheint bereits bekannt. Im Kapitel DER DRITTE WELTKRIEG: 14 VERSE DES NOSTRADAMUS wurde er unter dem Titel ›Brisantes Atom‹ geführt. Der Vierzeiler trägt hinter seiner Maske allerdings ein zweites, ungleich bedeutsameres Gesicht.

VI, 5

Si grand famine par unde pestifere,
Par pluye longue le long du polle arctique;
Samatobryn cent lieux de l'hemisphere,
Vivront sans loy exempt de pollitique.

So großer Hunger durch verpestende (= radioaktive) Welle,
Durch Regen lang entlang des arktischen Poles (= Nordpol),
Samatobryn (= Brisantes Atom) hundert Orte der Hemisphäre (Halbkugel),
Werden leben ohne Gesetz ausgenommen (das Gesetz) von Schläue/Geschick.

Nostradamus spricht in seinem Vierzeiler nicht nur vom schon erläuterten Samatobryn = Atom zerschlagend, welches an hundert (?) Orten der Erd-Halbkugel seine Kriegszerstörungen anrichtet und schließlich zur großen Hungersnot führt infolge radioaktiver Verseuchung der Vegetation. Die von dem Seher in Zeile 1 angekündigte, sehr große Hungersnot hat noch eine zweite Ursache: Klimaveränderung.

Die Zeite 2 lautet:

Par pluye longue le long du polle arctique,
Durch Regen lang entlang des Poles arktisch,

Hier haben wir den entscheidenden Ersthinweis auf das eigentliche Gesicht hinter der Versmaske. Weshalb — so müssen wir fragen —

kommt es entlang des Poles arktisch (= Nordpol) zu Regen lang, d. h. zu langdauernden Regenfällen?

Die Antwort liegt auf der Hand. Durch das Erdkippen wird der heutige Nordpol in wärmere Breiten versetzt. Ein neuer Nordpol entsteht andernorts auf der Erde, während die Region des bisherigen (gegenwärtigen) Nordpols wärmere Temperaturen aufweist, so daß dort statt Schnee Regen fällt: Regen von langer Dauer, hervorgerufen durch Verdunstungsprozesse der angesammelten, jetzt tauenden Schnee- und Eismassen und neue Erdklimate.

Es hat seinen Grund, daß Nostradamus in ein und demselben Vierzeiler sowohl vom Atomkrieg als auch vom (neuen) arktischen Pol (= Erdkippen) spricht. Denn dadurch, daß er *beide* Großereignisse in einem einzigen Vers nennt, gibt er zu verstehen, daß engste zeitliche Verbindung beider Geschehen vorliegt.

Vielleicht dürfen wir sogar noch weitergehen und vermuten, daß eine mehr oder weniger unmittelbar kausale Beziehung zwischen massivem Nuklearkrieg und direkt folgendem Erdkippen besteht. Seher wie beispielsweise der Amerikaner Edgar Cayce oder der deutsch-bayerische Josef Stockert wußten *ganz genau*, warum sie die Menschen auf das dringendste davor warnten, die Kräfte der Natur (z. B. die nuklearen Potenzen) plutonisch zu mißbrauchen: Die Natur pflegt ungleich fürchterlicher zurückzuschlagen, wenn sie vom Menschen konstant mißachtet wird und diese Mißachtung schließlich den Gipfelpunkt kriegerisch nuklearen Mißbrauchs erreicht. –

In 1000 Jahren werden die unmittelbaren Folgen des in seiner Spätphase massiv nuklear geführten dritten Weltkrieges längst überwunden sein. Was aber die Folgen des Erdkippens angeht, so sind sie auch dann noch präsent, denn ein neuer Nordpol bedingt unter vielem anderen einen neuen Südpol und einen neuen Äquator. Und damit sind wir beim Kern der Sache.

In seinem Vierzeiler VI, 5 (Brisantes Atom / Arktischer Pol) offeriert Michel Nostradamus uns in schwerstverschlüsselter Form *exakte* Angaben über die Position des (nach Erdkippen) neuen Nordpoles und des neuen Äquatorverlaufs.

Des Dechiffreurs Alarmsirene heult immer dann besonders schrill, wenn der Seher-Poet irgendetwas nostradamisch ungewöhnlich bzw. »falsch« schreibt. So auch hier.

Z1:   Si grand famine par unde pestifere,
      So großer Hunger durch Welle verpestend,

Das Wort unde ist selbst im Altfranzösischen denkbar ungebräuchlich. Allenfalls in besonders ausführlichen Wörterbüchern läßt es sich sehr selten einmal entdecken. Nostradamus meint onde pestifere = Welle verpestend und dementsprechend habe ich zuvor übersetzt. Tatsächlich benutzt auch Nostradamus im Regelfall das Wort onde. Sein berühmter Vierzeiler I, 2 beweist es in der Zeile 2:

>   De l'onde il mouille . . . .

Zurück zum wichtigen »Schreibfehler« unde, der nur von den gedruckten Frühausgaben der Nostradamus-Texte gewissenhaft wiedergegeben wird. Erneut muß Charles Reynaud-Plense (Lit.-Verz.), der sich in seiner Textausgabe sorgfältig an die sauberen Frühdrucke hält, ein großes Kompliment gemacht werden. Übrigens ist auch die Textausgabe von Serge Hutin, soweit es die Wiedergabe der Verse betrifft, empfehlenswert und vor allem erhältlich[1].

Nostradamus hat sich das Wort unde für seine Zwecke sehr passend zusammengemixt:

>   Lateinisch: unda   ⎫
>   Französisch: onde   ⎬   Welle
>   Nostradamus: unde   ⎭

Zur Analyse entnehmen wir der Zeile 1 ein Teilstück:

>   . . . . par unde . . . .
>   . . . . durch Welle . . . .

Es ist klar, daß Nostradamus die beiden unterstrichenen Buchstaben u und e benötigte, deshalb erfolgt ja sein Rückgriff aufs Lateinische und Französische. Deshalb zerlegen wir jetzt das eigenartige Wort und erhalten plötzlich einen ganz neuen Sinn.

---

[1] Serge Hutin: »Les prophéties de Nostradamus«
      Verlag Pierre Belfond. Paris 1972 und 1978

....par un|de ....
....par un de ....
....durch ein de ....

Nostradamus signalisiert uns, daß irgendwo im Verstext etwas auszuwechseln, d.h. zu ersetzen ist und zwar par un de = durch ein de. Dieser Anordnung wollen wir sofort Folge leisten und zwar gleich unterhalb der Worte par unde, an genau jener Stelle, die durch ihre Eigenart der Formulierung so hervorsticht:

Z1 + Z2: So großer Hunger durch Welle verpestend,
           (= durch ein de)
        Durch Regen lang entlang des Poles arktisch,
=
        Si grand famine par un|de pestifere,
        Par pluye longue le long du polle arctique,

Hier wechseln wir aus durch ein de = par un de:

                  ....le long du polle arctique,
ausgewechselt: ....de long du polle arctique,
      = ...de long vom Pol arktisch,
      = ...de Long vom Pol arktisch,

Und schon *bestätigt* Nostradamus die gelungene Operation, denn der Amerikaner George Washington de Long war wirklich »vom Pol arktisch«, er war nämlich Polarforscher der Arktis!

Nostradamus hat diesen Mann und seinen Namen vorausgesehen und sinnfällig benutzt. De Long starb zwar den arktischen Hungertod infolge unglücklichen Expeditionsausganges, aber sein Name steht für vier Lokalitäten, die sämtlich zwischen Nordpol und nördlichem (= arktischem) Polarkreis liegen:

1. de Long — Inseln
(sie befinden sich nordöstlich der Neusibirischen Inseln).

2. de Long — Fjord
(Nordküste von Grönland).

3. de Long — Berge
(nordwestliches Alaska).

4. de Long — Straße
   (Meeresweg zwischen der Wrangel-Insel und der extrem nordöstlichen USSR, folgende Karte).

Die letztgenannte de Long–Straße wird von gewissen Atlanten, die es nicht ganz genau nehmen, oft als »Long–Straße« geführt. Wirklich korrekt muß es lauten: de Long–Straße.

Nostradamus hat vorausgesehen, daß es in unserer Zeit mehrere de Long–Lokalitäten geben würde. Er hat vorzusorgen gewußt, damit wir erkennen, daß er einzig die de Long—Straße anpeilt.

Derartige Meeresstraßen werden geographisch oft auch als Meeresengen bezeichnet. Wir nennen die de Long–Straße also einfach einmal de Long—Meeresenge. Nun übertragen wir ins Skandinavische, insbesondere ins Isländische, Dänische, Norwegische und Schwedische:

de Long—Meeresenge → de Long—Sund bzw. de Long—Sundet. Es ist zu vergleichen mit dem aus Zeile 1 bekannten Wort: unde·

Damit sieht es so aus, als hätten wir den neuen Nordpol gefunden, als müsse er im Bereich der de Long—Straße liegen. Dies ist aber ein etwas voreiliger Schluß, denn das Wort unde bestätigt lediglich, daß wir bis zu diesem Punkt der Dechiffrierung (d. h. hinsichtlich der de Long–Straße/Meeresenge) richtig vorgegangen sind. Werfen wir jetzt einmal einen Blick auf die Zeile 4 des Verses.

Z4:   Vivront sans (loy) exempt de pollitique.
      Werden leben ohne Gesetz ausgenommen von Schläue/
                                                 Geschick.

Die unterstrichenen Buchstaben pollitique (= Schläue) weisen nochmals (vgl. Z2) sehr schön darauf hin, daß der Vierzeiler mit dem neuen (Nord-)Pol im Zusammenhang steht, und daß mit großer Schläue vorzugehen ist, wenn die Position des neuen Poles wirklich richtig gefunden werden soll.

Vordergründig spricht die Zeile von den gesetzlosen, desorganisierten Zuständen, unter welchen die Menschen leben müssen, nachdem das Samatobryn (= Atom brisant) hundert (?) Orte vor allem der nördlichen Halbkugel getroffen hat.

Das von mir vorstehend eingekreiste Wort loy = Gesetz verdient entsprechend des Drei-Buchstaben-Tricks unsere Beachtung, die sich schon deshalb lohnt, weil es auf Erden nur sehr wenige Lokalitäten gibt, die mit dieser Buchstabenfolge beginnen.

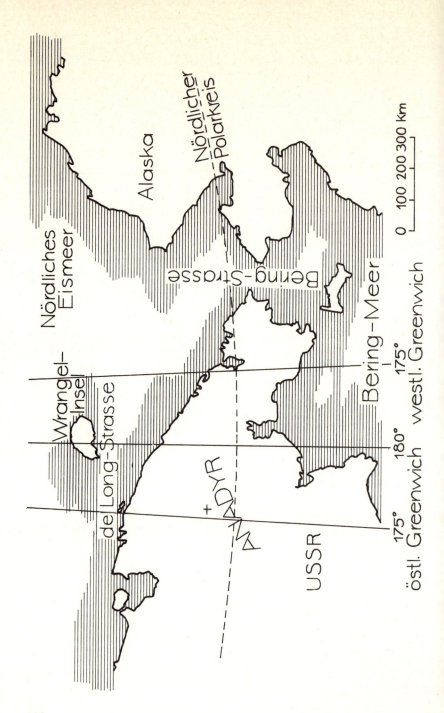

Die Loyalty—Inseln, im Französischen Iles de la Loyauté genannt, liegen im südmelanesischen Raum, östlich Neu-Kaledonien. Sie sind französisches Kolonialgebiet und gehören insofern zum Land des Nostradamus.

Wenn wir provisorisch davon ausgehen, daß der neue Nordpol im Bereich der de Long–Straße liegen würde und in Entsprechung zu diesem neuen Nordpol den anzunehmenden neuen Äquatorverlauf auf einem Globus einzeichnen, so stellen wir fest: Der provisorisch angenommene, neue Äquator verläuft nicht durch die Loyalty-Inseln, er streift sie nicht einmal, aber er läuft nur wenig nördlich an dieser Inselgruppe vorbei. Das ist hochinteressant festzustellen und rechtfertigt die Vermutung, daß der neue Nordpol nicht im Bereich der de Long–Straße liegen wird, sehr wohl aber in der grob südlich benachbarten Region, also etwa innerhalb des im extremen Nordost-Rußland befindlichen Anadyr-Gebietes, gemäß vorstehender Kartenskizze. Diese Annahme läßt den neuen Äquator automatisch durch die Gruppe der Loyalty-Inseln hindurchlaufen bzw. die Inselgruppe nahe streifen. Damit haben wir die Position des neuen Nordpoles geographisch stark eingeengt und Nostradamus bestätigt:

Z2: .... longue le long du polle arctique,
    (de Long)
    .... lang   entlang des Poles arktisch,
    (de Long)

Da ist also zum einen der längst gefundene Hinweis auf die de Long—Straße. Zum anderen müssen wir fragen:

Was verläuft lang entlang des (heutigen) Poles arktisch, ?
Was verläuft lang entlang des (heutigen) Nordpoles ?

Die Antwort fällt leicht: Es ist der arktische Polarkreis, d. h. der nördliche Polarkreis, welcher lang entlang des (heutigen) Nordpoles verläuft.

Der neue Nordpol liegt somit irgendwo zwischen der de Long–Straße und dem (heutigen) nördlichen Polarkreis. Und tatsächlich liegt auch das Anadyr-Gebiet (Anadyr-Hochebene, Anadyr-Gebirge) zwischen der de Long–Straße und dem heutigen nördlichen Polarkreis (vgl. vorstehende Kartenskizze).

Nostradamus sagt es mit denselben Worten nochmals auf andere Weise:

1. Z2: .... le long ....
   de Long—Str.

2. Z2: ....longue le long ....
   = lang entlang
   ↓
   Länge entlang
   ↓
   Länge(ngrad) entlang

3. Wir orientieren uns also an jenen Längengraden, auf welchen die de Long-Str. liegt (175° östliche Länge v. Gr. bis 178° westliche Länge v. Gr.) und marschieren an diesen Längengraden entlang südlich in Richtung auf den arktischen Polarkreis. Auf diesem Weg gelangen wir zwangsläufig zum Anadyr-Gebiet, welches sich entlang des arktischen Polarkreises hinzieht.

Und hier *finden wir den neuen Nordpol.*

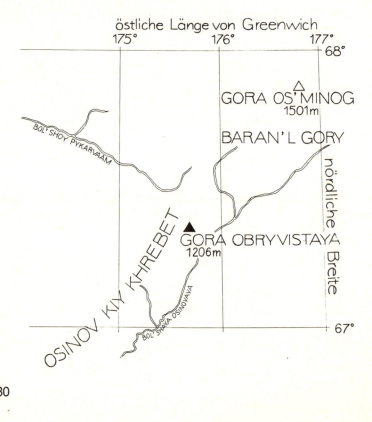

Die russische Bezeichnung »Gora Obryvistaya« (Kartenskizze) bzw. »Gora Obryvistaja« lautet auf deutsch »Berg abschüssig/Berg steil«.

Es ist zu vergleichen mit Zeile 3:

Samato<u>bryn</u>
Gora <u>Obry</u>vistaya

Gora Obryvistaya = der abschüssige/steile Berg wird neuer Nordpol sein!

Die nach dem gegenwärtigen System gültigen Koordinaten des Gora Obryvistaya und damit des neuen Nordpoles lauten gemäß Ausmessung anhand vorstehender Kartenskizze: 175° 41′ östliche Länge von Greenwich, 67° 22′ nördliche Breite.

Das kalte Anadyr-Gebiet nördlich des heutigen Polarkreises ist dermaßen dünn besiedelt, daß es dort nur sehr kleine und weitversprengte Siedlungen gibt. Eine Stadt stand Nostradamus zur verschlüsselten Bezeichnung des neuen Nordpols also nicht zur Verfügung. Konsequenterweise hat er sich einen Berg für seine Chiffrierung ausgesucht. (Der vorstehende, skizzierte Karten-Ausschnitt entstand in Anlehnung an eine Landkarte des Maßstabes 1 : 1.000.000, welche vom U. S. Army Map Service erstellt wurde: Edition 3-AMS. MAP Reference No. NQ 59, 60 Series 1301.)

Ganz Skandinavien, Mittel-, Süd-, West- und Teile Osteuropas werden dem (nach Erdkippen) neuen Äquator um ca. 2.300 bis 2.500 Kilometer Luftlinie näherrücken. Nachfolgend nenne ich den ungefähren Verlauf des neuen Äquators von Ost nach West:

Sahara:	Südliches Gebiet des Hoggar Massivs (= Ahaggar-Massiv)
Westküste Afrika:	Knapp nördlich Cap Blanc
Kleine Antillen:	Etwa Grenadine-Insel
Südamerika:	Venezuela, grob Caracas
Pazifik:	Nördlich der Galapagos Inseln südlich Tahiti südliche Tonga-Inseln Iles de la Loyauté = Loyalty-Inseln Neu-Kaledonien
Australien:	Südlichster Einschnitt des Golfes von Carpentaria bzw. angrenzendes Festland

Sunda Inseln: Nahe südlich vorbeiziehend am westlichen Teil Javas und an der Sunda-Straße
Ostküste Afrika: Etwa die Insel Sokotra streifend
Yemen: Etwa Stadt Sana
Sudan/Nubien: Nähe Stadt Dongola (Nil)
Sahara: Nördliches Tibesti-Gebiet.

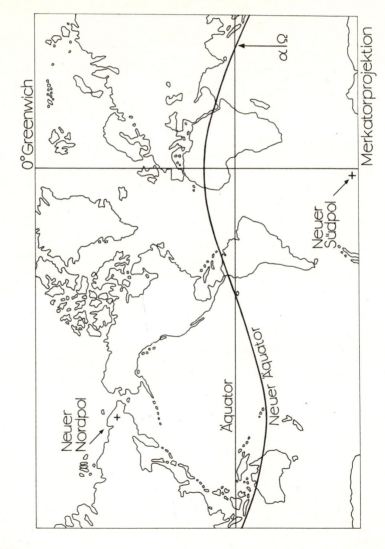

Die massiv nukleare Endphase von WK III, das mit ihr zeitlich engstverbundene Erdkippen und die damit sofortig einhergehende Bildung des neuen Nordpoles und neuen Äquators werden später sehr genau datiert werden.

Das Problem der Kälte und des Heizens dürfte schon im ersten deutschen Winter nach Erdkippen weitgehend entschärft sein. In der anschließenden Zeit wird die Heizung so gut wie ausgedient haben, denn Deutschland ist dem Äquator durch Erdkippen um — wie gesagt — fast 2.500 km nähergerückt.

Köln wird dem nach Erdkippen neuen Äquator ungefähr so nahe liegen wie die Kanarischen Inseln dem heutigen. Das (im Rahmen des französischen Bürgerkrieges niedergebrannte) Paris kommt dem neuen Äquator so nahe wie die heutige, nördlichere Sahara dem gegenwärtigen. Andere Regionen der Erde werden das Frieren kennenlernen.

Das sagenhafte Wort	Samatobryn (Z3)
enthält zum einen das	Atom brysant,
zum zweiten den	Gora Obryvistaya,
also den	»Steil-abschüssigen Berg«
und zum dritten die vgl.:	Samoa — Inseln, Samatobryn

eine polynesische Inselgruppe. Eine ihrer größten Inseln heißt Upolu (vgl. Z2: du polle). Im südwestlichen Teil dieser Samoa-Insel des Namens Upolu liegt eine Ortschaft der Bezeichnung Samai (vgl. Samatobryn). Noch ein wenig weiter westlich auf derselben Insel befindet sich der Ort Samatau (vgl. Samatobryn). Es wird interessieren, daß der Ort Samatau sich im Französischen ausspricht als [Samato], vgl. Samatobryn.

Nun kommt es darauf an, ob die Gruppe der Samoa—Inseln bzw. die Ortschaft Samatau auf der Samoa—Insel Upolu in sinnvollem Zusammenhang mit den weiteren Angaben der Zeile 3 steht. Diese Zeile lautet:

	Samatobryn Samatobryn (= Samoa, Samatau)	cent hundert	lieux Orte Stätten Stellen	de der	l'hemisphere, Hemisphäre	(= Halbkugel),

Besondere Aufmerksamkeit ist den Wortwahlen cent lieux und de l'hemisphere zu schenken. Dem Wort lieux = Orte/Stätten/Stellen räumen wir eine übertragene Bedeutung ein im Sinne von lieux = Grade. Da dieses Wort lieux im Verstext nahe unterhalb der Formulierung longue le long = lang entlang erscheint, denken wir folgerichtig nicht nur an Grade, sondern speziell an Längengrade.

Wir setzen sinngemäß ein:

Z3: Samatobryn cent lieux de l'hemisphere,
    Samatobryn hundert Längengrade der Hemisphäre,

Nun zum Wort hemisphere = Hemisphäre, mit welchem (in diesem Fall) die nördliche Halbkugel der Erde bezeichnet ist. Merkmal dieser (nördlichen) Halbkugel ist, daß sie genau dort zur Halbkugel wird, wo der Äquator verläuft und sie begrenzt.

Deshalb erlauben wir uns, statt des Wortes hemisphere = Hemisphäre ganz einfach das Wort Äquator in den Verstext einzusetzen:

Z3: Samatobryn cent lieux de l'hemisphere,
    Samatobryn cent lieux de l'équateur,
    Samatobryn hundert Längengrade des Äquators,
  (= Samoa,
    Samatau)

Nostradamus sagt: Im Zusammenhang mit den Samoa—Inseln (genauer: mit dem Ort Samatau auf der Insel Upolu) sind einhundert Längengrade auf dem Äquator zu beachten.

Um dieser Anordnung nachkommen zu können, müssen wir zunächst einmal jenen Längengrad feststellen, welcher durch den Ort Samatau auf der Samoa–Insel Upolu verläuft. Es ist der 172. Grad westlicher Länge von Greenwich. Diesen Längengrad übertragen wir auf den von Nostradamus durch das Wort hemisphere verschlüsselt bezeichneten (heutigen) Äquator.

Wir befinden uns in Ausgangsposition auf 172° äquatorialer Länge westlich von Greenwich und bewegen uns jetzt um die von Nostradamus geforderten cent lieux = hundert Längengrade auf dem Äquator entlang nach Westen. Nach Zurücklegung dieser 100 Längengrade in Richtung Westen ist uns eine ungeheuerliche Entdeckung vergönnt:

Wir stehen genau im *Schnittpunkt* des alten Äquators mit dem (nach Erdkippen) neuen Äquator auf 88° östlicher Länge von Greenwich. Dies ist des Nostradamus grandios verstecktes Bestätigungssignal dafür, daß wir den nach Erdkippen neuen Nordpol (Gora Obryvistaya) richtig dechiffriert und den dementsprechend neuen Äquatorverlauf richtig erkannt haben!

Wir dürfen aber auch anders vorgehen: Vom neuen Nordpol (Gora Obryvistaya) legen wir einen beliebigen Längengrad durch Samatau auf der Samoa–Insel Upolu. Wir verlängern diesen Längengrad noch ein wenig weiter nach Süden, solange, bis er den neuen Äquator erreicht. Von diesem Punkt X aus — er liegt südöstlich der Tonga-Inseln — gehen wir auf dem neuen Äquator 100 Längengrade nach Westen und stehen wiederum im Schnittpunkt des neuen mit dem alten Äquator.

Diesen Schnittpunkt der beiden Äquatoren wollen wir Alpha-Omega nennen: Vgl. Skizze, Seite 232. Er liegt nicht nur auf zwei äquatorialen Kreisen, deren Anfang und Ende er gewissermaßen in sich beschließt. Er hat es auch in anderer Hinsicht »in sich«. In ihm, in Alpha-Omega, vereinigen sich punktförmig die (vor Erdkippen) gegenwärtige und die (nach Erdkippen) neue Hemisphäre zur einen, *in* Alpha-Omega identischen. Deshalb kann Nostradamus es sich in der so sehr sinnfälligen Zeile 3 erlauben, de l'hemisphere = von der Hemisphäre, d. h. von der *einen* Hemisphäre zu sprechen, obwohl ja in Wirklichkeit zwei nördliche Hemisphären (vor und nach Äquatoränderung durch Erdkippen) und zwei weitere südliche, insgesamt also vier Hemisphären im Spiel sind.

Wer sich im Staunen üben will, der lerne es an diesem Vierzeiler: In der letzten, vierten Zeile erscheinen die Worte sans loy = ohne Gesetz, welche ebenfalls auf Alpha-Omega, also auf den Schnittpunkt der Äquatoren gemünzt sind. Denn obwohl alle Punkte auf der Erde nach Erdkippen eine andere Lage zum (neuen) Äquator einnehmen werden, gilt diese Gesetzmäßigkeit für den Punkt Alpha-Omega nicht (= ohne Gesetz). Der Punkt Alpha-Omega als Schnittpunkt des alten mit dem neuen Äquator ist ja in sich selbst Teil des in ihm stets identischen, unveränderten Äquators und kann insofern nach Erdkippen seine Lage zum Äquator gar nicht verändert haben (= ohne Gesetz der Veränderung).

Ähnlich verhält es sich mit der Entfernung des Punktes Alpha-Omega zum jeweils alten wie (nach Erdkippen) neuen Nordpol (= Gora Obryvistaya): Diese Entfernung wird unverändert sein, denn Alpha-Omega ist Schnittpunkt des alten mit dem neuen Äquator und es liegt in der Natur der Sache, daß der Äquator stets die gleiche Entfernung zum jeweils zugehörigen Pol aufweist.

Dem Gesetz hinsichtlich der vorgenannten Kriterien (nach Erdkippen veränderte Lage zum neuen Äquator und veränderte Entfernung zum neuen Pol) werden alle Punkte auf der Erdoberfläche gehorchen, mit Ausnahme von Alpha-Omega und seiner Antipode. Die Alpha-Omega-Antipode ist jene Stelle des Erdballes, welche dem Punkt Alpha-Omega »gegenfüßlerisch« exakt gegenüberliegt. Sie ist identisch mit dem anderen, d. h. zu Alpha-Omega gegenüberliegenden Schnittpunkt des alten mit dem neuen Äquator. Die Alpha-Omega-Antipode liegt den Galapagos-Inseln sehr nahe (vgl. Skizze, Seite 232).

Wir werden uns nach Erdkippen gezwungen sehen, die Erde mit einem neuen Koordinatensystem zu überziehen. Ich halte es für möglich, daß der neue O°-Meridian (= O° Länge) nicht mehr durch Greenwich bei London verläuft, sondern durch Paris gezogen wird. Diesbezüglich sind folgende Worte zu beachten:

(Z2:) longue le long ⎫
 lang entlang ⎭ vgl.: Länge(ngrad)

(Z1, Z2:) par = durch
 Paris

Und in der oberen, linken Versecke läßt sich entdecken:

(Z1:) Si ⤶
(Z2:) Par ⤴ = Paris

Nostradamus hat ganz einfach seine Zeilensprung-Methode verwendet. Paris, die noch vor Jahrzehnten so genannte »Stadt des Lichtes« wird ihm zum Glanz- und i-Punkt seines in diesem Vierzeiler höchstentwickelten Chiffrierkönnens.

Wir hingegen, als Erlebende einer nur in zarten Anklängen glänzenden Zeit, müssen befürchten, daß der O°-Meridian von Greenwich (nahe bei London) nach Erdkippen seinen Sinn verloren haben wird, denn London wird entsprechend Angaben des bayerischen Irlmaier nach Erdkippen ebenso versunken sein wie große Teile Englands.

Cayce sah voraus, daß der obere Teil Europas »sich im Handumdrehen verändern« wird. Eine Jahreszahl konnte er dafür nicht nennen, aber er gibt zu verstehen, daß die rasche Veränderung sich irgendwann im späteren Teil der Spanne 1958–1998 vollzieht und daß etwa ab 2000 bessere Zeiten erwartet werden dürfen.

VULKANISMUS
IN SÜDDEUTSCHLAND

Es ist selbstverständlich, daß vorbereitende Vorgänge im Erdinneren Auswirkungen bis hinauf zur Erdoberfläche hervorrufen können und daß es solchermaßen zu Naturkatastrophen kommt, die *vor* dem Erdkippen erfolgen: Vorbereitungsphase für EK.

Unter diesem Aspekt scheinen einige Seherangaben zu stehen, die zeitlich sicher auf WK III zielen und insofern auf Zeitpunkte abheben, welche deutlich vor dem WK III-Ende, vor der großen Finsternis und vor dem Erdkippen liegen.

Hier interessiert insbesondere ein Seher, dessen Name uns nicht bekannt ist. Wir werden ihn einfachheitshalber den »Lothringer« nennen. Dieser Lothringer wurde als flüchtender Zivilist im Sommer 1914 in der Nähe von Metz von deutschen WK I-Soldaten gefangengenommen. Er sprach mehrere Sprachen und war zweifellos ein Seher. Der Lothringer erzählte den deutschen Soldaten über die Zukunft. Andreas Rill, ein anwesender bayerischer WK I-Soldat und einfacher Mann hat die Voraussagen dieses Lothringers so gut, wie es ihm möglich war, in zwei Feldpostbriefen festgehalten, die sodann der Familie Rill in Bayern zugestellt wurden. Es ist lohnend, die Briefe zu lesen und ich verweise insofern auf Wolfgang Johannes Bekh, sowie auf Dr. C. Adlmaier (Lit.-Verz.).

Nochmals sei klargestellt, daß der Lothringer die folgenden Feldpost-Briefauszüge nicht selbst formuliert hat. Die lediglich gedächtnismäßige Wiedergabe blieb der Hand eines einfachen, nicht sprachgewandten Mannes vorbehalten und ist dennoch beeindruckend.

Der »Lothringer« (gemäß Bericht des Briefschreibers Andreas Rill, 1914):

..... Am Schluß[1] kommt noch Rußland und fällt über Deutschland her, wird aber zurückgeschlagen, weil die Natur eingreift, und da wird

---

[1] Am Schluß: WK III als Schlußpunkt dreier Weltkriege im XX. Jahrhundert.

in Süddeutschland ein Platz sein, wo das (Natur-)Ereignis sein sollte[2] (= sein wird), wo die Leute (später) von der ganzen Welt (aus) hinreisen, um zu schauen. ....

Irgendein Eingreifen der Natur wird hier als so vehement, folgenreich und bedeutungsvoll dargestellt, daß dem angreifenden Rußland und Warschauer Pakt daraus wesentliche oder sogar entscheidende militärische Nachteile entstehen. Die Art dieses Naturereignisses wird nicht näher bezeichnet. Lediglich aus dem letzten Teil des Auszuges lassen sich gewisse Rückschlüsse ziehen.

Wenn es so ist, daß die Leute später d. h. zu einem Zeitpunkt lang nach WK III von der ganzen Welt (aus) hinreisen, um zu schauen, so muß es sich um ein Naturereignis handeln, welches dann immer noch sichtbar ist oder aber *Spuren* hinterläßt, die sich auch zu einem späteren Zeitpunkt, gewissermaßen als Sehenswürdigkeit eines katastrophalen Naturereignisses bewundern lassen.

Der Lothringer (immer in der Wiedergabe des briefschreibenden deutschen WK I-Soldaten, 1914) hat noch mehr zu sagen:

.... und das Unheil des dritten Weltgeschehens (= WK III) bricht herein. Rußland überfällt den Süden Deutschlands, aber kurze Zeit, und den verfluchten Menschen wird gezeigt, daß ein Gott besteht, der diesem Geschehen ein Ende macht. Um diese Zeit soll es furchtbar zugehen, und es soll den Leuten nichts mehr helfen, denn sie sind zu weit gekommen und können nicht mehr zurück, da sie die Ermahnungen nicht gehört haben. ....

Der Lothringer (bzw. der Briefschreiber Andreas Rill) sagt:

.... Rußland überfällt den <u>Süden Deutschlands</u>, ...

Das klingt zunächst so, als falle Rußland nur über den Süden Deutschlands her. Diese Lesart ist jedoch falsch (bzw. vom briefschreibenden deutschen WK I-Soldaten mißverständlich wiedergegeben), denn schon im vorgenannten Auszug sagte der Lothringer/Briefschreiber:

---

[2] sollte: So schreibt Andreas Rill in der gedächtnismäßigen Wiedergabe des Gehörten. Es muß besser heißen:

.... wo das Ereignis sein <u>soll</u>, ...
.... wo das Ereignis sein wird, ...

.... Am Schluß kommt noch Rußland und fällt über Deutschland her ....

Hier erwähnt der Lothringer/Briefschreiber Deutschland insgesamt, d. h. die heutige Bundesrepublik. So ist es richtig und auch gemeint. Wenn hingegen im obigen Auszug speziell vom Süden Deutschlands die Rede ist, so hat dies einen explizit hinweisenden, präzisierenden Sinn, der sich aus den folgenden Heraushebungen und erklärenden Einschüben (in Klammern) entnehmen läßt:

.... und das Unheil des dritten Weltgeschehens bricht herein. Rußland überfällt den Süden Deutschlands, aber kurze Zeit, und den verfluchten Menschen wird (hier, im Süden Deutschlands = Naturereignis) gezeigt, daß ein Gott besteht, der diesem Geschehen ein Ende macht. ....

.... und da wird in Süddeutschland ein Platz sein, wo das Ereignis (= Naturereignis) eintreten soll(te), ...

Der Überfall Rußlands gilt also ganz allgemein der Bundesrepublik Deutschland und der Überfall auf den Süden Deutschlands wird vom Lothringer/Briefschreiber nur deshalb speziell erwähnt, weil dem Angreifer hier durch das lokale Naturereignis ein Strich durch den militärischen Vormarschplan gemacht wird.

Weitere Angaben des Lothringers hat der briefschreibende deutsche WK I-Soldat (1914) wie folgend festgehalten (Auszug gemäß Bekh):

.... Beim dritten Geschehen soll Rußland in Deutschland einfallen und zwar im Süden bis Chiemgau[3], und die Berge sollen von da Feuer speien, und der Russe soll alles zurücklassen an Kriegsgerät. Bis[3] zur Donau und Inn[3] wird alles dem Erdboden gleichgemacht und vernichtet. Die Flüsse sind alle so seicht, daß man keine Brücke mehr braucht zum Hinübergehen. Von der Isar an[3] wird den Leuten kein Leid mehr geschehen, es wird nur Not und Elend hausen. Die schlechten Menschen werden zugrund gehen als wie wenns im Winter schneit und auch die Religion wird ausgeputzt und gereinigt. ....

---

[3] Bei diesen Bezeichnungen kommt es sehr auf den Blickpunkt an: Sieht man sie von der Einmarschrichtung des Angreifers her (= Prag, Böhmerwald, Bayerischer Wald), so ergeben sich andere Möglichkeiten der Deutung, als beispielsweise vom Blickpunkt Graz aus oder von Metz her (= ungefährer Standort des Lothringers und Briefschreibers) oder vom Heimatort des Briefschreibers (= Untermühlhausen bei Landsberg am Lech).

Die entsprechende Passage wird von Dr. C. Adlmaier nicht völlig gleichlautend wiedergegeben:

.... Denn beim dritten Geschehen soll Rußland in Deutschland einfallen und die Berge sollen von Feuer speien und der Russe soll alles zurücklassen an Kriegsgerät. Bis[3] zur Donau und Inn[3] wird alles dem Erdboden gleichgemacht und vernichtet. Die Flüsse sind alle so seicht, daß man keine Brücken mehr braucht zum hinübergehen. Von der Isar an[3] wird den Leuten kein Leid geschehen, es wird nur Not und Elend hausen. Die schlechten Menschen werden zu Grund gehen als wie wenn es im Winter schneit und auch die Religion wird ausgeputzt und gereinigt. ....

Der hauptsächliche Unterschied zwischen den Briefpassagen gemäß Bekh und Dr. Adlmaier besteht darin, daß der Chiemgau in der Version des letztgenannten Herausgebers überhaupt nicht erscheint. Wenn ich die schon erwähnten Angaben des Sehers Alois Irlmaier richtig verstehe, so müßte der Chiemgau sogar eine Gegend darstellen, welche vom Einmarsch der Soldaten des Warschauer Paktes völlig verschont bleibt. Grundsätzlich wollte und will ich diesbezüglich keine definitive Aussage machen. Ich überlasse es der Zukunft, die jeweilige Briefversion gemäß Bekh/Dr. Adlmaier zu korrigieren, zu bestätigen bzw. zu erklären. Es ist auch immer zu bedenken, daß die Briefangaben aus zweiter Hand, nämlich aus der des einfachen Mannes Andreas Rill stammen und nicht vom Lothringer selbst.

In diesem Zusammenhang mögen die eigenständig-schriftlichen Angaben des bereits genannten Münchener Sehers Josef Stockert (Lit.-Verz.) interessant sein.

.... Panzer überrollen unser deutsches Vaterland:

Diese Panzer werden von Osten kommen und mit großer Schnelligkeit gegen Westen fahren. Wo sich ihnen Hindernisse in den Weg stellen, machen sie mit großer Übermacht alles dem Erdboden gleich. In drei Zügen ziehen sie nach Westen, an der Nordsee, nach Mitteldeutschland und im Süden entlang den Alpen[4], soweit ich mich noch erin-

---

[4] .... und im Süden entlang den Alpen, ...:
Es kann gemeint sein a) im Süden Deutschlands, nördlich der Alpen.
b) im Norden Italiens, südlich der Alpen.
Die Überschrift dieser Passage spricht allerdings von
.... unser deutsches Vaterland: ....

nern kann. Vor Angst fliehen die Menschen nach Westen. In Frankreich werden die Straßen von Flüchtenden und von Autos verstopft sein und es wird kein Vor und Zurück geben. ....

Auch Irlmaier hat das von dem Lothringer/Briefschreiber erwähnte katastrophale Naturereignis gesehen:

....Durch eine Naturkatastrophe oder etwas ähnlichem ziehen die Russen plötzlich nach Norden. ....

Der Lothringer/Briefschreiber spricht von Bergen und von Feuer.

(Version Bekh:)

....soll Rußland in Deutschland einfallen und zwar im Süden bis Chiemgau, und die Berge sollen von da Feuer speien, und der Russe soll alles zurücklassen an Kriegsgerät. ....

(Lothringer/Briefschreiber,
Version Dr. Adlmaier:)

....soll Rußland in Deutschland einfallen und die Berge sollen von Feuer speien und der Russe soll alles zurücklassen an Kriegsgerät. ....

Die Erwähnung feuerspeiender Berge läßt eigentlich nur *eine* Möglichkeit der Interpretation zu, wenngleich diese uns heute schier unvorstellbar scheint: Aktiver Vulkanismus auf deutschem (süddeutschem) Boden.

Heftige Vulkantätigkeit irgendwo auf süddeutschem Boden gehört nicht unbedingt ins Reich der Utopie. In einer von uns angenommenen, relativ späten Vor-Erdkippen-Phase (Tage oder Wochen vor effektivem Erdkippen) wird derlei gleich viel denkbarer. Auch das Folgende würde sich einfügen.

Mühlhiasl, dessen Voraussagen zumeist auf das Gebiet seiner Heimat, also den Bayerischen Wald und Umgebung zu beziehen sind, soll (vgl. A. Hübscher, Lit.-Verz.) gesagt haben:

....Der erste Rauch wird im Ried aufsteigen. Dort wird später eine Kirche gebaut, und von weit und breit werden die Leute kommen. ....

Vergleichen wir.

Lothringer/Briefschreiber (Version Dr. Adlmaier):	Mühlhiasl:
.... Am Schluß kommt noch Rußland und fällt über Deutschland her, wird aber zurückgeschlagen, <u>weil die Natur eingreift.</u> <u>Da wird in Süddeutschland ein</u> <u>Platz sein, wo das Ereignis eintritt. Später kommen die Leute</u> <u>aus aller Welt, um das anzuschauen.</u>	.... <u>Der erste Rauch wird</u> <u>im Ried aufsteigen.</u> Dort wird <u>später eine Kirche gebaut, und</u> <u>von weit und breit werden die</u> <u>Leute kommen.</u> ....
.... Rußland überfällt den Süden Deutschlands. Aber kurze Zeit und den verfluchten Menschen wird gezeigt werden, daß <u>ein Gott</u> besteht, der diesem Geschehen ein Ende macht.	.... Der erste Rauch wird im Ried aufsteigen. Dort wird später <u>eine Kirche</u> gebaut, ...
.... Denn beim dritten Geschehen soll Rußland in Deutschland einfallen und die <u>Berge sollen</u> <u>von Feuer speien</u> und der Russe soll alles zurücklassen an Kriegsgerät. Bis zur Donau und zum Inn wird alles dem Erdboden gleichgemacht	.... Der erste Rauch wird im Ried aufsteigen. Dort wird später eine Kirche gebaut, ...

Die von Mühlhiasl verwendete Formulierung im Ried wirft Schwierigkeiten der Lokalisierung auf. Das Wort Ried bezeichnet im allgemeinen ein Moor. Oft wird es aber auch im Sinne eines gerodeten, urbar gemachten Stück Landes verwendet, gern im Zusammenhang mit einem Gehöft oder einer kleinen Ansiedlung auf einer solchen Rodung. Diese Bedeutung scheint mir von besonderem Interesse zu sein, denn durch sie wird verständlich, daß es im Bayerischen Wald eine ganze Reihe von Ortschaften gibt, die auf die Silbe -ried enden (z. B. Oberried, Unterried, Maisried, Grafenried usw.). Die Zukunft wird die Klärung der von Mühlhiasl angegebenen Lokalität im Ried herbeiführen. Die Örtlichkeit wird sehr bekannt werden. Es ist der erste Rauch, der hier aufsteigt, doch bei ihm wird es nicht bleiben.

NATUREREIGNISSE ODER KRIEGSGESCHEHEN?

Der Seher Anton Johansson war lappischer Abstammung. Er starb 1929 in Finnmarken. Er lebte als Fischer, Ackerbauer, Assistent der Landvermessung, Polizeigehilfe, Kirchendiener und Abgeordneter der Gemeindeverwaltung, war fleißig, zuverlässig und hilfsbereit. Über Person und Berichte dieses seriösen Sehers gibt das im Lit.-Verz. genannte Werk weitere Aufschlüsse. Die Aufzeichnungen über die Wahrnehmungen Johanssons verdanken wir in erster Linie A. Gustafsson, welcher schicksalhaft zum erfolgreichen Verleger und Freund des Sehers Johansson wurde.

Anton Johansson macht umfangreiche Angaben über Naturkatastrophen. Dabei ist es ganz außerordentlich schwierig, diese Angaben zeitlich richtig einzuordnen. Nicht minder diffizil gestaltet sich die Klärung der Frage, ob die von ihm vorausgesagten Naturkatastrophen wirkliches Naturgeschehen oder in einigen Fällen Kriegsereignisse darstellen, die Johansson als Naturgeschehen mißverstanden haben mag.

Hierzu ein Beispiel: Johansson spricht über einen »Vulkanausbruch in der Nordsee«. Die heutigen Waffen geben Anlaß zur Frage, ob das von Johansson gesehene Ereignis *wirklich* ein Nordsee-Vulkanausbruch war oder eine von dem Seher falsch gedeutete Nordsee — NBE? (Johansson war mit den Folgen von NBE nicht vertraut, da es zu seiner Zeit — gestorben 1929 — noch keinerlei nukleare Bomben gab. Der Seher wußte allerdings, daß es zur Erfindung und zum Einsatz schrecklicher Waffen kommen würde.)

Der Zweifelsfall Naturereignis oder Kriegsgeschehen ergibt sich erneut bei der Prüfung des Orkanberichtes des Sehers. Hat Johansson in diesem Fall einen *echten* Orkan gesehen oder aber die enormen Windgeschwindigkeiten d. h. *Druckwellen* nach NBE?

Johansson erwähnt Orkane von einer Kraft, Dauer und Großräumigkeit, wie sie der Erdenmenschheit bis zum Zeitpunkt ihres Auftretens noch unbekannt — unerlebt sein werden. Mit diesen Orkan–Voraussagen steht Johansson nicht allein (vgl. z. B. Jakob Lorber). Sie sind ernst zu nehmen. Es bleibt aber zu fragen, ob wirklich *alle* der von Johansson als Orkane bezeichneten Ereignisse echte Orkane darstellen oder ob zumindest in einem Fall der von Johansson gesehene und als solcher gedeutete Orkan in Wirklichkeit den Erscheinungsformen zahlreicher nuklearer Bombenexplosionen entspricht.

NBE entwickeln Druckwellen, d. h. Windgeschwindigkeiten (»Orkane«) von 500 km/h und mehr bzw. weniger, je nach Stärke der NBE und ihrer Entfernung. Wenn nun Johansson einen seiner Orkane in *direkter* Verbindung nennt mit Formulierungen wie

> .... loderten große Brände ....
> .... Alles war in Rauchwolken gehüllt ....
> .... in vielen Stadtteilen gewaltige Feuersbrünste ....
> .... Himmel glich einem einzigen Flammenmeer ....

so liegt die Gedankenverbindung zum NBE — typischen Feuerball am Himmel, dessen ausstrahlende NBE–Hitzewelle alles Erreichbare in Brand setzt, gewiß sehr nahe.

Es nützt uns auch nicht viel, wenn Johansson den Vulkanausbruch in der Nordsee und den wütenden Orkan als »nach Beendigung des Weltkrieges« eintretend angibt. Man weiß nämlich bei Johansson oft nicht, ob er sich mit einer solchen Angabe auf WK I, II oder III bezieht. Der Seher selbst hat es in derartigen Fällen meist mit für ihn unlösbaren Chronologie-/Zeit-/Kausalitätsproblemen zu tun.

Man muß sich mit dieser Äußerung des Sehers Johansson »nach Beendigung des Weltkrieges« sehr vorsehen und darf diesbezüglich WK I nicht einfach links liegen lassen, denn Johansson war Zeitgenosse von WK I. Im voraus sah und empfand der Seher diesen von ihm bis in Details angekündigten ersten Weltkrieg wie folgend.

> .... erblickte ich das größte Unglück,
> das die Welt heimsuchen sollte,
> nämlich den Weltkrieg (= WK I) ....

Damit sind wir so klug als wie zuvor und dürfen mit Sicherheit lediglich konstatieren: Die von Johansson angekündigten Orkane (? = NBE?) und der Vulkanausbruch in der Nordsee (? = NBE?) finden irgendwann nach WK I statt. Diese Feststellung schließt selbstverständlich auch Zeiträume lang nach WK II und WK III ein. So vorsichtig gilt es vorzugehen, zumindest in diesem Fall des Sehers Johansson.

Anschließend gebe ich auszugsweise einige Voraussagen des Anton Johansson wieder und zwar in der Form, in welcher diese von seinem

Verleger und Freund Anton Gustafsson veröffentlicht wurden (Lit.-Verz.). Dabei versuche ich, mit Hilfe von Fußnoten Erklärungen und Hinweise anzufügen.

NOT UND LEIDEN

....Dem Weltkrieg (welchem?) folgten schwere Zeiten. Der HERR sagte[1]:

›Die Völker Europas werden von viel Leid, Elend und Not heimgesucht werden.‹ Ich sah, wie die Lungenschwindsucht entsetzlich wütete, und wie groß die Armut in Europa war. Dann kamen Jahre der großen Mißernten[2], die den Menschen weitere Entbehrungen und Leiden auferlegten. In verschiedenen Gegenden der Welt traten Naturkatastrophen ein, und vielerorts entwickelte sich im Innern[3] der Erde Unruhe[3]. Große Erdbeben und fürchterliche Vulkanausbrüche richteten Verheerungen an, u. a. in Ländern, die bisher von derartigen Katastrophen verschont geblieben waren. Einen großen Teil der italienischen Bevölkerung sah ich obdachlos[4], eventuell kann dies auch die Folge eines neuen Krieges[4] sein.

Täusche ich mich nicht, so war in diesem Zusammenhang auch von einem neuen Ausbruch des Vesuv[5] die Rede. Für jene Jahre sah ich auch große Grubenunglücke und gewaltige Überschwemmungen[6]. Die Grubenunglücke betrafen besonders Westdeutschland und Nordfrankreich, und die Überschwemmungen das westdeutsche Gebiet, wo ich sehr viel Land unter Wasser stehen sah[7]. Diese Überschwemmungen

---

[1] zu Johansson, in seiner großen Vision vom 14. Nov. 1907. (Johansson sah in dieser Vision dermaßen viel, daß er später Mühe hatte, alles Gesehene im richtigen Zusammenhang, Ablauf etc. zu rekapitulieren.) Folgende Unterstreichung wie Original.

[2] Typisch für die Zeit nach WK III: Zunächst schlechte Ernten durch radioaktive Verseuchung und Folgen chemischer Kriegführung.

[3] Edgar Cayce bediente sich sehr ähnlicher Formulierungen.

[4] Hier eine Unsicherheit: Ist diese Obdachlosigkeit bedingt durch Naturereignis oder durch Kriegsgeschehen? Johansson ist im Zweifel, ganz so, wie wir vor kurzem überlegten, ob er möglicherweise Kriegsgeschehen als Naturereignis mißdeutet.

[5] Auch Cayce erwähnt Vesuv — Aktivität.

[6] Paßt exakt in das Bild der Vor- bzw. Nach-EK-Phase.

[7] Durch andere Seher(innen) bestätigt.

richteten unerhörten Schaden an. Viele Gruben liefen voll Wasser, und andere stürtzten durch unterirdische[8] Katastrophen ein. Orkane unterschiedlicher Heftigkeit wüteten hier und dort in der Welt, vor allem in Amerika und in europäischen Ländern, von denen England[9] besonders hart[9] betroffen wurde. Mir wurden nicht weniger als fünf riesige Orkane genannt, die nach dem Weltkrieg (?) im Laufe der Zeit wüten sollten. Auch Unwetter aller Art würden in dieser Zeit schwere Schäden anrichten, besonders in Dänemark, Südschweden und Norddeutschland. ....

Es folgen nun Angaben Johanssons über schreckliche Massenkrankheiten und Seuchen in verschiedenen, zeitlich schwer festlegbaren Perioden. Folgen von A-B-C-Krieg mögen hierbei eine Rolle spielen. (Die chemische Kriegführung wird z. Z. von WK III besonders effektiv sein.) Sodann sagt Johansson über England:

.... Englands Zukunft erschien ganz besonders bedroht, und sein Name wurde mehrmals in Verbindung mit künftigen Katastrophen genannt. ›Innere Unruhen und Aufruhr[10], Krieg in den Kolonien[10], Krieg in Irland[10] um 1953 herum oder 58[11] und Heimsuchungen durch Naturgewalten‹ stünden, wie ich vernahm, diesem Lande bevor. Kein Land wurde von dem HERRN so oft in Verbindung mit Katastrophen genannt wie England. ....

Des weiteren sagt der Seher Johansson in der Veröffentlichung durch seinen Verleger und Freund Gustafsson:

ORKANE UND ERDBEBEN

.... Unter den großen Heimsuchungen, die nach Beendigung des Weltkrieges (?) eintraten, waren besonders zwei von verhängnisvollem Ausmaß. Es handelte sich um zwei Naturkatastrophen: einerseits um einen wütenden Orkan[12], der über zwei Kontinente raste, ander-

---

[8] Vgl.: .... im Innern der Erde Unruhe .... und Fußnote 3).

[9] Die Seher(innen) sind sich darin einig, daß Großbritannien durch WK III, Bürgerkrieg, Naturgewalten überdurchschnittlich schwer heimgesucht wird.

[10] Die Reihenfolge ist nicht maßgebend (sehertypisches Chronologieproblem).

[11] Sehertypische Fehldatierung. Der Krieg in Irland ist Gegenwart (1980) und kürzliche Vergangenheit. Aber auch Krieg in England durch Irland ist für die Zukunft nicht auszuschließen.

[12] Natur-Orkan?/NBE-Orkan?

seits um ein gewaltiges Erdbeben, das mit einem Vulkanausbruch in der Nordsee[13] im Zusammenhang stand[14].

Nachdem[15] ich die Schrecken des Weltkrieges und das dadurch bedingte Unheil zu schauen bekam, wurde ich im Geiste zu den Ländern und Küstengebieten der Nordsee geführt, wo die Verheerungen des Erdbebens mir offenbart wurden.

Das Land, das in Verbindung mit diesen Zerstörungen an erster Stelle genannt wurde, war Schottland, danach auch Irland. Ich konnte jedoch keine Gewißheit darüber gewinnen, ob das Erdbeben vom Land oder vom Meeresgrund der Nordsee ausging. Als der HERR mir diese Namen nannte, war ich sehr verwundert, denn ich wußte ja, daß es in diesen Gebieten der Erde keine Vulkane[16] gibt und auch Erdbeben[16] dort nicht vorzukommen pflegen[16]; aber der HERR nannte die Namen klar und deutlich mehrere Male. Daß ich mich nicht verhört hatte, wurde mir bald darauf klar, als ich die vom Unglück betroffenen Gebiete sah. Alle Nordseestaaten waren fühlbar in Mitleidenschaft gezogen, doch kein Land schien so schwer betroffen wie Großbritannien und dort besonders die Ostküste. Die Stimme sagte, daß dieses Unglück eine Strafe für Englands Hochmut[17] sei. ....

Hier wollen wir den Bericht Johanssons unterbrechen und in Vergleich setzen zu Angaben anderer Seher. Johansson sagte in Verbindung mit den von ihm genannten Naturkatastrophen:

.... anderseits um ein gewaltiges Erdbeben, das mit einem Vulkanausbruch in der Nordsee im Zusammenhang stand. ....

---

[13] Vulkanausbruch in der Nordsee?/Nordsee-NBE?

[14] Hier setzt der Verleger Gustafsson eine Fußnote und sagt: »Denkbar wäre es, daß die von Johansson geschaute Erdbebenkatastrophe die Folge einer Atombombenexplosion wäre.«

[15] Ein solches Nachdem kann in Seherforaussagen einen kurzen Zeitabstand oder einen von vielen Jahrzehnten bezeichnen. Der Seher Johansson »schwimmt« im Meer der Zeit.

[16] Für die Zeit von Johansson stimmt das. Inzwischen sieht es anders aus:

1973 (23. Januar): Starker Vulkanausbruch (Neu-Vulkan) bei den Vestmannaeyjar-Inseln, Island. Ort Heimaey evakuiert. Lavamassen, Aschenregen. Eine halbe Insel verschüttet.

1979: Ungewöhnlich starkes Erdbeben in Großbritannien, ohne schwere Folgen.

[17] Ähnliche Charakterisierungen werden von verschiedenen Sehern gebraucht.

War der von Johansson gesehene Vulkanausbruch wirklich ein solcher? Möglich ist das, zumal Erdbeben häufig kurzfristig vor oder nach Vulkanausbrüchen oder gleichzeitig mit ihnen stattfinden. Mit dem von Johansson als Vulkanausbruch erlebten Geschehen könnte es allerdings auch die schon erwähnte andere Bewandtnis haben.

Alois Irlmaier:

.... Da seh ich aber oan (= einen) daherfliegen von Osten, der schmeißt was in das große Wasser (= Nordsee), na (= da) geschieht was Merkwürdiges. Da hebt sich das Wasser wie ein einziges Stück turmhoch[18] und fällt wieder runter, dann werd (= wird) alles überschwemmt. Es gibt ein Erdbeben[19] und de groß Insel (= England) werd zur Hälfte untergehen. ....

Irlmaier:

.... Die Länder am Meer (= Nordsee) sind vom Wasser schwer gefährdet, das Meer ist sehr unruhig[20], haushoch[20] gehen die Wellen, schäumen[20] tut es, als ob es unterirdisch[20] kochte[20]. Inseln verschwinden[21] und das Klima ändert sich. Ein Teil der stolzen[22] Insel (= England) versinkt, wenn das Ding (= nukleare Bombe) ins Meer fällt, das der Flieger hineinschmeißt. Dann hebt[20] sich das Wasser wie ein festes Stück[20] und fällt wieder zurück. Was das ist, weiß ich nicht. Wann es kommt, weiß ich nicht. Der Krieg im Osten ist aus[23] ....

Josef Stockert (1969):

.... Von Osten her flog über der Nordsee ein Flugzeug gegen Westen. Als es sich England näherte, glaubte ich, es stürze ins Meer, da es auf

---

[18] Ein derartiger Vorgang ist vergleichbar mit einem Vulkanausbruch. Hier könnte der Grund dafür liegen, daß Johansson von einem Vulkanausbruch in der Nordsee sprach.

[19] Eine starke NBE nahe dem Meeresgrund *kann* ein gewaltiges Erdbeben auslösen.

[20] vergleichbar: Johanssons Vulkanausbruch in der Nordsee.

[21] durch Flutwelle oder Beben mit Landsenkung, Landversinken.

[22] vgl. Johansson: .... Englands Hochmut ....

[23] Irlmaier (gest. 1959) meinte wahrscheinlich den Koreakrieg, aber auch der Krieg USA-Vietnam oder ein anderer östlicher Krieg stehen als Möglichkeit.

einmal absackte. Dabei sah ich, wie aus dem Flugzeug etwas (= nukleare Bombe) abgeworfen wurde. Das Flugzeug flog mit großer Geschwindigkeit weiter. Gleich darauf erfolgte eine furchtbare Detonation (= NBE im Meer). Das Wasser des Meeres wurde hoch in die Lüfte geschleudert und ich sah unter mir nur noch Gischt und dampfendes Wasser. Weit wurde es ins Land hineingetragen (= Flutwelle) und begrub alles unter sich. Von Land sah ich keine Spur mehr; ich glaubte es sei untergegangen (= Landsenkung/Landversinken/Überschwemmung). Dann sah ich Raketen mit gewaltiger Schubkraft dahinsausen, begleitet von Dämonen und Verwünschungen, um am Zielpunkt alles zu pulverisieren (= massiver Nuklearkrieg).

Die vorstehenden Auszüge aus Angaben der Seher Alois Irlmaier und Josef Stockert sind großenteils bereits bekannt durch die Analyse von Nostradamus' XI, 29 (Der Greif).

Nunmehr wollen wir den Bericht Johanssons über die Folgen dessen wiederaufnehmen, welches er bezeichnet als

....ein gewaltiges Erdbeben, das mit einem Vulkanausbruch in der Nordsee im Zusammenhang stand. ....

....Alle Nordseestaaten waren fühlbar in Mitleidenschaft gezogen, doch kein Land schien mir so schwer betroffen wie Großbritannien und dort besonders die Ostküste. Die Stimme sagte, daß dieses Unglück eine Strafe für Englands Hochmut sei.

Über allen Nordseestaaten lag Dämmerung. Kein Stern war zu sehen und vom Meer her[24] wehte ein starker Wind. In den norwegischen Gebirgen war noch kein Schnee[25] gefallen. Im Geiste wurde ich in die Nähe von Drontheim (= Trondheim) geführt. Ich stand am Strand und schaute über das Meer. Plötzlich begann der Boden zu erbeben.

---

[24] etwa aus Westen

[25] noch kein Schnee: Das klingt, als sei es etwa Herbst. Doch auch der Sommer ist nicht sicher ausschließbar. Im Hinblick auf die Möglichkeit der Nordsee-NBE stelle ich klar, daß WK III ein reiner Sommerkrieg ist. Sofern jedoch anstelle von Nordsee-NBE und Erdbeben ein echter Vulkanausbruch in der Nordsee mit Erdbeben gemeint ist, wäre zu berücksichtigen, daß auch die Nach-EK-Phase infrage kommt. Nach EK fällt in den norwegischen Gebirgen infolge neuen Äquatorverlaufes und Klimaveränderung möglicherweise überhaupt kein Schnee mehr.

Die Häuser der Stadt zitterten wie Espenlaub[26], und einige hohe Holzbauten an der Küste stürzten zusammen. Gleich darauf erscholl vom Meer her ein furchtbares Getöse, und eine gewaltige Sturzwelle näherte sich mit rasender Geschwindigkeit der Küste und zerschellte an den Felswänden. In den flachen Gebieten rollte die Flut weit ins Land hinein, überschwemmte große Teile von Drontheim und richtete erheblichen Schaden an. Große Speicher und Lagerhäuser barsten auseinander und wurden ins Meer gespült. Die Überschwemmung erstreckte sich über die ganze norwegische Küste, von Südnorwegen bis hinauf in die Gegend von Bodö. Ich vernahm die Namen mehrerer dort liegender Städte.

Weiter wurde ich im Geiste zu den großen Städten an der englischen Ostküste geführt, wo die Naturgewalten den allergrößten Schaden anrichteten. Die ganze englische Ostküste stand bis weit ins Land hinein unter Wasser. Besonders gelitten hatte die Stadt Hull und ihre nähere Umgebung. Schottland[27] mußte einem besonders heftigen Anprall ausgesetzt gewesen sein, denn es schien, als seien große Teile des Landes ins Meer abgesunken[27].

Dann gewahrte ich London. Hier schien die Katastrophe ihren Höhepunkt erreicht zu haben. Hafen und Kaianlagen waren völlig zerstört, unzählige Häuser eingestürzt, das Wasser von schwimmenden Wrackteilen bedeckt. Im Hafen waren viele Schiffe gesunken, andere waren sogar weit aufs Land zwischen die Häuser geschleudert worden. Auf dem Meer sanken die Schiffe, und zahllose Matrosen ertranken. Riesige Mengen toter Fische, vor allem Heringe, trieben auf der Wasseroberfläche[28]. Danach zwängten sich die Sturzwellen durch den Kanal und zerstörten dort auf beiden Seiten Häfen und Städte. Besonders schwer betroffen wurde Rouen, aber auch andere Städte der französischen Nordküste litten stark. Der Namen dieser Städte entsinne ich

---

[26] Diese Art des Zitterns erlaubt möglicherweise Rückschlüsse auf den Typus des Bebens.

[27] Nostradamus spricht im unbehandelten Vierzeiler X, 66 von der Insel Schottland. Es ist möglich, daß Schottland bei obenerwähntem Geschehen durch Landsenkung zwischen Schottland und England zur Insel wird.

[28] Eine Schauung, für die Johansson als (Eismeer-)Fischer, prädestiniert war. Die Angaben dieses Satzes stützen erneut indizienartig die Vermutung, daß Johansson die Folgen von Nordsee-NBE gezeigt wurden und daß der Seher sein Gesicht mißverstanden hat, indem er einen Vulkanausbruch in der Nordsee anstelle einer Nordsee-NBE annahm.

mich nicht mehr. Auch große Teile Hollands, Belgiens und der deutschen Nordseeküste wurden schrecklich heimgesucht. Zu den Städten, die besonders große Schäden aufwiesen, gehörten Antwerpen und Hamburg. Letztere bekam ich zu sehen, und mir schien, sie habe nach London am schwersten gelitten. Es wurde mir auch gesagt, daß dort riesige Warenvorräte verlorengingen. Auch die dänische West- und Nordküste und die dort liegenden Städte und die ganze schwedische Westküste — insbesondere Göteborg, Hälsingborg und Malmö — bekamen ebenfalls die Folgen der Katastrophe zu spüren.

Ich habe später in Norwegen Menschen getroffen, die ebenfalls auf übersinnlichem Wege von dieser Erdbebenkatastrophe erfahren hatten. ....

.... Auch ein Herr Alme hat große Naturkatastrophen im Nördlichen Eismeer, die sich in späteren Jahren (= nach EK) ereignen sollten, visionär geschaut. Dabei gewahrte er, wie sich der Meeresboden hob[29] und große neue Landgebiete[29] entstanden, u. a. ein Gebiet zwischen Nordnorwegen und Spitzbergen, das beide Länder miteinander verband. ....

.... Außer Herrn Alme gab es in Kristiania eine Frau, die über die vulkanischen Ausbrüche[30] und das Unheil, den verheerenden Orkan auf übersinnlichem Wege Nachricht bekommen hatte. ....

Vorläufiges Résumé zur Nordsee-NBE-Flutwelle

1. Der Vulkanausbruch Anton Johanssons könnte identisch sein mit der von Alois Irlmaier und Josef Stockert geschilderten Nordsee-NBE. Sicher bzw. im voraus beweisbar ist die Identität jedoch nicht. Auch echter Vulkanausbruch verbleibt möglich.

2. Anton Johansson und Alois Irlmaier nennen in engem Zusammenhang zu Vulkanausbruch bzw. zu Nordsee-NBE ein Erdbeben. Josef Stockert spricht nicht speziell von Erdbeben, zumindest aber von Überschwemmungen und möglicherweise von Landsenkungen/Landversinken.

---

[29] Typisch für Landhebung in der Nach-EK-Phase.

[30] Hier spricht Johansson nicht von *einem* Vulkanausbruch, sondern von vulkanischen Ausbrüchen.

3. Es ist möglich, daß die Nordsee-NBE zum Auslöser eines See- und Erdbebens wird. Es bestehen mit Wahrscheinlichkeit zeitlich enge Bezüge zwischen Nordsee-NBE und einem Erdbeben.
4. Es ist nicht einwandfrei klärbar ob die Flutwelle
   a) direkte Folge der Nordsee-NBE ist.
   b) Tsunami-ähnlich die Folge eines Seebebens ist, welches durch Nordsee-NBE ausgelöst wird oder zeitnah mit Nordsee-NBE erfolgt.
   c) eine durch echten Vulkanausbruch mit Seebeben entstandene, wirkliche Tsunami ist.
5. Erste wissenschaftliche Untersuchungen (vgl. Prof. Carl Friedrich von Weizsäcker: »Kriegsfolgen und Kriegsverhütung«, München 1971) deuten darauf hin, daß die von mehreren Sehern angekündigten Überschwemmungen und Zerstörungen in Küstengebieten der Nordsee sowie weiter im Landinnern in dem sehergemäß angekündigten Intensitäts- und Ausbreitungsgrad durch eine Nordsee-NBE *allein* schwerlich erreichbar sind. Die Wahrscheinlichkeit spricht dafür, daß entsprechende Intensitäts- und Ausbreitungsgrade eher durch eine Tsunami-ähnliche, d. h. seebebenbedingte Flutwelle entstehen, welche *beide*, d. h. Seebeben und Flutwelle, durch Unterwasser-NBE ausgelöst werden können. Hier liegt die große Gefahr, denn eine NBE-*Seebeben*-Flutwelle kann auch in der relativ flachen Nordsee erhebliche Höhe erreichen. Zudem lassen sich durch zwei oder mehrere aufeinanderfolgende Unterwasser-NBE langwellige Wasserschwingungen bewerkstelligen, die in ihrer Wirkungskraft ähnlich gefährlich werden können, wie eine Tsunami. Die Tsunami-Größenordnungen 1–4 ergeben gemäß o. e. Untersuchung folgende Wellenhöhen als Richtwerte:

Größe	Wellenhöhe in Metern
1	2
2	4– 6
3	10–20
4	–30

Die Größenordnung 4 = 30 Meter Wellenhöhe kann ich mir selbst für eine NBE-Seebeben-Flutwelle in der Nordsee nicht vorstellen. Die Frage der Größe 3 = 10–20 Meter stelle ich zur Beurteilung durch die Experten. Die Größe 2 = 4–6 Meter ist aber auch schon gefährlich, denn im Zusammenhang mit starkem Wind vom Meer her (vgl. Johanssons Angaben) und durch die Tiden etc. können Kumulierungen auftreten.

6. Ein nicht geringer Teil der Überschwemmungen, Zerstörungen etc. dürfte zudem auf direkte Erdbebenwirkung zurückzuführen sein. Landsenkungen bzw. Landversinken sind im allgemeinen Folgen von Erdbeben, nicht aber von Überschwemmung.

7. Der von Johansson vorausgesagte Vulkanausbruch in der Nordsee — sofern es sich um einen solchen handelt — und das damit im Zusammenhang stehende Erdbeben müssen nicht zwangsläufig während WK III stattfinden.

8. Hinsichtlich der durch Irlmaier und Stockert angesagten Nordsee-NBE steht allerdings fest, daß sie WK III-Geschehen darstellt. Das der Nordsee-NBE folgende Erdbeben ereignet sich ebenfalls während WK III (z. B. durch Unterwasser-NBE mit See- und Erdbeben) oder bald darauf.

10. Die NBE-Flutwellen-Methode ist militärisch wohlbekannt, wird aber bis heute (1981) passiv beschwiegen. Auch hinsichtlich EMP wurde jahrzehntelang (bis 1981) leisegetreten.

Nun zum »Orkan«-Bericht des Anton Johansson, welcher ebenso gut lesbar wäre unter dem Titel »Bericht über NBE-Druckwellen, -Hitzewellen und -Flutwellen«.

ÜBER AMERIKA

.... Ungefähr gleichzeitig mit dem Erdbeben erlebte ich im Geiste einen furchtbaren Orkan[31], der über zwei Weltmeere dahinraste. Da ich den Vulkanausbruch fast gleichzeitig sah, bin ich nicht sicher, welche dieser Katastrophen zuerst hereinbrach. Es fiel mir schwer, eins vom andern zu unterscheiden; ich glaube aber, daß der Orkan vorausging. Inwieweit zwischen den beiden Katastrophen ein Zusammenhang bestand, kann ich nicht sagen. Jedenfalls muß sich auch diese Katastrophe im Herbst oder Frühjahr ereignen, da nirgends Schnee lag[32]. Ich wurde auch zum Stillen Ozean, und zwar in die Gegend des Panamakanals geführt, von wo der Orkan seinen Ausgang nahm. Die Namen

---

[31] Kardinalfrage: Natur-Orkan oder NBE-»Orkan«?

[32] Es könnte also auch Sommer sein. WK III ist ein reiner Sommerkrieg. Unklar ist, weshalb Johansson nur vom Herbst oder Frühjahr spricht. Vielleicht ging er davon aus, daß Herbst und Frühjahr die normalerweise üblichen Sturmjahreszeiten sind.

dieser Gegenden wurden mir mit aller Deutlichkeit genannt, und von der Stelle aus, wo ich mich im Weltenraum[33] befand, konnte ich ziemlich genau Charakter und Gestalt des Landes unterscheiden: gewaltige Gebirgsketten, steinige Wüsten und Inseln lösten einander ab.

Von diesen Gegenden zog der Orkan in nördlicher und nordöstlicher Richtung über den nordamerikanischen Kontinent. In den Staaten an der Küste mit ihren Millionenstädten, Plantagen, Häfen und sonstigen großen Anlagen raste der Orkan mit solch fürchterlicher Gewalt, daß weite Gebiete völlig verwüstet und dem Erdboden gleichgemacht[34] wurden. Gebäude wurden in Mengen regelrecht umgeweht[34], und die Trümmer wirbelten durch die Luft. Auf den großen Plantagen wurde alles verwüstet, unübersehbare Gebiete lagen überschwemmt[35], und immer höhere Wogen[35] ergossen sich über das Land. Überall an der Küste sanken zahllose Schiffe oder wurden aufs Land geschleudert[35]. Hafenanlagen und große Schiffswerften wurden derartig zerstört, daß — so erklärte mir die Stimme — es fraglich sei, ob sie jemals wieder aufgebaut werden könnten. Ich erfuhr ferner, daß die Amerikaner außerstande sein würden, überall wieder aufzubauen, und daß demzufolge Handel und Schiffahrt in diesen Gebieten auf lange Zeit lahm liegen würden. Unter den Plantagenstaaten wurde besonders Virginia erwähnt, aber ich sah, daß auch andere Staaten sehr mitgenommen waren. Kaum besser erging es den am Mexikanischen Golf und weiter im Innern gelegenen Staaten, darunter auch Florida. Der Orkan raste über einen breiten Landgürtel von der atlantischen Küste bis zum Mississippital und drehte dann nördlich, wo er bei den kanadischen Seen noch an Stärke gewann. Ob es sich bei diesem Orkan nur um einen handelte, oder ob sich daraus mehrere entwickelten, kann ich nicht sagen.

In den Staaten des Mississippitals wütete der Orkan mit der gleichen Gewalt wie an der atlantischen Küste; zwischen beiden Gebieten sah ich eine unfruchtbare, steinige Gegend, die zum Teil verschont blieb.

Unter den nordamerikanischen Städten wurden folgende als besonders betroffen bezeichnet: Chicago, Minneapolis, Washington und New

---

[33] Typische Sehersituation des Schauens: Der Seher befindet sich in einer Position der Höhe, des Überblickes, der persönlichen Sicherheit.

[34] NBE-Druckwellen?

[35] NBE-Flutwellen?(Die Voraussetzungen für die Erzeugung von wirklich hohen NBE-Flutwellen sind im Atlantik, d. h. an der Ost-, Südwest- und Südküste der USA sehr viel günstiger als in der relativ flachen Nordsee.)

York[36]; letztere war am schwersten betroffen. Davon zeugten Ruinen und eingestürzte Gebäude; der Orkan fuhr heulend durch die Straßen der Weltstadt, und die riesigen Wolkenkratzer schwankten[37].

Die Stimme erläuterte, daß diese Gebäude von Zerstörung bedroht seien. Alles war in Rauchwolken gehüllt, große und kleine Gegenstände wurden vom Sturm mitgerissen und wirbelten in Mengen durch die Luft. Zugleich brachen in vielen Stadtteilen gewaltige Feuersbrünste aus. Am Hafen ergossen sich haushohe Brecher weit ins Land hinein[38]. Große Speicher und Lagerhäuser stürzten zusammen und wurden eine Beute des Meeres. Viele Schiffe wurden aufs Land geschleudert[38], andere versanken im Hafen.

Nicht nur in der Stadt New York, sondern auch in ihrer weiteren Umgebung loderten große Brände, der Himmel glich einem einzigen Flammenmeer. Auch in den Waldgebieten Kanadas sah ich riesige Brände.

Ich erfuhr, daß Kanada mehrfach das Opfer großer Brandkatastrophen werde; ich sah es wiederholte Male dort brennen. Aber auch die Verwüstungen durch den Orkan waren in diesem Lande gewaltig, ich sah, wie die stattlichen Wälder umgeknickt[39] wurden. Die Gegenden um die großen Seen[40] schienen besonders schwer heimgesucht. Unter den dort gelegenen schwer beschädigten Städten wurde besonders Quebec erwähnt, und zwar mehrmals. Von Nordamerika und Kanada setzte der Orkan seinen Weg nach Osten über den Atlantik nach Europa fort, dessen westliche und südwestliche Staaten zuerst in den Bereich des rasenden Unwetters gerieten.

---

[36] Eine detaillierte Beschreibung der Folgen von NBE-Einsatz gegen eine Großstadt ist nachlesbar in Sir Hacketts »Der dritte Weltkrieg« (Lit.-Verz.). Dabei werden zur Beschreibung der NBE-Folgen mitunter exakt solche Formulierungen benutzt, wie sie von Johansson für die Darstellung seiner Orkan-Folgen Anwendung finden. Das Buch wurde von einem englischen General verfaßt. Vieles über WK III wird in diesem Werk erstaunlich richtig, anderes fatal falsch dargestellt. So z. B. endet WK III bei Sir Hacketts Sandkastenspiel bereits nach NBE-Einsatz gegen Birmingham in England einerseits und Minsk in Rußland andererseits. Massiver Nuklear-Abtausch findet nicht statt.

[37] Hier setzt A. Gustafsson, Verleger des Sehers Anton Johansson, eine Fußnote und sagt: »Ein Atombombenangriff auf New York muß gewesen sein, was Anton J. gesehen und als Orkan gedeutet hat oder vielleicht eine Mischung von den beiden.«

[38] Durch NBE-Flutwelle?

[39] NBE-Druckwelle?

[40] Industriegebiete

Über Frankreich, Spanien und Marokko drang der Orkan ins Mittelmeer vor. Beinahe alle Länder litten unter den Verwüstungen. Dieser Orkan raste dann über das Schwarze Meer, die Krim und Südrußland hinweg. Allmählich ging mir der Zusammenhang verloren.

ITALIEN UND ENGLAND

Auch Italien wurde schwer heimgesucht, und dort ganz besonders Sizilien. Übrigens wurde Italien noch von einem anderen Unglück betroffen; welcher Art dieses war, wurde mir jedoch nicht klar. Ich hörte, daß auch Österreich und besonders die Umgebung von Wien unter dem Orkan schwer leiden müßten. Nicht besser erging es Frankreich, wo der Süden, die Westküste sowie die Küstenstriche am Kanal am schlimmsten verwüstet wurden. Als schwer betroffene Städte wurden besonders Marseille und Rouen erwähnt.

Spanien wurde ebenfalls sehr in Mitleidenschaft gezogen. England war dem wütenden Orkan ebenso ausgesetzt wie der nordamerikanische Kontinent. In den Häfen und längs der Küste sanken unzählige Schiffe. Besonders Southampton[41] an der englischen Südküste, wie überhaupt die Städte zu beiden Seiten des Kanals wurden als schwer beschädigt bezeichnet. Im Innern des Landes knickte der Sturm Telegraphenmasten, und viel wertvoller Waldbestand wurde zerstört. Die Stimme sagte, England werde mehrere Tage lang nach der Katastrophe nicht telegraphieren können. Die Küstengebiete standen weithin unter Wasser. Ähnlich wie bei der vorigen Heimsuchung zählte England auch diesmal zu den am schwersten betroffenen Ländern. Und auch in weiterer Zukunft entfiel der größte Anteil am Unheil auf England. Kein Land wurde in Zusammenhang mit künftigem Unglück so häufig erwähnt wie England.

In dieser Nacht[42] erfuhr ich, daß unser Planet von nicht weniger als drei großen Orkanen heimgesucht werde. Näheres darüber, auch hinsichtlich der Zeit, erfuhr ich nicht. Zwei dieser Orkane sollten jedoch nach dem Weltkrieg und vor dem franz.-spanischen[43] Krieg ausbrechen.

---

[41] Johansson war sich hinsichtlich Southampton nicht absolut sicher.

[42] Die Nacht der großen Vision vom 14. Nov. 1907.

[43] Ein Zukunftskrieg irgendwann nach WK III.

BELGIEN UND HOLLAND

Von den übrigen Ländern des Kontinents waren es auch diesmal wieder besonders Belgien, Holland[44] und die deutsche Nordseeküste, die besonders großen Verheerungen ausgesetzt waren. Wieder standen weite Strecken Landes unter Wasser. Auch in Westdeutschland herrschten Überschwemmung und Verwüstung durch den Orkan. . . . .

Johansson nennt nun die Orkan- bzw. NBE-Folgen für Gebiete Skandinaviens. Dann fährt er fort:

. . . . Von dort zog der Orkan weiter nach Nordrußland, der Murmanküste und Sibirien zu. Auf dem Wege dorthin wurde der Ladoga- und der Onegasee übel zugerichtet.

Mit Hunderten, ja Tausenden von Menschen habe ich mich über zwei Jahre lang im inbrünstigen Gebet vereint; wir baten, die Menschheit von diesem Unglück zu verschonen, das ebenso wie das große Erdbeben als Strafe für die Schlechtigkeit der Welt gesandt werden sollte. Sollten auch diese beiden Heimsuchungen nicht sofort erfolgen, so dürfen wir doch nicht unterlassen, Gott um Verschonung zu bitten, auch dann nicht, wenn sie unabwendbar scheinen. Betreffs des Vulkanausbruches wollte ich den Worten des HERRN zunächst keinen Glauben schenken, weil ich meinte, in diesen Gegenden pflegen weder Vulkanausbrüche noch Erdbeben vorzukommen. Der HERR jedoch betonte ausdrücklich, dieses Unheil werde nicht ausbleiben. . . . .

Ich sagte schon, daß ich nicht in der Lage bin, die Zweifelsfrage zu entscheiden, ob dieser Orkanbericht Johanssons einem echten (Natur-) Orkan oder einem NBE-»Orkan« gilt. Meine Vermutung geht dahin, daß zumindest Teile hiervon auf den massiven, umfangreichen Einsatz starker nuklearer Waffen zu beziehen sind.

---

[44] Unterstreichung im Originalwerk (Lit.-Verz.)

DER DRITTE WELTKRIEG:
DATENTEIL

Vorbemerkung zum Datenteil

In diesem Teil der Studie — ihrem Hauptteil — werden einige Verse des Nostradamus untersucht, welche Zeit- und Datenangaben für WK III enthalten.

Es könnte vielleicht der Eindruck entstehen, daß ich in willkürlicher Weise dahin tendiere, von mir aus versgegenseitige Hilfskonstruktionen aufzubauen, um auf »irgendeine« Art zu »Ergebnissen« zu »gelangen«.

In Wirklichkeit verhält es sich ganz anders: Nicht ich werde willkürlich konstruieren, sondern der Prophet Nostradamus hat willkürliche, sinnvolle, täuschende, raffinierte, mehrdeutige, unscheinbare, scheinbare und selbstverständlich auch unwillkürliche Kriterien und Formulierungen zur Chiffrierung seiner Zeit- und Geschehensangaben benutzt und erstellt.

Beim Untersuchen der komplizierten Maße, die der Astronom und Astrologe Nostradamus zum Bau seines WK III — Datendomes verwendete, werde ich daher dechiffrieren müssen und das heißt unter anderem auch: versgegenseitige Vergleiche und Bezugspunkte als Hilfe heranziehen. Es geht also nicht ums Konstruieren meinerseits, sondern darum, Einblick in die Konstruktion des Meisters zu gewinnen.

Dieses Datengebäude ist gebaut nach den Maßen eines größeren und Größeren: unser Sonnensystem steht als Vorbild. Im Kreisen der Planeten und in der scheinbaren Bewegung der umkreisten Sonne nimmt Nostradamus den Maßstab seines Datendomes.

Und wunderbarerweise — ganz gewiß aus der Absicht des Sehers heraus — gibt es tatäschlich einen Haupt-, einen Goldenen Schlüssel zum Portal dieses Bauwerkes.

Da es vergebliche Mühe wäre, das Gebäude durch eine Seitentür betreten zu wollen, werden wir jetzt als Erstes unternehmen, diesen kompliziert gearbeiteten Hauptschlüssel zu suchen und zu finden.

BASISVERS
UND
MASSIV NUKLEARE PHASE VON WELTKRIEG III

Diesen Vers nenne ich den Basisvers, weil darin ein Basiszeitraum kenntlich gemacht ist. In diesen Basiszeitraum fallen sämtliche WK III-Daten, die wir dem Nostradamus im weiteren Verlauf entreißen werden können.

Weiße Wolle

VI, 35

> Pres de Rion, & proche à blanche laine,
> Aries, Taurus, Cancer, Leo, la Vierge,
> Mars, Iupiter, le Sol ardra grand plaine,
> Bois & citez lettres cachez au cierge.

> Nahe an Rion, & nahe an weißer Wolle,
> Widder, Stier, Krebs, Löwe, Jungfrau,
> Mars, Jupiter, die Sonne wird verbrennen groß(e) Ebene,
> Wälder & Städte Buchstaben versteckt bei der Kerze.

Das klingt nahezu unverständlich. Und dennoch verbirgt sich hinter diesen scheinbar sinnlosen Worten ein elegant gereimtes, kunstvolles Vielfachverschlüsselungswerk der potenziertesten Charge.

Den Zeilen 3 und 4 entnehmen wir ein auffälliges Bruchstück:

> .... die Sonne wird verbrennen groß(e) Ebene,
> Wälder & Städte ....

Zwar ist denkbar, daß es in gewissen Gebieten der Erde irgendwann einmal zu einer Hitze- und Dürrekatastrophe kommen könnte, so daß die Sonneneinstrahlung große Wälder und Steppen (Ebene) verbrennt. Es bleibt aber unverständlich, weshalb die Sonne auch Städte (= citez) verbrennen wird.

Das Rätsel ist sogleich gelöst, wenn wir uns eines alten Bekannten erinnern, nämlich: Sonne (le Sol, le Soleil) = NBE.

= NBE
Z3: Mars, Jupiter, die Sonne wird verbrennen groß(e) Ebene,
Z4: Wälder & Städte ....

Nostradamus spricht also offenbar von einem nennenswerten NBE-Einsatz, dem Wälder, Städte und Ebene(n) anheimfallen. Zeile 1 verrät, wo diese Verbrennungen durch NBE-Feuerbälle erfolgen:

Nahe an Rion, & nahe an weißer Wolle,

Der Rion ist ein Fluß, welcher im Kaukasus entspringt und nahe der Stadt Poti ins Schwarze Meer mündet. Er fließt ausschließlich durch USSR-Gebiet, wenngleich in relativer Nähe (ca. 100 km) zur türkischen Grenze.

Aber nicht nur Nahe an Rion, ... (= Pres de Rion, ...), sondern auch ....& nahe an weißer Wolle, (= ....& proche à blanche laine,) erfolgen NBE. Welche Örtlichkeit mag mit weißer Wolle gekennzeichnet sein?

Lexiokonauszug (Brockhaus, Unterstreichungen hinzugefügt):

»Baumwolle, ...
Die aufspringenden walnußgroßen Fruchtkapseln enthalten die Samenkörner, ..., und die schneeweißen Samenhaare, die gepflückt und von den Samen befreit werden. ... Den größten Anteil an der Erzeugung haben die Vereinigten Staaten, wo innerhalb des ›Baumwollgürtels‹ (Texas, Nord- und Südkarolina, Mississippi, Alabama, Arkansas, Oklahoma, Louisiana, Tennessee) mehr als die Hälfte (...) der gesamten Welternte (...) gewonnen wird....«

Wir stellen fest: Nennenswerter NBE-Einsatz gilt Gebieten der USSR (Nähe Rion) und der USA (Nähe Baumwollgürtel), wobei ich die beiden betroffenen Nuklear-Großmächte in der vom Seher-Poeten angewandten Reihenfolge anführe.

Nostradamus verrät uns Genaueres. Die russische Stadt Prochladny(j) finden wir nördlich des Kaukasus, etwa 110 km von der Quelle

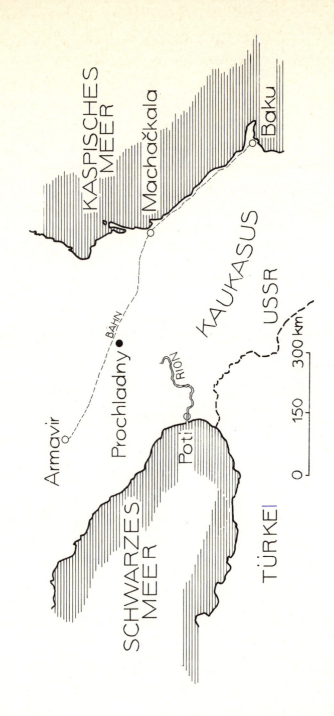

des Flusses Rion entfernt. Sie liegt in Anbetracht der enormen russisch-asiatischen Weiten Nahe an Rion = Pres de Rion.

Pochladny(j) liegt in ebenem Land, das sich besonders nach Osten und Nordosten hin großzügig ausdehnt, vgl. Z3:

> .... groß(e) Ebene,
> .... grand plaine,

Es gibt viel Wald in der Umgebung der Stadt Prochladny, vgl. Z4:

> Wälder & Städte ....
> Bois & citez ....

Strategisch wichtige Eisenbahnlinien führen durch Prochladny, welches gemäß Zeile 1 von NBE getroffen wird.

> Pres de Rion & proche à ....
> Nahe an Rion & nahe an ....

Jetzt blicken wir auf Oklahoma (USA) und auf die Zeile 4:

> Wälder & Städte Buchstaben versteckt bei der Kerze.
> Bois & citez lettres cachez au cierge.

> Boise City liegt in der Nordwestecke des klassischen Baumwollstaates Oklahoma. Die weiße Wolle wächst ganz in seiner Nähe:

(Z1:)
> .... proche à blanche laine,
> .... nahe an weißer Wolle,

In den USA existiert ein zweites Boise (City), als Hauptstadt des Staates Idaho. Dieser Doppelgänger ist aber nicht gemeint. Es gibt dort keinerlei Baumwolle, nicht nahe und nicht fern.

Übrigens habe ich das Wort citez (Z3) bisher noch nicht wörtlich, sondern nur phonetisch im Sinne von cités = Städte übersetzt. Dies geschah gegen die gute Gewohnheit, um vermeidbarer Komplizierung auszuweichen. Das Wort citez bedeutet eigentlich: zitiert(e). Wenn wir den Doppel-Trick berücksichtigen, der sich aus der Zweideutigkeit des phonetisch Geschriebenen ergibt, so erhalten wir:

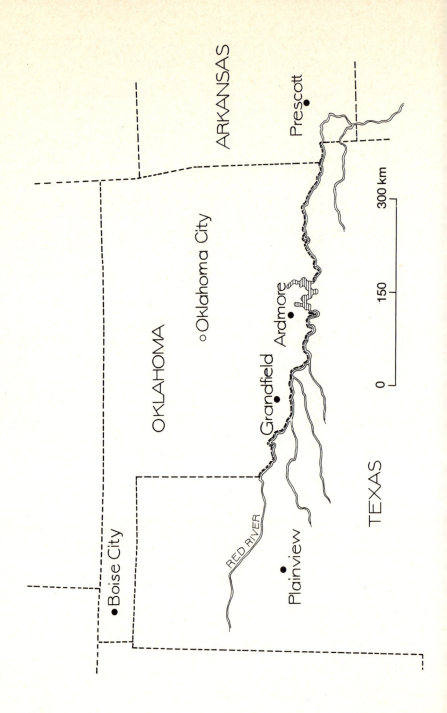

cités/citez = Städte/zitiert(e) bzw. zitierte Städte[1].

Wir können das Wort citez aber auch auf das folgende Wort lettres beziehen und die Inversion rückgängig machen:

lettres citez = Buchstaben zitierte bzw. zitierte Buchstaben.

Nostradamus weist also auf seine trickreichen buchstabenmäßigen Zitate und Andeutungen hin. Damit sind wir bei der nächsten zitierten Stadt.

Ardmore liegt grob 150 km südöstlich Oklahoma City im Staate Oklahoma, USA, und die weiße Wolle = blanche laine gedeiht gleich nebenan. Wache, Ardmore, denn Du könntest gemeint sein gemäß Zeile 3:

> le Sol ardra . . . .
> die Sonne wird verbrennen . . . .
> = NBE wird verbrennen . . . .

Im Wort ardra steckt mit Sicherheit eine Verschlüsselung, denn Nostradamus hat damit eine poetische Neuschöpfung vorgenommen, indem er es vom nicht existenten Verbum arder/ardoir = verbrennen ableitet und sich dabei stützt auf das im Französischen wohlbekannte Substantiv ardeur = Hitze, Glut sowie auf das Eigenschaftswort ardent = glühend, hitzig, feuerrot.

Wache auch Du, Prescott (Arkansas, USA) als Nachbar weißer Wolle:

> Pres de Rion & proche à blanche laine,
> Nahe an Rion & nahe an weißer Wolle,

---

[1] Weitere Möglichkeiten:
cités/citez — Städte/Zitieren Sie! bzw. Zitieren Sie Städte! bzw. Zitieren Sie zitierte Städte!
In dieser imperativischen Form liegen Bedeutungen, Leser-Aufforderung, das phonetische Participe passé, Verschlüsselung und Dechiffrierhinweis zugleich, »le tout meslé ensemble«, (vgl. XI, 32, unbehandelt). Der Trick wird von Nostradamus ungezählte Male jovial angebracht. In VI, 97 (WK III massiv nuklear/Hiroshima) wird er wiederum zur Geltung kommen, indem der feurige Poet das Substantiv kaltblütig zum Verbum macht:
degrés/degrez = Grade, Abschnitte, Stufen/Stufen Sie! Stufen Sie Abschnitte! Stufen Sie gestufte Abschnitte!

Plainview (Texas, USA), ich sehe Dich und soviel weiße Wolle um Dich herum:

(Z3:) .... le Sol ardra grand plaine,
.... die Sonne wird verbrennen groß(e) Ebene,

Nostradamus schreibt falsch, aber absichtlich grand_ plaine = groß_ Ebene. Er hat das e einfach »vergessen«, weil er einen Ort bezeichnen will, in dessen Namen die amerikanische Silbe grand erscheint. Grandfield (wiederum im Baumwollstaat Oklahoma) ist ein Entschlüsselungsbeispiel.

Genug dieser Untersuchungen. Die Entschlüsselungen Prochladny und Boise City sprechen für sich selbst und weitere Städte. Dies *ist* die nukleare Eskalation und von diesem Zeitpunkt an ist *alles* möglich, denn Nostradamus, Virtuosester der Chiffreure, zieht jetzt *sämtliche* Register seiner Kunst.

Die Datierungshinweise der Zeilen 2 und 3 lauten:

>Aries, Taurus, Cancer, Leo, la Vierge,
>Mars, Iupiter, le Sol ....
>
>Widder, Stier, Krebs, Löwe, Jungfrau,
>Mars, Jupiter, die Sonne ....

Diese Angaben sind von dermaßen außergewöhnlichem Umfang, daß wir eine damit in Verbindung stehende Aussage von eminenter Bedeutung annehmen dürfen. Zudem sind die Hinweise von so hochgradig detaillierter Natur, daß sie nur selten am Himmel Wirklichkeit werden. Und schließlich: Einerseits sind diese Angaben sehr verwirrend, andererseits scheinen sie daraufhin angelegt, dem, der den *richtigen* Schlüssel findet, *Sicherheit* in seiner Findung zu geben.

Z2: Aries, Taurus, Cancer, Leo, la Vierge,
Widder, Stier, Krebs, Löwe, Jungfrau,

Die ersten vier der fünf erwähnten Zeichen des Tierkreises werden in lateinischer Sprache genannt, das fünfte hingegen (la Vierge = Jungfrau) in Französisch. Das ist merkwürdig und wirft die Frage auf, ob wohl Nostradamus am Schluß der Zeile zum Französischen Zuflucht genommen habe, um den Reim zum letzten Wort der Zeile 4 vorzubereiten?

Z2:   .... Vierge,
Z4:   .... cierge.

Die Fragestellung wird später behandelt werden, denn jetzt wollen wir unsere Augen einer weiteren Eigenartigkeit zuwenden. Die normale Folge des halben Tierkreises lautet:

    Aries, Taurus, Gemini, Cancer, Leo, la Vierge . . . .

Nostradamus aber schrieb:

    Aries, Taurus,   Cancer, Leo, la Vierge,

Die folgende Graphik wird das Fehlen des Zeichens Gemini verdeutlichen.

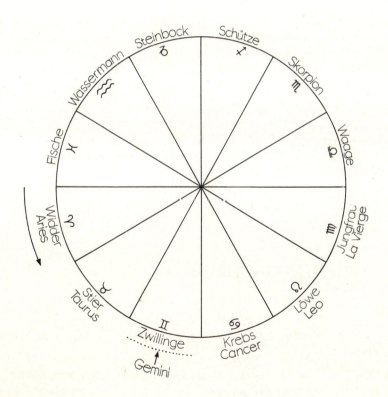

Das Zeichen der Zwillinge (Gemini) wird von Nostradamus also glatt »unterschlagen«. Selbstverständlich hat diese Auslassung einen Sinn, einen sehr bezeichnenden sogar, wie wir noch sehen werden.

Die Zeile 2, allein genommen, kann nichts verraten, so daß vorerst die Betrachtung jenes Teiles von Zeile 3 ratsam ist, welcher weitere Angaben enthält.

Z3:   Mars, Iupiter, le Sol . . . .
      Mars, Jupiter, (die) Sonne . . . .

Die Bedeutung der Sonne (le Sol, le Soleil) wurde bereits erläutert: NBE. Da jedoch die Sonne hier im Zusammenhang mit zwei anderen Gestirnen des Sonnensystems (Mars, Jupiter) genannt wird, liegt der Verdacht auf Doppelbedeutung sehr nahe:

    1. NBE
    2. Sonne als Gestirn.

Bei Mars verhalten sich die Dinge ganz ähnlich. Da Mars der Kriegsgott ist, verwendet Nostradamus den Namen gern im Sinne von Mars = Krieg. Indem aber Mars hier im Zusammenhang mit dem (eindeutigen) Planeten Jupiter genannt wird, ist sowohl die Bedeutung Mars = Gestirn Mars als auch Mars = Krieg zu erwägen.

Um unnötige Verwirrung zu vermeiden, möchte ich eine Vorab-Klärung der richtigen Sachverhalte geben. Im Fall des Vierzeilers VI, 35 hat le Sol = die Sonne tatsächlich die Doppelbedeutung von NBE und Sonne (Gestirn). Und für Mars gilt primär, daß das Gestirn Mars gemeint ist, aber in einer Zusatzbedeutung auch Krieg. Im Bereich der zusammenhängenden Zeilen 2 und 3 ist jetzt das von Nostradamus Gemeinte zu entschlüsseln.

      Aries, Taurus, Cancer, Leo, la Vierge,
      Mars, Iupiter, le Sol . . . .
=
      Widder, Stier, Krebs, Löwe, Jungfrau,
      Mars, Jupiter, Sonne . . . .

Fünf Zeichen des Tierkreises sowie drei Gestirne sind genannt und die Frage lautet: Welcher Zeitpunkt mag hinter diesen Angaben verborgen liegen?

Die Frage ist in dieser Form bereits falsch gestellt, denn es leuchtet ein, daß sich zu einem Zeitpunkt ein Gestirn jeweils nur in einem Zeichen des Tierkreises aufhalten kann. Wenn wir also annehmen, daß jedes der drei Gestirne Mars, Jupiter, Sonne zu diesem einen Zeitpunkt in einem bestimmten Zeichen steht, so bleiben von fünf Zeichen zwei als unbesetzt übrig. Daher lautet die logische Korrektur der Fragestellung nach dem Zeitpunkt:

Welche Zeitpunkte oder klarer, welcher zwischen zwei Zeitpunkten liegende *Zeitraum* ist durch die Angaben des Nostradamus gekennzeichnet?

Denn innerhalb eines Zeitraumes kann es leicht geschehen, daß ein, zwei, drei Gestirne das Zeichen ihres Aufenthaltes wechseln, so daß tatsächlich fünf Zeichen von nur drei Gestirnen besetzt werden.

Somit befinden wir uns auf der Suche nach einem astronomischen Phasenablauf. Wir suchen einen astronomischen Simultanvorgang, welcher es ermöglicht, drei ganz bestimmte Gestirne mit fünf ganz bestimmten Zeichen in der Weise zu kombinieren, daß sich eine vollkommen logische Übereinstimmung zu den Angaben des Nostradamus ergibt.

Mit dieser Fragestellung liegen wir endgültig richtig und mit einem weiteren Schritt werden wir die ganze Angelegenheit jetzt auf ein vertretbares, gesichertes Zeitmaß bringen:

Studiert man eine sehr große Anzahl von Sehervoraussagen in ebenso genauer wie überblickender Weise, um mit ihnen die gegebene und sich fortsetzende Entwicklung irdischen Geschehens in gesellschaftlicher, wirtschaftlicher, militärischer, politischer und technologischer Hinsicht zu vergleichen, so ergeben sich *zwingende* Schlüsse.

1. WK III wird bis spätestens zum Jahresanfang 2000 stattgefunden haben.

    Die Begründung für diese Terminierung ergibt sich aus den Seherberichten, die Jahrhunderte alt sind, wie aus jenen neueren des 20. Jahrhunderts. Sie ergibt sich aber auch aus der modernen Waffentechnik und deren rasanter Entwicklung: Diese Entwicklung nimmt einen dermaßen schnellen und in seiner Schnelligkeit sich ständig beschleunigenden Fortschritt, daß die Waffen, die ab 2000 zu erwarten wären, mit den Angaben der Seher zum Verlauf von WK III nicht mehr vereinbar sind.

2. WK III könnte praktisch jederzeit, sehergemäß allerdings nur in einem Sommer stattfinden, jedoch stehen ...

3. ...neben mancherlei vorausgesagten und eingetretenen Kriegsvorzeichen verschiedene andere und wichtige noch aus.

Aus der Gesamtheit der vorgenannten Punkte 1. – 3. und den aus ihr unerbittlich zu ziehenden Schlüssen ergibt sich für den Zeitpunkt von WK III und zwar mit Sicherheit: Spätestens im Sommer 1999.

Der Gesamtuntersuchungsabschnitt wird deshalb definiert als liegend zwischen 1982 und 1999 incl. Innerhalb dieser Spanne muß der von Nostradamus angegebene astronomische Simultanvorgang findbar sein.

Er ist es.

Ein *einziges* Mal zwischen 1982 und der Jahrtausendwende entstehen am Himmel Verhältnisse, die den von Nostradamus genannten wirklich perfekt, klar, einfach, völlig logisch und absolut übereinstimmend entsprechen.

Es handelt sich um jenen Zeitraum, welcher beginnt im Laufe des 21. Juni und endet im Laufe des 31. August des Jahres

1990.

Dies ist der *Basiszeitraum.*

Die Bedeutung dieser Zeitbasis läßt sich kaum überbewerten, denn sie ist nicht nur Orientierungshilfe zur Terminfindung des von Nostradamus in diesem Vierzeiler angekündigten NBE-Einsatzes zwischen USA und USSR. Dieser Basiszeitraum umfaßt zugleich — wie ich schon sagte und wie wir noch sehen werden — sämtliche WK III-Daten, die wir aus den Versen des Nostradamus herausschlüsseln werden. Deshalb ist unser Basisvers, der Vierzeiler VI, 35 (Weiße Wolle), wirklich ein Goldener Schlüssel.

Es wäre allerdings voreilig, anzunehmen, daß der Beginn von WK III mit dem Beginn des Basiszeitraumes (21. Juni 1990) identisch sein müsse. Dies ist nicht der Fall und auch das Ende von WK III hat mit dem Ende des Basiszeitraumes (31. August 1990) nichts gemein. Es steht aber zu vermuten, daß die Daten für Beginn und Ende von WK III *irgendwo innerhalb* des Basiszeitraumes findbar sind.

Innerhalb des genannten Basiszeitraumes (21.6. – 31.8.1990) befinden sich

in Aries, Taurus	in Cancer, Leo	in Cancer, Leo, la Vierge
(Widder, Stier):	(Krebs, Löwe):	(Krebs, Löwe, Jungfrau):
Mars	Jupiter	le Sol (Sonne).

Der Vergleich ergibt die absolute Kongruenz zu den bündigen Angaben des Sehers:

>   Aries, Taurus, Cancer, Leo, la Vierge,
>   Mars, Iupiter, le Sol, ...

Damit ist nun auch geklärt, weshalb Nostradamus das Zeichen Gemini (Zwillinge) in seiner Aufzählung nicht nennt: Dieses Zeichen wird nämlich *innerhalb* des von ihm verschlüsselt kenntlich gemachten Zeitraumes von *keinem* der drei Gestirne Mars, Jupiter, Sonne besetzt. Und genau dieses *Fehlen* der Zwillinge ist das Kriterium, welches besonderes Interesse verdient, weil es noch weitere, tiefe Geheimnisse enthält.

Basiszeitraum

Bewegungen der Gestirne

Mars = ♂
Jupiter = ♃ } zwischen dem 21./22. Juni und dem 31. August 1990
Sonne = ☉

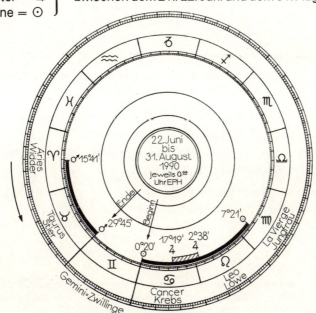

Der Beginn des Basiszeitraumes ergibt sich aus der Position der Sonne am 21./22. Juni (s. Graphik): 0 Grad, 20 Min. im Cancer (Krebs).

Das Ende des Basiszeitraumes ergibt sich aus der Position des Mars am 31. August (siehe Graphik): 29 Grad, 45 Min. im Taurus (Stier).

Die Graphik verdeutlicht nochmals, daß keines der drei Gestirne Mars, Jupiter, Sonne während des bezüglichen Zeitraumes im Zeichen Gemini (= Zwillinge) steht. Sie zeigt zugleich erneut, daß dieses Zeichen unter normalen Umständen in der Aufzählung der Reihenfolge Aries bis la Vierge (= Widder bis Jungfrau) zwingend erwähnt werden müßte.

Durch seine gleichermaßen berechtigte wie auffällige Erwähnungsunterlassung des Tierkreiszeichens der Zwillinge (= Gemini), d. h. durch sein unübersehbares, wohlgesetztes Schweigen vollzieht Nostradamus gleichzeitig mehrere geheime Mitteilungen:

1. Den Hinweis auf eine ganz wesentliche *Besonderheit*, die beim Dechiffrieren zu berücksichtigen ist und durch die Findung bestätigt werden muß.

2. Diese Besonderheit (Fehlen der Zwillinge) sorgt dafür, daß die von Nostradamus einerseits genannten, andererseits beschwiegenen astronomischen Gegebenheiten äußerst *selten* eintreten: ein einziges Mal zwischen 1900 und 2020 incl. Noch ausgedehntere Zeitspannen wurden nicht überprüft.

3. Hierdurch wiederum wird das Irrtumsrisiko in bezug auf die zeitliche Richtigkeit der Entschlüsselung *entscheidend* minimiert und das heißt im konkreten Fall: ausgeschaltet.

4. Der Entschlüsselungserfolg bestätigt sich eo ipso und zwar hochgradig[2].

5. Die genaue *Abgrenzung* und Abgrenzbarkeit des betreffenden Zeitraumes (Basiszeitraum) und dadurch

6. den Hinweis darauf, daß es *innerhalb* dieses genau abgrenzbaren Zeitraumes Bedeutsames zu finden gibt.

---

[2] Es ist ein Gefühl, als habe Nostradamus' vielzitierte eigne Hand dem Finder das ›Richtig!‹ in die Verschlüsselung gleich mit hineingeschrieben. Vgl. Goethe, »Faust«, Die Tragödie, Erster Teil, Szene I, Faust: ca. Zeile 65 ff.

Damit haben wir den von Nostradamus meisterhaft gearbeiteten Goldenen Schlüssel zum Portal seines Datendomes von WK III gefunden und bereits berechtigt benutzt. Soeben nahmen wir den Schritt über die Schwelle. Wir fußen auf granitenem Grund, doch im gedämpften Licht des Innern bedarf das Auge noch der Zeit der Gewöhnung. Bald aber wird es hell werden, hell und heiß wie *in* der Sonne.

Wir sind soweit, daß wir sagen können: Irgendwann innerhalb des Zeitraumes vom 21. Juni bis 31. August 1990 erfolgt NBE-Einsatz gegen Gebiete der USA und USSR (alphabetische Reihenfolge). Allerdings ist dieser Zeitraum viel zu ausgedehnt für eine realistische Betrachtung der Dinge. Deshalb müssen wir den Vers auf Angaben untersuchen, die einen *Zeit-Punkt* innerhalb des dechiffrierten Zeitraumes verbindlich andeuten.

Die Sonderstellung der Worte »la Vierge« (französische Bezeichnung im Anschluß an vier lateinische Zeichenbenennungen) wurde schon angesprochen, ebenso wie die Vermutung, daß Nostradamus durch seine Wahl des Französischen den Reim auf das »cierge« (= Kerze) vorbereiten konnte. Der Reimaspekt von Vierge (Z2) zu cierge (Z4) beinhaltet jedoch einen weiteren Faktor.

Ein Teil der Betonung, die Nostradamus auf das bewußt französisch gewählte Vierge bzw. la Vierge legt, fällt automatisch, nämlich *durch Reim*, auch auf das cierge bzw. das au cierge. Der Sprachfühlende empfindet dies beim Lesen des Originaltextes als eine Selbstverständlichkeit, die eigentlich kaum der Erwähnung bedarf:

Z2: . . . . Cancer, Leo, la Vierge,
Z4: . . . . lettres cachez au cierge.

Deutsch, wörtlich:

. . . . Cancer, Leo, (die) Jungfrau,
. . . . Buchstaben versteckt bei der Kerze.

Deutsch, *reimend*, sehr frei und durch die freie Übersetzung bereits lösungsnah:

. . . . Cancer, Leo, die Jungfrau,
. . . . Buchstab-Versteck beim »Kerzgrau«.

Indem ich mich jedoch vorzugsweise an die wörtliche (nicht reimende) Übersetzung halte, bleibt es bei

....Buchstaben versteckt bei der Kerze.,

wobei die Kerze die erwähnte Betonung (aus Reim im Französischen) erhält.

Im Klartext: Es müssen versteckte Buchstaben gesucht werden, die bei der Kerze (= au cierge), d. h. im schwachen Licht der Kerze zu finden sind. Im schwachen, halbdunklen, gewissermaßen »kerzengrauen« Licht sind diese Buchstaben nur vage angedeutet, also nicht ohne weiteres erkennbar. Der gesamte Vierzeiler VI, 35 ist somit Objekt der Suche nach vage angedeuteten Buchstaben.

Zunächst scheint jedes Wort versteckträchtig, aber schließlich geht das Licht auf. Zwei Worte der Zeile 1 haben es im wahren Sinne »in sich«.

Z1:   Pres de Rion, & proche à blanche laine,
      Nahe an Rion, & nahe an weißer Wolle,

1. Das Wort Rion wird von hinten gelesen, so daß sich ergibt:

    noir (= schwarz).

2. Das Wort laine (= Wolle) wird auf andere Weise abgewandelt. Wir streichen das a und das i und setzen statt dessen lediglich ein u:

    la̷i̷ne
    u
    lune (= Mond).

Durch diese Versteckfindung bei Kerzenlicht bewirken wir eine *eklatante* Sinnerweiterung der Zeile 1:

Aus

   Pres de Rion, & proche à blanche laine,
   Nahe an Rion, & nahe an weißer Wolle,

wird

   Pres de noir, & proche à blanche lune,
   Nahe an schwarzem, & nahe an weißem Mond,

Die Zeile 1 des Verses enthält also tatsächlich eines der von Nostradamus geliebten Buchstabenspiele und er hat sich einen Spaß daraus gemacht, uns reimend und mit Hilfe seiner Kerze entsprechend hinzuweisen.

Vor allem aber muß festgestellt werden, daß Zeile 1 Doppelbedeutung enthält, nämlich im *lokalen* (Rion = USSR, weiße Wolle = USA) und im *zeitpunktmäßigen* Sinne (schwarzer Mond & weißer Mond).

Liest man vom schwarzen Mond und vom weißen Mond, so liegt die erste Assoziation in Richtung Neumond und Vollmond. Und schon bemerken wir, daß Nostradamus uns eine seiner Fallen gestellt hat, eine ungefährliche diesmal glücklicherweise, denn die Selbstbefreiung aus dem Trugschluß fällt leicht:

1. Zwischen Neumond und Vollmond vergehen etwa zwei Wochen, also ein viel zu langer und unpräziser Zeitraum.
2. Zwischen dem 21. Juni und dem 31. August erfolgen die Neumond- und Vollmondfiguren nicht nur ein Mal, es ergibt sich daher nichts Eindeutiges innerhalb unseres Basiszeitraumes.

Eine amerikanische Ephemeride (»The American Ephemeris«, Lit.-Verz.) macht dadurch, daß sie viele Angaben zum Mond enthält, schlagartig klar, was Nostradamus wirklich meint:

      6. August 1990, 14.20 Uhr EPH:
      Mondfinsternis.

Was geschieht bei einer Mondfinsternis?
Eine Mondfinsternis findet stets bei Vollmond statt. Der volle Mond (= weißer Mond = blanche lune) verfinstert sich rasch (= schwarzer Mond = noir lune), um dann ebenso rasch wieder zuzunehmen und zur Vollmondfigur (= weißer Mond = blanche lune) zurückzukehren. Die von uns »bei Kerzenlicht« herausmodulierte Fassung der Zeile 1 von Vierzeiler VI, 35 des Nostradamus ist damit *dechiffriert*:

    Pres de noir, & proche à blanche lune,
    Nahe an schwarzem, & nahe an weißem Mond,
  = Nahe an der Mondfinsternis (des 6. August 1990).

Befriedigt dürfen wir feststellen, daß diese Mondfinsternis tatsächlich innerhalb des entschlüsselten Basiszeitraumes (21. Juni — 31. August 1990) stattfindet. *Jetzt* verfügen wir über ziemlich genaue Angaben für den Zeitpunkt nennenswerten Nuklearbombeneinsatzes zwischen USA-USSR.

Doch ist noch längst nicht alles Wichtige über den Versinhalt gesagt. Zunächst einige weitere Bemerkungen zum Stichwort Mondfinsternis:

Als Mondfinsternis bezeichnet man die Verfinsterung des Vollmondes. Die Verfinsterung entsteht dadurch, daß der Mond den Erdschatten durchläuft (vgl. folgende Skizze). Die zwischen Sonne und Mond stehende Erde wirft einen Kernschatten und zwei Halbschatten.

Eine *totale* Mondfinsternis setzt voraus, daß der Mond ganz und gar in den Kernschatten eintritt. Er bleibt dabei im kümmerlichen Restlicht gerade noch schwach-kupferrot erkennbar. Eine totale Mondfinsternis dauert maximal 1,7 Stunden.

Komplizierter sind die Verhältnisse, wie sie bei einer *partiellen* (= teilweisen) Mondfinsternis vorliegen. Ein Teil des Mondes (nämlich jener Teil, der den Kernschatten durchläuft) wird wiederum wirklich verfinstert. Der andere Teil des Mondes (jener Teil, der nur in den Bereich des Halbschattens gerät) wird durchaus nicht verdunkelt, sondern bleibt für das menschliche Auge hell sichtbar. Dies liegt daran, daß das Sonnenlicht trotz des von der Erde geworfenen Halbschattens ein sehr helles ist. (Die folgende Skizze kann das Entstehen einer partiellen Mondfinsternis nur andeuten. Erst die Vorstellung räumlicher Tiefe macht verständlich, daß ein Teil des Mondes in den Kernschatten gerät, während der andere Teil im Bereich des Halbschattens verbleiben kann.)

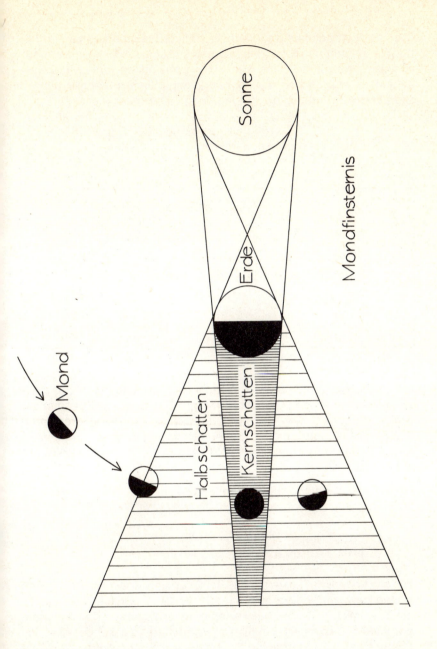

Die von Nostradamus als innerhalb seines Basiszeitraumes stattfindend angegebene Mondfinsternis des 6. August 1990 wird nicht nur von der vorerwähnten amerikanischen Ephemeride vermerkt. Sie erscheint unter der lfd. Nr. 4945 bereits in folgendem, wesentlich älteren Standardwerk vorausberechneter Mondfinsternisse.

Hofrath Prof. Theodor von Oppolzer:
»Canon der Finsternisse«, Wien, 1887.

Nr.	Greg. Kalender	Julian. Tag	C4 Weltzeit	C5 Größe	C6 Halbe Dauer		Mond im Zenith	
					Part.	Total	λ	φ
							Grade	
4945	1990 VIII 06	2448 110	14.07	8.2	87	—	+ 149	− 17

Die Zeitdifferenz, die sich am 6. August 1990 zwischen 14.07 Uhr Weltzeit (Columne 4) und 14.20 Uhr EPH (vgl. »The American Ephemeris«) ergibt, ist nicht in dem Maße wichtig, daß sie uns hier interessieren müßte. Sie ist astronomisch-mathematisch erklärbar und abstimmbar. Einem viel wichtigeren Punkt jedoch ist Aufmerksamkeit zu schenken.

Die Mondfinsternis vom 6. August 1990 ist eine partielle Finsternis. Da aber Nostradamus von

> Pres de noir .... lune
> Nahe an schwarzem .... Mond

spricht, könnte der Leser geneigt sein, nur eine Mondfinsternis gelten lassen zu wollen, welche total (= schwarz, s. o.) verläuft, indem ja bei einer lediglich partiellen (teilweisen) Finsternis nur ein Teil des Mondes wirklich verfinstert (= schwarz) wird, während der andere Teil des Mondes im Halbschatten der Erde bzw. des Sonnenlichtes verbleibt und somit in quasi normalheller Beleuchtung zu sehen ist (= nicht schwarz).

Von dieser Einstellung muß ich aus gutem Grund abraten, denn ganz genau genommen spricht Nostradamus *nicht* von einem gänzlich schwarzen, total verdunkelten Mond, sondern von

<u>Nahe</u> .... an schwarzem Mond,

wobei dieses Nahe Doppelbedeutung haben kann im Sinne des

a) fast (= nahezu) schwarzen Mondes, d. h. im Sinne einer partiellen Mondfinsternis

b) ungefähren (= naheliegenden) Zeitpunktes für den nennenswerten Nuklearabtausch.

Sofern es nicht gelang, sich in die vorstehende, logische Argumentation einzufinden, gebe ich zusätzlich zu bedenken:

1. Nostradamus spricht nicht explizit von einem total schwarzen Mond, sondern nur von einem schwarzen Mond in irgendeinem *erwähnenswerten* Sinne. Und die Teilschwärze des Mondes durch partielle Mondfinsternis — bei noch kurz zuvor bestehendem Vollmond — *ist* erwähnenswert.

2. Selbst bei einer totalen Mondfinsternis wird der Mond nicht völlig schwarz, sondern nur dunkel-kupferrot.

3. Das Wichtigste: Nostradamus geht es gar nicht um den total verdunkelten Mond, er will uns mit seinen angedeuteten Worten

    Pres de noir, & proche à blanche lune,
    Nahe an schwarzem, & nahe an weißem Mond,

vielmehr den entscheidenden zeitpunktmäßigen, d. h. vor allem *astronomischen* Hinweis liefern: ›Achtung, Dunkelmond bei Vollmond, also Mondfinsternis, ganz nebensächlich, ob Gesamt- oder Teilverdunkelung.‹

Übrigens verfinstert sich der Mond bei der von uns festgestellten partiellen Mondfinsternis in ihrem Höhepunkt zu (grob gesagt) etwa zwei Dritteln, wobei ich bitte, diese Angabe durch astronomisch-mathematische Berechnung zu präzisieren.

Nach Klärung dieses Sachverhaltes bezüglich der Partialität der Finsternis ist mir noch daran gelegen, zu bemerken, daß die von mir angewandte Schreibweise noir .... lune nicht völlig korrekt ist, denn es muß richtig lauten noire .... lune, da der im Französischen feminine

Mond (la lune) die e-Endung beim Wort noire bedingt. Das Ausgangswort Rion müßte somit in Anwendung des Buchstabenspieles nicht nur rückwärts gelesen werden (wie dargestellt), sondern anschließend auch noch das obligate e erhalten. Ich verfolgte die Absicht, durch beharrliche Nichtschreibung des e die ständige Assoziation Rion — noir wachzuhalten, d. h. das Bewußtsein des Lesers hinsichtlich der Doppelbedeutungen von Zeile 1 (lokal und zeitlich) zu unterstützen.

Wie ist nun die Formulierung

> Nahe an schwarzem, & nahe an weißem Mond
> Pres de noir(e), & proche à blanche lune,

im zeitlich engeren Sinne festzulegen?

Die Mondfinsternis des 6. August 1990, 14.20 Uhr EPH ist unser zeitlicher Ausgangspunkt, von welchem Nostradamus sagt: Nahe an dieser Mondfinsternis wird es geschehen, daß die Sonne (= NBE) große Ebene, Wälder und Städte der beiden Nuklear-Supermächte verbrennt.

Der Begriff zeitlicher Nähe ist ein relativer und daher zunächst schwer abzugrenzen. Erst bei genauerer Überlegung bieten sich einige sehr hilfreiche und taugliche Abgrenzungsmerkmale an. Wir beziehen die Formulierung

> Pres de noir(e) .... lune
>
> Nahe an schwarzem .... Mond

einfach einmal auf den unserer Mondfinsternis nächstgelegenen, andersartigen »schwarzen« Mond, d. h. auf den *Neumond* des 22. Juli 1990. Dieser Neumond ist, wenn man so will, auf seine Weise ja *auch* ein schwarzer Mond und selbstverständlich war Nostradamus sich der Doppeldeutigkeit seiner Ausdrucksweise insofern voll bewußt.

Vom Neumond des 22. Juli bis zur Mondfinsternis des 6. August 1990 ergibt sich eine Zeitspanne von ca. 15½ Tagen. Setzen wir nun den Begriff zeitlicher Nähe an als das Zehntel vom Ganzen, so ergeben sich ca. 15,5 Tage : 10 = ca. 1,5 Tage, in deren Bereich die Formulierung

> Nahe an der Mondfinsternis
> Pres de noir(e) .... lune

zum Tragen käme.

Jetzt beziehen wir die Formulierung

>   .... & proche à blanche lune
>   .... & nahe an weißem Mond

auf den der Mondfinsternis und dem Vollmond[3] nächstgelegenen anderen »weißen« Mond, also auf den Vollmond vom 5. September 1990. Vom Vollmond (mit Mondfinsternis) des 6. August 1990 zum normalen Vollmond des 5. September 1990 ergibt sich eine Zeitspanne von ca. 29,5 Tagen. Setzen wir den Begriff zeitlicher Nähe erneut an als das Zehntel vom Ganzen, so ergeben sich ca. 29,5 Tage : 10 = ca. 3 Tage, in deren Bereich die Formulierung Nahe an Mondfinsternis zum Tragen käme.

Aus Gründen der Vorsicht und Großzügigkeit empfehle ich, allein auf die Zeitgröße von 3 Tagen zu reflektieren. Nunmehr haben wir eine brauchbare Sicherheitsmarge zur Hand, die wir in bezug auf den Begriff zeitlicher Nähe wie folgend anwenden:

>   »Nahe an« Mondfinsternis:
>   6. August 1990, 14.20 Uhr EPH +/− 3 Tage.

Somit halten wir fest: NBE-Einsatz USA − USSR erfolgt irgendwann zwischen dem 3. August 1990, 14.20 Uhr EPH und dem 9. August 1990, 14.20 Uhr EPH. Dies ist ein zeitpunktmäßig gut abgegrenztes Resultat. Ich bin mir sicher.

Trotz dieses bereits guten Ergebnisses wollen wir versuchen, den Sinngehalt von Nahe an Mondfinsternis noch genauer zu fassen.

Erfahrung zeigt, daß dem Seher, Chiffreur und Astronomen Nostradamus *dann*, wenn er den *Mond* zur Datierung heranzieht, daran gelegen ist, sich datenmäßig optimal genau auszudrücken. »Optimal genau« heißt: Möglichst tagesgenau *und* verschlüsselt.

In der Tat zeigt der Mond sich für ein solches Vorhaben bestens geeignet, denn er ist nicht nur ein sehr auffälliges Gestirn, sondern darüberhinaus der astronomische Schnelläufer par excellence. Im vorliegen-

---

[3] Eine Mondfinsternis kann immer nur bei Vollmond stattfinden. Der Mond muß nämlich der Sonne gegenüberstehen, d. h. die Erde muß sich genau zwischen Sonne und Mond befinden, damit der Kernschatten der Erde sich auf den Mond oder dessen Teil legen kann.

den Fall spricht Nostradamus jedoch nicht nur vom Mond, sondern speziell von einer Mond-Finsternis. Mondfinsternisse dauern im Höchstfall bis zu etwa 3½ Stunden.

Die am 6. August 1990 stattfindende Mondfinsternis ist partieller Art. Die Teilfinsternis des Mondes währt gemäß den Berechnungen des Prof. von Oppolzer (Seite 278, Columne 6) ganz grob gesagt etwa 3 Stunden. Freilich bildet diese Bezugsgröße von 3 Stunden ein *sehr* interessantes Orientierungskriterium hinsichtlich der Bedeutung von

Nahe an schwarzem, & nahe an weißem Mond.

Denn wenn wir von 3 Stunden ausgehend den Begriff zeitlicher Nähe zu fassen und zu erweitern versuchen, so kommen wir schwerlich umhin, zu folgern: Der von Nostradamus mitgeteilte nennenswerte NBE-Einsatz USA — USSR kann eigentlich *nur* am 6. August 1990, dem Datum der Mondfinsternis stattfinden. Dabei empfehle ich, den 6. August 1990 um 0.00 Uhr EPH oder noch besser um 0.00 Uhr MEZ (ohne Sommerzeitenberücksichtigung) beginnen zu lassen, also den *gesamten* 6. August 1990 im Auge zu behalten.

Übrigens gilt für *Hiroshima*, d. h. für die *erste* kriegsmäßig (in WK II) eingesetzte NBE ebenfalls:

6. August 1945.

Wir haben also in exakt 45 Jahren lediglich die Perfektionierung des Üblen gelernt, denn

	6. August 1945	(= Hiroshima)
+	45	Jahre
=	6. August 1990	(= Mondfinsternis innerhalb unseres Basiszeitraumes und NBE-Einsatz zwischen USA und USSR).

Schon Nostradamus hat das *ganz genau* gewußt! Sein bereits untersuchter Vierzeiler VI, 97 (Hiroshima) *beweist* es. Ich zitiere und übersetze diesen Vierzeiler nochmals.

VI, 97

Cinq & quarante degrez ciel bruslera,
Feu approcher de la grand' cité neuve,
Instant grand flamme esparse sautera
Quand on voudra des Normans faire preuve.

Fünf & vierzig (= 45) Abschnitte/Stufen/Grade Himmel wird
brennen,
Feuer (= Feuerball) herannahen der großen neuen Stadt, /
Feuer (= Feuerball) herannahen von der großen neuen Stadt, /
Feuer (= Feuerball) herannahen aus der großen neuen Stadt,
Augenblick große Flamme zerstreut wird springen
Wenn man wird wollen von den Normannen machen Beweis.

Es ist empfehlenswert, die Analyse dieses Vierzeilers nochmals zu lesen. Sie beginnt auf Seite 61.

Nunmehr wollen wir uns auf die erste Zeile dieses Verses konzentrieren.

Z1:   Cinq & quarante degrez ciel bruslera,
      Fünf & vierzig Abschnitte Himmel wird brennen,
                     /Stufen
                     /Grade

Wir streichen die unbenötigte Übersetzungsmöglichkeit ~~Grade~~.
Es verbleibt:

      Fünf & vierzig (= 45) Abschnitte Himmel wird brennen,
                           /Stufen

Die Zahl Fünf & vierzig = 45 bezeichnet das Jahr 1945 (6. August, Hiroshima – NBE). Zu diesem Jahr 1945 zählen wir gemäß Zeile 1

          Fünf & vierzig Abschnitte
          Fünf & vierzig Stufen
      =   Fünf & vierzig Jahre

hinzu:

	6. August 1945	(= Hiroshima)
+	45	Jahre
=	6. August 1990	(= Mondfinsternis innerhalb unseres Basiszeitraumes und NBE-Einsatz zwischen USA und USSR).

Die soeben durchgeführte Rechnung ist durchaus nicht spekulativ gesucht. Nostradamus *fordert* sie, denn das Wort degrez ermöglicht zweierlei Übersetzungen:

1. degrez (substantivisch): Abschnitte, Stufen; im Sinne von degrés, bei phonetischer Identität.

2. degrez (imperativische Ableitung vom nicht existenten Verb ›degrer‹): Stufen Sie! Diesen Befehl haben wir soeben durch Stufung von 45 Abschnitten/Jahren präzise ausgeführt.

Nostradamus hat also nicht nur das Jahr der Hiroshima – NBE gekannt (1945). Er wußte auch den Monat und den Tag von Hiroshima, genau so, wie er sich über Jahr, Monat und Tag des NBE-Einsatzes USA – USSR in WK III vollkommen im Klaren war. Deshalb kann er es sich mit bisher un-erhörter Nonchalance leisten, von »so ungefähr« 45 Abschnitten/Stufen zu sprechen, womit er, Nostradamus, in Wirklichkeit klar zu verstehen gibt:

Es liegen *exakt* 45 Jahre (= Abschnitte/Stufen) zwischen der Hiroshima – NBE vom 6. August 1945 und dem NBE-Einsatz USA – USSR, welcher nahe an der Mondfinsternis, also am 6. August 1990 erfolgt.

Ich, Nostradamus, deute dies – erst nachträglich erkennbar – schon in meinem Hiroshima-Vers VI, 97 an, um zu beweisen, daß ich wahrlich die Zeiten überschaue: Ich schlage durch diese 45 Abschnitte/Stufen = Jahre den großen Zeitbogen, welcher die erste kriegsmäßige NBE (Hiroshima) gleichermaßen umfaßt und datiert, wie jene sich eskalierende Nuklearkriegsphase zwischen USA – USSR, die genau 45 Jahre später stattfindet.

NOSTRADAMUS – Prophet der Zeiten und Momente.

Bisher sprach ich im Zusammenhang des Verses VI, 35 (Weiße Wolle) und des daraus hervorgehenden 6. August 1990 immer nur von einem »NBE-Einsatz USA – USSR« oder von einem »nennenswerten NBE-Einsatz USA – USSR«. Dies ist nach meinem Erachten nur bedingt richtig. Ich glaube nämlich, daß der 6. August 1990 sehr viel Schlimmeres bringen wird:

Massiven, umfangreichen Nuklearkrieg, den gnadenlosen Einsatz nuklearer Waffen bis zum sogenannten ›Geht-nicht-mehr‹.

Selbstverständlich kann ich dies nicht beweisen. Ein solcher Beweis ist ein Ding der Unmöglichkeit und nicht einmal die Seher können in die Zukunft hinein beweisen. Nur die Zukunft beweist sich selbst — als Gegenwart.

Aber auch ohne diesen unerbringbaren Beweis läßt sich Einiges finden, welches die Annahme des massiv-umfangreichen Nuklearkrieges für den 6. August 1990 stützt. Da ist zunächst einmal die Gewißheit, daß ein solcher massiver Nuklearkrieg tatsächlich stattfinden *wird*. Die seriösen, bewährten Seher kündigen ihn *klar* an. Und auch Nostradamus läßt (nach Entschlüsselung) keine Möglichkeit des Zweifels. Diesbezüglich sind beispielsweise beachtenswert:

XI, 27 (Drittes Kriegszeitalter), mit den Stichworten
(Z6:)   Aage Escarboucle = Karfunkel-Zeitalter = NBE-Zeitalter.

VI, 5 (Brisantes Atom), mit den Stichworten
(Z1:)   verpestende (= radioaktive) Welle,
(Z3:)   Samatobryn (= Brisantes Atom) hundert Orte der Hemisphäre.

XI, 39 (Monstrum ohnegleichen), mit den Stichworten
(Z5:)   Kein Herrscher (= Supermacht USA) führte jemals solchen
(EMP-NBE-)Hieb,
(Z6:)   Und möge nichts Schlimmeres diesem Prinzen/Ersten (= USA)
geschehen (= nuklearer Gegenschlag).

Sodann ist die Annahme, daß die Nuklear-Giganten USA und USSR, die sich gemäß VI, 35 (Weiße Wolle) am 6. August 1990 bereits auf den nuklearen Clinch eingelassen haben, noch gerade bevor es zu spät ist vernünftig werden, verhandeln und sich vertragen, eine eher unwahrscheinliche.

Wahrscheinlich ist vielmehr, daß nach der nuklearen Eskalation, nach Prochladny, nach Boise City, Ardmore etc. eine Atmosphäre gegenseitiger Panik herrscht. Einerseits wird keiner von beiden Giganten das nukleare Großfeuer entzünden wollen, andererseits weiß jeder von ihnen, daß die Initiative des *ersten* wirklich massiv-umfangreichen NBE-Schlages militärische Vorteile verschafft. Auch deshalb also meine Annahme, daß der massiv-umfangreiche nukleare Abtausch am 6. August 1990 stattfindet.

Der Vierzeiler VI, 97, welcher sich in Zeile 1 sowohl auf die Hiroshima — NBE des 6. August 1945 als auch auf den 6. August 1990 bezieht, ist nicht nur hinsichtlich dieser beiden Daten zweideutig abgefaßt. Es gilt nicht nur Hiroshima einerseits und Prochladny, Boise City, Ardmore etc. andererseits. Er schließt auch den massiven, umfangreichen Nuklearabtausch des 6. August 1990 mit ein. Das ist *erkennbar*:

VI, 97, Z1:

    Cinq & quarante degrez ciel bruslera,
    Fünf & vierzig Abschnitte Himmel wird brennen,
          /Stufen

Im Jahre (19)45, am 6. August brannte der Himmel über Hiroshima infolge der Detonation eines einzigen, riesenhaften NBE-Feuerballes.

Am 6. August 1990, also 45 Abschnitte, Stufen, Jahre später, wird der Himmel wiederum brennen, aber nicht nur über Prochladny, Boise City, Ardmore etc., sondern der *ganze* Himmel (= ciel) über weitgespannten Erdregionen wird brennen infolge der Detonationen enormer Anzahlen von NBE-Feuerbällen. So und nicht anders ist Nostradamus zu lesen, in seinen ständigen Mehrdeutigkeiten.

Hier liegt auch der Grund dafür, daß Nostradamus die Stadt Hiroshima in seinem Vierzeiler VI, 97 namentlich *nicht* andeutet. Denn er will diesen Vierzeiler ja *nicht nur* auf das absichtlich ungenannte Hiroshima, sondern auch auf alle anderen ungenannten Städte, auf den *ganzen* Himmel (= ciel), d.h. auf WK III in seiner späten, umfangreichen Feuerballphase bezogen wissen.

Nichtsdestoweniger scheint New York City in irgendeinem ursächlichen (kausalen) oder symbolischen Sinne erwähnt zu werden:

VI, 97, Z2:

    Feu approcher de la grand' cité neuve,
    Feuer herannahen von der großen neuen Stadt,

frz.:	grand' cité neuve
deutsch:	groß' Stadt neu
engl.:	great city new
	New
	York
	City

Die Zeile enthält zumindest noch ein weiteres (unterstrichenes) Geheimnis:

> Feu approcher de la grand' cité neuve,
> Feuer herannahen von der großen Stadt neu/neuerlich,

New York City ist als Stellvertreter-Symbol für die USA gut denkbar. Von den USA (= Symbol New York City) wurde die Hiroshima — NBE initiativ veranlaßt.

Auch für den 6. August 1990 könnte gelten: Die USA (symbolisiert durch New York City) ergreifen neuerlich — wie schon im Falle Hiroshima — die nukleare Initiative des ersten massiven Schlages. Diese Vermutung ergab sich schon aus früheren Versanalysen, wie z. B. XI, 39 (Monstrum ohnegleichen), Z 5 und Z 6.

VI, 97, Z 3:

> Instant grand flamme esparse sautera
> Augenblick große Flamme zerstreut wird springen

Am 6. August 1945 geschah es über Hiroshima, daß innerhalb eines Augenblicks die große Flamme ihre Zerstreuung (= Ausdehnung) fand. Der Lichtblitz-Feuerball sprang anfänglich mit angenäherter Lichtgeschwindigkeit aus dem Detonationszentrum heraus in die Umgebung.

Aber auch am 6. August 1990, nämlich durch masslv-umfangreichen Nuklearkrieg wird innerhalb eines Augenblickes die große NBE-Flamme zerstreut springen: Zu zahllosen Orten und fast gleichzeitig (= Augenblick) werden die von Raketen beförderten und sich sodann selbst zerstreuenden Mehrfachsprengköpfe hinspringen.

Und der Flug der Mehrfachsprengköpfe wird Zick-Zack sein, ganz genau so, wie hocherstaunlich von einer tapferen Augustinernonne, der stigmatisierten deutschen Seherin Anna Katharina Emmerick 1822 vorausgesagt (vgl. S. 204).

VI, 97, Z4:

    Quand on voudra des Normans faire preuve.
    Wenn man wird wollen von den Normannen manchen Be-
                        /seitens der   weis.

Am 6. August 1945 wollten die USA (= Normannen) dem Kriegsgegner Japan durch Hiroshima beweisen, daß die japanische Kapitulation in Anbetracht der übermächtigen Atombombenwaffe unumgänglich war.

Am 6. August 1990 werden die USA (= Normannen) durch Nuklearschlag wiederum etwas beweisen wollen.

Die vorstehende Analyse des Vierzeilers VI, 97 hat Gewicht. Wenig Irrtum mag darin enthalten sein. Aber in der Tendenz, d. h. in bezug auf die beiden Daten des 6. August 1945 und des 6. August 1990, sowie hinsichtlich des historischen Daten- und Ereignis-Bogens, der sich zwischen Hiroshima und massiv-umfangreichem Nuklearkrieg spannt, trifft sie.

Anhang
zum
Basisvers VI, 35 (Weiße Wolle)

Dieser Anhang ist überwiegend für besonders Interessierte gedacht. Der unkundige Leser sollte Unverständliches sogleich übergehen, um sich nicht verunsichern zu lassen. Zwecks Auflockerung der trockenen Thematik werde ich sie in Frage und Antwort kleiden.

Die anschließende Graphik wird nur zum Astrologen, zu diesem aber deutlich sprechen. Ich erlaube mir den Hinweis, daß sowohl Sonne als auch Pluto stark stehen. Am 6. August bildet die Sonne ein noch nicht ganz genaues Quadrat zum Pluto. Auch die 72-stündige Finsternis ist im Zusammenhang zu den Aspekten zu bedenken, denn durch den schnellen Mondlauf ergibt sich bei Mondfinsternis ab ca. 14.20 Uhr EPH die Figur des Kreuzes im Quadrat.

6. August 1990, 0.00 Uhr EPH

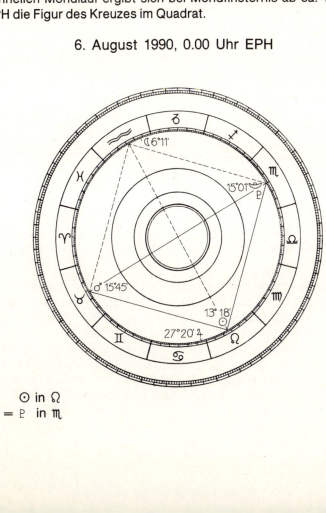

VI, 35: Fragen und Antworten

1. Warum hat Nostradamus einen Zeit-Raum als Erstkriterium zur Verschlüsselung für den Zeit-Punkt des massiven Nuklearabtausches angegeben?

Der mäßig befähigte Dechiffreur versucht im Zusammenhang mit den Angaben des Nostradamus vor allem die Entschlüsselung eines Zeit-Punktes. Bereits an der Zeit-Raum-Klippe scheitert daher der von Anfang an untaugliche Versuch vieler.

2. Warum dehnt sich der verschlüsselt gegebene Zeitraum über eine so lange Zeit hinweg aus? (21./22. Juni bis 31. August 1990.)

Nur dieser mehr als zweimonatige Zeitraum eröffnet die folgenden drei Möglichkeiten zugleich:
Ausgezeichnet diskrete Verschlüsselungskriterien.
Genaue Abgrenzbarkeit.
Fundament des WK III-Datengebäudes.

3. Besteht vollkommene Sicherheit darüber, daß richtig entschlüsselt wurde, und daß der Zeitraum 21./22. Juni bis 31. August 1990 wirklich von Nostradamus gemeint ist?

Ich bin mir sicher. Ich wiederhole, daß die für den Basiszeitraum geltenden Kriterien, d. h. Mars in Aries und Taurus, Jupiter in Cancer und Leo, Sonne in Cancer, Leo, la Vierge (= Jungfrau) und gleichzeitiges Fehlen der Zwillinge hinsichtlich dieser drei Gestirne im Zeitraum 1900 – 2020 incl. nur ein Mal (wie entschlüsselt) Wirklichkeit werden.

Vollständigkeitshalber füge ich an, daß in bezug auf die Zeilen 2 und 3 von VI, 35 auch noch andere Kombinationen denkbar sind, welche absolute Kongruenz zu diesen Angaben herstellen können. Hierbei ist zunächst die Zäsur, die in Zeile 3 durch das fehlende Zeichen Gemini (= Zwillinge) gesetzt wird, zu beachten. Sodann ist in makelloser Logik zuzuordnen:

Mars als erstgenanntes Gestirn darf nur in den Zeichen *vor* der Zäsur erscheinen, also in Aries und/oder Taurus, Jupiter, der als mittleres der genannten drei Gestirne auftritt, ist in seiner Vielfalt auf jedes der fünf Zeichen beziehbar, d. h. sowohl auf jedes Zeichen vor wie nach der Zäsur. Für das letztgenannte Gestirn Sonne dürfen nur die drei Zeichen *nach* der Zäsur, also Cancer, Leo, la Vierge (= Jungfrau) infrage kommen. Die Sonne muß sich zumindest im Zeichen la Vierge (= Jungfrau) präsentieren, im Maximalfall erscheint sie in Cancer, Leo, la Vierge.

Es ist nicht einmal notwendig, Jupiter hinsichtlich des zuerst stehenden Zeichens Aries bzw. hinsichtlich des letztgenannten Zeichens la Vierge (= Jungfrau) auszuschließen, denn die Überprüfung aller aus Vorstehendem möglichen Kombinationen ergibt für den Zeitraum 1900 – 2020 incl. wiederum keinerlei Resultat, außer dem gefundenen, wobei immer das Nichterscheinen des Zeichens Zwillinge (= Gemini) vorausgesetzt wird. Eine Beinahe-Situation entstand im Juni/Juli/August 1943, speziell am 23./24./25. August. Es war nur eine Beinahe-Situation.

4. Könnte ein Zeitraum, der in derselben perfekten (wie dargestellten) Weise auf die Angaben des Nostradamus paßt, nach dem Jahr 2020 gefunden werden?

Irgendwann wird der Rhythmus der Wiederkehr sich Geltung verschaffen. Ich bin kein Mathematiker-Astronom und zu den entsprechenden Rechnungen nicht in der Lage. Meine Ephemeriden enden mit dem 31. 12. 2020.

Allerdings steht die Rarität des Falles und der damit von Nostradamus beigegebene hohe Rückversicherungsgrad bei einem Rhythmus von von mindestens 120 Jahren längst außer Frage. Ich kann mir aber vorstellen, daß die Annahme eines 120-Jahres-Rhythmus noch deutlich unterhalb der Realität liegt. Soweit zur theoretischen Antwort auf Frage 5. Die praktische Antwort gab ich bereits auf den Seiten 269 und 270, indem ich die Möglichkeit, daß WK III nach 2000 stattfinden würde, mit Sicherheit ausgeschlossen habe.

5. Ist überprüft worden, ob sich eine *andere* Form der Entschlüsselung mit Erfolg anwenden läßt? Kommen weitere Daten als Möglichkeit in Betracht?

Diese Frage (so wie auch die folgenden) strebt eine mehr oder weniger starke Verwässerung jener in sich geschlossenen Logik an, die aus den Zeilen 1, 2 und 3 spricht. Da derartige Fragen zur unerlaubten Aufblähung führen, kann ich nur noch an Hand von Beispielen antworten und muß mich auf den Zeitraum 1979 – 1999 incl. beschränken. Dem Laien wird empfohlen, erst nach der Antwort auf Frage 12 weiterzulesen und schon jetzt zu berücksichtigen, daß es eine andere, als die schon bekannte Entschlüsselungsmöglichkeit *nicht* gibt.

6. Weshalb dürfen wir voraussetzen, daß

   a) Nostradamus, indem er von Mars schreibt, nicht nur den Krieg, sondern *auch* das Gestirn Mars meint?

b) Nostradamus, indem er von le Sol (= Sonne) schreibt, nicht nur NBE, sondern *auch* das Gestirn Sonne bezeichnet?

Nehmen wir an, Mars würde nur für Krieg stehen und le Sol (= Sonne) nur für NBE. In diesem Fall bleibt einzig Jupiter übrig. Das bedeutet, daß Jupiter die ungenannten Zwillinge quasi überspringen müßte. Das ist ein unmöglich Ding. Wenn wir aber zum Jupiter lediglich eins der beiden Gestirne Mars *oder* Sonne hinzuziehen, so lassen sich nur Zeiträume finden, die viel zu häufige Wiederkehr oder unbrauchbare Länge aufweisen. Das ungenannte Zeichen der Zwillinge steht der Fragestellung im Wege.

Es wäre allerdings folgender Fall denkbar: Jupiter steht kurz nacheinander in Aries und Taurus, während die Sonne Cancer, Leo, la Vierge besetzt. Mars stünde in der Erwähnung des Nostradamus dann sinngemäß für Krieg und nicht für das Gestirn Mars. Eine solche Kombination würde zeitraummäßig im Minimalfall nicht viel mehr als einen guten Monat andauern müssen. Das Lösungsangebot erscheint zunächst verblüffend und paßt auf die Zeit zwischen dem 22. Juni und dem 23. September 1999. Tatsächlich findet innerhalb dieses Sommer-Zeitraumes auch eine (partielle) Mondfinsternis statt: 28. Juli 1999, 4.44 Uhr Weltzeit.

Leider paßt die Angelegenheit aber nicht in das Gesamtdatengebäude des Nostradamus. Ich will nicht vorgreifen, muß nun aber doch darauf hinweisen, daß Nostradamus seinen in sich schon wohlgesicherten Angaben[1]

> Aries, Taurus, Cancer, Leo, la Vierge,
> Mars, Iupiter, le Sol

sowie der zweiten, d. h. in Form der Mondfinsternis beigegebenen Sicherung, mindestens noch eine dritte, vierte und weitere[2] hinzugefügt

---

[1] Wohlgesichert und eindeutig, wenn Mars als Gestirn *nicht* ausgeschlossen wird. Eben dieser Ausschluß wurde aber in diesem Fall vorgenommen. Bei Einbeziehung des Mars platzt die Kombination sofort, denn zwischen dem 22. 6. und dem 23. 9. 1999 steht Mars nacheinander in den von Nostradamus unerwähnten Zeichen Waage, Skorpion und Schütze.

[2] Ich räume gern ein, daß es nur willkürlich möglich ist, die Anzahl der von Nostradamus in sein Datengebäude eingearbeiteten Sicherungen beziffern zu wollen, denn es kommt dabei sehr auf Auslegungsfragen an. Mein Respekt gilt auch jenen Lesern, die von zehn und mehr für den Basiszeitraum zur Verfügung stehenden Datensicherungen sprechen würden.

hat. Dies geschieht in anderen Versen, insbesondere im Kriegsausbruch-Sechszeiler XI, 46 (Zeichen des Hammels), der noch genau untersucht werden wird. (Der Sechszeiler postuliert unabdingbar, daß Mars zum Zeitpunkt des Kriegsausbruches im Zeichen Widder stehen muß.)

Im Augenblick beschränke ich mich darauf, in bezug auf den vorgenannten Zeitraum 22. Juni — 23. September 1999 festzustellen: Versucht man, die wunderbar zuverlässigen und sehr exakt ansprechenden Supersicherungen des Sechszeilers XI, 46 in das Hochspannungsnetz des Vierzeilers VI, 35 einzuschrauben, so erfolgt ein blitzend-knallendes Debakel gleich beim allerersten Kontakt. Der Zeitraum 22. Juni bis 23. September 1999 inclusive Mondfinsternis des 28. Juli 1999 ist damit sauber erledigt. Das mißlungene Unternehmen zeigt einmal mehr, daß Mars als Gestirn nicht unberücksichtigt bleiben darf.

7. Wie steht es mit einer Entschlüsselung, wenn man die Angaben des Nostradamus auf Aspekte hin untersucht?

So gut wie aussichtslos. Im besten Fall, d. h. bei Nichtausschluß von Mars und Sonne stehen drei Gestirne fünf Zeichen gegenüber. Das ist kaum unter einen Hut zu stecken, wenn wir einmal (fälschlich) annehmen, Nostradamus wolle mit den Zeichen- und Gestirnangaben auf Aspekte zielen, welche zeitgleich mit der Mondfinsternis erfolgen, also auf einen Zeit-Punkt ausgerichtet sind.

Man kann nun eine Quadratur zwischen genannten Gestirnen suchen, die beispielsweise zwischen Aries und Cancer oder zwischen Taurus und Leo stattfindet. Damit wären zwei Zeichen gefunden. Ein weiterer Aspekt könnte in Form einer disharmonischen Konjunktion gegeben sein, die jedoch kein weiteres (drittes) Zeichen ins Spiel bringen würde.

Die Opposition zusätzlich zum Quadrat ist als Möglichkeit kaum vertretbar, da der einzig denkbare Fall so liegen müßte, daß Aries ganz zu Anfang, la Vierge (= Jungfrau) hingegen ganz am Ende des Zeichens besetzt sein müßte, denn Nostradamus gibt Aspekte recht genau an und nicht etwa mit großzügig bemessenem Orb.

Dieser Gedanke ist auch mit Hinblick auf den Mond sehr wichtig, von dem *nicht* angenommen werden darf, daß er als viertes Gestirn (z. B. im Zeichenwechsel begriffen), fehlende Zeichen liefern könnte: Da eine Mondfinsternis die Opposition Mond-Sonne bedingt, sind 180° nur erreichbar, wenn der Mond im Wechsel zwischen Fischen und Widder bzw. Jungfrau und Waage stünde und die Sonne auf der entsprechenden Gegenposition. Fische und Waage sind jedoch nicht genannt.

All diese Überlegungen lassen sich erweitern, befeilen, variieren. Man könnte z. B. dafürhalten, daß eine Quadratur zweier Gestirne stattfindet, welche beide gleichzeitig im Zeichenwechsel sind, also etwa

    Mars = Aries/Taurus
    Quadrat
    Sonne = Cancer/Leo.

Die Nennung des Zeichens Jungfrau wäre damit immer noch nicht motiviert, es sei denn, Jupiter stünde darin, entweder (unlogischerweise) ohne Aspektbildung zu Mars/Sonne oder aber mit 15° Jungfrau im Halbquadrat zur Sonne und Anderthalbquadrat zum Mars. Zugleich mit diesen kaum vorstellbaren Gegebenheiten müßte eine Mond Opposition Sonne stattfinden und zwar dermaßen geartet, daß sie effektiv zur Mond-Finsternis führt. Übrigens werden Halb- und Anderthalbquadrate von Nostradamus zu Verschlüsselungszwecken fairerweise nicht benutzt.

Ich setze voraus, daß anhand der vorstehenden, beispielartigen und fortsetzbaren Gedankengänge die hier verteilten, extremen Unwahrscheinlichkeiten und Unmöglichkeiten erkannt worden sind, so daß weitere derartige Ausführungen sich erübrigen. Selbstverständlich wurden entsprechende Überprüfungen vorgenommen. Man macht sich da nur unnütze, ergebnislose Arbeit und verstößt gegen den Genius Nostradami.

Nimmt man hingegen (erneut fälschlich) an, daß Nostradamus seine Angaben mit Aspekten verbunden sehen will, die einen Zeit-Raum (anstatt eines Zeitpunktes) kennzeichnen und abgrenzen, so begibt man sich auf die schillernde Oberfläche des Sees der unwägbaren, sich entziehenden Täuschungen. Allerdings ist dies mit Hilfe von Beispielen nicht mehr im Rahmen eines vertretbaren Umfanges darstellbar und es bleibt demjenigen, der sich hiervon selbst überzeugen will, überlassen, dies zu tun. Beim Blättern in den Ephemeriden wird er bald bemerken, daß er seine Füße auf treibsandiges Wüstengebiet gesetzt hat, daß es hier nichts Logisch-Vernünftiges zu finden gibt, daß er sich fern vom Gemeinten bewegt.

8. Könnte man in der Zeile 2 eine durch das fehlende Zeichen Zwillinge (= Gemini) angedeutete Zäsur annehmen, welche kennzeichnen soll, daß die vor ihr liegenden Zeichen Aries und Taurus auf die Mondfinsternis zu beziehen sind?

Aufweichung der Logik, denn der Mond läuft sehr schnell. Seine Einbeziehung verwässert die Angelegenheit naturgemäß und darüberhinaus auch insofern, als *zwei* Zeichen auf ihn bezogen werden, es sei denn, die Mondfinsternis fände gerade im Zeichenwechsel statt. Der Mond darf mit den Angaben der Zeilen 2 und 3 überhaupt nicht in Zusammenhang gebracht werden. Er ist nur im Sinne der Mondfinsternis von Bedeutung und beide, Mond und Finsternis erscheinen in geschicktester Tarnung ihrer Existenz. Das in der Fragestellung enthaltene Beispiel setzt die ungenannten Zeichen Waage/Skorpion voraus.

9. Wir beharren trotzdem auf den vorerwähnten Bedingungen: Es bleiben nur noch die drei Zeichen nach der Zäsur, also Cancer, Leo, la Vierge. Würden diese sich auf Mars, Jupiter, Sonne verteilen lassen?

Ja, aber die Mondfinsternis bedingt eine Opposition des Mondes zur Sonne. Die Sonne müßte daher zum Zeitpunkt der Mondfinsternis (in Aries/Taurus) den Zeichenwechsel von Waage zu Skorpion vollziehen. Beide Zeichen sind unerwähnt.

10. Vielleicht ist die Sonne nur im Sinn von NBE, nicht als Gestirn gemeint?

Aufweichung der Logik in nicht mehr zu rechtfertigendem Maße und damit unvertretbares Ansteigen des durch Nostradamus letztlich unerwünschten Risikos von Fehlentschlüsselung. Außerdem: Einer von beiden, d. h. Mars oder Jupiter müßte zur Bildung einer Quadratur zwischen den zwei Gestirnen ganz anfangs des Zeichens Cancer stehen, der andere am extremen Ende von la Vierge (= Jungfrau). Die Zeichen Taurus und Leo führen zum Scheitern. Ein anderes Beispiel: Mars 0° Aries, Jupiter 30° Jungfrau, Mondfinsternis 0° Cancer. Taurus und Leo lassen sich nicht unterbringen.

11. Nehmen wir statt Aspekten und Zeitpunkt einen Zeit-Raum an, in welchem Mars, Jupiter, Sonne in Cancer, Leo, la Vierge (= Jungfrau) stehen. Innerhalb eines solchen Zeit-Raumes wäre eine Mondfinsternis zu suchen, während welcher der Mond von Aries zu Taurus wechselt.

Wurde überprüft mit negativem Ergebnis.

12. Gleiche Voraussetzungen wie soeben. Jedoch: Die Mondfinsternis findet nicht im Zeichenwechsel des Mondes von Aries zu Taurus statt, sondern Aries und Taurus liegen nahe an (= Pres de . . . .) der Mondfinsternis.

Auch diese Fragestellung setzt voraus die ungerechtfertigte, unerlaubte und aussichtslose Aufweichung von Logik und Genauigkeit der in sich schlüssigen und gepanzerten Angaben des Vierzeilers. Nur aus dem Wunsch einer weiteren Demonstration der Sorgfalt heraus nenne ich beispielartig

a) die (totale) Mondfinsternis vom 6. 9. 1979: Mars steht in Cancer, Jupiter in Leo, Sonne in la Vierge (= Jungfrau).

b) die (totale) Mondfinsternis vom 17. 8. 1989.

Selbstverständlich führt der Sicherungssechszeiler XI, 46 (Zeichen des Hammels) die sofortige Sprengung beider Daten durch. Es verkürzt zwar das Verfahren, entspricht im übrigen aber ziemlicher Grobschlächtigkeit, die so starke Waffe des Sicherungssechszeilers gegen die beiden in ihren Charakteristika und Umgebungsverhältnissen so verletzlichen Mondfinsternisse einzusetzen.

Das *Fazit* aus diesen ergebnislos fortsetzbaren Fragen und Antworten lautet: Man versuche nicht, sich die Angaben des Nostradamus zurechtzubiegen. Die gefundene, richtige Lösung paßt perfekt und ist absolut einmalig, gesichert und erhaben über alle alternativ gebastelte Spekulation.

Ungern, wenngleich überlegt habe ich diesen Anhang der Entschlüsselung des Vierzeilers VI, 35 noch hinzugefügt.

IRLMAIER UND DER MOND

Ich bitte um Beachtung einer Voraussage des bayerischen Sehers Alois Irlmaier, welcher 1959 starb.

Im Zusammenhang mit dem Zeitpunkt für das Ende von WK III machte dieser Seher einige — vorsichtig zu wertende — Angaben, welche uns dank der beharrlichen Sorgfalt des Dr. C. Adlmaier erhalten geblieben sind. Diese Angaben sind besonders deshalb interessant, weil sie sich mit den chiffrierten Bekundungen des Nostradamus vergleichen lassen — und dies mitunter sogar recht handfest, wie zu zeigen sein wird.

Die Gesichte des Alois Irlmaier sind allerdings des öfteren so dicht von Schleiern umgeben, daß nicht einmal der Seher selbst die ihm zuteil gewordenen Anhaltspunkte immer gänzlich verstand. Leicht ist in diesem Umstand das Wirken der Fügung erkennbar, und der Leser wird gegen meine Feststellung gewiß nichts einzuwenden haben, wenn er bedenkt, daß alles echte Sehen über die irdischen Zeitschranken hinaus nur *mit* dem Einverständnis und der Absicht der Fügung möglich wird — einerlei, ob es sich dabei um verschleierte Zukunftsdaten oder um Zukunftsgeschehen handelt.

Zunächst aber will ich klar aussprechen, daß Irlmaier den WK III im ersten, seherisch-zeitbezüglich noch relativ stürmisch-unerfahrenen Anlauf für 1950 vorausgesagt und sich prompt geirrt hatte. Sein Irrtum ist ein typisches Beispiel für jenes Zeitproblem, dessen Opfer fast jeder Seher wird, wenn er von Gesehenem ausgehend in eigener Deutungsregie eine vermutend-gebastelte Selbstvorausdatierung unternimmt, die dann nahezu immer danebengeht.

Hieraus zog Irlmaier seine Lehre, indem er fortan bemüht war, nur noch effektiv Gesehenes wiederzugeben und versuchte, sich aus allem Deuten und aus aller Selbstinterpretation herauszuhalten.

Alois Irlmaier:

.... Wie lange es dauert mit dem Krieg? Ich sehe deutlich einen Dreier, aber ob es drei Tag, drei Wochen oder drei Monate sind, weiß ich nicht. Am Rhein sehe ich einen Halbmond, der alles verschlingen will.

Die Hörner der Sichel wollen sich schließen. Was das bedeutet, weiß ich nicht. . . . .

Soweit Irlmaiers Worte über die Dauer und das Ende von WK III. Im Augenblick wollen wir uns mit den letzten drei Sätzen befassen:

. . . . Am Rhein sehe ich einen Halbmond, der alles verschlingen will. Die Hörner der Sichel wollen sich schließen. Was das bedeutet, weiß ich nicht. . . . .

Aber *wir* wissen es: Es handelt sich um eine, um *die* von uns geortete Mondfinsternis im Stadium nach dem Höhepunkt der Partialität, d. h. nach der größten Teilverdunkelung:

. . . . Die Hörner der Sichel wollen sich schließen. . . . .

Nachdem der Höhepunkt der partiellen Mondfinsternis überschritten ist, zeigt der Mond jetzt die ungefähre Halbmondfigur, ist aber bereits auf dem besten und raschen Wege, die durch die teilweise Mondfinsternis erhaltene Hörnung rückgängig zu machen und durch Beendigung der Verfinsterung seine Vollmondfigur wiederherzustellen:

. . . . Am Rhein sehe ich einen Halbmond, der alles verschlingen will. Die Hörner der Sichel wollen sich schließen. . . . .

Die Hörner der Sichel wollen sich schließen, das heißt, sie haben die *rasche* Tendenz, sich zu schließen. Das Schließen dauert im Fall unserer Mondfinsternis und gemäß den Berechnungen von Oppolzers insgesamt ca. 87 Minuten (Columne 6, Seite 278).

Es wäre unsinnig, die Worte des Irlmaier simpel in Richtung eines ganz normal zunehmenden Halbmondes zu interpretieren, denn ein solcher zunehmender Halbmond verfügt weder über Hörner, noch über die eigentliche Form der Sichel.

Auch ein abnehmender Halbmond kann nicht gemeint sein. Er bildet im Verlauf zwar die Sichelform und somit auch deutliche Hörner, jedoch *öffnen* diese Hörner sich bei der Abnahme des Halbmondes.

Einzig eine auslaufende, d. h. dem Ende zugehende Mondfinsternis (partieller oder totaler Art) zeigt die von Irlmaier geforderten Merkmale.

SCHEMATISCHE DARSTELLUNG EINER AUSLAUFENDEN (PARTIELLEN ODER TOTALEN) MONDFINSTERNIS; DER MOND VERLÄSST DEN KERNSCHATTEN DER ERDE:

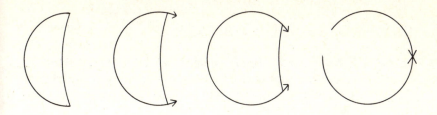

Der Mond zeigt deutlich die Hörner der Sichel, die sich schließen wollen. Die Hörner schließen den Kreis. Es ergibt sich der Eindruck, daß der (Halb-)Mond »alles verschlingen will«.

Alois Irlmaier:

.... Am Rhein sehe ich einen Halbmond, der alles verschlingen will. Die Hörner der Sichel wollen sich schließen. Was das bedeutet, weiß ich nicht. ....

Irlmaier wußte nicht, was sein Gesicht bedeuten solle,

.... Was das bedeutet, weiß ich nicht. ....

und auch ich verstand das alles erst, nachdem ich Nostradamus' Vierzeiler VI, 35 (Weiße Wolle) entschlüsselt *hatte* und solchermaßen mit der Mondfinsternis des 6. August 1990 bereits bekannt war.

In den Worten Irlmaiers erkennen wir das klassische Beispiel einer Seherangabe, die dem Seher selbst nicht erklärlich ist, die im Normalfall auch nicht den Mitmenschen des Sehers bzw. jenen, die vor Eintritt des Gesagten leben, verständlich wird. Meist eröffnet erst die Retrospektive das Verständnis, dann, wenn es längst zu spät ist. Bisweilen jedoch läßt Fügung Ausnahme vor dem Normalfall ergehen. –

Zwei besondere Worte sind es, die Irlmaier mit seinen Zeitangaben verbindet:

.... Am Rhein ....

Am Rhein finden gemäß weiteren Angaben Irlmaiers die späten WK III-Kämpfe statt, zumindest soweit es Westdeutschland betrifft. Irlmaier sagt über die Stadt Köln am Rhein:

.... Um Köln entbrennt die letzte Schlacht. ....

Andere Seher nennen den Rhein ebenfalls als späte Hauptkampflinie von WK III in Westdeutschland. Und auch Nostradamus schreibt über Köln und den Rhein, wenngleich nicht im ausdrücklichen Zusammenhang mit dem Kriegsende: Vgl. Vierzeiler VI, 40 (unbehandelt): Cologne = Köln, Rhin = Rhein.

Im großen und ganzen läßt sich den Sehern gemäß konstatieren, daß in Gebieten in der Nähe des Rheins die späten Endkämpfe auf westdeutschem Boden stattfinden.

Sehen wir es uns nochmals an:

Frage nach der Kriegsdauer:	.... Wie lange es dauert mit dem Krieg? Ich sehe deutlich einen Dreier, aber ob es
Mögliche Kriegsdauer:	drei Tag, drei Wochen oder drei Monate sind, weiß ich nicht.
Ca.-Kriegsende:	Am Rhein sehe ich einen Halbmond, der alles verschlingen will. Die Hörner der Sichel wollen sich schließen. Was das bedeutet, weiß ich nicht. ....

Das bedeutet im Klartext:

Ich, Irlmaier, der ich die Bedeutung meiner Worte in diesem Fall nicht einmal selbst verstehe, teile demjenigen, der sich einzufühlen und einzudenken vermag, das Folgende mit: Es wird eine (partielle) Mondfinsternis stattfinden. Diese Mondfinsternis verbinde ich speziell deshalb mit den Worten Am Rhein, weil am Rhein die letzten, späten WK III-Kämpfe auf bundesrepublikanisch-deutschem Boden stattfinden. Mit der endenden, ausgehenden Mondfinsternis des 6. August 1990 ist zugleich das Ende von WK III für Westdeutschland zeitlich eng verbunden.

Es mag sein, daß wir in die Bezeichnung . . . . Am Rhein . . . . auch andere Rheinanliegergebiete oder ganze Rheinanliegerstaaten, vielleicht sogar große Teile Westeuropas miteinbeziehen dürfen, doch ist dies nicht gesichert. Wenn wir so weit gehen würden, unter dem Begriff alle echten Rheinanliegerstaaten zu führen, so ergäben sich: Bundesrepublik Deutschland, Frankreich, Schweiz, Niederlande.

Es ist und bleibt natürlich These, aber ich denke, daß viele Militärs mir in folgendem beipflichten: Wenn der Warschauer Pakt am Rhein, und sei es nur am deutschen Teil des Rheines besiegt ist, bzw. seine Niederlage dort unmittelbar bevorsteht, so werden die Truppen dieses Warschauer Paktes andernorts in Westeuropa nicht mehr groß siegen können. Das Ende der Kämpfe dürfte nahe sein.

Die Halbmond-Passage Irlmaiers enthält übrigens einen schweren, noch unerwähnten Haken. Irlmaier sagte:

. . . . Am Rhein sehe ich einen Halbmond, der alles verschlingen will. Die Hörner der Sichel wollen sich schließen. Was das bedeutet, weiß ich nicht. . . . .

Tatsache aber ist, daß die Mondfinsternis des 6. August 1990 am Rhein eigentlich nicht zu sehen sein kann, weil der Mond zur Zeit seiner Teilverfinsterung unterhalb des Horizontes steht. Von Oppolzer (Lit.-Verz.) setzt diesbezüglich astronomisch einwandfreie Merkmale. Damit ergibt sich die Frage, ob Irlmaier möglicherweise von einer Mondfinsternis spricht, die am Rhein sehr wohl sichtbar sein wird, von einer anderen Mondfinsternis also, die mit der von Nostradamus verschlüsselt angegebenen Mondfinsternis des 6. August 1990 nichts zu schaffen habe?

Diese Frage kann ich getrost verneinen, denn die Mondfinsternis des 6. August 1990 wurde von uns dank der durch Nostradamus vielfach und ausgezeichnet beigegebenen Spezifika und Absicherungen korrekt entschlüsselt. Das Entschlüsselungsergebnis (in Form des 6. August 1990) ist unangreifbar. Tatsächlich verhält es sich so, daß auch Irlmaier die Mondfinsternis vom 6. August 1990 meint und keine andere.

Die Erklärung für die Fehlkombination Mondfinsternis – Am Rhein ergibt sich daraus, daß Irlmaier seine Gesichte wie einen *Film* ablaufen sah.

Wenn er also in einem ersten Film-Bild am Rhein die letzten Kämpfe und das Kriegsende prägnant gesehen hat und im nächstfolgenden Film-Bild in Großaufnahme irgendwo am Himmel den Halbmond mit seinen sich schließen wollenden Sichelhörnern erlebte, so wird verständlich, daß er nachträglich in seiner Schilderung des Geschauten das erste Film-Bild (= am Rhein) mit dem zweiten (= Halbmond) zusammengezogen haben könnte. Auf diese Weise mag die (örtlich falsche) Verbindung am Rhein — Halbmond zustande gekommen sein, die nichtsdestoweniger der zeitlich richtigen Verbindung vollkommen entspricht.

Übrigens schreibt Dr. C. Adlmaier über das Schauen des mit ihm befreundeten Sehers Irlmaier auszugsweise wie folgend:

»...Er (= Irlmaier) schaut die Bilder plastisch wie wir im Kino, die Landschaft tritt bis in Einzelheiten hervor. Schnee auf den Bergen ist (für Irlmaier) deutlich sichtbar, nur Zahlen sind oft verschlüsselt oder unvollständig zu sehen und können dann mißdeutet werden.

Ruckartig erscheinen die Bilder und sind dann ebenso schnell wieder verschwunden. Da die Gesichte je nach der bestehenden Konzentration deutlicher oder verschwommener erscheinen, werden sie mit einer gewissen Anstrengung geschaut und können den Seher geistig erschöpfen, besonders bei Überforderung seiner Kräfte. ...«

Es gibt aber auch noch eine zweite Möglichkeit für die Erklärung der Worte Irlmaiers:

Gemäß den Berechnungen von Oppolzers scheint festzustehen, daß die Mondfinsternis des 6. August 1990 am Rhein nicht sichtbar sein wird, weil der Mond zum Zeitpunkt seiner Verfinsterung unterhalb des Horizontes stehen müßte.

Im Gegensatz hierzu nehmen wir versuchsweise einmal an, daß die Mondfinsternis des 6. August 1990 tatsächlich doch am Rhein zu sehen ist: Wenn nämlich der Vorgang des Erdkippens (ab Seite 206) am 6. August 1990 zum Zeitpunkt der Mondfinsternis bereits begonnen hätte, so würden wir von in Veränderung befindlichen Horizonten und Himmelsrichtungen ausgehen müssen. So betrachtet, wäre es durchaus möglich, daß die Mondfinsternis des 6. August 1990 am Rhein sichtbar ist.

Der Zeitpunkt dieser Mondfinsternis (6. August 1990, 14.20 Uhr EPH) und ihr Erscheinungsbild (z. B. hinsichtlich Partialität) würden sich m. E. trotz Erdkippen nicht wesentlich ändern, denn ich gehe davon aus, daß das Erdkippen als solches kräftemäßig in der Hauptsache »intern«, d. h. ohne gewichtige Bahnveränderung für Erde und Mond abläuft.

Wenn der Seher Josef Stockert trotzdem sagt (vgl. S. 221)

.... Die Erde wird aus ihrer Bahn geworfen ....

so entspricht dies lediglich dem *Eindruck* jener Menschen, die das Erdkippen bzw. dessen Folgen subjektiv *erleben*. Insofern ist die Ausdrucksweise sogar sehr einfühlsam gewählt.

AUSBRUCH

Mit Hilfe der nachfolgenden Analyse von XI, 46 (Zeichen des Hammels) werden wir den Zeitpunkt des Ausbruchs von Weltkrieg III auf wenige Tage genau erkennen.

Trotzdem ist es sehr schwer, festzulegen, welche *Art* Kriegsgeschehen mit dem Ausbruchzeitpunkt von WK III verbunden sein wird. Denn eine ganze Skala denkbarer Ereignisse kommt in Frage. Einige Beispiele aus einer Vielzahl von Möglichkeiten:

a) Seekonflikt im Mittelmeer, welcher den dritten Weltkrieg einleitet.

b) Kriegerischer Konflikt im Nahen Osten als Beginn des dritten Weltkrieges.

c) Angriff des Warschauer Paktes gegen NATO-Länder.

usw.

Der Seher Irlmaier schildert den Ausbruch des dritten Weltkrieges wie folgend:

.... Alles ruft Frieden, Shalom! Da wird's passieren. — Ein neuer Nahostkrieg flammt plötzlich auf, große Flottenverbände stehen sich im Mittelmeer feindlich gegenüber — die Lage ist gespannt. Aber der eigentlich zündende Funke wird im Balkan ins Pulverfaß geworfen: Ich sehe einen ›Großen‹ fallen, ein blutiger Dolch liegt daneben. — Dann geht es Schlag auf Schlag. Massierte Truppenverbände marschieren in Belgrad von Osten her ein und rücken nach Italien vor. Gleich darauf stoßen drei gepanzerte Keile nördlich der Donau blitzartig über Westdeutschland in Richtung Rhein vor — ohne Vorwarnung. Das wird so unvermutet geschehen, daß die Bevölkerung in wilder Panik nach Westen flieht. Viele Autos ....

Die Fortsetzung dieses Auszuges ist nachlesbar auf Seite 110 am Ende der Analyse von V, 16 (Die sabäische Träne). Nun wollen wir sehen, was Nostradamus über den Ausbruch des dritten Weltkrieges schreibt.

Zeichen des Hammels
XI, 46

>Le pourvoyeur mettra tout en desroutte,
>Sangsuë & loup, en mon dire n'escoutte
>Quand Mars sera au signe du Mouton
>Ioint à Saturne, & Saturne à la Lune,
>Alors sera ta plus grande infortune,
>Le Soleil lors en exaltation.

Der Versorger/Lieferant (= USA) wird versetzen alles in wilde Flucht,
Blutegel & Wolf (= Rußland) in/auf mein Sagen nicht hört
Wenn Mars sein wird im/beim Zeichen des Hammels
Verbunden mit/zu Saturn, & Saturn mit/zum Mond,
Dann/alsdann/hierauf/darauf wird sein dein größtes Unglück,
Die Sonne da in Exaltation.

Dieser Sechszeiler wirkt, auf seine Weise und selbstverständlich immer im Originaltext, nicht minder düster und unheimlich drohend, als der voranalysierte Vierzeiler VI, 35 (Weiße Wolle).

Z1: Le pourvoyeur = Der Versorger/Lieferant:

Dieses Tarnwort bezeichnet die USA gemäß Dechiffrierung in XI, 39 und XI, 7. Damit lautet Zeile 1:

>Le pourvoyeur mettra tout en desroutte,
>Die USA werden alles in wilde Flucht versetzen,

Z2: Sangsuë = Blutegel:

Es ist offenbar, daß Nostradamus dieses Wort teils mit, teils ohne Trema schreibt. Nach heutigem Forschungsstand bedeutet sangsue bzw. sangsuë:

a) Kommunismus in seinen vielerlei (auch westlichen) Erscheinungsformen

b) Rotchina

loup = Wolf:

Zuweilen bezeichnet Nostradamus Länder durch Tiere. Der Wolf steht hier für Rußland.

Z2 im Klartext:

Sangsuë & loup en mon dire n'escoutte
Kommunismus /Rotchina } & Rußland auf mein Sagen nicht hört

Nostradamus nennt zwei Begriffe und spricht dennoch in der Ein-Zahl:

Blutegel & Wolf auf mein Sagen nicht hört

Er will also unter Blutegel & Wolf eine Einheit verstanden wissen, denn andernfalls müßte es ja heißen

Blutegel & Wolf auf mein Sagen nicht hören
Sangsuë & loup en mon dire n'escoutent

Aufgrund seiner Formulierung im Singular gibt Nostradamus uns zu verstehen, daß eine Generalauseinandersetzung mit dem Kommunismus ansteht. (Insofern kann der Begriff sangsuë im Sinn von Kommunismus zuweilen sogar den französischen und europäischen Kommunismus einschließen. Vgl. den nicht behandelten Sechszeiler XI, 21.)

Nostradamus tut kund, daß Blutegel & Wolf nicht hörend, d.h. unbelehrbar in bezug auf seine Warnung sind, und daß WK III folglich ein unvermeidbarer Krieg ist. Die Warnung kann beinhalten, daß Blutegel & Wolf Kriegsbeginner werden, sie läßt sich aber auch so auslegen, daß Blutegel & Wolf durch WK III und durch Kriegshandlungen des Versorgers (= USA) schwere Niederlagen zu gewärtigen haben. Und auch zu einem *Vorläuferkonflikt*, welcher WK III äußerst kurzfristig vorausgehen könnte, mag sie in spezifischem Zusammenhang stehen.

In den Zeilen 3 und 4 folgen nun astrologische/astronomische Angaben, d.h. verschlüsselt beschriebene Zeitpunkte. Zunächst Zeile 3.

Quand Mars sera au signe du Mouton
Wenn Mars sein wird im Zeichen des Hammels

Das Wort Mars ist genannt und wir erinnern uns seiner möglichen Doppelbedeutung:
1. Mars = Gestirn.
2. Mars = Kriegsgott = Krieg.

Es liegt nahe, das Gestirn Mars zu berücksichtigen, weil im Verlauf dieser und der nächsten Zeile weitere astrologische/astronomische Angaben folgen. Dies allein ist allerdings keine beweiskräftige Rechtfertigung für die Berücksichtigung des Wortes Mars als Gestirn. Der eigentliche Beweis hierfür ergibt sich aus den Angaben der Zeilen 3 und 4: Diese Angaben wären zur Sinnlosigkeit verdammt, würden wir das Wort Mars in seiner Bedeutung als Gestirn einfach ausschließen. Tatsächlich liegt aber auch Doppelbedeutung vor (d.h. Mars = Krieg), so daß sich zwei interessante und gültige Übersetzungen ergeben:

    1. Wenn <u>Mars</u> sein wird im Zeichen des Hammels

    2. Wenn <u>Krieg</u> sein wird im Zeichen des Hammels
      /Wenn im Zeichen des Hammels Krieg <u>beginnt</u>

Für den, der zu lesen weiß, sind freilich die ersten Worte der Zeile 3 an und für sich schon deutlich genug:

    Quand Mars sera....
    Wenn Krieg sein wird....

Gemäß der Doppelbedeutung des Wortes Mars ergibt sich nunmehr:

Kriegsbeginn wird sein...

    ....Wenn Mars sein wird im Zeichen des Hammels
  = ...Quand Mars sera au signe du Mouton

Nostradamus spricht von einem Zeichen des Hammels und der Astrologe denkt zu Recht an ein Tierkreiszeichen. Ein Tierkreiszeichen des Hammels = signe du Mouton existiert allerdings gar nicht, so daß wir jetzt die erste Hürde zu nehmen haben.

Das Wort Mouton = Hammel steht hier stellvertretend für das Tierkreiszeichen (le) Bélier = Widder (= Aries), denn ein Widder ist ein männliches Schaf, ein Schafbock.

Es ist absolut unüblich, die Bezeichnung Mouton = Hammel anstelle von Bélier = Widder zu verwenden. Nichtsdestoweniger liegt der Fall assoziativ völlig klar. Und selbstverständlich hatte Nostradamus zumindest einen (später zu zeigenden, erstaunlichen) Grund dafür, statt des auch von ihm normalerweise gern verwendeten Bélier = Widder seinen hier so extravaganten Mouton zu schreiben.

Es wäre übrigens verfehlt, bei Mouton = Hammel an das Tierkreiszeichen Steinbock zu denken, denn der Steinbock gehört zur Gattung der Ziegen, wohingegen der Generalnenner »männliches Schaf oder Schafbock« sehr gut paßt für Hammel wie Widder gleichermaßen.

Wenn wir Französisch sagen

»le mouton bêle
(vgl.: le Bélier = Widder)
= der Hammel blökt«,

so befinden wir uns erneut in Gesellschaft des Widders. Sagt man hingegen »C'est un mouton = Das ist ein Schaf«, so bezeichnet man mit dieser Redensart einen nachgiebigen, sanftmütigen Menschen. In diesem Sinne darf Nostradamus nicht ausgelegt werden, denn Mars ist — astrologisch gesprochen — das genaue Gegenteil von Sanftmut und Nachgeben. Nostradamus bezeichnet hier durchaus nicht einen exiliert-gezähmten, »lammfromm« in der Waage stehenden Mars. Nichts dergleichen ist gemeint. Die Zeile 3 lautet klar gefaßt:

Krieg (= Mars) wird sein (= beginnen),
wenn Mars im Zeichen des Widders (= Hammels) stehen wird

Hiermit haben wir das erste Kriterium gefunden für den Zeitpunkt des Ausbruchs von WK III. Dieses erste Kriterium heißt: Mars besetzt das Zeichen Widder.

Das geschieht — ganz grob gesagt — alle zwei Jahre ein Mal, also ziemlich häufig. Deshalb ist mit diesem Datierungskennzeichen Mars im Widder noch nicht viel gewonnen. Bevor wir weitergehen, sei festgehalten, daß schon im Basisvers, dem Vierzeiler VI, 35 (Weiße Wolle) vom Widder (lat.: Aries) und vom Mars die Rede war:

VI, 35, Z2 + Z3:

> Aries, Taurus, Cancer, Leo, la Vierge,
> Mars, Iupiter, le Sol ardra grand plaine,

= Widder, Stier, Krebs, Löwe, (die) Jungfrau,
Mars, Jupiter, die Sonne wird verbrennen groß(e) Ebene,

Wir konnten feststellen, daß Mars innerhalb des dechiffrierten Basiszeitraumes nacheinander die Zeichen Widder (= lat.: Aries) und Stier (= lat.: Taurus) besetzt. Die Annahme, daß beide Verse, Vierzeiler VI, 35 (Weiße Wolle) und Sechszeiler XI, 46 (Zeichen des Hammels) im Datierungszusammenhang stehen könnten, ist durchaus berechtigt. Tatsächlich liegt in Form der Angabe

> Kriegsbeginn, wenn Mars im Widder (= Mouton = Aries) steht,

jene dritte Sicherung vor für die richtige Entschlüsselung des Basiszeitraumes vom 21. Juni bis 31. August 1990, die ich im Anhang zum Basisvers VI, 35 (Weiße Wolle) und dort in der Antwort auf Frage 6 bereits erwähnte.

Unsere Vermutung, daß der von Nostradamus in Vierzeiler VI, 35 genannte Basiszeitraum (21. Juni — 31. August 1990) nicht nur die Nuklearkriegsphase, sondern auch das Datum für den Ausbruch von WK III umfaßt, diese Vermutung wird sich sehr bald bestätigen.

Sie wird zusätzlich fest untermauert durch die Aussagen

1. der Militärfachleute, welche stets darauf hinweisen, daß ein dritter Weltkrieg wahrscheinlich sehr kurz sein würde, daß seine Dauer nach Tagen, Wochen oder Monaten zu veranschlagen sei.

2. zahlreicher bewährter Seher, die die außergewöhnliche Kürze dieses Krieges betonen. Die entsprechenden Seherworte lassen ebenfalls den Schluß zu: WK III dauert Tage/Wochen/im Höchstfall Monate.

3. des Alois Irlmaier, welcher sagt:

> .... drei Tag, drei Wochen oder drei Monate ....
> .... Wenn's herbsteln tut, sammeln sich die Völker wieder. ....

Bedenken wir, daß WK III sehergemäß in einem Sommer beginnt, so geht auch aus dieser letztstehenden Äußerung des Irlmaier die relative Kürze von WK III hervor.

Mars steht im Widder vom 31. Mai/1. Juni 1990 bis zum 12./13. Juli 1990. Irgendwo innerhalb dieser etwa sechswöchigen Spanne muß der Kriegsbeginn liegen. Wir werden das Ausbruchdatum aber nur erforschen können, wenn wir zur Zeile 3 die Zeile 4 hinzunehmen.

Z3 + Z4:

Quand Mars sera au signe du Mouton
Ioint à Saturne, & Saturne à la Lune,
=
Wenn Mars (+ Kriegsbeginn) sein wird im Zeichen des Widders
Verbunden mit/zu Saturn, & Saturn mit/zum Mond,

Die zweite Hälfte der Zeile 4 lassen wir im Augenblick außer acht, so daß sich ergibt:

Wenn Mars im Zeichen des Widders sein wird
Verbunden mit/zu Saturn, ...

Nun haben wir zwei Kriterien für den Zeitpunkt des Ausbruchs von WK III: 1. Mars im Widder, 2. Mars verbunden mit/zu Saturn.

Die in der ersten Hälfte der Zeile 4 erscheinende Formulierung

(Mars) Ioint à Saturne, ...
= (Mars) Verbunden mit/zu Saturn, ...

zielt auf eine Verbindung der beiden Gestirne durch Aspekt. Die Übersetzung Verbunden mit Saturn würde insbesondere die Aspektverbindung durch Konjunktion (= verbunden mit) betonen, wohingegen die Übersetzung Verbunden zu Saturn sämtliche ausgeprägt disharmonischen Aspektverbindungen zwischen Mars und Saturn einschließt, also Quadrat, Opposition, Konjunktion.

Mars steht (wie gesagt und gemäß Erstkriterium) im Widder vom 31. Mai/1. Juni 1990 bis zum 12./13. Juli 1990. Innerhalb dieser Zeitspanne muß die von Nostradamus angegebene Aspektverbindung Mars-Saturn anzutreffen sein und sie ist es. —

Für den 2. Juli 1990 und seine Umgebungstage stellen wir fest: Mars Quadrat Saturn (s. die folgende Graphik).

Hier haben wir jene vierte Sicherung, die ich im Anhang zum Basisvers VI, 35 (Weiße Wolle) in meiner Antwort auf die Frage 6 erwähnte.

Am 2. Juli 1990 oder an einem seiner Umgebungstage wird der dritte Weltkrieg ausbrechen.

2. JULI 1990 (0.00 Uhr EPH):

Die doppelt verschärfte und sich gegenseitig verschärfende Quadratur Mars — Saturn.

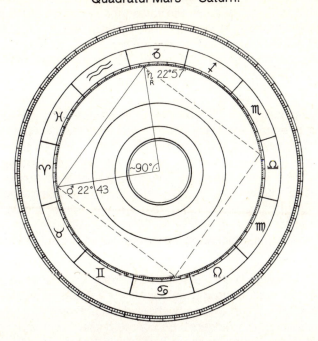

Domizil ⎰ ♂ in ♈ (= Widder)
⎱ ♄ in ♑ (= Steinbock)

Das von uns geortete Quadrat Mars-Saturn ist keins der normalen, sondern eines der ganz seltenen, der wahrhaft unheimlichen, weil übelsten Façon: Mars brüstet sich *domiziliert* im Widder und auch Saturn steht in seinem »stein(ern)-bockigen« *Domizil*.

Die Aggression, Kampf, Durchsetzung, Krieg und ähnliches anzeigenden Motive eines Mars in Reinkultur und *höchster* Steigerung stehen gegenüber den total verhärteten, eiskalten und aufs *dichteste* zusammengeballten Kräfteansammlungen eines bleiern verfestigten Saturn. So lautet — in wenigen Stichworten — die Kommentierung einer astrologischen Situation, welche am Beginn von schwerlich vorstellbaren Kriegsgeschehnissen steht.

Richtig ist, daß die erwähnte Konstellation den Kriegsausbruch nicht bewirkt. Die beiden Planeten Mars und Saturn sind *nicht* Auslöser des Krieges. Richtig ist aber auch: Die vorliegende Konstellation mit ihren doppelt verschärften und sich gegenseitig noch verschärfenden Spezifika zeigt den Kriegsbeginn an, wie der Blitz das Gewitter. Das gleichzeitige Vorliegen der drei sich kumulierenden Spezifika beinhaltet stärkste Anzeigen.

Diese Gleichzeitigkeit der drei Faktoren erfolgt — ich wiederhole es — ganz selten. Letztmalig war sie etwa am 3. Juni 1960 gegeben. Die jetzt denkbare Frage, warum denn der dritte Weltkrieg nicht schon am 3. Juni 1960 ausgebrochen sei?, ist übrigens von Nostradamus längst schweigend beantwortet worden. Oder hat der diskrete Astrologe über sein Schweigen hinaus doch noch einige schriftliche Zugaben für vertretbar gehalten? Die Nostradamus-Forschung wird sich nach WK III mit dem Sechszeiler XI, 30 zu beschäftigen haben, über dessen möglichen Inhalt auch ich einmal nur in Schleiern sprechen möchte.

Vom Oliven-Zweig ist dort die Rede, vom Zweig des Friedens also, der sich vielleicht auch feuriger Draht nennen läßt und der von Zweien in Brand gesetzt werden wird (obwohl er doch eigentlich dazu dienen soll, den Brand zu verhindern). Es könnte dieser brennende Kurier-Posten von zwei Seiten zu sehen sein, von der einen, eng nachbarlichen her und von der ur-anderen und man kann es heute hinsichtlich der zweimal drei Zeilen nur halten wie ein vorsichtig tastender Krebs.

Ein Quadrat, d. h. eine Winkelbildung von 90°, wird in der Astrologie immer als Spannungsaspekt gewertet. Die obige Konstellation muß aufgrund der Eigenarten der beteiligten Planetenprinzipien und der besetzten Tierkreiszeichen als Konfliktaspekt reinsten Wassers gewertet werden.

Mit der unterstrichenen, zweiten Hälfte von Zeile 4 haben wir uns bisher noch nicht beschäftigt:

Z3 + Z4:

Quand Mars sera au signe du Mouton
Ioint à Saturne, & Saturne à la Lune,
=
Wenn Mars (+ Kriegsbeginn) sein wird im Zeichen des Widders
Verbunden zu Saturn, & Saturn zum Mond,

Demgemäß wäre eine ausgeprägt disharmonische Aspektverbindung zwischen Mond[1] und Saturn[1] zu suchen, welche dem bereits georteten Quadrat Mars-Saturn nahe liegen muß. Lediglich das Quadrat Mond-Saturn vom 1. Juli 1990, ca. 4 Uhr EPH ist zu beachten. Hier kann mondgemäß eine stundengenaue Vorausdatierung vorliegen. Allerdings läßt sich diesem Tag und seiner Stunde im Vergleich mit dem schon gefundenen 2. Juli 1990 nur gleichrangige Bedeutung zuweisen, denn die zweite Hälfte der Zeile 4,

.... & Saturne à la Lune,
.... & Saturn zum Mond,

kann ebensogut auf ein bestimmtes anderes Kriegsereignis zielen, das mit dem Ausbruch von WK III zeitlich nicht nahe verbunden ist. Bevor wir uns der Dechiffrierung dieses ganz bestimmten WK III-Ereignisses und des dazugehörenden Zeitpunktes zuwenden, will ich anfügen, daß ich auch im 3. Juli 1990 und ferner sogar noch im 4. Juli 1990 potentielle Daten für den Ausbruch von WK III sehe. Ich bitte dabei um Beachtung folgender Gesichtspunkte:

1. Ein Aspekt Mars Quadrat Saturn, wie er von den Zeilen 3 und 4 verschleiert dargestellt wird, unterliegt in seinen Anzeigen zuweilen einem geringen Verzögerungseffekt. Deshalb ist außer dem 2. Juli 1990 auch der 3. (und 4.) Juli der Berücksichtigung wert.

2. Einige Worte des nicht zuletzt in WK III-Datierungsfragen bemerkenswerten Irlmaier sind so auslegbar, daß dieser bayerische Seher möglicherweise den 3. Juli 1990 als Ausbruchdatum des Krieges angibt. Dieser schwer durchschaubaren Angelegenheit wird gesonderte Untersuchung zukommen.

---

[1] Nostradamus benutzt aus Reimgründen die umgekehrte Reihenfolge.

Vorläufiges Résumé: Ich bin mir sicher, daß der Ausbruch des dritten Weltkrieges Anfang Juli 1990 erfolgt.

Jetzt wollen wir wieder einmal versuchen, jenes Andere und Mehr zu finden, welches — wie so oft und typisch für Nostradamus — auch in diesem Vers enthalten ist.

> Le pourvoyeur mettra tout en desroutte,
> Sangsuë & loup, en mon dire n'escoutte
> Quand Mars sera au signe du Mouton
> Ioint à Saturne, & Saturne à la Lune,
> Alors sera ta plus grande infortune,
> Le Soleil lors en exaltation.

In jedem der vier von mir unterstrichenen Fälle handelt es sich um die Buchstabenfolge out, die für sich allein stehend keinen Sinn ergibt. Ich sehe zweierlei Möglichkeiten a) und b) dieser Kumulierung von gleichen Buchstabenfolgen nahezutreten:

a) Wir wenden den Aussprache-Trick des Nostradamus an. Die geschriebene Buchstabenfolge out wird ausgesprochen wie die französischen Worte

> ou = oder
> où = wo
> août = August.

Die Aussprache dieser drei Worte erfolgt vollkommen gleichlautend und entspricht ganz schlicht der Aussprache des deutschen Buchstabens [u]. Von den drei vorstehenden Übersetzungen interessiert uns nur diejenige, die auf chiffriertes Datum hindeuten könnte und lautet:

> [u] = août = August.

Nostradamus schreibt in Zeilen 1 und 2 sehr eigenartig:

Z1: Le pourvoyeur mettra tout en desroutte,
Z2: Sangsuë & loup, en mon dire n'escoutte

Die Schreibweise der beiden unterstrichenen Wörter ist orthographisch falsch. Zwar sind die beiden Buchstaben s (vgl.: desroutte, escoutte) im Hinblick auf Nostradamus und die Usancen des XVI. Jahrhunderts als akzeptabel anzusehen. Aber bei den zweimal überzähligen Buchstaben t (vgl.: desroutte, escoutte) schärft sich der Blick. Was mag Nostradamus zu dieser doppelten Eskapade veranlaßt haben?

Die Antwort fällt leicht: Es stehen im Französischen zweierlei Möglichkeiten zur Verfügung, den Monat août (= August) auszusprechen. Die eine fanden wir gemäß den ursprünglichen Unterstreichungen in Form des deutschen, lautmäßigen [u]. Die andere Weise, den Monat août im Französischen auszusprechen, lautet gemäß deutscher Lautschrift [ut] und gemäß Anwendung des geschriebenen Aussprache-Tricks outte.

Zum Vergleich:

Z1: ....desroutte,
Z2: .... escoutte

Solchermaßen wußte Nostradamus auch diese andere Ausspracheweise des Monats August = août = [ut] zu berücksichtigen.

Aus alledem ergibt sich, daß wir einem Kriegsdatum im August 1990 nachspüren müßten. Da wir bereits herausgefunden haben, daß WK III etwa am 6. August, spätestens am 9. August 1990 endet, sind wir in der Lage, zu konstatieren: Das von uns gesuchte August-Datum müßte zwischen dem 1. und dem 9. August 1990 liegen.

Mars steht zwischen dem 1. und 9. August 1990 nicht mehr im Widder sondern schon seit längerem im Stier (= Taurus), der für uns in diesem Zusammenhang uninteressant ist. Dies berechtigt uns dazu, die gesamte Zeile 3 außer acht zu lassen.

Mars ist zwischen dem 1. und 9. August 1990 durch keinerlei disharmonischen Aspekt zu Saturn verbunden. Dies berechtigt uns dazu, die erste Hälfte der Zeile 4 außer acht zu lassen.

Die verbleibende, zweite Hälfte der Zeile 4 lautet:

....& Saturne à la Lune,
....& Saturn mit/zum Mond,

Hier wird es interessant, denn es darf auch ungeprüft (weil astronomisch zwangsläufig) als sicher gelten, daß zwischen dem 1. und dem 9. August 1990 ein Aspekt zwischen Mond und Saturn vorliegen muß. Wir kontrollieren in den Ephemeriden und finden Konjunktion Mond-Saturn am 4. August 1990, etwa 18.17 Uhr EPH.

Konjunktionen stellen oft harmonische Aspekte dar. Die Konjunktion Mond — Saturn gilt jedoch als disharmonisch.

Ich habe bereits darauf hingewiesen, daß Nostradamus dann, wenn er den Mond zur verschlüsselten Vorausdatierung benutzt, die Absicht verfolgt, möglichst genaue Terminangaben zu machen. Ich beschränke mich darauf, festzuhalten, daß zumindest tagesgenaue Vorausdatierungsabsicht vorliegt. Das entsprechend der Interpretation a) sich ergebende Datum des 4. August 1990 (möglicherweise gegen 18.17 Uhr EPH) bringt uns in die bizarre Situation, einem Zeitpunkt keinerlei Ereignis zuordnen zu können. Wir rufen uns deshalb den Gesamtvers in Erinnerung und beachten insbesondere die letzten beiden Zeilen.

> Der Versorger/Lieferant wird alles in wilde Flucht versetzen,
> Blutegel & Wolf auf mein Sagen nicht hört
> Wenn Mars (und Krieg) sein wird im Zeichen des Hammels
> Verbunden zu Saturn, & Saturn mit/zum Mond,
> Dann/alsdann/hierauf wird dein größtes Unglück sein,
> Die Sonne da in Exaltation.

Die Zeile 5 mit ihrer Ankündigung von dein größtes Unglück ist zweifellos auf Blutegel & Wolf gemünzt, also auf Kommunismus & Rußland oder auf Rotchina & Rußland. So geht es aus dem Gesamtbild des Verses hervor.

> Dann/alsdann/hierauf wird dein größtes Unglück sein,

so schreibt Nostradamus in Zeile 5 an die Adresse von Blutegel & Wolf und für dieses Dann/alsdann/hierauf stehen uns zwei Zeitangaben zur Verfügung, nämlich der 1./2./3./(4.) Juli 1990 (Kriegsausbruch) und der 4. August 1990.

Das größte Unglück für Blutegel & Wolf erfolgt also

1. gegen Anfang Juli 1990 (= Kriegsausbruch) und hieraufhin.
2. zwischen Anfang Juli und 4. August 1990 und hieraufhin.
3. gegen Anfang August 1990 und hieraufhin.

Zeile 6 lautet:

> Le Soleil lors en exaltation.
> Die Sonne da in Exaltation.

Aus astrologischer Sicht steht die Sonne in der sogenannten Exaltation, wenn sie die Position 19° Widder erreicht. Das erfolgt alljährlich jeweils etwa am 9. April. Dieses Datum liegt weit vor dem Kriegsausbruch und weit außerhalb unseres Basiszeitraumes. Wir dürfen ihm keinerlei weitere Beachtung schenken, denn die Zeile 6 wurde von Nostradamus verführerisch daraufhin angelegt, all jene, die den Basiszeitraum nicht kennen, auf Datenabwege in Richtung April irgendeines Jahres zu locken.

Wir wissen Besseres mit den Worten des Chiffreurs anzufangen, denn wir verstehen die Worte Le Soleil = Die Sonne in diesem Fall einzig und allein im Sinne von NBE, so daß wir übersetzen:

Z6: Le Soleil lors en exaltation.
Die Sonne da in Exaltation.
= NBE da in Exaltation/Erhebung/wildem Tanz.

Die falsche NBE-Sonne kann nur dann einen wilden »Feuerball-Tanz« vollführen, wenn sie an mehreren Orten gleichzeitig oder am gleichen Ort mehrfach kurz nacheinander detoniert. Nostradamus spricht folglich vom Einsatz mehrerer oder vieler NBE.

Er meint mit diesen Worten nicht nur den massiv-umfangreichen Nuklearkrieg, für welchen er gemäß VI, 35 (Weiße Wolle) und VI, 97 (WK III massiv nuklear/Hiroshima) den 6. August 1990 angibt. Er meint auch jenes Datum, welches wir gemäß unserer Möglichkeit a) herausgefunden haben: 4. August 1990. Was also geschieht?

Erneut ist das Gesamtbild des Sechszeilers XI, 46 zu betrachten. Warum schrieb Nostradamus sein »exaltiertes« signe du Mouton (Zeichen des Hammels) anstelle des normalen signe du Bélier (Zeichen des Widders)?

Tat er das nur, um gemäß   Mouton
und entsprechend Z1, Z2, Z3   out   = [u]
auf den Monat   Août   = [u] hinzuweisen?

Oder hatte er noch andere Veranlassung den Mouton = Hammel dem Bélier = Widder vorzuziehen?

Wir haben hier einen echten »Hammelsprung«, besser gesagt: den schon andernorts vorgeführten Zeilensprung-Trick des Nostradamus.

Z2: Sangsuë & loup, en mon dire n'escoutte
Z3: Quand Mars sera au signe du Mouton

Französisch Mo^scou = Moscou bedeutet deutsch Moskau.

Nostradamus belohnt uns den Dechiffrier-Treffer Moscou = Moskau mit zwei verblüffenden Bestätigungssignalen der ersten Qualität.

1. Sein n'escoutte ist aussprachemäßig von zweierlei Bedeutung:

$$n'escoutte \begin{cases} \text{nicht hört} \\ \text{Höre nicht!} \end{cases}$$

Mit anderen Worten: Höre nicht, sondern sieh (!) das zu erkennende Moscou = Moskau gemäß Zeilensprung.

2. Das direkt über den Worten n'escoutte stehende, ebenfalls und dementsprechend dubios geschriebene desroutte (= wilde Flucht) ist abzuleiten vom zugehörigen Verb dérouter = vom Wege abbringen bzw. vom Imperativ dé(s)rout(t)e[2]! = bringe vom Wege ab!

Anders gesagt: Bringe die <u>Zeile</u> vom Wege ab!, vollziehe den <u>Zeilensprung</u>!:

$$Mo^{scou} = Mo^{skau}$$

Folglich wird gemäß unserer Möglichkeit a) die Stadt Moskau am 4. August 1990 (möglicherweise gegen 18.17 Uhr EPH) von mehreren NBE, d. h. von der Sonne in wildem Tanz heimgesucht:

> Le Soleil lors en exaltation.
> Die Sonne da in wildem Tanz.
> (NBE)

Josef Stockert (Lit.-Verz.), der vor Jahren verstorbene und noch immer unterschätzte Seher aus München führt Moskau auf seiner kurzen Liste von namhaft gemachten NBE-Kandidaten. Er veröffentliche 1969:

»....Durch die Gnade Gottes erkannte ich, daß die eitrigen Geschwüre[3], aus denen Rauch[3] und Feuerflammen[3] hervorgingen,

---

[2] Die Einklammerungen kennzeichnen Unterschiede zwischen der Schreibweise des Nostradamus und heutigem Französisch.

[3] sämtlich NBE-Anspielungen.

große und kleine Städte darstellten. Die großen Städte waren: Moskau, Berlin, London[4], Rom, Prag[5] und viele andere. ....«

Es ist bemerkenswert, daß Josef Stockert die Stadt Moskau an erster Stelle nennt und daß dementsprechend der 4. August noch vor dem 6. August 1990 liegt. Passen diese Zusammenhänge nicht verdächtig gut ins Bild von der nuklearen Eskalation?

Dr. C. Adlmaier, der sehr verdiente Verleger der Worte Irlmaiers schreibt (Unterstreichungen und eingeklammerte Erklärungen durch mich):

»...Irlmaier sah auch einen Einbruch von gelben Menschen (= Mongolen/Chinesen) über Alaska nach Kanada und die USA. Doch werden die Massen zurückgeschlagen. Dagegen behauptete Irlmaier, eine große Stadt werde durch Raketen-Geschosse vernichtet werden. Ob damit New York gemeint sei, diese Frage wolle er nicht beantworten und blieb sehr zurückhaltend. ...«

Es ist selbstverständlich, daß im Zuge eines massiven Nuklearabtausches viele große Städte von NBE betroffen werden. Warum also erwähnt Irlmaier eine große Stadt ganz im Speziellen? Die Antwort auf diese Frage dürfte lauten: Weil diese Stadt die größte Stadt der östlichen Supermacht darstellt und weil *diese* Stadt deutlich *vor* der großen NBE-Vernichtungswelle zerstört wird.

Ferner ist jene Angabe des Irlmaier zu ermessen, wonach eine große Stadt durch Raketen-Geschosse (Mehrzahl) vernichtet werde:

    Le Soleil lors en exaltation.
    Die Sonne da in Exaltation.
    = NBE da in wildem Tanz.

b) Die angekündigte zweite Möglichkeit zur Erklärung der von Nostradmus so auffällig häufig eingebauten Wiederholung der Buchstabenfolge *out* (vgl. Seite 314) wiegt schwerer:

Wir nehmen *Abstand* vom Monat August und verstehen diese Wiederholungen ganz einfach derart, daß sie den Sinn haben, auf das

---

[4] Vgl. Nostradamus II, 91 (London), Seite 200 ff.

[5] Prags Vernichtung durch NBE-Feuerball wird seherisch des öfteren vorausgesagt.

letztmalige Vorkommen von <u>out</u> hinzuweisen und damit auf das Wort M<u>ou</u>ton und auf das, welches gemäß Zeilensprung damit im Zusammenhang steht:

```
Z2:      ....n'es͟coutte
Z3:      ....M͟outon
   =     Moscou
   =     Moskau.
```

Die zweite Hälfte der Zeile 4 lautet:

    ...., & Saturne à la Lune,
    ...., & Saturn zum Mond,

Hier erwähnt Nostradamus eine ausgeprägt disharmonische Aspektverbindung zwischen beiden Planetenprinzipien (Konjunktion, Quadrat, Opposition), die er ihrer Art nach wie meist nicht bekanntgibt. Mehrfach zwischen Kriegsausbruch und Kriegsende lassen sich derartige Aspekte feststellen. Dies ist ganz natürlich bedingt durch den schnellen Lauf des Mondes. Gestützt auf die später durchzuführende Analyse des Vierzeilers VIII, 34 (Secatombe) treffe ich für die Zerstörung Moskaus durch mehrere NBE die folgende alternative Auswahl entsprechend b): 28. Juli 1990 gegen (grob) 8 Uhr EPH Mond Quadrat Saturn.

Nachdem gemäß VIII, 34 (Secatombe) am 27. Juli 1990 zwei Atombombenexplosionen in Frankreich und möglicherweise eine weitere im Raum Ulm (Deutschland) erfolgt sind, könnte der Westen zu einer koordinierten Vergeltungsaktion schreiten, die der Stadt Moskau gilt und die von Raketen verschiedener westlicher Länder durchgeführt wird.

Ich übersetze XI, 46 abschließend nochmals, jetzt reimend und hoffe, daß der große Seher-Poet mir meine freizügige Respektlosigkeit verzeihe:

    Der Versorger alles in wilde Flucht wird schlagen,
    Blutegel & Wolf nicht hört auf mein Sagen
    Wenn Mars im Zeichen des Hammels thront
    Verbunden zu Saturn, & Saturn zum Mond,
    Dann wird dein größtes Unglück sein,
    Die Sonne wild tanzt Ringelreihn.

IRLMAIER UND DER DREIER

Die folgende Passage des Alois Irlmaier ist bereits bekannt. Nichtsdestoweniger müssen wir uns ihr erneut zuwenden.

.... Wie lange es dauert mit dem Krieg? Ich sehe deutlich einen Dreier, aber ob es drei Tag, drei Wochen oder drei Monate sind, weiß ich nicht. Am Rhein sehe ich einen Halbmond, der alles verschlingen will. Die Hörner der Sichel wollen sich schließen. Was das bedeutet, weiß ich nicht. ....

Diese Voraussage enthält nicht nur Angaben über den ungefähren Zeitpunkt des Kriegsendes am Rhein. Der deutsche Seher Irlmaier bemüht sich außerdem darum, Auskünfte zur Dauer des Krieges zu geben. Er sagt, daß der Krieg dauern werde .... drei Tag, drei Wochen oder drei Monate ....

Aufgrund der Angaben, die uns durch andere Seher zur Verfügung stehen, können wir davon ausschließen: drei Tag, drei Monate. Als nun noch zu prüfende Möglichkeit verbleibt: drei Wochen.

Wir erinnern uns, daß Irlmaier in Übereinstimmung mit Nostradamus eine enge zeitliche Verbindung herstellt zwischen dem Ende von WK III und der Mondfinsternis des 6. August 1990. Ausgehend von diesem Endzeitpunkt des Krieges, also vom 6. August 1990, rechnen wir nun die von Irlmaier angegebenen drei Wochen = 21 Tage zurück und gelangen zum 17. Juli 1990. Dieser 17. Juli 1990 wäre gemäß Irlmaiers auf drei Wochen bezogenen Dreier das Ausbruchdatum für WK III.

Nostradamus hingegen nannte uns in XI, 46 (Zeichen des Hammels) den Anfang des Monats Juli 1990 als Zeitpunkt für den Ausbruch von WK III. Die Diskrepanz zwischen den Angaben des Nostradamus und des Irlmaier scheint also ca. zwei Wochen (Anfang Juli bis 17. Juli) auszumachen.

Dies ist jedoch nur eine Schein-Diskrepanz, welche sich dadurch ergibt, daß Irlmaier den von ihm so deutlich gesehenen Dreier in eigener Regie mißdeutet hat. Die richtige Interpretation des erstaunlichen Irlmaier'schen Dreier dürfte wie folgend ablaufen.

Richtige Interpretation:	Irlmaier:
Selbstgestellte Frage nach der Kriegsdauer:	.... Wie lange es dauert mit dem Krieg?
Wir nehmen einmal an, daß dieser Dreier *nicht* die Kriegsdauer bezeichnet, sondern das Datum des *Ausbruches* von WK III, also den 3. (= Dreier) Juli 1990.	Ich sehe deutlich einen Dreier,
Ungewißheit Irlmaiers:	aber ob es
Wir nehmen einmal an, daß Irlmaier seinen Dreier mißdeutet hat (Kriegsdauer statt Ausbruchdatum).	drei Tag, drei Wochen oder drei Monate sind,
Ungewißheit Irlmaiers:	weiß ich nicht.
Kriegsende und Mondfinsternis am 6. August 1990:	Am Rhein sehe ich einen Halbmond, der alles verschlingen will. Die Hörner der Sichel wollen sich schließen.
Ungewißheit Irlmaiers:	Was das bedeutet, weiß ich nicht. ....

Wohlgemerkt: Diese Interpretation der Worte Irlmaiers setzt voraus, daß Irlmaier seinen eigenen, deutlich gesehenen Dreier mißdeutet hat.

Die vorstehende Deutung des Dreiers beantwortet die von Irlmaier selbstgestellte Frage nach der Kriegsdauer *besser*, als der Seher es erwarten konnte, indem ihm sowohl das Datum des Kriegsbeginns (3. Juli 1990) als auch der Zeitpunkt des Kriegsendes (.... Am Rhein .... Halbmond .... Hörner ....) zuteil wurden und somit *auch* Antwort auf seine Frage nach der Kriegsdauer.

Es gibt — zumindest theoretisch — noch eine weitere Möglichkeit, Irlmaiers Worte über die Kriegsdauer zu interpretieren. Ich nenne sie vollständigkeitshalber. Dementsprechend könnte der dritte Weltkrieg am 3. (= Dreier) Juli 1990 irgendwo in der Welt ausbrechen. Sein

Übergreifen auf die Bundesrepublik Deutschland und Westeuropa würde sich sodann verzögern bis zum 17. Juli 1990, so daß für die Bundesrepublik Deutschland eine Kriegsdauer von 3 (= Dreier) Wochen entstünde: vom 17. Juli bis 6. August 1990. Ich erwähne den 17. Juli — wie gesagt — aber nur theoretisch und aus Gründen der Vollständigkeit der Interpretation.

Irlmaier nannte außer seinem Dreier noch andere Ziffern:

.... Nach der Ermordung des dritten (Hochgestellten[1]) geht es über Nacht los. Die Mörder kommen ihnen aus, aber dann staubt es[2]. Ich sehe ganz deutlich drei Zahlen, zwei Achter und einen Neuner[3]. Was das bedeutet, weiß ich nicht, eine Zeit kann ich nicht sagen. ....

.... Der dritte Mord ist geschehen und der Krieg ist aus. Wie lang es dauert, weiß ich nicht. Ich sehe drei Neuner, der dritte Neuner bringt den Frieden[4]. Das Klima hat sich geändert, es ist alles wärmer geworden, auch bei uns, und Südfrüchte wachsen wie in Italien. Wenn alles vorbei ist, da ist ein Teil der Bewohner dahin und die Leute sind wieder gottesfürchtig. ....

Diese beiden Passagen sind durch ihre Zeitsprünge, Vielschichtigkeiten und Imponderabilien schwer verständlich und voller Deutungsrisiken. Es ist zu bedenken, daß der mit Irlmaier befreundete Dr. Adlmaier (Lit.-Verz.) über das Zahlen-Sehen Irlmaiers schreibt: »... nur Zahlen sind (für Irlmaier) oft verschlüsselt oder unvollständig zu sehen und können dann mißdeutet werden. ...«

Über seinen Dreier sowie über die zwei Achter und einen Neuner hat Irlmaier allerdings gesagt, daß er sie ganz deutlich sehe.

---

[1] Vgl. Kapitel: DER DRITTE WELTKRIEG – SEHERBERICHTE, Seite 10.

[2] aber dann staubt es: Zweierlei kann gemeint sein. a) der gelbe Staub in einer Linie (vgl. S. 10–12), b) das Staub-Phänomen der 72-stündigen Finsternis.

[3] zwei Achter und einen Neuner.: Diese Ziffern könnten den 8. und 9. 8. (1990) betreffen, Daten also, an welchen das Finsternis-Staubtod-Phänomen möglicherweise besonders intensiv auftritt.

[4] drei Neuner, der dritte Neuner bringt den Frieden.:
? Formeller Friedensschluß am 9. 9. 90?
? Bezugnahme auf den 9. 8. 1990 als Ende der Finsternis?

GETREIDEERNTE

Viele deutsche Seher versuchen, den Zeitpunkt des Überfalls auf die Bundesrepublik Deutschland derart zu umschreiben, daß sie die gleichzeitig ablaufenden landwirtschaftlichen Vorgänge (z. B. die Getreideernte) als Anhaltspunkte nennen. Ich verweise in diesem Zusammenhang auf einen westfälischen Seher, den sogenannten Jungen von Elsen:

.... Wenn am Bocke Gerste steht, ...

Das Lindenlied leistet ebenfalls einen Beitrag:

....
Bauer heuert (? = heuet ?) bis zum Wendetag,
....

Derartige und ähnliche Angaben verfügen sämtlich über den Nachteil, unklar oder schwer deutbar zu sein. Es gibt nach meiner Kenntnis lediglich zwei Seherangaben, die Augenfälliges bieten. Diese beiden stammen vom Mühlhiasl und vom alten Jasper.

Der alte Jasper:

.... In dem Jahre, wo der Krieg losbricht, wird ein so schönes Frühjahr sein, daß im April die Kühe schon im vollen Grase gehen. Das Korn wird man noch einscheuern können, aber nicht mehr den Hafer. ...

Die Vorstellung, daß das Korn, also Gerste, Roggen und Weizen Anfang Juli (Zeitpunkt des Kriegsausbruches) bereits eingescheuert sein soll, fällt außerordentlich schwer, denn normalerweise beginnt die Weizenernte etwa um den 5./10./15. August. Zwischen beiden Zeitpunkten liegt ein sehr reichlich bemessener Monat.

Diese Zeitdivergenz wird allerdings durch zweierlei Überlegungen beträchtlich abgebaut:

1. Der Zeitpunkt des Kriegsausbruches (Anfang Juli 1990) kann identisch sein mit dem Überfall des Warschauer Paktes auf die Bundesrepublik Deutschland/NATO/Westeuropa. Diese Identität muß aber nicht zwangsläufig vorliegen. Wenn WK III Anfang Juli 1990 zu-

nächst im Mittelmeer/Nahen Osten oder andernorts ausbrechen und eine Anzahl von Tagen vergehen würde, bis der Krieg sich durch Angriff des Warschauer Paktes auf Westeuropa ausweitet, so wäre die entsprechende Reihe von Tagen in Abzug zu bringen.

So zum Beispiel sagt der im Kapitel VULKANISMUS IN SÜDDEUTSCHLAND vorgestellte sogenannte »Lothringer« gemäß Andreas Rill eine Kriegsdauer von 58 bzw. 28 Tagen voraus. Wenn wir vom 6. August 1990 (= Tag des Kriegsendes) 28 Tage zurückrechnen, so erhalten wir den 10. Juli 1990 als Datum für den Kriegsbeginn: möglicherweise im Sinne des Überfalls des Warschauer Paktes auf NATO.

2. Viel schwerwiegender ist der folgende Gesichtspunkt, den der alte Jasper uns bietet:

. . . . In dem Jahr, wo der Krieg losbricht, wird ein so schönes Frühjahr sein, daß im April die Kühe schon im vollen Grase gehen. . . . .

Nach Auskunft eines hierzu befragten Landwirtschaftsexperten ist das volle Gras normalerweise aber erst Mitte Mai zu erwarten. Damit wird es durchaus denkbar, daß die Naturvorgänge im Jahre 1990 um etwa einen Monat *verfrüht* ablaufen. Tatsächlich wurde die Gerste im Jahre 1976 in Bayern teilweise schon gegen Anfang Juli gemäht, weil große Trockenheit es so erzwang.

Auch Mühlhiasl, Seher des Bayerischen Waldes, nennt zeitliche Parallelbezüge zwischen der Getreideernte und dem Überfall des Warschauer Paktes auf die Bundesrepublik Deutschland. Er gibt den Menschen seiner Heimat für den Zeitpunkt des Überfalls mehrere regional bekannte Verstecke an. Soweit es das Gebiet des unbewaldeten, sogenannten Gäuboden betrifft, rät er den dort lebenden Menschen, sich notfalls schlicht in den Weizenmanndln (= Weizenmännern) zu verstecken. Der Begriff ist leicht geklärt: Es handelt sich um die geschnittenen und gebündelten Getreideähren, welche auf dem Stoppelfeld kegelförmig gegeneinandergestellt werden. In Westfalen sagt man dazu »Hocken/Hucken«.

Es verwundert zunächst, daß Mühlhiasl ein solches Versteck empfiehlt, denn die Weizenmanndln sind — durch die modernen Erntetechniken bedingt — nur noch selten zu sehen. Ob der Gäuboden (im Bayerischen Wald) diesbezüglich eine Ausnahme bildet, entzieht sich meiner Kenntnis. Immerhin steht fest, daß das Vorhandensein von Weizenmanndln die vorangehende bzw. gleichzeitig laufende Getreideernte bedingt.

WEITERE KRIEGSDATEN DES NOSTRADAMUS

Der Tridentale
V, 62

> Sur les rochers sang on verra pleuvoir,
> Sol Orient, Saturne Occidental:
> Pres d'Orgon guerre, à Rome grand mal voir,
> Nefs parfondrees, & prins le Tridental.

Auf die Felsen Blut man wird sehen regnen,
Sonne Orient, Saturn okzidental:
Nahe von Orgon Krieg, in Rom großes Übel/Leiden sehen,
Durchschmolzene/Gegründete Schiffe & »prins« der Tridentale/
der Dreizackige.

Das für uns zunächst wichtigste Wort des Vierzeilers ist sein letztes:

le Tridental = der Tridentale/der Dreizackige.

Zurückblickend auf den Vierzeiler II, 59 (Dreizack-Soldaten, ab Seite 141) erinnern wir uns der Entschlüsselung der Worte tridens souldars = Dreizack-Soldaten, in welchen wir die Trident-U-Boot-Waffe der USA mit ihren Besatzungen, den Trident-Soldaten erkannten. Diese neue Riesen-U-Boot Generation mit ihren (pro Boot) 24 Trident-Raketen und zugehörigen Vielfachsprengköpfen ist heute (1981) zwar erst im Konzept vorhanden bzw. im Bau, sie wird aber zur Zeit von WK III (dank des nicht mehr einholbaren westlichen Vorsprunges in Sachen Elektronik) ein militärisch schwerstwiegendes Argument darstellen.

Es ist nicht nur die Größe der Trident-Riesen-U-Boote, sondern auch deren unvorstellbare Feuerkraft, welche diese Unterwassergiganten zu Monstren ohnegleichen avancieren läßt.

Im umfassenderen Sinne bezieht sich die Formulierung le Tridental = der Dreizackige auf den Dreizack des Meeresgottes Neptun, d.h. auf den großen Neptun = le grand Neptune = USA-Marine (vgl. II, 59; II, 78).

In Zeile 4 sehen wir die Worte Nefs parfondrees, die von Nostradamus sehr kunstvoll erdacht wurden. Das Wort Nef (Plural Nefs) bezeichnet im Französischen das sogenannte Schiff einer Kirche, also ein Kirchenschiff. Lediglich in bezug auf poetisches Alt-Französisch darf gesichert übersetzt werden: Nefs = Schiffe (im normalen Sinne).

Nefs parfondrees .... :

Es ist davon auszugehen, daß Nostradamus bei dem im Französischen nicht existenten Begriff parfondrees eine kombinative Wortschöpfung aus den Verben parfondre und fonder vorgenommen und diese elegant ins Participe passé (Vergangenheitsprinzip) gekleidet hat:

parfondre = schmelzen/verschmelzen/durchschmelzen/ zerschmelzen.

parfondues = Participe passé, fém., pl., also: durchschmolzene/ zerschmolzene.

Somit ergibt sich: Nefs parfondues = durchschmolzene/zerschmolzene Schiffe.

Jetzt zum Verb fonder = gründen:

fondées = Participe passé, fém., pl., (wie oben),
also: ›gegründete‹.

Somit ergibt sich diesmal: Nefs fondées = ›gegründete‹, d. h. zu Grund gebrachte bzw. versenkte Schiffe.

Es sieht aus, als wolle der Sprachkünstler Nostradamus uns sagen:

1. Es werden Schiffe durchschmolzen/zerschmolzen.

2. Es werden Schiffe ›gegründet‹ = zu Grund gebracht = versenkt.

Es ist aber zusätzlich offenzuhalten, daß in der Wortschöpfung Nefs parfondrees auch noch verschlüsselte Lokalitäten enthalten sein können, also z. B. die Örtlichkeit des Schiffe-Durchschmelzens und des Schiffe-Versenkens. Die von Nostradamus gewählte Ausdrucksweise ist jedenfalls ungewöhnlich genug, um diesen Verdacht auszulösen. Zumindest der Buchstabe r in Nefs parfondrees wirkt scheinbar überflüssig, weil er (absichtlich) fehl am Platze ist. Vielleicht spricht Nostradamus von einem Seekampf vor dem griechischen Kap Drépanon im Süden von Chalkidike, vor dem kretischen Kap Drépanon oder vor dem römisch-sizilianischen Drepanum, dem heutigen Tràpani. Es fällt schwer, dem Vierzeiler in seinen mehrfach vorhandenen lokalen Geheimnissen auf die Spur zu kommen.

In Zeile 4 sagt der Seher:

> Nefs parfondrees, & prins le Tridental.
> Schiffe durchschmolzen/versenkt, & »prins« der Tridentale.

Das der Troubadourensprache entlehnte Wort prins (vgl. III, 82, Seite 182) ist gleichbedeutend mit (frz.) prince = Prinz, Fürst und leitet sich her von (lat.) princeps = Vornehmster, Erster etc.

(Z4:) Schiffe durchschmolzen/versenkt, & Prinz/Fürst/Vornehmster der Tridentale.

Die Seemacht USA hat also einen wichtigen Sieg zu verbuchen.

Nachdem wir die Analyse des Verses mit seiner letzten Zeile begonnen haben, betrachten wir nun die erste Zeile im Rahmen des Gesamterscheinungsbildes:

> Sur les rochers sang on verra pleuvoir,
> Sol Orient, Saturne Occidental:
> Pres d'Orgon guerre, à Rome grand mal voir,
> Nefs parfondrees, & prins le Tridental.

Die zweimalige (unterstrichene) Buchstabenfolge voir = sehen ist auffällig. Und das ebenfalls unterstrichene on verra bedeutet deutsch: man wird sehen. Es gibt also etwas zu sehen, zu durchschauen, zu erkennen.

Ich versuche es wie folgend:

Z1: Sur les rochers sang on verra pleuvoir,
     Auf die Felsen Blut man wird sehen regnen,

Die französische Stadt Voiron liegt ca. 22 km nordnordwestlich von Grenoble. Ca. 20 km von Voiron entfernt erhebt sich das Felsen–Massiv der Grande Chartreuse. Ob es diese oder andere bei Voiron gelegene Felsen sein könnten, auf die man gemäß Zeile 1 Blut regnen sehen wird, bleibt abzuwarten. Voiron hat an Felsumgebung nicht Mangel. Trotzdem steht das Resultat dieses Dechiffrierversuches auf sandigem Boden.

Es ist schwierig, zu erkennen, was Nostradamus mit seiner Zeile 1 eigentlich sagen will. Spricht er von einem großangelegten, aber mißglückenden Luftlandeunternehmen, bei dem Fallschirmspringer schon im Flugzeug oder noch am Schirm hängend in der Luft verletzt werden und sodann blutig in Felsengebiet niedergehen?

Zur Zeile 2:

> Sol Orient, Saturne Occidental:
> Sonne Orient, Saturn okzidental (westlich):

Die Sonne enttarnen wir sofort.

> NBE Orient, Saturn okzidental (westlich):

Irgendwo im Orient leuchtet ein (sonnengleicher) NBE-Feuerball bzw. mehr als nur einer. Aber auch der Saturn erweist sich in diesem Fall als Codewort: Saturn ist derjenige Planet, welcher in der astrologischen Symbolik Prüfungen, Leiden, Erschwernisse, Widerstände u. ä. anzeigt. Somit Z2:

> NBE im Orient, Prüfungen/Leiden westlich:

Die Prüfungen und Leiden schwerer Art, die westlich, also für den Westen zu durchstehen sind, ergeben sich aus den Kriegshandlungen und den militärischen Erfolgen des Warschauer Paktes.

Der eigentliche Knalleffekt des Verses und seiner Zeile 2 liegt aber darin, daß Nostradamus für die Angaben

> NBE im Orient, Prüfungen/Leiden im Westen

und für die weiteren Auskünfte in Zeilen 3 und 4 einen verschlüsselten Zeitpunkt mitliefert. Wie erkennen, daß das Wort Sol = Sonne nicht nur als Tarnung für NBE steht, sondern auch in seinem eigentlichen Sinne, als Gestirn Sonne verstanden werden muß. Gleiches gilt für Saturn = Prüfungen/Leiden. Auch der Saturn hat Doppelbedeutung als Gestirn. Und das von Nostradamus benutzte Wort Orient übersetzen wir neu im Sinne von Osten/Orient. Es ergibt sich jetzt:

Sol Orient, Saturne Occidental:
Sonne Osten, Saturn okzidental = westlich:

Die Sonne steht im Osten, Saturn steht westlich. Das bedeutet im Klartext: Sonne und Saturn stehen einander gegenüber. Nostradamus spricht also vom astrologischen Sachverhalt einer Opposition Sonne-Saturn.

Dieser Aspekt kommt etwa ein Mal pro Jahr vor. Es läßt sich mit Befriedigung feststellen, daß wir ihn innerhalb unseres relativ kurzen Basiszeitraumes vom 21. Juni bis 31. August 1990 (vgl. VI, 35, Weiße Wolle) vorfinden und zwar wie folgend:

14. Juli 1990
Sonne Opposition Saturn.

Der Westen — nicht zuletzt Frankreich an diesem, seinem Nationalfeiertag — wird sich in Prüfungen und Leiden befinden am 14. Juli 1990. Das vorstehende Datum (mit Umgebungstagen) nenne ich in gleicher Souveränität wie Nostradamus. Ich kann mir sicher sein, denn Nostradamus hat dem Dechiffreur, welcher bis zu dieser Findung vorgestoßen ist, wieder einmal ein majestätisches Bestätigungssignal für die Richtigkeit der Entschlüsselung zugereicht. In dem Vierzeiler erscheint dieses Signal mit keinem einzigen Buchstaben. Erst aus den Ephemeriden, aus dem Stand des Großplaneten Jupiter wird es ersichtlich. Denn für den 14. Juli 1990 (mit Umgebungstagen) gilt *nicht nur* Sonne Opposition Saturn.

Es gilt außerdem Sonne Konjunktion Jupiter[1] (exakt am 15. Juli 1990) und folgerichtig Jupiter Opposition Saturn[2] (exakt am 13. Juli 1990).

Das Erkennen dieser (unter der Voraussetzung angenäherter Gleichzeitigkeit) extrem raren Aspektverbindungen und ihrer direkten Beziehung zu den Voraussagen des Vierzeilers (»der Tridentale«) verschlägt auch dem Dechiffreur-Routinier die Sprache. Es handelt sich bei diesen Konstellationen nicht um ein Jahrtausend-Ereignis. Die Gestirnungen sind seltener. Dies ist das Format der Flagge, mit der Nostradamus uns der richtigen Entschlüsselung des 14. Juli 1990 und seiner Umgebungstage versichert. –

---

[1] Dieser Aspekt findet ungefähr alle 13 Monate statt.

[2] Dieser Aspekt kehrt im Abstand von ca. 20 Jahren wieder.

Ich wiederhole, daß der Westen am 14. Juli 1990 (mit möglichen Umgebungstagen) gemäß vorstehenden Erläuterungen und unmittelbar entsprechend zu

> ...., Saturne Occidental:
> ...., Saturn westlich:
> = ..., Prüfungen/Leiden westlich:

schwer unter den Kriegshandlungen des Warschauer Paktes zu leiden hat. Die Truppen des Warschauer Paktes stehen also an diesem Tag mehr oder weniger weit im Westen und rücken vor bzw. sie haben ihren Überfall auf den Westen soeben begonnen.

Zwar fanden wir heraus, daß der Kriegsausbruch-Sechszeiler XI, 46 (Zeichen des Hammels) den Beginn des dritten Weltkrieges auf den Anfang des Monats Juli 1990 festlegt (1./2./3./4. Juli), doch konnten wir nicht bestimmen, in welcher Form und wo WK III ausbricht. In Verbindung mit Anfang Juli 1990 hielten wir beispielartig folgende Möglichkeiten offen:

a) Nahost-Krieg.

b) Seekonflikt im Mittelmeer.

c) Überfall des Warschauer Paktes auf den Westen.

Nochmals bedenkend, daß eine Reihe von Tagen vergehen kann, bis ein Nahost-Krieg, ein Seekonflikt im Mittelmeer oder ähnliches zum Angriff des Warschauer Paktes auf den Westen führt, ziehen wir nun den von Nostradamus genannten 14. Juli 1990 heran, den wir aus astrologischen Gründen mit zwei möglichen Umgebungstagen versehen und stellen fest:

1. Am 12./14./16. Juli befindet der Westen sich in Prüfungen und Leiden.

2. Irgendwann zwischen dem 1. Juli und dem 16. Juli 1990 erfolgt der Angriff des Warschauer Paktes gegen den Westen, also frühestmöglich am 1. Juli und spätestens am 16. Juli 1990.

In Zeile 3 sagte Nostradamus:

> Pres d'Orgon guerre, à Rome grand mal voir,
> Nahe von Orgon Krieg, in Rom großes Übel sehen,

Zu dem für die Stadt Rom angekündigten großen Übel kann ich nichts Näheres sagen, wiewohl auch hierfür gelten dürfte: 14. Juli 1990 (+/− 1 bis 2 mögliche Umgebungstage). Die erste Hälfte der Zeile 3 ist ebenfalls auf den 14. Juli 1990 (oder seine nahen Umgebungstage) zu beziehen. Sie lautet:

>Pres d'Orgon guerre, ...
>Nahe von Orgon Krieg, ...

Das Städtchen Orgon finden wir nur 16 km nordnordwestlich vom einstigen Wohnort des Nostradamus (Salon-de-Provence) entfernt. Von Nizza[3] aus zum westlich gelegenen Orgon beträgt die Luftliniendistanz ca. 180 km.

Die großgeschriebene Doppelhaftigkeit Orient/Orgon (Z2, Z3) eröffnet vielerlei Dechiffriermöglichkeiten. Der U.S.-Staat Oregon zum Beispiel liegt sehr westlich (= okzidental) und verfügt über allerlei Felsen und Gebirge. Es kann aber auch eine andere Lokalität gemeint sein, ein Schiffsname usw. Der Vierzeiler enthält weitere Chiffrierungen.

---

[3] vgl. III, 82 (Die Heuschrecken), Z1 ff.

Secatombe

VIII, 34

> Apres victoire du Lyon au Lyon
> Sus la montagne de Ivra Secatombe,
> Delves & brodes septiesme million,
> Lyon, Ulme à Mausol mort & tombe.

> Nach Sieg des Löwen beim/im Löwen
> Über dem/ Gebirge des Ivra »Secatombe«,
> Gen das/
> Oben auf dem/
> Obendrauf auf dem
> »Delves & brodes« siebente/siebenter Million,
> Lyon, Ulm dem/beim »Mausol« Tod & Grab.

Zeile 1, erste Hälfte:

> Apres victoire du Lyon ....
> Nach Sieg des Löwen ....

Nicht der britische Löwe ist hier gemeint. Nostradamus spricht vom Löwen der französischen Großstadt Lyon, vom Lyoner Löwen also, denn französisch lion bzw. Lyon bedeutet deutsch: Löwe.

(Z1:) Apres victoire du Lyon <u>au Lyon</u>
       Nach Sieg des Löwen <u>beim Löwen</u>
   = Nach Sieg des (Lyoner) Löwen <u>bei Lyon</u>

Vereinzelte Seherstimmen bestätigen, daß für WK III im Raum Lyon schwere Kämpfe zu erwarten sind und daß das Kriegsglück der vorrückenden Soldaten des Warschauer Paktes bei Lyon einen ganz wesentlichen Dämpfer erhält bzw. daß der Vormarsch hier gestoppt wird. Auf diese Zusammenhänge bin ich bereits bei der Behandlung von II, 83 (Nieselregen), vgl. Seiten 190, 191, kurz eingegangen.

Jetzt übersetzen wir *neu*:

> Apres victoire du Lyon au Lyon
> Nach Sieg des (Lyoner) Löwen im Löwen

Die Worte au Lyon = im Löwen entsprechen haargenau der astrologischen Terminologie, d. h. der Bezeichnung des Tierkreiszeichens Löwe. Der Sieg des Lyoner Löwen im Gebiet des Lyoner Löwen (= bei Lyon) findet also irgendwann im Tierkreiszeichen Löwe statt. Das Zeichen Löwe beginnt im Jahre 1990 (durch Eintritt der Sonne in dieses Zeichen) am 23. Juli, etwa 2.20 Uhr EPH. Der 23. Juli ist der erste Löwe-Tag im Jahre 1990 und somit der theoretisch frühestmögliche Zeitpunkt für den Sieg des Lyoner Löwen im Raum Lyon im Zeichen Löwe. Dies ist aber nur die Theorie, denn auch am 6. August 1990 (dem Tag des ungefähren Endes von WK III) schreiben wir noch das Zeichen Löwe. Immerhin können wir jetzt eingrenzen und sagen: Der Lyoner Löwe siegt irgendwann zwischen dem 23. Juli 1990 und dem 6. August 1990.

Der ersten Zeile fügen wir die zweite an:

> Apres victoire du Lyon au Lyon
> Sus la montagne de Ivra Secatombe,

=

> Nach Sieg des (Lyoner) Löwen im (Zeichen) Löwe
> Über dem/ Gebirge des Ivra »Secatombe«,
> Gen das/
> Oben auf dem/
> Obendrauf auf dem

Das Wort Secatombe existiert im Französischen nicht. Nostradamus hat seine Wortschöpfung abgeleitet von dem sehr wohl existenten Hecatombe (vgl. z. B. X, 74). Hécatombe (einst im Griechischen im Sinne eines Opfers von 100 Stieren verwendet) bedeutet im heutigen Französisch: Blutbad, Massengrab. Wir setzen einmal probeweise das Wort Hecatombe ein:

> Apres victoire du Lyon au Lyon
> Sus la montagne de Ivra Hecatombe,

=

> Nach Sieg des (Lyoner) Löwen bei Lyon im Löwen
> Über dem/ Gebirge des Ivra Blutbad/Massengrab,
> Gen das/

Jetzt aber zücken wir das Seciermesser, um die dichterische Wortpastete Secatombe feinsinnig zu zerlegen:

$$\frac{\text{Sec|atom|be}}{\text{atom}}$$

Das Gefundene halten wir fest und nehmen hinzu:

Seca|tombe
<u>tombe</u>   (= Grab)
<u>t̶ombe</u>
<u>bombe</u>   = Bombe.

Hier haben wir die <u>Atom</u>-<u>Bombe</u> und nun fehlt nur noch die Erklärung dafür, weshalb Nostradamus anstelle von Hecatombe sein Secatombe schreibt.

Wir sezieren heraus:

$$\frac{\text{Sec|atombe}}{\text{Sec}}$$

Diese trocken-nichtssagenden Buchstaben werden sofort gesprächig, wenn wir einen Blick auf das von Nostradamus so geliebte Lateinische werfen und vervollständigen:

<u>Sec</u> . . . .
<u>Secunda</u> = folgende/nächste/nachfolgende/
an zweiter Stelle/die zweite.

Es ergibt sich nun folgendes Bild:

<u>Secatombe</u>

<u>Secunda</u> $\frac{\text{atom}}{\text{Atom}}$ $\frac{\text{tombe}}{\text{bombe}}$
= folgende/
nachfolgende/
zweite

Nostradamus spricht mit diesem Wort also von zwei Atombomben bzw. von einer und einer nachfolgenden und wir setzen unser decodiertes Ergebnis ein:

      Apres victoire du Lyon au Lyon
      Sus la montagne de Ivra Secatombe,
=
      Nach Sieg des (Lyoner) Löwen bei Lyon im Löwen
      Über dem/ Gebirge des Ivra nachfolgende/zweite Atombombe,
      Oben auf dem/
      Obendrauf auf dem

Wir müssen uns beschäftigen mit

(Z2:)   ....montagne de Ivra ....
         ....Gebirge des Ivra ....

Das von mir unterstrichene Wort wurde von Nostradamus aufsehenerregend unnormal geschrieben. Der Großbuchstabe I ist von uns durch ein modernes J zu ersetzen, denn Nostradamus verwendet seiner Zeit gemäß stets das I anstelle des heutigen J. Zum Vergleich IV, 33 (Neptun): Iupiter ioinct ....

Somit schreiben wir anstelle von Ivra das modernere Jvra. Nostradamus meint ganz einfach das

        ....montagne de Jvra ....
=   ....montagne de JURA ....
=   ....Gebirge des JURA ....
=   Jura-Gebirge.

Dabei verwendet er ungewöhnlicherweise das lateinisch vornehme v anstatt des normalen u. Es tut das, weil in diesem v zugleich die römische Zahl v enthalten ist. Darüberhinaus benutzt Nostradamus ungewöhnliche Buchstaben. Die Angelegenheit sieht selbstverständlich nach chiffriertem Datum aus.

Wir erinnern uns, daß Nostradamus am Ende von Zeile 1 sagt:

      ....au Lyon = ...im Löwen.

Nun nehmen wir den Buchstaben v, d. h. die römische v hinzu und stellen fest: Der Tag v im Löwen ist gemeint und somit der 27. Juli 1990. Es ist aber sehr schwer, zu erkennen, was denn nun ganz genau am Tag v, also am 27. Juli 1990 geschieht:

>   Apres victoire du Lyon au Lyon
>   Sus la montagne de IVRA Secatombe,
> =
>   Nach Sieg des (Lyoner) Löwen bei Lyon im Löwen
>   Über dem/ Gebirge des IVRA nachfolgende/zweite Atombombe,
>   Oben auf dem/
>   Obendrauf auf dem/
>   Oberhalb des/

Es ergeben sich bei genauem Anschauen und Durchdenken dieser beiden Zeilen folgende Möglichkeiten:

1. Aus Zeile 2 geht hervor: Exakt am Tag v im Löwen = 27. Juli 1990 detoniert in der Nähe des Jura-Gebirges eine zweite (nachfolgende) Atombombe. Schon am gleichen Tag oder irgendwann zuvor war eine erste Atombombenexplosion zu verzeichnen, entweder ebenfalls in der Nähe des Jura-Gebirges oder andernorts.

2. Jetzt sehen wir die beiden ersten Zeilen im Gesamtzusammenhang ihres Erscheinungsbildes und vor allem nehmen wir die Zeile 2 absolut wörtlich:

> <u>Über</u> dem Gebirge des IVRA nachfolgende/zweite Atombombe,
> <u>Obendrauf auf dem</u>

Das eigenartige Wort dieser Zeile liest sich IVRA und es enthält durch seine v den 27. Juli 1990. Was aber steht <u>Über</u> IVRA, was steht <u>Obendrauf auf dem</u> IVRA? Dort obendrauf steht das Wort Lyon:

>   Apres victoire du Lyon au Lyon
>   Sus la montagne de IVRA Secatombe,
>   Delves & brodes septiesme million,
>   Lyon, Ulme à Mausol mort & tombe.

Und gleich rechts vom Wort IVRA lesen wir:

Secatombe = zweite/nachfolgende Atombombe

Und über dem Wort Secatombe steht wiederum: Lyon.

Es ist also möglich, daß Lyon die erste Atombombe erhält, denkbarerweise ebenfalls am Tag v = 27. Juli 1990, aber noch vor der nachfolgenden/zweiten Atombombe dieses Datums, welche der Nähe des Jura-Gebirges gilt. Ich wiederhole: Der Verdacht einer Atombombe für Lyon am 27. Juli 1990 läßt sich diesem Vierzeiler sehr ernsthaft entnehmen. Das französische Sus = Über, Obendrauf, Oberhalb etc. (vgl. Z2) werte ich im Zusammenhang mit dem Wort I$_{\text{VRA}}$ = JURA als starkes Bestätigungssignal. Lyon wird in zwei weiteren, unbehandelten Vierzeilern erwähnt.

IX, 70, Z2:   Dedans Lyon le iour du Sacrement,
   In(nerhalb) Lyon der Tag des Sakraments,

III, 93, Z4:   Lyon durch Wechsel wird sein schlecht getröstet.
   = Lyon par change sera mal consolé.

Möglichkeit: con<u>solé</u> → <u>Sol</u>(eil) = Sonne = NBE.

Übrigens können wir den Zeitpunkt für den Sieg des Lyoner Löwen bei Lyon jetzt wie folgend eingrenzen: Der Sieg findet statt irgendwann zwischen dem 23. Juli und dem 27. Juli 1990, möglicherweise erst am 27. Juli 1990 oder kurz zuvor.

Zeile 3 von VIII, 34 (Secatombe) lautet:

   Delves & brodes septiesme million,
   »<u>Delves</u> & brodes« siebente/siebenter Million,

Das Wort <u>Delves</u> ist im Französischen nicht existent. Nostradamus meint (unter der für ihn typischen Fortlassung der Akzente): Déliés. Er schreibt also den Buchstaben v anstelle des richtigen i. Mit seinem absichtlich falschen v signalisiert er uns: Die v = 5 wurde gemäß I$_{\text{VRA}}$ richtig entschlüsselt. Wir hingegen müssen jetzt ausgehen vom Wort Déliés, welches das Participe passé (= Vergangenheitspartizip), Plural, Masculinum darstellt von Délier = losbinden, lösen, entbinden, auflösen. Folglich Déliés = Losgebundene, Aufgelöste.

Zum Wort brodes: Auch hier handelt es sich unter typischer Fortlassung des Akzentes um das Vergangenheitspartizip, nämlich des Infinitivs broder = sticken, umsticken, einfassen, welcher hergeleitet wird vom Substantiv broderie = Stickereiumfassung, Stickereieinfassung.

Die Stickerei interessiert uns dabei zunächst viel weniger als die Umfassung bzw. Einfassung, die gemäß brodes (= brodés) bedeuten: Umstickte/Umfaßte/Eingefaßte.

Nun wird die Zeile 3 gesprächig:

Delves	&	brodes	septiesme	million,
Losgebundene /Aufgelöste	&	Umfaßte /Eingefaßte	siebente /siebenter	Million,

Eine große Zahl von Soldaten ist also losgebunden (von Nachschub und Verstärkung) und umfaßt/umzingelt/eingekreist. Soldaten des Warschauer Paktes sind gemeint, denn der Warschauer Pakt befindet sich zu diesem relativ späten Kriegszeitpunkt bereits auf der Verliererseite. Die Berichte der Seher erlauben diesen Rückschluß.

Die Übersetzungsmöglichkeit septiesme million = siebte Million stelle ich zur Beurteilung durch die Militärs.

Die exakte Übersetzung für die Worte septiesme (million) lautet siebente (Million) aber auch siebenter (Million). Da der Vierzeiler außer dem schon dechiffrierten keine weiteren Datenangaben enthält, beziehen wir das unterstrichene Wort auf den siebenten Tag im Löwen des Jahres 1990, also auf den 29. Juli 1990.

Die Anzahl (. . . . million) der von Nostradamus als aufgelöst & eingekreist beschriebenen Soldaten des Warschauer Paktes hat folglich mit der Ordnungszahl septiesme = siebenter (Tag im Löwen) nicht zwangsläufig zu tun. Die genannte Million kann selbständig gültig für sich allein stehen. Eine runde Million Soldaten des Warschauer Paktes wird am siebenten Tag im Löwen (= 29. Juli 1990) aufgelöst & eingekreist sein und es ist zu fragen: Wo?

Den ersten Hinweis gab Nostradamus schon in Zeile 2:

>   Sus la montagne de IVRA . . . .
>   Über dem Gebirge des Jura . . . .
>   Gen das
>   Oben auf dem
>   Obendrauf auf dem
>   Oberhalb des
>   = Nördlich des Gebirge des Jura

Jetzt wird der poetische Verschleierungskünstler konkret:

>   Delves & brodes septiesme million,
>   Aufgelöste & Umzingelte siebenter Million,

Delves: Delle (vgl. folgende Skizze) liegt knapp 20 km südöstlich Belfort und somit gleich nördlich = oberhalb = über dem Jura-Gebirge, an der Grenze Frankreich/Schweiz.

Delves: Vesoul. Diese Stadt finden wir ca. 60 km westlich Delle (vgl. Skizze). Nostradamus bestätigt das vom Jura-Gebirge eigentlich schon etwas abliegende Vesoul, indem er anspielt auf dessen bedeutende Stickerei-Industrie:

>Delves & brodes ....
>Aufgelöste & Umstickte/ ....
> Eingefaßte/
> Umzingelte

Und nochmals bestickt und bespickt der sehende Poet in Zeile 3 die Landkarte mit einer seiner Nadeln:

>Aufgelöste & Umstickte siebenter Million,
>= Delves & brodes septiesme million,

Seppois, ein kleiner Ort, liegt ca. 15 km östlich Delle, knapp über/oberhalb/nördlich des Jura-Gebirges. Er gliedert sich in Seppois-le-Haut und Seppois-le-Bas. Der Ort hat auch noch eine frühere Bezeichnung: Nieder-Sept/Ober-Sept, vgl. Z3: .... septiesme ....

Im Gebiet der Linie Vesoul — Delle — Seppois werden sich am siebenten Tag im Löwen, also am 29. Juli 1990 eine Million östlicher Soldaten befinden: Sie sind Delves & brodes = Déliés & brodés = Losgebundene & Umstickte = isoliert & umzingelt.

Z4:   Lyon, Ulme à Mausol mort & tombe.
   Lyon, Ulm dem/beim »Mausol« Tod & Grab.

Hinsichtlich Lyon dechiffrierten wir:

1. Großer Sieg der Franzosen im Raum Lyon am 27. Juli 1990 oder kurz zuvor.
2. Schwerer Verdacht einer Atombombe im Raum Lyon am 27. Juli 1990.

Nostradamus nennt die deutsche Stadt Ulme = Ulm gleich nachfolgend zu Lyon. Deshalb ist zu fragen: Geschieht in/bei Ulm ähnliches wie im Raum Lyon, also

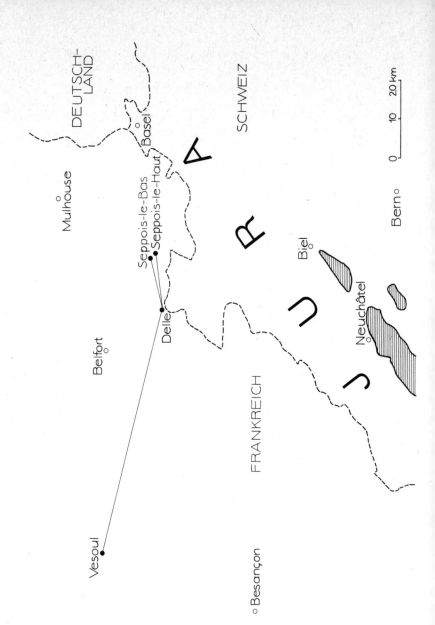

1. Ein großer westlicher Sieg im Raum Ulm?
2. Erhält Ulm oder Umgebung eine Atombombe?
3. Sind die Ereignisse bei Ulm zeitlich nahe verbunden mit jenen von Lyon?

Wenn man diese Fragen bejaht, wird die Zeile 4 deutlich:

> Lyon, Ulm dem »Mausol« Tod & Grab.
> = Lyon, Ulme à Mausol mort & tombe.

Mit dem Wort Mausol könnte Nostradamus auf einen sowjetischen Eigennamen (Staatsmann, Feldherr) anspielen. Mausolus hieß der Tyrann von Halicarnassus (377 – 353 v. Chr.). Das für ihn gebaute, prächtige Grabmal, gleichnamig Mausoleum genannt, galt als Weltwunder. Auch in Moskau steht ein Mausoleum und der Hinweis hierauf scheint erlaubt, denn in den letzten Worten des Vierzeilers spricht Nostradamus von ganz Ähnlichem, nämlich von mort & tombe = Tod & Grab. Das Moskauer Mausoleum kann als eine Art Sinnbild für den (kommunistischen) dialektischen Materialismus angesehen werden, denn es dient zur verherrlichenden Aufbewahrung und Schaustellung hüllenhafter Überbleibsel.

Bei Lyon und Ulm (vgl. Z4) bzw. im Gebiet zwischen den beiden Städten könnte das Ende (= Tod & Grab) eingeleitet werden für die östliche Großmacht, in deren Mausoleum Nostradamus ein Symbol sieht für Personenkult, pervertierte Ideologie und verdrehte Grundidee des Kommunismus.

Das Wort Mausol enthält aber auch le Sol = die Sonne = NBE: Nachdem verdachtsweise der Raum Lyon und als Möglichkeit das Gebiet Ulm atomar heimgesucht wurden, könnte es dem Mausoleum bzw. der zugehörigen Stadt Moskau ebenso ergehen.

Zudem läßt sich das merkwürdige Wort im Französischen auch anders schreiben.

> Mausol → mot Sol = Wort Sonne.

Aussprachemäßig ändert sich dadurch gar nichts, aber der neue Sinn gibt zu denken:

Z4:   Lyon, Ulme à mot Sol mort & tombe.
Lyon, Ulm bei Wort Sonne Tod & Grab.
Lyon, Ulm bei Wort NBE Tod & Grab.

Abimelech
VII, 7

> Sur le combat des grands chevaux legers,
> On criera le grand croissant confond:
> De nuict tuer monts, habits de bergers,
> Abismes rouges dans le fossé profond.

Wörtlich:

Über dem Kampf der großen leichten Pferde,
Man wird schreien den großen Zunehmenden/Wachsenden verwirrt:
Nachts töten Berge, Gewänder von Schäfern,
Gestürtzt Rote in den tiefen Graben.

Verständlicher:

> Über dem Kampf der großen leichten Pferde,
> Wird man den großen Zunehmenden konfus schreien:
> Nachts Berge töten, Gewänder von Schäfern,
> Rote gestürtzt in den tiefen Graben.

Eine der kritischen Stellen dieses Vierzeilers findet sich in der Mitte von Zeile 2. Sie lautet: le grand croissant. Der Versanalyse möchte ich vorausschicken, daß ich mir der verschiedenen Bedeutungsmöglichkeiten von le croissant durchaus bewußt bin. Ich werde nachfolgend aber weder die beiden spezifischen Viertel-Stadien des Mondes, noch das berühmte französische Frühstückshörnchen dieses Namens berücksichtigen. Denn das Wort croissant bedeutet vor allem: wachsend, zunehmend. Und im Hinblick auf den angesprochenen Mond übersetze ich le grand croissant wörtlich-schlicht als: der große Zunehmende/Wachsende.

Z1: Sur le combat des grands chevaux legers,
     Über dem Kampf der großen leichten Pferde,

Panzer sind nicht leicht an Gewicht. Sie entwickeln jedoch — gut gefahren und im Gelände — die behende Leichtigkeit »großer Pferde«. Selbstverständlich steckt in der Wortwahl des Nostradamus .... grands chevaux legers .... noch ein Mehr an verschlüsselten Angaben, doch endet hier des Dechiffreurs Vermögen. Nun nehmen wir die Zeile 2 hinzu.

> Sur le combat des grands chevaux legers,
> On criera le grand croissant confond:

= Über dem Kampf der großen leichten Pferde,
Wird man den großen Zunehmenden (Mond) konfus schreien:

Der Poet Nostradamus scheint hier ein großformatiges Schlachtengemälde zu entwerfen:

Über dem Kampf der großen, leichten Pferde (= Panzerschlacht) wird geschrien. Über der Schlacht der Panzer, donnern, brüllen, schreien die Nachbrennertriebwerke der Düsenflugzeuge im Jagdeinsatz. Und wiederum darüber steht

> le grand croissant
> = der große Zunehmende/Wachsende (Mond).

Am 6. August 1990 ist Vollmond. Der Mond erscheint dem menschlichen Auge schon ab Mitternacht als Vollmond. Astronomisch gesehen nimmt er jedoch immer noch ein wenig zu und gilt deshalb als le grand croissant = der große Zunehmende. Plötzlich überlegt der Mond es sich anders. Sein großes Mondgesicht hat vom lauten Panzerschießen, von den schreienden Düsenjägern die Nase voll und verfinstert sich rasch:

> Mondfinsternis
> des 6. August 1990.

Der Mond — eben noch ein großer Zunehmender — ist konfus/verwirrt (Z3) und nimmt rapide ab. Der Beginn der kernschattenmäßigen Verfinsterung liegt zwischen etwa 12.34 Uhr Weltzeit und 13.00 Uhr EPH[4]. Um 14.20 EPH erreicht der Mond den Höhepunkt der partiellen Verfinsterung. In seiner »Konfusion« (Z2) entscheidet er sich von jetzt an abrupt für das Gegenteil, d. h. für rasches Zunehmen: Etwa zwischen 15.28 Uhr Weltzeit (gemäß v. Oppolzer) und 15.53 Uhr EPH endet die kernschattenmäßige Verfinsterung. Der Mond ist jetzt wieder Vollmond und im astronomischen Sinne bereits ein großer Abnehmender.

---

[4] Die minutengenaue Ausrechnung obliegt der mathematischen Astronomie. Ich orientiere mich vorstehend grob an den Angaben von Oppolzers sowie an den Auskünften, die durch »The American Ephemeris« (in EPH) vorliegen.

Sofern wir Nostradamus bis zu diesem Punkt richtig verstanden haben, läßt sich sagen, daß die vom Seher — Astronomen — Astrologen — Poeten gemalte Schlacht zu Lande und in der Luft toben wird am 6. August 1990, etwa in der Phase der Mondfinsternis bzw. der beginnenden Mondfinsternis (ca. 13 Uhr EPH). Grund zum eiligen Jubel über eine möglicherweise im voraus geglückte Dechiffrierung einer stundengenauen Vorausdatierung des Nostradamus haben wir allerdings nicht, denn wir arbeiten mit einem noch zu nennenden Handicap.

In der zweiten Vershälfte führt der große Prophet uns nach Palästina bzw. Israel.

Z3 + Z4:   De nuict tuer monts, habits de bergers,
           Abismes rouges dans le fossé profond.
=
           Nachts Berge töten, Gewänder von Schäfern,
           Rote gestürzt in den tiefen Graben.

Das Wort habits (Z3) spricht sich in einer Weise aus, die etwa der deutschen Buchstabenfolge abi (i betont) vergleichbar ist. Tatsächlich haben wir zunächst nur auf diese drei aussprachemäßig wichtigen Buchstaben abi innerhalb des Wortes habits zu achten. Wir nehmen nun das erste Wort aus Zeile 4 zum Vergleich: Abismes. Wir ergänzen den von Nostradamus so häufig unterlassenen Akzent: Abismés. Die Aussprache hierfür lautet etwa: Abime (mit langem e). Damit sind wir angelangt beim biblischen Abimelech, dem König von Gerar.

Es ist zu vergleichen:

(Z3:)   .... habits   de bergers,
                  Abimélech de   Gerar
                  Abimelech von Gerar

Ein weiterer Gesichtspunkt zugunsten   Gerar:

(Z1:)   ....des grands chevaux legers,

Die Formulierung   .... habits de bergers
bedeutet deutsch: .... Gewänder von Schäfern.

Tatsächlich spielen Schafe in der biblischen Erzählung über Abimelech eine wichtige Rolle. In der Bibel bei 1. Mose 21[27-32] heißt es:

»...Da nahm Abraham Schafe und Rinder und gab sie Abimelech; und sie machten einen Bund miteinander. Und Abraham stellte sieben Lämmer (= junge Schafe) besonders. Da sprach Abimelech zu Abraham: Was sollen die sieben Lämmer, die du besonders gestellt hast? Er (Abraham) antwortete: Sieben Lämmer sollst du von meiner Hand nehmen, daß sie mir zum Zeugnis seien, daß ich diesen Brunnen gegraben habe. Daher heißt die Stätte Beer-Seba, weil sie beide miteinander da geschworen haben. Und also machten sie den Bund zu Beer-Seba. ...«

Die Stätte Beer-Seba existiert noch heute. Inzwischen ist daraus eine ziemlich bedeutende Stadt in Israel geworden. Ihr jetziger Name lautet (in jeweils variablen Schreibweisen) Beersheba. Es ist (in Zeile 3) zu beachten:

      habits de bergers
= Gewänder von Schäfern
= Abimélech de Beershéba
= Abimelech von Beersheba

Die Worte bergers und Beershéba ergeben im schriftlichen Vergleich nur schwache Annäherungswerte. Phonetisch und in bezug auf die vorunterstrichenen Abschnitte fällt die Übereinstimmung, wiewohl nicht hundertprozentig, so doch besser aus. Der Raum Beersheba ist also gemeint.

Nostradamus scheint weitere Ortsangaben für das Gebiet Palästina zu machen, so z.B. nochmals in Zeile 3: ....tuer monts, ... = ...töten Berge, ...

Es gibt Bezugspunkte zu 1. Mose 22[1-12]. Der Bibelabschnitt spricht davon, daß Abraham mit seinem Sohn Isaak (vgl. Z4: Abismes) gemäß göttlicher Weisung ins Land Morija ging. Dort wäre Isaak zwecks Darbringung eines Brandopfers beinahe auf einem Berge zu töten gewesen (vgl. Z3: ....töten Berge, ...).

Im bibelkundigen Israel wird man sich dieser und weiterer der im Vers enthaltenen lokalen Chiffrierungen noch besser annehmen können. Dies gilt auch für das schon angesprochene grands chevaux legers (Z1), für Sur (Z1, vgl. 1. Mose 20[1]) und weitere. Es besteht schon heute gemäß den Angaben in der Bibel keinerlei Zweifel darüber, daß Palästina/Israel schwere WK III-Kämpfe zu gewärtigen hat. Ein im Rahmen von Erdbeben und Erdkippen plötzlich entstehender tiefer Grabenbruch (vgl. Z4: tiefen Graben = fossé profond) kann die Zeile 4 bewahrheiten:

> Rote gestürtzt in den tiefen Graben.

Es wäre nicht zum ersten Mal, daß Israel im Augenblick der Gefahr unerwartet Hilfe erhält. Naheliegende Grabenbrüche kennen wir schon heute in Form des Jordangrabens und Roten Meeres. Der Prophet Hesekiel erzählt in den Abschnitten 38 und 39 sehr lesenswert über Erdbeben, Seebeben und Weltbeben (= Erdkippen), über Felswände, die zusammenbrechen und Berge, die in Israel »umgekehrt«, d. h. zur Schlucht/Grabenbruch werden (vgl. Z3: Berge töten = tuer monts). Hesekiel betont den Eingriff der Hand Gottes in das Schlachtgeschehen und prophezeit das »Begräbnis« der Feinde in ›Gogs Haufental‹.

Die Mondfinsternis des 6. August 1990 ist entsprechend den Berechnungen von Oppolzers (vgl. S. 278) in Palästina/Israel nicht sichtbar. Dies ist das schon angesprochene, der Vers-Deutung scheinbar konträre Handicap. Das Erdkippen — sofern in diesem Augenblick bereits in Gang — wäre aber geeignet, einen Strich durch die Rechnung von Oppolzers zu machen.

Verschiedentlich im Laufe der vorliegenden Studie habe ich das Interesse darauf gerichtet, daß das Erdkippen zeitlich sehr eng verbunden sein wird mit der von ungezählten Seherinnen und Sehern einhellig angekündigten 72-stündigen Finsternis, der langen Nacht. Von der Nacht spricht auch Nostradamus (in Zeile 3):

> Nachts töten Berge, Gewänder von Schäfern,
> = De nuict tuer monts, habits de bergers,

Am Ende dieser letzten Analyse und mit dem in die Gewänder von Schäfern verkleideten Abimelech von Gerar und Beersheba rühme ich

MICHEL NOSTRADAMUS.

Sein Werk ist Schritt in Gottes Plan. —

DEO SOLI GLORIA.

NACH WELTKRIEG III

Werfen wir erst einmal einen kurzen Blick auf die Nachkriegszustände im Bereich jener beiden geschwächten Supermächte, die heute maßgeblich zum Verlauf und zu den Folgen dieses Krieges beitragen.

XI, 38:   Par eau, & par fer, & par grande maladie,
          Le pourvoyeur à l'hazard de sa vie
          . . . .

=
          Durch Wasser, & durch Eisen, & durch große Krankheit,
          Der Versorger (USA) im Wagnis seines Lebens
                      /in Gefahr
          . . . .

Damit ist schon viel gesagt: Nach dem Krieg herrschen in den USA Bedingungen, unter welchen es ums reine Überleben geht. Dreierlei Ursache gibt Nostradamus in Zeile 1 hierfür an:

      Par eau, ... = Durch Wasser, ...

Zumindest NBE-Flutwellen und ihre Folgen sind hier angedeutet. Wahrscheinlich enthält die Verschleierung aber auch Anspielung auf durch Erdkippen versinkende Landesteile.

      & par fer, ... = & durch Eisen, ...

Wenigstens Kriegs- und Nuklearkriegsfolgen werden hier bezeichnet.

      & par grande maladie, = & durch große Krankheit,

Vieles ist denkbar: Krankheiten, Epidemien, radioaktive-, chemische- oder bakterielle Verseuchung. Seuchen und Epidemien können aber auch ganz natürlich entstehen, z. B. unter desorganisierten Zuständen: zerstörte Infrastruktur, Mangel an ärztlicher Versorgung, Stromausfall, Wasser- und Abwasserprobleme etc.

Der berühmte amerikanische Seher Cayce (gestorben 1945), von Jess Stearn »der schlafende Prophet« genannt, sagte 1943:

....Die Bedrängnisse für dieses Land (USA), was die Versorgung und den Bedarf an Lebensmitteln anbelangt, haben noch nicht begonnen. ....

Cayce, der große Warner, spricht so gut wie nie von einem dritten Weltkrieg. Aber viele seiner Voraussagen werden *durch* WK III erst verständlich:

....Jeder, der eine Farm kaufen kann, ist glücklich ....

....Kaufen Sie eine, wenn Sie in den kommenden Tagen nicht hungern wollen. ....

Über das unmittelbare Nachkriegsrußland sagt Irlmaier gemäß Dr. Adlmaier:

....Da bricht eine Revolution aus und ein Bürgerkrieg. Die Leichen sind so viel, daß man sie nicht mehr wegbringen kann von den Straßen. Das russische Volk glaubt wieder an Christus und das Kreuz kommt wieder zu Ehren. Die Großen unter den Parteiführern bringen sich um und im Blut wird die lange Schuld abgewaschen. Ich sehe eine rote Masse, gemischt mit gelben Gesichtern, es ist ein allgemeiner Aufruhr und grausiges Morden. Dann singen sie das Osterlied und verbrennen Kerzen vor schwarzen Marienbildern. Durch das Gebet der Christenheit stirbt das Ungeheuer aus der Hölle, auch die jungen Leute glauben wieder auf die Fürbitte der Gottesmutter. ....

Irlmaier steht nicht allein mit der Aussage, daß der dem dritten Weltkrieg folgende russische Bürgerkrieg unvorstellbare Blutopfer fordern wird. Der »Lothringer« (gemäß Briefschreiber Andreas Rill):

....Aber die Kirche erhält den Siegestriumph. In Rußland werden alle Machthaber vernichtet und die Leichen werden dort nicht mehr begraben und bleiben liegen. Hunger und Vernichtung ist in diesem Lande zur Strafe für ihre Verbrechen. ....

Die für Rußland angesagten Seuchen werden ein Weiteres tun. Übrigens ist von den Sehern angekündigt, daß Rußland gebietsmäßige Abstriche hinnehmen müssen wird. Hinsichtlich Polens ist schon heute (1981) absehbar, daß es für die USSR verloren geht. Zumindest die Ukraine und Ostseegebiete sind hinzuzuzählen.

Junge, westdeutsche Soldaten werden (wie schon gesagt) dreijährige Besatzungsdienste im Osten zu absolvieren haben. Die Wiedervereinigung Deutschlands wird sich wenigstenfalls insofern vollziehen, als der Osten des Landes dem russischen Kommando nicht mehr unterliegt. Aber auch der Westen Deutschlands wird nach WK III keinerlei Anlaß mehr haben, sich übereifrig an den USA zu orientieren.

Das ganz außergewöhnliche Lindenlied hat in seinem 7. Vierzeiler Deutschlands Teilung (nach WK II) vorausgesagt:

> Fremden Völkern front dein Sohn als Knecht,
> Tut und läßt, was ihren Sklaven recht,
> Grausam hat zerissen Feindeshand
> Eines Blutes, einer Sprache Band.

Im 28. Vierzeiler (Zeile 3) scheint die **Quasi-Wiedervereinigung** vorweggenommen zu werden:

> Deutscher Nam', du littest schwer,
> Wieder glänzt um dich die alte Ehr', (nach WK III)
> Wächst um den verschlung'nen Doppelast,
> Dessen Schatten sucht gar mancher Gast.

Insgesamt ergibt sich der Eindruck, daß die nördliche Halbkugel von WK III-Ereignissen unverhältnismäßig schwerer betroffen sein wird als die südliche. Dies ist aber nur die eine Seite der Unglücksmedaille. Die andere zeigt das Erdkippen.

Josef Stockert:

.... Schaute ich nach Süden, überkam mich ein noch größerer Schrecken. Ich sah nicht nur das südliche Europa, sondern auch die untere (= südliche) Hälfte der Erdkugel. ....

Genaueres sagt Stockert nicht.

Cayce:

.... Diese (Überflutungen) finden aber mehr auf der südlichen als auf der nördlichen Halbkugel statt. ....

.... Südamerika wird vom obersten Teil bis zum Ende erschüttert sein. ....

Die Angaben der Seherinnen und Seher besagen, daß weltweit gesehen ein Drittel/die Hälfte/drei Viertel aller Menschen sterben werden.

Der Einsiedler Antonius (geboren 1820) sah voraus:

.... Inzwischen brach in den vom Krieg heimgesuchten Gegenden eine entsetzliche Krankheit aus. Viele, die bisher verschont geblieben waren, starben. ....

Es existieren sinngemäß ähnliche Voraussagen, so z. B. von Anton Johansson, der die Lungenschwindsucht spezifisch erwähnt.

Möglicherweise wird der Hunger gleich nach WK III zur Ursache neuer vereinzelter Morde. Hungersnot ist aber nicht geeignet, jene Servoraussagen zu erklären, wonach die Lebenden die Toten beneiden werden. Der Lebende beneidet die Toten nur dann, wenn er Qualen erleidet, von welchen er sich durch Tod erlöst wünscht. Primär scheinen hier Krankheiten schmerzvoller oder aussichtsloser Art gemeint zu sein.

Es ist unsinnig, sich zu sagen: ›Wenn der nukleare dritte Weltkrieg kommt, dann sterbe ich sowieso.‹ Richtig ist, daß zum Zeitpunkt von WK III eine Anzahl von nuklearen Bomben bereitliegt, die geeignet ist fast alle Erdenmenschen zu vernichten, und sei es nur durch allgemeine radioaktive Verseuchung der Luft. *Falsch* ist aber die Annahme, daß alle oder der Großteil dieser bereitstehenden Nuklearbomben zur Explosion gebracht werden können. Die freimütigeren unter den hohen Militärs geben längst zu:

›Es ist unmöglich, zu wissen, *was* geschehen würde, wenn innerhalb eines sehr kurzen Zeitraumes eine bedeutende (aber noch nicht sehr hohe) Anzahl von starken NBE erfolgt. Wir können nicht einmal sicher sein, daß es nach einer solchen Situation überhaupt noch möglich sein wird, weitere Nuklearbomben zu starten, ins Ziel zu bringen und zu zünden.‹

Tatsächlich kann das heute niemand wissen, nicht einmal die Wissenschaft. Das »Experiment« hat ganz einfach noch nie stattgefunden und es mangelt deshalb an allzu vielen Vorgaben und Erfahrungswerten. Das Unkalkulierbare läßt sich nicht durchrechnen. Nichtsdestoweniger haben die Militärs zumindest einen konkreten Grund, der sie heute (1981) zur obigen Aussage veranlaßt. Dieser Grund heißt EMP.

EMP ist nach heutigem (1981) Stand der Dinge geeignet, durch Zerstörung von Kommunikationswegen dafür zu sorgen, daß der Startbefehl in einem Teil aller Raketenstellungen gar nicht ankommt. Die EMP-Hindernisse sind aber auch in dem Fall noch nicht ausgeräumt, in welchem der Startbefehl effektiv doch eingeht oder nach eigenem

Gutdünken vom jeweiligen Kommandanten einer Raketenstellung gegeben wird. In vielen Fällen würde EMP schon zuvor dafür gesorgt haben, daß die Raketen nicht einmal mehr startbar bzw. steuerbar sind. Die Giganten der Lüfte wären dazu verdammt, träge in ihren Erdlöchern zu hocken. Auf diese Weise könnte EMP zur Hoffnung der Erdbewohner werden, indem es hochintensiv dazu beiträgt, daß der nukleare Krieg sich selber auffrißt.

So sieht es heute aus. Man wird Kommunikationssysteme, Waffen und Raketen gegen EMP so gut wie (kurzfristig nur bedingt) möglich zu härten versuchen und man wird gleichzeitig bemüht sein, EMP entsprechend wirksamer zu machen usw. Das Prinzip aber — ich meine das Prinzip der Vernichtung des Nuklearkrieges *durch* den nuklearen Krieg — ist bereits existent und damit die Hoffnung.

Ein weiterer Anlaß zur Hoffnung liegt in folgendem. *Immer,* seit unvordenklichen Zeiten, war Natur gewitzter als der Mensch. Stets noch wußte Natur einen Riegel vorzuschieben, wenn sie durch den Menschen sich aufs äußerste bedroht sah. Es ist letztlich unmöglich, Natur im Kleinen, im Großen und im Ganzen zu überlisten. Natur pflegt *gerade dann* fürchterlich zu reagieren, wenn sie schon so gut wie überlistet scheint. Immer war es so, wenn der Mensch sich in seinen höchstentwickelten Fehlleistungen (durch Dekadenz, Aggression, Überheblichkeit usw.) selbst zu vernichten drohte. Es kann nicht anders sein, denn der Mensch — als Natur — untersteht und unterliegt letztlich dem Gesetz der Natur, weil er es in sich trägt.

Kein Kluger würde heute aufstehen, um zu behaupten: ›Zu einem Zeitpunkt, zu welchem Erdkippen unmittelbar (Minuten/Stunden/wenige Tage) bevorsteht, zu einem solchen Zeitpunkt herrschen für die Durchführbarkeit eines totalen Nuklearkrieges die gleichen Bedingungen wie sonst auch.‹ Eine derartige Behauptung entspräche in ihrer alleswisserischen Arroganz nichts anderem als Größenwahn.

Der Seherin Maria Graf Sutter (vgl. S. 221) wurde im Vorausgesicht offenbart:

›Eine furchtbare Finsternis wird die Erde einhüllen, zum Schutze derer, die gerettet werden. . . . .‹

Selbst für den Fall, daß es trotz der vorgenannten Bremsklötze zur Riesenzahl detonierender Nuklearbomben kommt, gibt es immer noch Möglichkeiten zur Verhinderung jener Menge von Radioaktivität, die alles menschliche Leben auf der Erde auslöschen würde. So zum Beispiel ist nicht a priori ausschließbar, daß Phänomene, die durch Finsternis und Erdkippen entstehen, zu einer wenigstens teilweisen Reinigung der Sphären führen. Dies und alles andere Mögliche bedenkend bzw. offenhaltend und zudem gestützt auf die Angaben der Seherinnen und Seher läßt sich schon heute sagen, daß erstaunlich viele Menschen überleben. Auch das Lindenlied bestätigt hier:

> Gleiches allen Erdgebor'nen droht,
> Doch die guten sterben sel'gen Tod.
> Viel Getreue bleiben wunderbar
> frei von Atemkrampf und Pestgefahr.

Der langen, endlos scheinenden Nacht der Finsternis und des Erdkippens folgen weitere, viele, lange, einsame Nächte des Leids. Über die Zustände, welche gleich nach WK III herrschen, klang bereits im Kapitel WK III-SEHERBERICHTE einiges an. Wenn wir uns an die deutschsprachigen Seher halten, so erscheint das Schlimme wie unter der Lupe.

Franz Kugelbeer (geschaut 1922):

.... Ein Kreuz erscheint am Himmel. Das ist das Ende der Finsternis. Die Erde ist ein Leichenfeld wie eine Wüste. Die Menschen kommen ganz erschrocken aus den Häusern. Die Leichen werden auf Wägen gesammelt und in Massengräbern beerdigt. Es fahren weder Eisenbahn, noch Schiffe, noch Autos in der ersten Zeit. Die Fabriken liegen still, denn es gibt keine Leute zur Bedienung der Maschinen. Das rasende Tempo früherer Zeit hat aufgehört. Die übrig gebliebenen Menschen sind wie Heilige. ....

Mühlhiasl, der Seher des Bayerischen Waldes, sagte über »sein« Gebiet bzw. über weitere Räume:

.... Die Leute werden krank und niemand kann ihnen helfen ....
(Wahrscheinlich Folgen chemischer Kriegführung.)

.... Wenn man herüber der Donau (= in Teilgebieten nördlich der Donau) noch eine Kuh findet, der muß man eine silberne Glocke anhängen ....

.... Ein Fuhrmann haut mit der Geißel (= Peitsche) auf die Erde nieder und sagt: Da ist die (?)-Stadt g'standen ....

Mühlhiasl meint wahrscheinlich einen echten Fuhrmann mit Pferd und Wagen, denn für Autos und Lastwagen gibt es kaum Treibstoff. Denkbar ist auch, daß alle Kraftfahrzeuge in ihren elektrischen Teilen EMP-geschädigt und nicht betriebsbereit sind: Amerikanische Seher (innen) sprechen zumindest für Teilgebiete der USA vom urplötzlich auftretenden, totalen Verkehrsstillstand.

.... Die übrig gebliebenen Leute sind wenig, aber jetzt glauben's wieder (an Kreuz/Jesus/Gott) ....

.... Wer zur Nacht auf einem Berg steht, wird im ganzen Waldland (Bayerischen Wald) kein Licht mehr sehen ....

Erschütternd ist die folgende, von Mühlhiasl erlebt-gesehene Szene:

.... Wenn einer in der Dämmerung eine Kronawittstauden (= Wacholderbusch) sieht, geht er drauf zu, ob's nicht ein Mensch ist ....

Sepp Wudy, ebenfalls Seher des Bayerischen Waldes, kündigte (1914) an:

.... Es geht dem End zu (= WK III, Finsternis, Erdkippen) und das hat schon (1914) angefangen. Es wird dann (nach dem Ende von WK III) sein wie vor hundert Jahren (kein Strom, primitiv usw.). So wird es die Leut zurückwerfen, und so werden sie für ihren Übermut bestraft. ....

Die Folgen chemischen Krieges sah er drastisch voraus:

.... Du hast das Essen vor dir und darfst es nicht essen (chemisch verseucht), weil es dein Tod ist, und du hast das Wasser im Grandl und darfst es nicht trinken, weil es auch dein Tod ist. Aus dem Osser (= Berg des Böhmer-/Bayerischen Waldes) kommt noch eine Quelle, da kannst du trinken. ....

.... Nimm eine Kronwittbirl in den Mund, das hilft (gegen den Durst), und sauf keine Milch, acht Wochen lang. ....

.... Es wird schlimm und die Nachgeborenen müssen erst wieder schreiben und lesen lernen. .... (Gedächtnisschwund?)

.... Wenn kein Ulmanndl (= Eule) mehr schreit und die Hasen zum Haus kommen und umfallen, dann geh weg vom Wasser und mähe kein Gras. ....

Ich wiederhole, daß viele europäische Länder (auch Frankreich) die Folgen chemischen Krieges kennenlernen werden. Für den einzelnen können einige wassergefüllte *Blech*-Kanister zum Lebensretter werden. Es scheint übrigens, daß sauberes, in sich gesundes Wasser gegen radioaktive Verseuchung sehr viel besser gewappnet ist, als verschmutztes, krankes. Schon kursieren auch die ersten Rezepte darüber, wie sich durch Einnahme gewisser Mittel Radioaktivität körperlich abdämpfen lasse.

Der Junge von Elsen (aus der Paderborner Umgebung) machte Angaben über die Zahl der Überlebenden in einem nicht näher genannten Gebiet:

....Sieben Stunden Weges wird man gehen müssen, einen Bekannten zu finden. ....

Die Worte sind gut gewählt, denn nach WK III wird man auf das Gehen zu Fuß angewiesen sein. Der alte Jasper aus Westfalen sagt es ähnlich:

....In dieser (?) Gegend werden die Geistlichen so rar werden, daß man nach dem Kriege sieben Stunden (= ca. 35 km) weit gehen muß, um einem Gottesdienste beizuwohnen. Das Land wird sehr entvölkert sein, so daß Weiber den Acker bebauen müssen und sieben Mädchen sich um eine Hose schlagen werden. ....

Peter Schlinkert (westfälischer Seher des 19. Jahrhunderts):

....Nach diesen Tagen des Unglücks und Jammers kehrt aber Freude und Friede in Deutschland ein, obgleich im ersten Jahr nach dem Kriege die Weiber hinter dem Pfluge gehen müssen. ....

Irlmaier, gemäß Dr. C. Adlmaier und Dr. E. G. Retlaw (Lit.-Verz.):

....Dann aber kommt der Papst wieder zurück und er wird noch drei Könige krönen, den ungarischen, den österreichischen und den bayerischen. Der is ganz alt und hat schneeweiße Haar, er hat d' Lederhosen an und is unter de Leut wia seinesgleichen. Zuerst ist noch Hungersnot, aber dann kommen auf der Donau so viel Lebensmittel herauf, daß alle satt werden. Die überschüssigen Leute ziehen jetzt dorthin, wo die Wüste entstanden ist, und jeder kann siedeln, wo er will und Land haben, so viel er anbauen kann. Da werden die Leut wenig und der Krämer steht vor der Tür und sagt: ›Kaufts mir was ab, sonst geh i drauf.‹ Und d' Würst hängen übers Teller naus, so viel gibts. ....

.... Wenn alles vorbei ist, da ist ein Teil der Bewohner dahin, und die Leut sind wieder gottesfürchtig. Frieden wird es dann sein und eine gute Zeit. Eine Krone seh ich blitzen, ein Königreich, ein Kaiserreich wird entstehen. Einen alten Mann, an ›hageren Greis‹ seh ich, der wird unser König sein. Der Papst, der sich kurze Zeit übers Wasser flüchten mußte, während die hohen Geistlichen scharenweis ›schiach‹ umgebracht wurden, kehrt nach kurzer Zeit wieder zurück. Blumen blühen auf den Wiesen, da kommt er zurück. Wenn's herbsteln tut, sammeln sich die Leut in Frieden. Aber mehr Menschen sind tot, als in den ersten zwei Weltkriegen zusammen .... Die landlosen Leut ziehen jetzt dahin, wo die Wüste entstanden ist, und jeder kann siedeln, wo er mag und Land haben, soviel er anbauen kann. D' Leut sind wenig und der Kramer steht vor der Tür und sagt: ›Kauft's mir was ab, sonst geh i drauf‹. Bei uns wird wieder Wein baut und Südfrüchte wachsen, es ist viel wärmer als jetzt. Nach der großen Katastrophe wird eine lange, glückliche Zeit kommen. Wer's erlebt, dem geht's gut, der kann sich glücklich preisen. ....

.... Das Land östlich und nördlich der Donau wird neu besiedelt. ....

Mühlhiasl, gemäß Dr. C. Adlmaier und Dr. E. G. Retlaw:

.... Wenn dieser Bankabräumer (WK III und Erdkippen) vorbeigegangen ist, dann kommt eine schöne Zeit für die, welche die Katastrophe überlebt haben. Jenseits der Donau wird alles wüst und öd geworden sein, und jeder kann sich ansiedeln, wo er mag und soviel Grund nehmen, als er bewirtschaften kann. ....

.... Es werden dann auch große Glaubensprediger aufstehen und heilige Männer werden Wunder tun. Die Leut haben wieder den Glauben, und es wird eine lange Friedenszeit kommen. ....

Der alte Jasper, gemäß A. Hübscher:

.... Wer 1850 (typische Fehldatierung) in Europa noch lebt, wird nur Freude und Wonne genießen. Deutschland wird einen Kaiser haben. Der Krieg und die Lasten werden andere Erdteile drücken und europäische Auswanderer sich daher mit Geschrei an den Ort begeben und händeringend zum Himmel flehen: ›Wären wir doch wieder in unserer Heimat‹. ....

....Es wird eine Religion werden. Am Rhein steht eine Kirche, da bauen alle Völker dran. Von dort wird nach dem Kriege ausgehen, was die Völker glauben sollen. Alle Confessionen werden sich vereinen, nur die Juden werden ihre alte Hartnäckigkeit zeigen. ....

Franz Kugelbeer, gemäß Ellerhorst:

....Die Engel werden den Menschen in Rat und Tat in ihrer Not beistehen. Es wird in acht Tagen mehr gebetet als früher in einem Jahr. Beim Hören der Glocke läßt man die Arbeit liegen und eilt in die Kirche. ....

....Die herrenlosen Güter werden neu verteilt. In einer Völkerwanderung werden die Menschen dorthin geschickt, wo sie nötig sind. ....

Caesarius von Heisterbach (1180-1240), gemäß Dr. E. G. Retlaw:

....Doch nach so vielen Trübsalen werden die Geschöpfe Gottes nicht alle Hoffnung verlieren. ....

....und es wird nur Ein Gesetz, Einen Glauben, Ein Leben geben. Alle Menschen werden einander lieben, und der Friede wird lange Jahre dauern. ....

Hepidanus von St. Gallen (Mönch um 1080), gemäß Dr. E. G. Retlaw:

....Und wenn dereinst wieder der Landmann seinen Samen ausstreuen wird und dieser emporkeimt, Ähren tragend und Früchte, dann wird jeder Halm in einem Menschenherzen stehen und jede Ähre in eines Menschen Brust ihre Wurzel haben. ....

Das sind wunderbare Worte, welche die nach WK III einsetzende Wende zum Geistigen-Spirituellen-Religiösen vorwegnehmen. Die Menschen werden das Umdenken und Neufühlen rasch lernen und die Art der Zeit wird ihnen große Hilfestellung geben. Der Blutzoll freilich kommt zuvor. Und das Leid der vielfachen Form wird schnelles Pferd zu Erkenntnis und Umorientierung sein.

Viele Menschen werden an den Gottesdiensten teilnehmen, andere für sich allein auf *ihre* Weise beten. Das »Vater unser« wird nicht mehr durch Herunterplappern entstellt sein, sondern in stiller Erfühlung und Zustimmung aufgenommen werden und solchermaßen dann auch tatsächlich seine segnenden und helfenden Kräfte wirken lassen.

Im Anschluß an die Leidenszeit nach WK III darf nach den Angaben *aller* Seher, die sich hierzu überhaupt äußern, eine neue, gute und auch langdauernde friedliche Epoche erwartet werden, in welcher der Mensch dem Gesetz der Vernunft und vor allem dem der Liebe ganz unvergleichbar mehr zugetan sein wird als gegenwärtig. Schon heute (1981) und bei allen in der Welt bestehenden Problemen und Widerwärtigkeiten liegen die vereinzelten frühen Zeichen des Wandels zum Besseren und Fortschreitens zum Geistigen dem Beobachter vor Augen.

Die *gute* Zeit, welche den Prüfungen nach WK III folgen wird, kommt in dieser Studie über WK III naturgemäß viel zu kurz. Auch in materieller Hinsicht wird die Zeit dann gut sein. Die gar zu materialistische Lebenseinstellung vieler Menschen, aus welcher heute so vielfache, schlimme Fehlentwicklungen und Konflikte erwachsen, diese Hypnose in Materie wird zusammenbrechen. Das Materielle wird in die ihm gebührenden Schranken verwiesen und solchermaßen bewältigt werden. Der Mensch wird sich aus neuer Einstellung heraus der materiellen Sorgen weitgehend zu entledigen wissen, dies als Folge seiner Umorientierung zu Liebe und Wahrheit, auf deren Basis sein Können und Schaffen wie selbstverständlich Entwicklung und Gedeihen erleben werden. Man wird lernen, weniger zu denken und mehr zu empfinden — auch für den Nächsten.

Cayce forderte eine Rückkehr zu mehr Landarbeit. Dies wird sich nach WK III ganz von selbst, d. h. zwangsläufig ergeben. Er war einer von jenen, die unmißverständlich erklärten, daß derjenige, der sich in seiner Lebensführung, Handlungsweise und Willenshaltung positiv auf den Schutz Gottes einstellt, ganz zweifellos auch in den Bereich dieses Schutzes gelangt. Cayce wünschte, daß dem einzelnen Menschen größere Beachtung geschenkt werde.

Den Beginn des sogenannten Wassermann-Zeitalters — das bedeutet Atom-, Raumfahrtforschung, räumliche Überwindung, Telepathie, Computerwesen u. v. a., insbesondere aber beträchtliche Entwicklungen im Geistigen, Spirituellen, Religiösen — verband er mit dem Jahr 1943. Dieser Zeitpunkt gilt jedoch nur hinsichtlich der ersten Anfänge einer Ära, die sich über mehr als zwei Jahrtausende erstreckt und daher eine gewisse Anlaufzeit bis zum Durchbruch beansprucht.

Ich hoffe, daß drei Jahre nach dem Krieg, also etwa zu Weihnachten 1993, ein Zustand der bescheidenen Konsolidierung erreicht sein wird, der vielen Menschen in Deutschland, Europa und auf Erden Anlaß zum ersten Aufatmen geben möge.

Das Paradies wird sich auf diesem Planeten niemals schaffen lassen. Dennoch ist er eine »Durchgangsstation der großen Chance«. Und es kommt die besonders günstige Zeit der Sonne am neuen Horizont.

DAS LINDENLIED

Die folgende, in 33 reimende Vierzeiler eingebundene Weissagung existiert seit über hundert Jahren. Ein Nostradamus-Werk ist sie nicht, doch steht sie auf ihre Weise im deutschsprachigen Raum einmalig da — hochverdichtet und voll des großen Atems. Der anonyme Verfasser dürfte Seher und Dichter in einer Person gewesen sein.

Die nachfolgende Fassung orientiert sich eng an der von Dr. C. Adlmaier wiedergegebenen.

SANG DER LINDE VON DER KOMMENDEN ZEIT

Alte Linde bei der heiligen Klamm,
Ehrfurchtsvoll betast' ich deinen Stamm,
Karl den Großen hast du schon gesehn,
Wenn der Größte kommt, wirst du noch stehn.

Dreißig Ellen mißt dein grauer Saum,
Aller deutschen Lande ält'ster Baum,
Kriege, Hunger schautest, Seuchennot,
Neues Leben wieder, neuen Tod.

Schon seit langer Zeit dein Stamm ist hohl,
Roß und Reiter bargest einst du wohl,
Bis die Kluft dir sacht mit milder Hand
Breiten Reif um deine Stirne wand.

Bild und Buch nicht schildern deine Kron',
Alle Äste hast verloren schon
Bis zum letzten Paar, das mächtig zweigt,
Blätter freudig in die Lüfte steigt.

Alte Linde, die du alles weißt,
Teil uns gütig mit von deinem Geist,
Send ins Werden deinen Seherblick,
Künde Deutschlands und der Welt Geschick!

Großer Kaiser Karl, in Rom geweiht,
Eckstein sollst du bleiben deutscher Zeit,
Hundertsechzig, sieben Jahre Frist,
Deutschland bis ins Mark getroffen ist.

Fremden Völkern front dein Sohn als Knecht,
Tut und läßt, was ihren Sklaven recht,
Grausam hat zerrissen Feindeshand
Eines Blutes, einer Sprache Band.

Zehre, Magen, zehr vom deutschen Saft,
Bis mit einmal endet deine Kraft,
Krankt das Herz, siecht ganzer Körper hin,
Deutschlands Elend ist der Welt Ruin.

Ernten schwinden, doch die Kriege nicht,
Und der Bruder gegen Bruder ficht,
Mit der Sens' und Schaufel sich bewehrt,
Wenn verloren gingen Flint' und Schwert.

Arme werden reich des Geldes rasch,
Doch der rasche Reichtum wird zu Asch',
Ärmer alle mit dem größerm Schatz.
Minder Menschen, enger noch der Platz.

Da die Herrscherthrone abgeschafft,
Wird das Herrschen Spiel und Leidenschaft,
Bis der Tag kommt, wo sich glaubt verdammt,
Wer berufen wird zu einem Amt.

Bauer heuert[1] bis zum Wendetag,
All sein Müh'n ins Wasser nur ein Schlag,
Mahnwort fällt auf Wüstensand,
Hörer findet nur der Unverstand.

Wer die meisten Sünden hat,
Fühlt als Richter sich und höchster Rat,
Raucht das Blut, wird wilder nur das Tier,
Raub zur Arbeit wird und Mord zur Gier.

Rom zerhaut wie Vieh die Priesterschar,
Schonet nicht den Greis im Silberhaar,
Über Leichen muß der Höchste fliehn
Und verfolgt von Ort zu Orte ziehn.

---

[1] heuert = heuet?: Heu schneiden und einfahren.

Gottverlassen scheint es, ist er nicht,
Felsenfest im Glauben, treu der Pflicht,
Leistet auch in Not er nicht Verzicht,
Bringt den Gottesstreit vors nah' Gericht.

Winter[2] kommt, drei Tage Finsternis,
Blitz und Donner und der Erde Riß,
Bet' daheim, verlasse nicht das Haus!
Auch am Fenster schaue nicht den Graus!

Eine Kerze gibt die ganze Zeit allein,
Wofern sie brennen will, dir Schein.
Gift'ger Odem dringt aus Staubesnacht,
Schwarze Seuche, schlimmste Menschenschlacht.

Gleiches allen Erdgebor'nen droht,
Doch die Guten sterben sel'gen Tod.
Viel Getreue bleiben wunderbar
frei von Atemkrampf und Pestgefahr.

Eine große Stadt der Schlamm verschlingt,
Eine andre mit dem Feuer ringt,
Alle Städte werden totenstill,
Auf dem Wiener Stephansplatz wächst Dill.

Zählst du alle Menschen auf der Welt,
Wirst du finden, daß ein Drittel fehlt,
Was noch übrig, schau in jedes Land,
Hat zur Hälft' verloren den Verstand.

Wie im Sturm ein steuerloses Schiff,
Preisgegeben einem jeden Riff,
Schwankt herum der Eintags-Herrscherschwarm,
Macht die Bürger ärmer noch als arm.

Denn des Elends einz'ger Hoffnungsstern
Eines bessern Tags ist endlos fern.
»Heiland, sende den du senden mußt!«
Tönt es angstvoll aus der Menschen Brust.

---

[2] Winter: Dichterische Umschreibung des schneefallartigen Staubtodes während der Finsternis. Vgl. auch den Lothringer (S. 239, 240): . . . . als wie wenn es im Winter schneit . . . .

Nimmt die Erde plötzlich andern Lauf,
Steigt ein neuer Hoffnungsstern herauf?
»Alles ist verloren!« hier 's noch klingt,
»Alles ist gerettet«, Wien schon singt.

Ja, von Osten kommt der starke Held,
Ordnung bringend der verwirrten Welt.
Weiße Blumen um das Herz des Herrn,
Seinem Rufe folgt der Wackre gern.

Alle Störer er zu Paaren treibt,
Deutschem Reiche deutsches Recht er schreibt,
Bunter Fremdling, unwillkommner Gast,
Flieh die Flur, die du gepflügt nicht hast.

Gottes Held, ein unzertrennlich Band
Schmiedest du um alles deutsche Land.
Den Verbannten führest du nach Rom,
Große Kaiserweihe schaut ein Dom.

Preis dem einundzwanzigsten Konzil,
Das den Völkern weist ihr höchstes Ziel,
Und durch strengen Lebenssatz verbürgt,
Daß nun reich und arm sich nicht mehr würgt.

Deutscher Nam', du littest schwer,
Wieder glänzt um dich die alte Ehr',
Wächst um den verschlung'nen Doppelast,
Dessen Schatten sucht gar mancher Gast.

Dantes und Cervantes welscher Laut
Schon dem deutschen Kinde ist vertraut,
Und am Tiber- wie am Ebrostrand
Liegt der braune Freund von Hermannsland.

Wenn der engelgleiche Völkerhirt'
Wie Antonius zum Wandrer wird,
Den Verirrten barfuß Predigt hält,
Neuer Frühling lacht der ganzen Welt.

Alle Kirchen einig und vereint,
Einer Herde einz'ger Hirt' erscheint.
Halbmond mählich weicht dem Kreuze ganz,
Schwarzes Land erstrahlt im Glaubensglanz.

Reiche Ernten schau' ich jedes Jahr,
Weiser Männer eine große Schar,
Seuch' und Kriegen ist die Welt entrückt,
Wer die Zeit erlebt, ist hochbeglückt.

Dieses kündet deutschem Mann und Kind
Leidend mit dem Land die alte Lind',
Daß der Hochmut mach' das Maß nicht voll,
Der Gerechte nicht verzweifeln soll!

NACHWORT

Einst hielt ich einen dritten Weltkrieg in absehbarer Zukunft für unwahrscheinlich, weil er für niemand zu gewinnen ist. Ich glaubte, daß eher noch irgendeine Art von Naturkatastrophe denkbar sei, aber das war mehr langfristige Phantasie als konkrete Annahme.

Heute, wissend, daß beide gemeinsam und bald kommen, hoffe ich, daß dieses Buch vielen Menschen die Augen öffnet, damit sie ihre Einstellung, ihr Handeln und ihr Unterlassen nach dem Gesetz von Milde und Strenge verändern. Ich sage das nicht von der hohen Warte, sondern schließe mich dabei ein, denn eine Gemeinschaft, wie zum Beispiel die erdenmenschliche, setzt sich aus allen einzelnen zusammen.

Dieses Buch ist vor allem eins der Nostradamus-Dechiffrierung. Erfahrung zeigt, daß das Risiko des Irrtums damit zwangsläufig verbunden ist. Dies kann in Anbetracht der Fähigkeiten des Nostradamus gar nicht anders sein.

Einige Male — sie betreffen wesentliche WK III-Daten — habe ich Formulierungen gebraucht, wie z. B. »Ich bin mir sicher« oder unmittelbar ähnlich. Anmerkungen dieser Art sind nicht als Garantie-Schein gegen Fehlentschlüsselung zu verstehen. Wo ich mich wie vorerwähnt ausgedrückt habe, bedeutet dies nur folgendes.

Ich, der ich mit meinen Augen sehe, und mit meinen Sinnen die Welt empfinde, bin für mich in diesem Sinne »Mittelpunkt der Welt«. So ist »Ich bin mir sicher« zu verstehen. Ich spreche damit nur für mich und kennzeichne auf diese Weise meine Einstellung und feste Überzeugung zum jeweils genannten Datum.

Ich danke allen, die mir die Hand der Hilfe reichten.

Für die Zeit, welche kommen wird, wünsche ich dem, der sie erlebt, das Verdiente und im Rahmen des Verdienten das möglichst Gute.

DATEN-ZUSAMMENFASSUNG

Mögliche Umgebungstage für nachgenannte Daten stehen in Klammern.

1990:

Frühjahr:	Ungewöhnlich frühes/schönes Frühjahr in Westfalen/Deutschland. Vgl.: Der alte Jasper.
21. Juni bis 31. August:	Basiszeitraum: Innerhalb dieses Zeitraumes beginnt, verläuft und endet der dritte Weltkrieg. Vgl.: VI, 35 (Weiße Wolle).
1./2./3. Juli (+1):	Ausbruch des dritten Weltkrieges. Vgl.: XI, 46 (Zeichen des Hammels).
14./15. Juli (+1/−2):	Im Orient/Osten nukleare Bombendetonation/en. Der Westen hat unter dem Krieg schwer zu leiden. Bedeutendes Kriegsgeschehen bei Orgon (Provence, Südfrankreich). Schlimmes (obgleich nicht näher bestimmbar) ereignet sich in/bei Rom. Bedeutendes Kriegsgeschehen zur See. Die Seemacht USA ist dabei stark engagiert. Möglicherweise gilt dies insbesondere für eines oder mehrere ihrer Trident-U-Boote. Vgl.: V, 62 (Der Tridentale).

27. Juli (−4):	Wesentliche Niederlage des Warschauer Paktes im Raum Lyon (Frankreich). Vgl.: VIII, 34 (Secatombe).
27. Juli:	Eine oder zwei Atombombenexplosionen im Raum nördlich/nordwestlich/in der Nähe des französischen Jura-Gebirges. Vgl.: VIII, 34 (Secatombe).
27. Juli:	Schwerwiegender Verdacht einer Atombombenexplosion im Raum Lyon (Frankreich). Vgl.: VIII, 34 (Secatombe).
27. Juli (+8/ −6):	Mögliche wesentliche Niederlage des Warschauer Paktes im Raum Ulm (Deutschland). Möglichkeit einer Atombombenexplosion im Raum Ulm (Deutschland). Vgl.: VIII, 34 (Secatombe).
28. Juli (möglicherweise gegen 8.00 Uhr EPH) oder 4. August (möglicherweise gegen 18.15 Uhr EPH):	Moskau wird von mehreren nuklearen Bomben zerstört. Vgl.: XI, 46 (Zeichen des Hammels) VIII, 34 (Secatombe).
29. Juli:	Entlang des Raumes Vesoul-Delle-Seppois, also nördlich/nordwestlich des französischen Jura-Gebirges befindet sich eine Million Soldaten des Warschauer Paktes: abgeschnitten von Nachschub/Verstärkung und umzingelt. Vgl.: VIII, 34 (Secatombe).
6. August (+/ −3):	Die Städte Prochladny (USSR, in der Nähe des Flusses Rion und nördlich des Kaukasus), Boise City (Oklahoma, USA) sowie weitere Städte − zumindest U.S.-Städte im Bereich des sogenannten Baumwollgürtels − sind von nuklearen Bombenexplosionen betroffen.

	Massiv-umfangreicher Nuklearbombenkrieg. Vgl.: VI, 5 (Brisantes Atom) VI, 35 (Weiße Wolle) VI, 97 (WK III massiv nuklear/Hiroshima).
6.–9. August (+ / −3):	72-stündige Finsternis. Erdkippen. Vgl.: Die Seherinnen und Seher. II, 91 (London) VI, 5 (Brisantes Atom/Arktischer Pol).

ABKÜRZUNGEN
ERKLÄRUNGEN
ZEICHEN

EK:	ErdKippen
EMP:	Elektro-Magnetischer Puls auf NBE-Basis (Seite 138).
EPH:	EPHemeridenzeit, ungefähr gleichbedeutend mit Weltzeit (Universal Time, U.T.). Ein Beispiel: 14 Uhr EPH = (etwa) 15 Uhr MittelEuropäische Zeit (MEZ) ohne Berücksichtigung von Sommerzeit.
Lit.-Verz.:	Literatur-Verzeichnis
NBE:	Nuklear-Bomben-Explosion/en
WK III:	WeltKrieg III
Z3:	Zeile 3

Diesem Buch liegen zwei Schrifttypen zugrunde: die sehr schlichte Holsatia-Groteske sowie die etwas feinere Trump-Antiqua, welche für alle Nostradamus-Texte und Sehervoraussagen verwendet wurde. Trump-Antiqua bzw. Unterstreichungen erscheinen aber auch im Rahmen des laufenden Textes. Sie dienen zur kennzeichnenden Verdeutlichung von Dechiffriermethodik und Seherworten.

LITERATURVERZEICHNIS

Adlmaier, C. Dr.:	Blick in die Zukunft. Traunstein/Obb., 1., 2., 3. Auflage, 1961, Chiemgaudruck.
Bekh, Wolfgang Johannes:	Bayerische Hellseher. Pfaffenhofen, 1977, Verlag W. Ludwig.
Bibel:	z. B. die Propheten Daniel und Hesekiel, im Neuen Testament die Johannes-Offenbarung, das Matthäus-Evangelium u. a.
Centurio, N. Alexander Dr.:	Nostradamus – Prophetische Weltgeschichte. Bietigheim/Württ., 1977, Turm-Verlag.
Ellerhorst, Winfried:	Prophezeiungen über das Schicksal Europas. Visionen berühmter Seher aus 12 Jahrhunderten. Aus dem Nachlaß ausgewählt und bearbeitet von Dr. H. Armand, München, 1951, Verlag Schnell & Steiner.
Fontbrune, de Dr.:	Les Prophéties de Nostradamus dévoilées. Paris, 1939.
Grosser, Morton:	The Discovery of Neptune. Cambridge, Massachusetts, USA, Harvard University Press.
Hackett, John Sir:	Der Dritte Weltkrieg. Hauptschauplatz Deutschland. Titel der englischen Originalausgabe: The Third World War. August 1985. München, 1978, C. Bertelsmann Verlag.
Huguet, Edmond:	Dictionnaire de la Langue Française du Seizième Siècle, Paris 1925–1967.
Hübscher, Arthur:	Die große Weissagung. München, 1952, Heimeran Verlag.

Johansson, Anton/ Gustafsson, A.:	Merkwürdige Gesichte! Die Zukunft der Völker. Stockholm 1954, Sverigefondens Förlag.
Le Pelletier, Anatole:	Les Oracles de Michel de Nostredame. Genève, 1969, Slatkine Reprints. (Nachdruck der Pariser Ausgabe von 1867.)
Levy, Emil/Appel, Carl:	Provenzalisches Supplement-Wörterbuch. Leipzig, 1894–1924.
Oppolzer, Th. Hofrath, Prof., Ritter von:	Canon der Finsternisse. Wien, 1887.
Putzien, Rudolf:	Nostradamus. Weissagungen über den Atomkrieg. München, 1968, Drei Eichen Verlag.
Raynouard, M.:	Lexique Roman. Heidelberg, 1928–1929. (Nachdruck des Pariser Originals von 1836 bis 1845.)
Reynaud-Plense, Charles:	Les Vraies Centuries et Prophéties de Michel Nostradamus. Salon, 1940.
Retlaw, E. G. Dr.:	Prophezeiungen über Ausbruch und Verlauf des dritten Weltkrieges. Murnau, 1961, Argiva-Verlag.
Schönhammer, Adalbert Dr.:	PSI und der dritte Weltkrieg. Bietigheim/Württ., 1978, Rohm-Verlag.
Stearn, Jess:	Der schlafende Prophet. Genf, 1970, Keller Verlag (heute Ariston Verlag).
Stocker, Josef:	Der dritte Weltkrieg und was darnach kommt. Prophetenworte, Band 1. Wien, 1972, 1978. Über die Zukunft der Menschheit. Prophetenworte, Band 2. Wien, 1977, beide Mediatrix-Verlag.
Stockert, Josef:	Der mahnende Finger Gottes im Zeichen von Rauch und Feuerflammen. Als Manuskript herausgegeben von Josef Stockert, München. 4. Auflage, München, 1969.

Tobler-Lommatzsch: Altfranzösisches Wörterbuch. Berlin, 1925, Wiesbaden 1974.

Widler, Walter: Buch der Weissagungen. 8. Auflage, München, 1950, Manz Verlag.

The American Ephemeris 1981 to 1990, by Neil F. Nichelson, Astro Computing Services, USA.

The Complete Planetary Ephemeris. For 1950 to 2000 A. D., The Hieratic Publishing Co., USA.

Wörterbücher und Nachschlagewerke anderer Art wurden so zahlreich verwendet, daß das Literaturverzeichnis auch zu weniger bekannten Titeln nur ausnahmsweise Angaben enthält.

Paul Hawken **DER ZAUBER VON FINDHORN.** Ein Bericht
222 Seiten

Was hat es auf sich mit Reportagen über den zauberhaften Findhorn-Garten im Norden Schottlands direkt an der Küste, in dem auf kärgstem Sandboden bestes Gemüse und seltenste Blumen gedeihen sollen? Was ist wahr an Erzählungen, daß die Begründer dieses Gartens mit Devas, Naturgeistern und Feen kooperieren und von diesen Wesen direkte Weisungen erhalten?
Der Autor lebte ein Jahr in Findhorn. Er erzählt die erlebnisreiche Geschichte der Findhorn-Gründer und die Entwicklung eines magischen Gartens, in dem Pflanzen zur sichtbaren Demonstration positiven, lebensbejahenden Denkens, Fühlens und Handelns werden.

Edward Bach **BLUMEN, DIE DURCH DIE SEELE HEILEN**
Die wahre Ursache von Krankheit. Diagnose und Therapie
176 Seiten mit 38 farbigen Abbildungen

Unzufrieden mit den Erfolgen herkömmlicher Medizin, kam Dr. Bach nach langer Beobachtung zu der Überzeugung, daß die Wesensart eines Menschen maßgebend ist für die Krankheit, unter der er leidet. Viele Jahre suchte er nach einer natürlichen Medizin, die primär unsere Seele beeinflußt und somit auch unseren Körper. Mit der ihm eigenen Sensitivität fand er 38 Pflanzen und beschrieb die ihnen entsprechenden Charaktereigenschaften. Aus der Verbindung zwischen den Eigenschaften der jeweiligen Pflanzen mit Sonne und Wasser entstehen die Blumenheilmittel. Blumenmedizin unterliegt nicht der Rezeptpflicht – Bezugsquellen sind genau angegeben.

Joel Kramer **DIE LEIDENSCHAFT DER ERKENNTNIS**
176 Seiten

Joel Kramer lehrt, daß wir jederzeit, ohne spezielle Techniken oder Systeme, zu wirklichem Verständnis und somit zur Lösung unserer Probleme kommen können, wenn wir aufmerksamer und wacher werden. Hierbei dringen wir tief ein in Zonen, die unser konditionierter Verstand allenfalls zögernd auslotet. Wir müssen dabei über die Welt der Ideen, Glaubenssätze und Bilder hinausgehen, in der jeder von uns lebt, um das Eigentliche zu entdecken.
Dieses Buch ist eine große Hilfe für jeden, der seine inneren und äußeren Probleme wirklich erkennen will – ein Katalysator zu Transformation und kreativem Leben mit sich selbst.

Thomas Sugrue **EDGAR CAYCE**
Sein Leben. There is a river
400 Seiten

Die Geschichte eines schicksalhaften Lebens

Der »Schlafende Prophet« – unter diesem Namen ist Edgar Cayce weithin bekannt. Viele kennen seine medialen Durchgaben, wenige jedoch den Menschen, der die Fähigkeit besaß, sich in das Unterbewußtsein anderer einzuschalten und das ewige göttliche Gedächtnis, die Akasha-Chronik, zu lesen.

Cayce, ein Mann ohne höhere Schulbildung und besondere Leseambitionen machte detaillierte Aussagen über die persönliche Vergangenheit einzelner Menschen und deren Karma, über weit zurückliegende Zeiten, über Atlantis, die ägyptische Pyramidenkultur, sowie über die unmittelbare Zukunft bis zum Jahre 2000. Vielen, von der Schulmedizin aufgegebenen Menschen konnte er helfen, ohne sie je gesehen zu haben.

Über diese einzige autorisierte Cayce-Biographie schrieb die »Herald Tribune«:

»Keine erfundene Geschichte könnte wunderbarer sein, als diese Biographie eines wirklich lebenden Menschen. Kein Romanschreiber würde gewagt haben, einen solchen Phantasiecharakter zu beschreiben, wie es Sugrue hier aufgrund seiner Detailkenntnisse des Lebens von Edgar Cayce getan hat. Diese Biographie zu lesen, wird zwangsläufig zu einem Abenteuer«.

Mary Lutyens **KRISHNAMURTI**
Jahre des Erwachens. Eine Biographie
350 Seiten

Dies ist die Lebensgeschichte Krishnamurtis, der von der Theosophischen Gesellschaft als kommender Messias ausgerufen und für den der »Star of the East« gegründet wurde. Vieles von dem hier Geschilderten wird überraschend sein für Krishnamurtis heutige Anhänger, die ihn in seinem jetzigen Gleichmut kennen, aber wenig wissen von seiner persönlichen Geschichte – von dem Trauma, das der frühe Tod seiner Mutter für ihn wurde, von der Einsamkeit in seiner einzigartigen Stellung, den schmerzhaften »Einwirkungen« auf seinen Körper während seines geistigen Reifeprozesses und von den Schwierigkeiten, sich von den Menschen zu lösen, die einstmals seine Erziehung in die Hand genommen hatten.